"日本中国史研究译丛"总序

谷川道雄

　　2004 年 10 月下旬我首次访问上海古籍出版社时,有幸会晤了王兴康社长、赵昌平总编、蒋维崧编审以及其他诸位先生。当时我是应华东师范大学牟发松教授的邀请,在该校逗留两周并进行授课和演讲的。因为那时正值拙著《隋唐帝国形成史论》的中译本(李济沧译)由上海古籍出版社出版发行,这才有了拜访该出版社的机缘。"日本中国史研究译丛"这一颇具规模的出版计划,正是由于那天的会谈而迈出了实质性的第一步。

　　我是在那年 7 月从承担拙著编审的蒋维崧先生的信中得知这一出版计划的。信中提到上海古籍出版社有意以拙著的出版为契机,进一步拓展范围,更广泛地向中国学界介绍日本的中国史研究成果,并希望我推荐一批能够代表日本研究水准的著作,尤其是能够选择那些在开阔视野下关注社会与人文,或运用新的方法和理论并在实证研究中取得成果的著作。在 10 月的会谈中,出版社又出于同样的旨趣,要求我予以全面的合作。

　　想来这的确是一项前所未有的计划。有关中国史研究的中日两国学界交流,已经有着长久的历史,而且正呈现出日益兴旺的趋势。交流不仅限于人员的交往,还以相互之间论文、著作翻译的形式对双方发生着影响。但是,这还只不过是很少的一部分而已,就目前的状况而言,即便那些在日本学界具有长久影响力的名著,几乎都没有中译本的出版。所以说上海古籍出版社的这一计划,不能不说是打破现状、开创新局面的创举。就我个人而言,拙著中译本的刊行能够成为促成这一趋势的契机,更是倍感欣悦。出于如此的考虑,我也就不揣自陋地应允出版社,愿竭尽全力协助此项计划的实施。

回到日本以后,我立即着手选定书目,其间还听取了我的同行、名古屋大学名誉教授森正夫先生的意见,最终向上海古籍出版社提交了我的选目方案。经与出版社协商,决定首批出版十种左右。

非常巧的是,这里所选的学术著作,正好反映了近代日本中国史研究的发展过程。按照我个人的看法,这一过程又大致可以分为三个阶段:

第一阶段从明治时期(1868—1912)初期至第一次世界大战,是近代日本中国史研究的形成期。当时,虽然兰克(L. Ranke)的弟子李司(L. Riess)受聘于东京大学讲授历史学,传授实证主义方法,但那毕竟是以欧洲史为基础的史学。在日本学者之中当时出现了与欧洲史亦即西洋史相对应,设立东洋史(即亚州史)分野的举措,由此形成了以中国史为中心的东洋史,并且延续至今。这一情况一方面表明由于日本近代国家的形成,出现了必须重新认识东亚各国的现实问题;另一方面也表明在日本汉学素养的基础之上,已经出现了将中国作为近代历史学研究对象的学问。最能够代表这一时期中国史研究,而且影响至今的学者,即内藤湖南(本名虎次郎,1866—1934)。他所主张的"唐宋变革"论,在这一阶段正在孕育成形。众所周知,他的这一观点是切合中国社会实态的,是对中国史发展所进行的逻辑性解释。作为本丛书之一的《中国史学史》,就是出自他对中国传统学问的广博知识以及对历史发展透彻逻辑分析的力著。

日本中国史研究的第二阶段,是第一次世界大战与第二次世界大战之间,即所谓的"战间期"时期。这一时期的历史研究,有着密切注重社会与民众的特点,中国史研究亦不例外。第一次世界大战之后,波及全世界的民主主义和社会主义潮流,也影响着日本的历史学界,作为具体的表现则是社会经济史研究的兴盛。而且,其中有着马克思主义直接、间接的影响是不可否定的。在我的先师、前辈的学者之中,有许多就是在这一时代新史学潮流中奠定了自身研究基础的,本丛书的大部分作者都是属于这一辈的人物。

然而,作为上述新倾向顶点的20世纪30年代,又正是军国主义猖獗的时期。当时,不但不再可能进行自由的研究,军国主义国家还以各种形式要求中国史研究者为战争提供合作。随着第二次世界大战的结束，那一严冬似的时代终告完结。由此也开始了中国史研究的第三阶段。

"二战"以后的日本中国史研究课题，是如何将中国史作为发展的中国史进行重建的问题。即必须纠正被军国主义歪曲了的中国史观，按照世界史普遍逻辑对中国史作出理解。当时对此起到重大作用的，是从战时思想统治中解放出来的马克思主义，按照生产方式发展规律将中国史系统化的尝试亦由此开始。为此日本学界曾展开过激烈的讨论。参加讨论的还有许多马克思主义以外的学者。争论的焦点之一是以生产方式为依据的唯物史观的发展规律是否适用于中国史的问题；另一个焦点是马克思主义史学家所构想的中国史时代分期观点是否正确的问题。围绕这两个问题，从上个世纪50年代至70年代有着长期、激烈的讨论，而且主要都是基于史料的实证观点之间的相互争论。其中虽说也有不够成熟的地方，但是毕竟应该说战后的中国史研究在当时有着前所未有的长足进步。

参加讨论的既有在上述第二阶段业有成绩的学者，也有战后成长起来的青年研究者。本丛书著者中，除了内藤湖南之外，都是为战后中国史研究做出了贡献的人物。

我在选择这套丛书的收录著作时，并没有意识到上述的历史过程。然而，卓越的作品必定会在某种意义上具有时代的代表性，所以很难说这是一种偶然的巧合。现在，日本的中国史研究与战后那二十几年相比已经有了相当大的变化。尽管如此，这些先学的著作在今天仍然保持着长久的生命力，从而不断启发着后生学者。

作为日本人，中国史既是一种外国史，又不是单纯的外国史。两千年来，熏染了日本文化的中国文化，是一种历史发展的产物。过去的日本在向中国的不断学习之中发展着自己，从而形成了独特的历史与文化。近代以来日本的中国史研究，可以说也是由过去形成了结构，至今仍在其延长线上运行的。因此，我们对于中国社会和文化有着特别的亲近感，即尽管是外国史，但又有一半好像是在研究自己国家历史的感觉，我们一直就是这样看待中国史的。其理由之一，也许就在于日本文化是在汉字文化圈中培育成长形成的吧。无论如何,当这种感情作为近代历史学表现出来的时候,就产生了一种独特的方法和实证的结果,而将中国史总体按照世界史的普遍观点予以体系化是日本中国史研究的终极目标。

　　总之,也许可以说日本的中国史研究是由传统与近代、日本与中国乃至世界这样综合的视野重合展开形成的。当然,这种特点亦有其利弊两端。不过,本丛书所收著作都是肩负重任、不倦攀登的卓越成果。我坚信本丛书对今后日本中国史研究之国际交流的发展必将有着巨大的贡献,并对将此计划付诸实现的上海古籍出版社表示衷心的感谢!

　　　　　　　　　　　　　　　　　　　　　　　　(马彪译)

译 者 说 明

　　谷川道雄氏1925年12月出生于日本熊本县的水俣。1948年毕业于京都大学文学部东洋史专业。曾历任名古屋大学助教、讲师、副教授、教授，京都大学教授、龙谷大学教授。还兼任了台湾大学客座教授（1987—1988）、北京大学客座教授、武汉大学兼职教授。代表著作有《隋唐帝国形成史论》、《中国中世社会与共同体》、《世界帝国的形成》、《中国中世的探求》等。谷川氏是日本史学界京都学派的传人，也是该学派继内藤湖南、宫崎市定之后的第三代领头人（详情可参阅《文史知识》2000年第12期《狷介书生谷川道雄》和《中国史研究动态》2001年第2期《超越战后日本中国史学模式的谷川史学》两篇介绍文章）。

　　《中国中世社会与共同体》是谷川氏的重要代表作，由日本国书刊行会于1976年9月初版，1989年11月再版。本书第一编的英文版已于1985年由美国加利福尼亚大学出版。欧美学者特别认同其"共同体"的理论，"认为可以用它解释纵向的历史分期划分难以解释的历史现实"（《中国史研究动态》1999年第7期载胡志宏《西方中国古代史研究的几个问题》）。本书的中译本已于2002年由中华书局出版，当时根据作者本人的意见在日文版的基础上增加了第四编的内容。这对于读者了解谷川史学的发展脉络，是十分有好处的。

　　本书是一本史论著作，即通过具体史实的考证，最终上升为历史哲学的论著。大体上从中国中世的探索和对共同体理论的创建两个方面集中体现了作者几十年间对中国社会历史发展问题的研究成果：

　　谷川史学的重要观点之一是：理解"中国中世"是认识中国史发展内在规律的关键。欧洲启蒙时代以来的西方先哲大多持一种中国不存在历史,至少不存在发展的历史的荒谬观点,谷川氏则明确指出这是一种误解。谷川氏不仅指出了西方史学家几乎都有中国社会停滞论的通病,而且认为他们最大的错误在于忽视中国也曾有过中世。而如果不在这个问题上超越西方史学家的话,就难以发现中国史的自身发展规律。因此谷川氏表达了自己与西方史学家相反的观点,说:"关于中国中世的认识,欧美学者的态度是相当悲观的。与其那样理解,不如提倡一种积极的中国论。"(《中国中世的探求》,第58页)

　　那么,如何认识中国的中世呢? 谷川氏在探索中国中世的研究中创造了独具特色的"共同体"理论。所谓"共同体",即以人群划分的社会组织,包括"豪族共同体"、"村落共同体"、"地域共同体"、"民族共同体"、"国家共同体"等。从共同体的人际关系原理上说,谷川氏认为在中世"豪族共同体"是社会的基层共同体,豪族在共同体中"能获得领导者的资格全取决于他们自身的德望"(《世界帝国的形成》,第79页)。也就是说,作为共同体的凝聚力,虽然不排斥财力、武力、家族力,但是起决定作用的只有道德力、伦理力。另外,谷川氏指出民众是共同体伦理关系的存在基础。谷川氏并非排斥视民众为直接生产者和阶级斗争主力军的理论,但他更强调"从生存原理上视民众为人类主体的观点"(《中国中世的探求》,第224页)。因为只有如此才能理解:为什么民众最能识别并敬仰高尚的人格,"端正自己的道德生活"(本书第74页);为什么存在着"超越自身爱以谋求人类共存的人格"(《中国中世的探求》,第123页);为什么"被领导者有着自下而上判断领导者资格的作用"(《隋唐帝国形成史论》,第19页);等等诸如此类中国社会特有的历史现象。就这样,谷川理论跃出了中世史的范围,提出了应该如何认识中国史,甚至世界史发展规律的大课题。

　　谷川氏以共同体理论来解释中国史发展规律的独创方法和史论,目前已成为日本和欧美史学界所熟知并广为接受的理论。值得庆幸的是,近年,我国学界对谷川史学也有了越来越多的关注。本书由中华书局《世界汉学论丛》出版之后,作者又补充了相当多的内容,如今能以《中国中世社会与共同体(增订本)》列入上海古籍出版社《日本中国史研究译丛》,实属幸事。

在本书翻译过程中,译者参考了台湾师范大学邱添生教授《中国的中世》、《六朝时代的名望家统治》(《日本学者研究中国史论著选译》第二卷,中华书局,1993 年)、华东师范大学牟发松教授《六朝时代城市与农村的对立关系》(《魏晋南北朝隋唐史资料》第十五辑,武汉大学出版社,1997 年)的译文,在此一并表示感谢。

马　彪

二〇一一年十二月二日

附记:

2013 年 6 月 7 日谷川先生因病去世于日本京都,享年 87 岁。弥留之际他为我们留下的一句话是:"日中关系一定不能恶化呀!"

2013.9.17

中文版自序

日本的中国史研究,是与日本的国家近代化同步发展而来的。自古以来,日本就受到中国文化无可估量的影响,因此有关中国文化的知识也在两千年之间蓄积,而产生了被称之为"汉学"的学术领域。"汉学"在前近代是作为知识分子所必须具备之教养的。可是,自从日本以明治维新为契机,走上近代化道路伊始,就与近邻诸国(朝鲜、中国)开始了新的外交关系,由此也产生了建立近代亚洲史学的必要性。迄今为止在日本所使用的"东洋史学"的名称,就是在那个时期形成的,它是将亚洲史作为与西洋史对等的学术领域来定义的概念。

中国史研究也正是作为这种"东洋史学"的一环而发展起来的。以汉学这一传统学问为素养,采用西欧近代史学之方法,由此才形成了作为近代历史学的中国史学。直至第二次世界大战结束的大约半个世纪中,如果说日本的中国史研究已达到了当时世界最高水平,恐怕也不能算是过分自诩吧! 在政治史、法制史、社会经济史、宗教史、文学史、思想史等各个领域,所获得的实证研究成果中,有许多即使在今天也仍然具有相当的学术价值。关于如何从总体上把握中国史的课题,自 20 世纪 20 年代内藤湖南(1866~1934)的历史分期法提出之后,时至今日其构想仍在学术界有着经久不衰的巨大影响。到了 30 年代,从唯物史观的立场探索中国社会结构的尝试,也接连不断地提了出来。

然而,如此顺利发展起来的中国史研究,最终却由于日本军国主义对中国的侵略,或被压抑,或被歪曲了。其中,乘战争政策之机的研究也应运而生了。所谓中国社会停滞论,就是通过"进步"的日本与中国进行比较,起了将日本统治中国正当化的作用。战争结束时,学术界在反省过去的同时，当然期望建立新的学术。战后，作为日本中国史研究的最大课题，就是如何在新的理念下对中国史的全过程给以体系化的认识。这种新理念包括中国史不是停滞的而是发展的历史，中国史是世界史的一环，科学地合理地把握中国史等诸项内容。

在由这种新理论阐发中国史构想的研究之中，最为积极的分子当属坚持马克思主义观点的历史学学者了。他们设立的历史学研究会是其学术活动的根据地。他们从生产方式发展史的观点出发，探讨了奴隶制、封建农奴制、近代资本主义制是否也适用于中国的问题。最终，因为是有关中国史分期问题的讨论，所以他们的构想必然地与战前的内藤湖南的观点形成了对峙。"内藤说"是由他在京都大学的门下生徒所继承发展下来的。历史学研究会（所谓历研派）与京都学派之间，在从40年代后期开始的20年中，就有关历史时代区分（分期）的问题，展开了激烈的论战。这一论战不仅是对中国史全期当如何进行区分的大局的讨论，而且在这一终极目标下，对个别历史现象应如何理解的问题，也出现了具体的论战。例如，对于唐代后期开始盛行的作为大土地经营的主要劳动者的佃户，究竟应该作为农奴，还是契约佃农来认识的问题，就进行了不仅关乎史料本身，而且涉及史料理解方法方面的反复讨论。

以上概述了有关战前、战后日本中国史研究的状况。那么，在这一中国史研究的发展进程中，关于我本人情况，我想也是有必要向读者加以说明的。40年代末，正当历史分期论战激烈展开的时候，我从京都大学毕业，并立志成为一名研究者。我从学生时代开始，虽然对祖师内藤湖南的中国史论抱有浓厚的兴趣，但同时对马克思主义也同样给予极大的关注。在战时曾被作为禁书的马克思主义文献，一时充满了大街小巷，我就是当时一名贪婪的读者。其中，我所特别感兴趣的是当时在日本翻译的马克思的手稿《资本主义生产以前的各种形式》（译者注：《马克思恩格斯全集》第48卷上所收）一书。众所周知，在这部手稿中马克思将资本主义以前个人与共同体的结合关系，划分为几种类型，并作出了逻辑上的分析。我虽对这一逻辑如果应用于中国史的话会怎么样的问题有过种种思考，但都没能得出明确的结论。不过，那本书后来曾长期牵动着我的心弦。从那时起,直至十几年后我对共同体论的提倡,这部文献潜在的影响是无法否定的。

我大学毕业以后选择的研究课题是唐代政治史。但是,我的目标并不在于政治机构、制度、政治势力的消长,以及对外关系史等个别事物的考证研究。正像内藤湖南曾经指出的,唐宋之间发生了中国史上前所未有的社会变革。按照内藤湖南的观点,虽然这种变革从政治形态来说,是一种从贵族政治向君主独裁政治的变革,但是作为变革的根本还在于民众地位的变化。即,民众摆脱了贵族阶级的支配,获得了土地所有的自由、居住的自由,从身份约束之中解放出来,在这种变化的基础之上,君主独裁政治体制才得以树立。如果按照内藤湖南的观点,那么唐朝三百年的政治史,无疑就是一个民众地位向上的过程。我就是因为受到内藤说的极大启发,同时又在这种预测中导入了马克思主义的观点。马克思主义理论认为历史就是阶级斗争的历史。这样看来,唐朝一代民众地位向上的过程,也是可以作为这种阶级斗争的展开去理解的。出于这样的考虑,我对武周革命、安史之乱、藩镇的自立斗争、唐末庞勋之乱诸事件进行分析,探索了在各事件底层起作用的民众的动态。唐代前半期,在统治层内部政治斗争背后的民众,由于安史之乱的契机,终于跃到了政治史的前台。尽管如此,在藩镇时代民众意志还仅仅表现为士兵对军饷的要求,但在庞勋之乱时则显示出从藩镇时代向反乱时代发展的趋势。民众的政治成长进程就这样越发明确起来,最终,是黄巢致唐王朝于死地,由民众推翻了贵族政权的唐王朝。

在我的以上构想中,作为研究观点存在着两个侧面。一方面,是希望从王朝与民众的阶级斗争的历史来描述中国史的志向;另外也有对当时马克思主义的中国史研究倾向不满的一面。以历史学研究会为中心的马克思主义历史学者们,主张唐代以前是古代奴隶制时代,宋代以后至明清是封建制的时代。如上文所述,持这一见解的学者与京都学派之间曾展开过激烈论战。我对这种观点的不满则在于将民众仅仅作为奴隶制、封建制等社会结构中阶级统治的对象(object)看待这一点。因为按照这种观点,民众那种作为人的活生生的形象是不被关心的,民众总是仅仅被置于奴隶、农奴的范畴之内加以讨论的。然而，民众作为阶级关系的一极，无论地位怎样低下，或者境遇如何困苦，他们不都意味着是阶级斗争的主体（subject）吗？研究阐明这种中国民众主体性的历史真相，不正是中国史研究的责任和义务吗？实际上，我从中唐以后政治史动态中感觉到的民众那种生气勃勃的形象，无论怎么也难以将其硬塞入奴隶或农奴等范畴之中。

就这样，我一方面站在马克思主义的阶级理论的立场，一方面又对现实中学术界马克思主义的研究很不满意。只讲民众的革命性（或与其相反的落伍性），难道就可以算作是历史研究吗？与权力相对抗的生气勃勃的唐代民众，究竟反映了怎样一种时代变革呢？对此，我苦思不得其解，忍受着岁月的痛苦煎熬。最终使我得以摆脱苦境的，是共同体概念的提出。民众并非个人的生存，而是在自己所归属的社会之中发挥其主体性的。按照马克思的说法，个人与全体的历史结合形式，如果称为共同体的话，那么当我们捕捉民众的历史存在方式的时候，不也应该导入共同体的概念吗？当然，从我产生这一想法到后来将其具体地实施于中国史研究的实际，又经过了相当长的时间。

当我在唐史研究中陷入停滞的时候，我毅然决然地将研究方向转向了六朝时期。这是因为我对唐代究竟是怎样的时代的问题试图从其形成过程中去寻找答案。先是北魏史，后来我又追溯到了五胡十六国史。进而，我沿着北朝后期史的顺序，以正史为中心进行了考察。作为研究的结果，即1971年出版的《隋唐帝国形成史论》（日本筑摩书房，1998年增补；李济沧译，上海古籍出版社，2004年）。在研究过程中，我最为关心的毕竟还是民众。众所周知，在六朝正史的列传中，有一大半是贵族各家的传记。其中所描述的贵族日常生活中，有一种共同的类型：即贵族阶级中有一种实力家，他们对宗族、乡党实施赈济，面对寇难则成为自卫的中心；他们或调停内部纠纷，或指导农业生产，从事着各种各样的社会活动，从而在接受这种指导的宗族、乡党中建立起了崇高的声望。这种地方社会活动的实际形态，被作为一种类型记载了下来。这里，虽说存在着身份的上下阶层关系，在天灾、战乱日益经常化的苦难时代，民众确实是在贵族的指导下,图团结,求生存的。以往的六朝研究,虽然也注重贵族(家族)的地方社会势力,但是那只是将其作为国家的对立面,即从统一与分裂的力学角度所作出的理解。我虽然也考虑这一方面的问题,但是更加注重的是使贵族阶级势力得以形成的那种内部结构。这是一种既存在着贵族与民众相隔离的阶级关系,又建立了共存体制的共同体社会。虽然这种共同体社会主要是以农村为场所而成立的,但是它又不是那种所谓的村落共同体。所谓村落共同体的规律在于,它们多是以土地及其他生产手段共有或共同利用为基础,并由此形成村落的。然而,在六朝时代这种村落的存在是无法得到强有力的认证的。当时将农村中各家族结合为一体的力量,来自于那种特定的有实力家族的指导性,以及民众各家对于这种领导性的信赖之心。在这里与其说是经济关系,不如说是精神关系,形成了人与人之间相互结合的更加强有力的纽带。无疑,多数情况下贵族之家是作为大土地所有者的;而且,作为土地经营所必要的劳动者的佃客、奴婢与贵族之间隶属关系的存在,也是无可否认的。学术界历来在有关大土地所有者及其隶属民的关系问题上,有着关于主要劳动者究竟是奴婢,还是佃客,亦即是奴隶还是农奴的讨论。而这又与六朝时代究竟是古代社会,还是中世社会的历史分期问题密切相关。然而,这种大土地所有制的性质,真的能够决定当时社会全体的性质吗? 大土地所有与六朝政治有着怎样的关系? 六朝政治虽是贵族政治,但贵族层作为官僚又与国政有着密切联系。不用说,赋予贵族层以任官资格的是九品官人法。而九品官人法中,中正官又是参照针对管下之人才的乡论,来决定其任官资格及其品级的。而这种乡论,正是宗族、乡党对贵族所给予的评价。如此说来,与当时政治世界直接相关的,是贵族之与宗族、乡党之间的关系,而不在于那些大土地的经营。在这一点上,中国的情况与那种土地所有和政治权力直接结合的西欧、日本中世的领主制相比,可谓大相径庭。六朝政治权力的基础说到底是编户,是包括贵族、民众在内的大小土地所有者。这些大大小小的土地所有者,以有实力的贵族之家为中心团结起来,就形成了六朝的共同体。即便如此,那些大土地的经营对这种共同体社会仍有着很大作用。贵族实施赈恤,是对大土地经营所蓄积粮食的发放;地域自卫时，大土地经营之劳动者的奴客，是作为主家的直属武装而起作用的。如此，贵族的私产为了社会服务而被提供，被公共化，为共同体社会的维持作出了贡献。对于这种行为，当时常使用的"轻财重义"一词，就是赞美其将私转化为公的评语。

我从六朝史料中得出这一地方社会的构想，并对其从各个角度进行了论述。这一构想在学术界被称为"豪族共同体论"。1976 年我将已发表的论文又加上两篇概论的文章，合刊出版。那本书就是这次译著的原型。

"豪族共同体论"在 70 年代的学术界激起了相当的波澜。围绕这一观点，许多同行都发表了自己的意见。对于战后研究的潮流，不论日本史、东洋史、西洋史，今天都频频冠以"战后历史学"的名称。可我正是要摆脱这种"战后历史学"的限制。当时很多研究者都感到了"战后历史学"的危机，都有不满情绪。围绕"豪族共同体论"议论的喷发，可以说正反映了当时那种学术状况。在大家所提出的意见中，固然有怀抱善意者，但是相当一大部分都是采取强硬调子的批判性文章。总括其批判要点，不外第一，批判拙论轻视阶级矛盾；第二，批判拙论无视土地共有等共同体结合关系中的物质契机，过于强调精神契机的作用（拙稿《关于"共同体"的论争——中国史研究的思想情况》，收入《中国中世的探求》，1987年）。甚至有人非难拙论为背离马克思主义的反动学说。各种批判的共同特征，在于都不去核查我所进行的实证研究，而一味地纠缠于是否符合唯物史观的"原则"的问题。我的友人，赞同"豪族共同体论"并且亲自推进这一观点的川胜义雄（1922—1984），曾将这种批判比喻为欧洲中世天主教会的"异端审判"。总之，可以说这是一种忘却实事求是精神的教条主义产物吧！

就我本人来说，对上述两个论点是这样考虑的。关于第一点，我认为六朝时期的阶级矛盾究竟体现为怎样的历史形态的问题，是不能不考虑的。如前所述，这是一种贵族与民众、领导与被领导的关系。如果贵族层缺乏领导性的话，民众就会用舆论的力量，剥夺他作为领导阶级的资格。这种舆论一旦成为乡论，就对九品官人法的实施有着极大的影响。我是从这样的时代特性来叙述当时阶级矛盾的实际情况的。而批判者们,仅仅从近代资本家与工人那种敌对关系上去理解阶级矛盾。我们的出发点不同。

第二点是物质与精神的问题。贵族的民众救济精神,是由其主动放弃私有财物而得以实现的。而财物的放弃,使被救济的民众得以维持生活,保障生产,由此产生了对贵族的感激之心,进而支撑了贵族的领导地位。如此,精神与物质相互之间所形成的表里关系,使社会的再生产成为了可能。这样的看法与唯物论不也绝无抵触吗?尤其是对于近代以前的社会,我认为这样的观点更是不可缺少的。就全体而言,我感到批判者们是错把近代社会的规律作为所有时代的普遍法则来看待了。

"豪族共同体论"进入 80 年代以后在海外也引起了讨论。据我所知,社会主义体制下的德国和前苏联的学者曾提到这一问题。当然,他们的评论是采取了批判的论调,不过东欧社会主义体制的动摇,也许已经使他们写出了相反的文章吧。1985 年 Joshua. A. Fogel 氏将本书第一编的两篇论文翻译出版了英译本(*Medieval Chinese Society and the Local "Community"*,University of California Press,1985),使拙著能够在英语圈的学术界得到介绍。在亚洲地区的中国大陆、台湾,以及韩国也有所介绍,我本人也直接访问了这些地区,并作了演讲。

然而,本书的全文至今尚无机会刊行外文版。这次我的挚友、日本山口大学教授马彪氏已将全书译为中文,即将出版。作为著者可说是喜出望外。本书所收录的论文,最早的可追溯到四十年前,而且不少文章是探索中国史研究新道路时期的作品。将这种艰涩的日文翻译为中文,必定付出了极大的艰辛。马氏能在百忙之中完成这样一项困难的工作,对于其劳苦和热情,我愿在此表示由衷的感谢。另外,本书在原著的基础上又加上了最近所发表的一些论文,作为第四编。由于长年以来,我自己的观点也在一点点地发生变化,所以在新旧论文之间也许会有矛盾之处,敬请读者谅解。

承担中译本出版的中华书局,恰与刊行刘俊文主编的十卷本《日本学者研究中国史论著选译》是同一家出版社。与《选译》出版具有直接关系的我,这次自己的著作也有幸由中华书局出版,深感由衷的喜悦。

　　最后还有一点需要说明的是,拙论并非单纯关于六朝时代社会结构的立论。如本书第一编的两篇论文中所表述的那样,这是出于如何以中国固有的逻辑来把握中国史全过程的动机所提出的一种假说。在这里所使用的"非封建的中世"一语中,具有以下两个含义:即中国历史是发展的历史;而且对于这一发展进程,又是应该按照中国史本身的内在逻辑予以把握的。然而,这些课题不用说日本,即使在中国乃至世界学术领域,也是尚未得以充分解决的问题。本书虽然很不成熟,但若能对这些课题的解决多少有所贡献的话,作为著者已经是非常荣幸的了。若承蒙读者诸贤不弃,对拙论之错缪不吝赐教,则更在殷切期盼之中。

谷川道雄

二〇〇二年六月六日

日 文 版 前 言

用怎样的方法和构想解释中国社会历史发展的问题,不仅是学界多年来的悬案,也是我个人迄今为止关心的最大课题。本书就是从1960年开始至今所撰写的几篇论文的结集。

前几年出版的拙作《隋唐帝国形成史论》(筑摩书房,1971年初版,1998年增补版),内容仅限于五胡、北朝政治史。本书则是以六朝时代为中心的社会基层结构的考察,也就是说,书中汇集的多是基于这种考察而论及中国社会整体结构特性的文章。然而,就时期而论,由于两书所收各篇论文基本上是平行写作的,所以在构想上不用说是互为表里关系的(另外,本书中的论文在这次收录时,虽有部分的订补,但基本旨趣并未改变)。

有必要说明的是,两书所收集的文章都是从1960年前后开始写作的。由此可以看出,如果说我个人对中国史多少能有一些独到看法的话,正是从那时开始逐渐形成的。至少,那些文章已是来自我自身自觉思考的作品。那个年代,正是我国战后史的大转变时期,就我个人微不足道的研究史来说,又何尝不是如此。关于这一点,在本书第二编第一章收录的《一个东洋史学者的现实与学问》一文中有着直接的表述。那篇文章是我对于与自身研究紧密相关的战后的学术方向,怎样从产生怀疑,进而又考虑如何将其超越的自白。也正是以此为起点,才形成了我后来新的研究课题和观点。

这里所谓战后的学术方向,是指1950年先后出现的,提出了克服停滞论的现实课题的学术界的新倾向。这是一种按奴隶制→封建制→资本制生产方式相继发展的图式,将中国史的发展性质予以体系化解释的倾向。我当时刚涉足研究领域，也受到这倾向的极大影响。

　　但是，这种尝试大约在50年代中期，遇到了极大的困难。自那以后，多数学者从不同方向不断地摸索至今，我本人的观点的形成，亦这一过程的产物。但是就我个人而言，因为受到战后史学倾向的极大影响，所以就更需要为超越这一倾向做出努力。60年代、70年代我曾围绕同一主题进行反复论述的原因就在于此。假使说战后史学倾向存在误区，以至使其以失败而告结束的话，那么应该对这一谬误所造成的失误做彻底的反思，并由此自然而然地开辟新的道路。我当时的期待仅此而已。

　　当然，我的思想并不是固定不变的体系。但是近二十年来我一直在探讨一个主题，有时将其写成文章，从而提出了我不同于他人的见解：即迄今为止论者皆认为中国社会的共同体是历史进步的消极因素，而我则宁愿视其为积极的结构。如果说我的研究多少对战后史学倾向有所超越的话，应该就在于这种研究方法。

　　本书可以说就是那种蹒跚学步的记录。以今日学界状况而言，我的研究虽说不免给人某些不合时宜的感觉，但我仍愿将以往的研究和盘托出，敬请学界同仁批评指正。

　　本书的第二编《中国古代中世史的方法与课题》收录的论文，虽说都是在对战后研究史的讨论中得出的有关中国古代中世史研究方法的提案，而这样的理论探讨，作为我来说也都是出自于若干实证研究的结果。第三编《士大夫伦理与共同体及其国家》的三章，与上述《隋唐帝国形成史论》所收各篇论文一样，都是实证研究的产物。

　　回过头来再说第一编《中国中世社会论序说》中所收的两篇，这些都是未曾发表过的论文，是将第二、三编已发表的论文的观点从一定的主题予以概括性论述的。也正是由于这一原因，有时会与第二编以后的内容有所重复。至于这两篇论文的内容，坦率地说，就是认为从中世即封建社会这一观念出发来认识中国社会发展的观点，是不符合中国史的实际情况的，所以我不主张一味囿于所谓世界史的基本规律的成见，而是试图提倡一种非封建构造的中世论。虽说有些急于立论而没能更多地引用各种研究成果，但要而言之，从我的构想来说，应把六朝、隋唐时代视为中国的中世。这一观点，不用说与战后将宋代以后规定为中世封建时代的见解（这种见解在今天仍是很有实力的）不论在方法上还是在时代的界定上都是完全不同的。

以上说的是本书的结构，书中所收文章以现在的形式奉献给学术界，究竟有什么样的意义，连我自己也不很清楚。但是，本书所收论文曾在60年代末以来受到了很多学者的批判，以至引起了一场争论。关于这场争论的详情，读者可参见川胜义雄的《关于重田氏的六朝封建制的批判》（《历史评论》247）和拙作《关于"共同体"的论争——中国史研究中的思想状况》（《名古屋人文科学研究会年报》1，收载于《中国中世的探求》）。总之，这是两篇有关中国史的方法，更进一步说，是有关中国史研究思想问题的文章。一旦本书得以出版，若多少有助于学界对以上问题的讨论的话，将是笔者的最大希望。

最后，作为个人的感受所要特别提及的是，我那微不足道的研究生活终于告一段落了，同样，我感到自己的精神史好像也告一段落了，这毕竟是使人感到欣慰的事。为了本书的出版，我受到许多人的鼓励和帮助，其中特别对斡旋整体编辑工作的管理、运行的桐野敏博氏，以及在目前出版业不景气的状况下能够尽快使本书付印的国书刊行会的竹内淳夫氏表示由衷的感谢。

著　者

一九七六年五月

目　　录

第 一 编

中国中世社会论序说

第一章　中国社会与封建制

——有关学说史的探讨

中国社会真的经历过所谓的封建社会时期吗？如果说经历过，那么是在什么时期，又是怎样的形态呢？如果说没有经历过，那么又应当如何从总体上把握中国史自身发展的逻辑呢？本章就是为解答以上疑问所做的基础性研究。我的本意，是希望从封建制的角度，来分析中国社会，并依此来寻找把握中国社会独特性的方法。然而，我深知现在还不可能得到所期望的成果。目前也只是为了达到最后目标在做准备。

既然如此，为什么出现了封建制是否存在的问题呢？认为中国理所当然地也像西欧社会那样，走过了古代奴隶制→中世封建制→近代资本制的历程的人们，或许对中国史上是否存在封建制的问题感到很奇怪。可是，否认中国史上存在封建制的观点又确实不在少数。肯定论与否定论二说已有相当长时期的论战了。正像后面要谈到的那样，这一问题对中国近代化有着直接而重大的意义。

就肯定论与否定论一直以来的观点而言，围绕中国是否为发展的社会的讨论，大致可分为两大对立观点。前者认为中国社会基本上与西欧社会发展轨迹一样，经过了历史的进步过程；与此相反，后者认为中国社会与西欧社会相比较而言，具有明显的社会停滞性，认定这是一个与西欧社会有着不同性质历史的世界。换言之，前者是单线的（单系的）、一元的世界史论，后者是复线型乃至多元型（多系型）的世界史论。

这虽说是两种对立的观点，但就其内涵而言，又有其共同的一面。即认为进步也罢，认为停滞也罢都是以西欧近代社会为标准所得出的结论。

与欧美的近代社会(及其前史)相比较,认为中国社会是进步的,或是停滞的,这只不过是同一视野之中的不同见解而已。然而,就这一视野来说,又是深受以"西欧近代"为世界史指导观念的影响的。一旦我们对此抱有怀疑的话,那么不论是对进步说还是停滞说,就非进行根本的检讨不可了。

　　长期以来,作为东洋史研究所面临的最现实的课题,就是对于以欧美为先进势力的近代世界,东方各民族社会作为由古代进入近代的一贯的历史过程的总体来说,究竟有着怎样联系的问题。上述两种观点正是由此产生,而且都认为应该将中国社会置于近代世界之中这一点是毋庸置疑的。但是这些观点中,还存在着一种在所谓的近代化进程中去寻求中国人所具有之普遍的人类进化属性的意识。然而遗憾的是,现代社会出现了各种各样的丧失人性的情况,这种严重局面的形成使人不能不对近代化过程的意义产生怀疑。近代化越是发展,人类对自身人性就越是缺乏自信的矛盾,正蔓延于现代世界。今日这种人类的危机,当然不会与东洋史的研究没有关系。因此,不能不说我们已经感到,今日东洋史学能否保持其人文科学的权威的问题,已经摆在了我们的面前。

　　无论如何,长期以来中国史研究中那种理所当然的前提,已从根本上发生了动摇,这是毫无疑问的。仅仅用进步亦或停滞概念,已经无法解释中国社会的历史发展了。那么,那种新认识的视野究竟何在呢？拙著就试图回到曾经分为两条不同道路的封建制的有无的问题,从学说史研究的角度入手,进行新的探索。

一、战后的中国史研究与封建制说的展开

(一) 通向封建制的两条道路

　　战后日本中国史研究所希望达到的一个目标,就是要摆脱停滞论。人们看到,日本帝国主义的战败,意味着日本对中国的民族优越感完全被摧垮了。加之后来中国革命胜利,使得在马克思主义阵营内部高唱的中国停滞论,为事实证明是荒谬的。这样,就出现了如何从古代直至近代历

史的一贯性去把握中国社会的进步性质的问题。于是,对此问题的探索就在合理而科学地把握历史的主张下开展起来了。这一问题是相对于"二战"中超国家主义历史观的反命题。就方法论来说,虽然历史唯物论占据了优势,但韦伯的方法论对学界的影响也是极大的。

但是,毕竟从战中到战后的这一期间,历史研究出现很大的空白,面对战后新的社会形势,历史研究也不可能立即展开。当时的学界可以说是处在一种虚脱状态。好在有日本史学家石母田正的大作《中世世界的形成》(伊藤书店,1946 年。后又由东京大学出版会增补再版)的问世,才填补了这一段空白。那部著作虽说是马克思主义学者石母田正在"二战"中的研究成果,但其中仍以生动的笔法通过对日本古代寺领庄园中长期的阶级斗争,描述了中世领主支配关系形成的历史过程。总之,那部著作以中世领主制的生成、发展为标志,具体地阐明了日本古代奴隶制向中世封建制的变革过程。

这里所说的古代奴隶制,并非在古典古代世界盛行的那种典型的奴隶制,而是由律令制所强烈制约着的所谓亚洲奴隶制。在古代日本那种家长制的家内奴隶制,虽然可以说与典型奴隶制起源相同,但又是发展不成熟的,一直有着自耕农的广泛存在形式。由于这一特性,多数学者将日本古代王朝的体制规定为封建制。但是,渡部义通等在战前的研究却认为这是日本式的奴隶制(更一般化地说是亚洲奴隶制。渡部义通《古代社会的结构》,伊藤书店,1948 年。后由三一书房再版)。作为渡部研究小组成员的石母田正,又进一步研究,并认为继这种日本式奴隶制之后,又有一个封建农奴体制的形成过程。

然而,日本式奴隶制的律令制的母国,毫无疑问是中国,即隋唐帝国。所以,日本封建领主制的产生也是日本脱离亚洲的古代世界而走上独自历史道路的过程。也可以说这正是日本与中国后来分别走上不同道路的分歧点。所以,那种认为在中国不存在日本那样的领主制、武士集团的中世社会关系的观点是很有可能成立的。例如,已故的加藤繁在战前就已经论述过有关日中两国的历史差异问题。他认为像日本这样长期的封建制,在中国只是早在周代存在过,从那以后基本上实行的是官僚制的文官政治(《支那与武士阶级》,《史学杂志》50—1)。按照加藤繁的观点,在六朝及唐末曾经存在过的私兵集团中,将军们虽然活跃一时,但他们却未能成为日本那种以世袭的主从关系为基础的武士阶级,而是最终被中央集权的文官政治所并吞。本来具有军队意义的部曲至隋唐时期演变为贱民的称呼这一事实,就说明军事上的主从关系并没能发展成为封建的主从关系。于此,我们可进一步看到两个民族社会发展方式的差异;在日本坚实的主从君主道德得到发展,形成了人情义理深厚、坚固的民族特征,这奠定了日本民族健全发展的基础。

　　加藤的观点虽说对后面将要论及的封建制与近代化关系的问题具有先见之明,但是相对于这种日本武士的封建领主制来说,中国的文人官僚支配的不同状况究竟又是怎样产生的呢? 加藤自己虽未曾谈及于此,前述石母田氏的著作则对此有所论及,他认为在中国共同体内部虽然也存在着阶级分化,产生了地主与佃农,富农与贫农的对立,但是由于共同体关系的强大作用,而呈现出阶级关系模糊不清的特征。比如,同族村落中互相扶助的机能,即富户的救恤、义庄、祭田等制度,与宗族成员之间的阶级关系相比,作为同一共同体成员的关系被看得更为重要。另外,由于众多小家族累世同居,也导致了难以分化的共存形态的出现。日本中世族的结合则有所不同,即分家后又再度结合的亲族组织,各家的家长作为各个宗族相结合中的主体是具有高度的独立性的。这种宗族结合方式的不同,表现为前者(中国社会)的停滞性和后者(日本社会)的活动性的差异。

　　按照这种观点,在中国虽然也存在着领主制封建的生产关系的基础,但是与生产关系相对的政治形态(分权的)却由于宗族关系的制约而未能产生。武士集团未能产生的原因也可以说就在于此。如同我们所见到的近代的械斗那样,为了村落自卫而产生了战斗组织,作为组织统率者的斗魁和作为被统率的斗徒之间的关系,最终也没能超越族长与子弟的共同体关系,即没有扬弃以往的血缘组织向私的主从关系发展。按照以上观点,在中国没有发展形成领主制和武士阶级的原因,与其说是不具备条件,不如说是虽然也具备了条件,但是这些条件没能冲破共同体秩序关系的束缚。而日本则突破了这种制约,使封建关系得以迅速成长,以至与东方世界分离而走上独立的历史道路,最终奠定了近代日本的基础。

在石母田氏上述的比较史的研究中,上层建筑相对于基础的独立作用的观点很重要;另外,他还提出一个值得关注的问题,即必须将各民族历史中贯穿的世界史普遍规律及本民族特性的两个方面予以统一把握。

后来石母田氏以上见解又有了进一步的深化,在《中世史研究的起点——通往封建制的两条道路》(载于远山茂树编《日本史研究入门》,东京大学出版部,1949 年,及增补版《中世世界的形成》)中,他将唐帝国与罗马帝国进行了比较研究,认为那些被纳入唐帝国势力范围的周边各民族,随着唐帝国的崩溃而走上了各式各样的国家与文化的发展道路。日本经历了从唐帝国圈内古代国家而发展为封建国家的过程,中国社会自身也经历了由唐至五代至宋这一过渡时期的深刻变革。在这个过渡期内,由藩镇体制体现的国家权力的地方分权化,以及色彩浓重的武人主导的军事性格等等,都显示出由古代帝国向封建国家转变的特征。然而在过渡时期之后产生的宋朝,却是一个比前代各王朝专制得多的中央集权官僚制国家。也就是说,在作为古代统治阶级的贵族阶级大大没落时,事实上并未形成封建领主阶级独立的政治势力。

就这样,隋唐帝国的崩溃虽然显示了东亚各民族,特别是日本与中国在封建社会发展道路上的分歧点,然而问题在于为什么会产生封建化的成熟与不成熟这两条道路呢? 石母田正《中世世界的形成》虽从介乎领主与农民之间的共同体诸关系入手进行了探讨,然而中国的领主制究竟为什么没能像日本那样,经过农村古代共同体社会的变革,建立起中世封建政治结构的问题仍然没有解决。这就必须从中国中世领主制的结构上来分析了。石母田氏正是由此进行反思的,他根据加藤繁、周藤吉之氏实证研究的成果,对宋元时代佃户制的性质进行了研究和阐述。

佃户虽在法律上的身份是自由民,是良民,但在现实中他们常沦为地主典卖的对象。另外,佃户虽大体上是经营的主体,但在耕牛、农具、种子、肥料以至居住等方面都是依赖于地主的。由于佃户在地位上这种特别的隶属状况,与其视之为契约式的小农关系,不如将其理解为一种近乎奴隶制的关系。石母田氏就是如此通过与日本的初期庄园或罗马的佃农制比较而定义佃户的。总之，他认为这是一种从奴隶制向农奴制的过渡形态，也就是说，虽然唐帝国的崩溃意味着奴隶制社会向农奴制社会的转变，但是中国仍然未能彻底升华到中世的封建制阶段。

那么，佃户制的这种特质与宋代以降的中央官僚国家制之间究竟有着怎样的内在联系呢？石母田氏认为，一般地说，虽然封建制的土地所有经营形态从奴隶制的直营形式逐渐向小农耕作和地主耕作形式分化是普遍现象，但是在佃户制中地主耕作经营却很少。这意味着佃户制中地主具有严重的寄生性。随着古代帝国的崩溃，产生了大批的破产农民，为佃户制提供了充足的劳动力来源。由于地主可以通过债务关系控制劳动力，遂可在自己的土地经营中享受寄生的生活。与此同时，国家政府对佃户制生产关系的保障也促成了这种寄生性。总之，地主没能自发地集结为与国家权力相对的、独立的政治势力，古代国家没有被彻底扬弃，作为中央集权国家继续存在着。但是，另一方面商业的都市关系却在发展，显示出近世的征兆。中国的封建时代兼容着古代的、中世的以及近世的各种要素，呈现出错综复杂的历史现象。

以上就是石母田正《中世史研究的起点——通往封建制的两条道路》一文的大义。其旨趣虽仅在于对《中世世界的形成》一书观点的进一步阐述，但特别值得注意的是，在中国古代与中世的分期问题上，论及到了唐宋时代变革的具体历史过程。另外，与此相关的是，还从具体的生产关系的论证上，提出了中国农奴制是一种佃户制的观点。相对于日本的典型性的封建化，虽然与前说仍是一致的，但毕竟提出了中国也以其特有的方式跨入了封建化道路的主张，而且进行了具体地论证。石母田氏自己曾说，他的前说有着强调共同体关系顽固性的停滞论倾向，而后说则是着眼于摆脱停滞论的（《关于封建制成立的特征》，《思想》1949 年 8 月号）。

不可否认的是，石母田氏在 1949 年对停滞论的摆脱意向与他对当时政治形势的态度是紧密相关的。他在《中世史研究的起点》中说："战后时代中国革命的进程与日本革命显示出不可分割的关联和连带性，这意味着两国经过长期的历史交往而达到了最后的阶段。"于是,石母田氏认为,"为了阐明这一划时代的世界史意义,必须对东方各民族历史中中国与日本的历史相关关系,从现代的变革观点出发重新进行评价"。并指出以下课题必须引起重视:(1)现代中国革命与日本革命的结合;(2)19世纪中叶的明治维新与中国太平天国以及半殖民地化时期的并存;(3)古代世界帝国的崩溃,日本及中国中世封建社会的成立时期。也就是说,他认为不应像《中世世界的形成》所主张的那样,只是着眼于日本与中国社会的差异,而必须从两个民族的政治关系的立场出发,去认识历史的共同性和相关性。当然,这种意识的产生来自于他对日本战败、中国革命的飞速发展以及日本革命的课题等等现实问题的思考。摆脱停滞论的理论课题,就是这样在政治与学术结合基点上形成的。①

(二) 中国封建制说的展开

上述石母田氏所提出的问题曾对一部分东洋史学家产生过强烈的影响。石母田氏很善于利用东洋史学者的实证研究成果,除了前面所谈到的加藤、周藤二学者的研究之外,对隋唐古代说的始倡者前田直典氏《东亚古代的终结》(《历史》——一四,1948 年 4 月发行。收入铃木俊、西嶋定生编《中国史的时代分期》,东京大学出版会,1957 年;前田《元朝史的研究》,东京大学出版会,1973 年)等都能继续从理论上给予展开,引起了东洋史学家的关注。

另外,石母田氏的观点虽然先在 1949 年历史学研究会大会上为松本新八郎氏《关于原始及古代社会中的基本矛盾》(历史研究会编《世界史的基本规律》,岩波书店,1949 年)的报告所引用,但是中国史学家专门对其进行实证的展开,则是从第二年的大会上西嶋定生氏《古代国家的权力结构》和堀敏一氏《中国的封建国家形态》(历史学研究会编《国家权力的诸阶段》,岩波书店,1950 年)的报告开始的。堀氏的报告是共同报告《封建国家的本质及其历史诸形态》中的一篇,共同报告中石母田氏根据永原庆二(《日本的封建国家形态》)、堀敏一报告的内容作了题为《有关封建国家理论的诸问题》的综合报告。这次大会由于历史学研究会明确了今后的中国史研究方向，所以应该说是一次很重要的大会。

先看一下石母田正的报告。如果从宋代以降为中世的立场出发，将中央集权的官僚国家视为封建国家的观点能否成立还是个问题，因为一般认为封建国家是地方分权的国家形态。这一点他在前述《中世史研究的起点》中认为是古代国家的残留形态，但在这一报告中他的看法有所改变，认为：地方分权的国家形态不一定是封建国家的必需条件。即使是在地方割据的统治形态中，国家仍然是阶级统治的机构，所以必然产生统一的统治力量，西欧封建国家中的王权就是这种意义上的产物。因此，中国封建社会的中央集权的官僚制国家的形成也并非不可思议。宋以后这种国家的继起，正是当时尖锐阶级关系的深刻体现。例如，由唐至宋的过渡期中以黄巢之乱为顶点的频繁的农民造反即是如此。这些造反比日本古代末期的造反规模大得多，是中世中国人民在长期积蓄之后巨大能量的爆发。面对这种农民运动，无论是作为个体的大土地所有者，还是地方权力，都无法抑制，所以才必然地成立了中央集权官僚国家。

以上即石母田氏观点的大意。总之，值得注意的是该氏虽在以往曾认为中国封建国家是不彻底的封建国家，此时却已认为中国的封建国家是与西欧、日本的封建国家并存的另一种形态了。这一中国封建国家论是依据堀敏一氏报告内容而得出的，[②]堀氏的观点又是与上述西嶋定生氏关于中国古代国家的报告紧密相关的。而西嶋的报告是关于中国古代奴隶制的，下面就介绍一下该氏的报告。

西嶋氏的观点是从以下前提出发的：既然是古代国家，那么理所当然的是奴隶制的统治关系。不过奴隶制也因其产生方式的不同而呈现出不同的形态。总之，他认为对于历史上的奴隶制问题，有必要从一般性与特殊性两方面进行研究。历来停滞论不承认中国也有奴隶制的阶段，因此为了打破停滞论，突出中国社会的发展性，就有必要肯定奴隶时代的存在。那么，如果中国型奴隶制确实存在的话，它又是如何产生并存在的呢？春秋战国时期铁器的开始使用，促使农业生产力有了划时代的发展，作为周代封建制基础的氏族共同体因此瓦解了，家长制的土地所有制由此产生了。但是，另一方面也产生失败者，他们被家长制土地所有制吸收,于是产生了家长制的家内奴隶制。这样形成的家长制家内奴隶所有者的同族结合体,即所谓豪族。在豪族的土地经营中,这种家内奴隶的使用是有一定限度的,没有发展成为古典古代社会所见到的那种劳动奴隶制,而是与其周围佃作形态的假田制伴随发展的。由于这种制度乍看起来与封建农奴制类似,所以以往不少学者视其为农奴制。但是这种佃作关系,并不是单独存在的,而是以家内奴隶制为其轴心,这种家内奴隶制与佃作制的相互补充的结构体,就是中国型的奴隶制。

这样一来,又产生了为什么中国会产生这种制度形态的问题。西嶋氏对此是从生产力发展的不均衡性上给予解释的。即铁制农具普及上的不均衡性导致了生产力发展的不均衡性,因此氏族共同体也并非彻底崩溃了,而是残存下来了一些制度的遗迹。这就是汉代的集落“里”。它成为了一种阻止家长制家内奴隶所有者权力渗透的力量,这种“里”体制下的小农纳入豪族的支配以后,并未完全地奴隶化,而是以佃作制的形式存在着。

在这种社会经济体制之上,形成的上层建筑,即汉帝国。但是,汉帝国并非从最初开始就是以豪族的支配权力形式出现的。在前汉帝国,国家权力自身体现出豪族的性质。即像刘邦集团那样,皇帝与臣下的关系有着与豪族与家内奴隶的关系类似的结构。从这一意义上说,国家权力及其支配下的豪族可以说站在同一层次上,所以二者间形成了一种激烈的对峙状态。前汉帝国虽然采取过各种抑制豪族的政策,但都没有成功,后汉以后豪族的地位反而更加优越了。财政制度的变化对此可以说是最好的说明。如同加藤繁氏曾经阐明的那样,帝室财政与国家财政从两方面构成了前汉的财政体制,后汉时期前者并入后者出现了一元化(《汉代的财政制度与帝室财政的区别及帝室一斑》,《支那经济史考证》上卷,东洋文库,1952 年)。总之,国家摆脱了自身的豪族性质,形成了作为豪族群体共同的权力机构的国家体制。

就这样,中国古代国家在后汉王朝时期大致形成了。但是此后直至隋唐之间又有着怎样的发展脉络呢? 西嶋氏对此曾作了以下的展望。他推测在农业生产力发展不均衡性的基础之上建立的秦汉社会,随着后来生产力的均衡化,这种基础必将丧失。作为氏族共同体制残余的"里"崩溃的时候,豪族支配下的佃作制也就注定要崩溃了。就豪族来说,这构成了一次严重的危机,于是豪族阶级感到有必要对支配农民的体制进行调整,这就产生了三国时代的屯田、西晋的占田和课田等土地制度,直至隋唐的均田制。

因此,据西嶋氏的推测,隋唐时代出现了古代国家的再造,这意味着古代国家的最后形成。堀氏的封建国家论也是以对隋唐帝国的同样理解为出发点而展开的。以下就对堀氏的观点作一概括地介绍。

堀氏的出发点来自于对石母田氏有关宋代以后国家集权的性质仅仅是古代遗制反映的旧说(《中世史研究的起点》的理论)的反思。也就是说,宋代以后,国家权力有其随着佃户制的发达而逐渐强化集权的倾向。他认为,集权制的再现不仅仅起因于佃户制封建土地所有的未成熟性,同时也因为佃户制本身存在着对集权制的需求性。

比如,像黄巢之乱等所显示出的农民造反的强大压力,不正使地主阶级产生了对集权制的需求吗? 这里,农民的独立性是被充分地肯定的。唐末农民表现出的强烈独立性,在中国古代社会极早的时期就形成了;与希腊、日本不同的是,这种独立性并非来自外部的影响,而是由于其内部逐渐变化着的因素而形成的。这一长期的中国古代社会的最后阶段即唐代,作为统治阶级的豪族成为国家的寄生官僚。所谓均田制就是这种豪族对国家的依存体制的体现(在这种寄生官僚论中,堀氏的理论是与西嶋说相互衔接的)。

造成豪族寄生官僚化的这种农民的强大独立性,是以当时生产力的发展为前提的。例如被西嶋氏所阐明的,华北两年三季耕作的形成(《碾硙的远方》,载《历史学研究》125 期,又见西嶋定生《中国经济史研究》,东京大学出版会,1966 年)、江南水稻耕作区的开发、商品流通的发展等等。这些发展逐渐动摇了均田制度,并导致了中唐以后政治上的动荡。以分权为特征的藩镇的建立,体现了地方封建势力的抬头。唐王朝为了对付这一事态,实行了两税法、专卖制等新经济制度。然而,不论是藩镇体制还是新经济制度,就其自身而言,皆非对古代的否定形式。在这种体制之下形成的新兴势力,也因其与国家权力的相互依存性,所以在本质上与唐王朝并无矛盾。就在这样新旧支配势力之下,农民中出现了明显的无产化倾向。这是以商品流通为背景而形成的,其中蕴藏着激烈的矛盾。矛盾激化而爆发黄巢之乱,这场暴乱既荡涤了旧的贵族势力,也使地主感到靠个体力量是无法抑制农民反叛的,于是要求出现一个集权的国家权力。然而作为实现这种要求的可能的经济条件,当时商品流通之发达是不容忽视的。

堀氏报告的大意即如上所述,后来他又对这一旨趣分别著文论证并予以深化。特别是对农民暴乱和藩镇结构的研究颇用功夫。例如他在《唐末叛乱的性质》(《东洋文化》7)中认为:唐代贵族官僚化了,官僚制虽因此出现了完善的形态,但随着官僚机构的动摇,围绕官位的权势之争也激化了。因此,在这一阶段,飞黄腾达的进身之路仅仅是以位于官僚制顶点的君主的专制与个人恩宠关系为保证的。虽说宠臣曾发展到了左右唐朝政治的地步,但通过这种恩宠关系也打开了胡族和平民进身的道路,带来了贵族制进一步的没落。安史之乱中胡族出身的安禄山与平民出身的杨国忠的对立,就出自于这种宠臣间的权力之争。

天子与宠臣的关系虽属个人间的关系,但同样的人际结合关系也存在于安禄山集团和其他的藩镇内部。这种关系最明显地体现为藩帅与士兵之间的养子及义兄弟那样的准家族关系。如安禄山将八千降胡以养子的形式养为自己的私兵,另又将作为近侍的一千多人豢养为家兵。如此,节度使军队的核心虽具有准家族的结构,但由于对士兵自身的保护和恩宠是通过专制支配而贯彻的,所以仍具有奴隶制关系的一面。

另外,安史之乱后出现了河北地区半独立的藩镇,他们与唐朝政府争权,并赢得了领土世袭、税收独立、官僚自由任免等权利。与此同时,这些藩镇内部也不断出现以下克上的危机,部下废立藩帅的危机不断发生,藩帅的地位很不稳定,为此他们又无法割断与中央权力的纽带。总之,唐代的藩镇体制一方面确实出现了私的结合,但最终未能突破古代官僚制。

是黄巢之乱最终割断了藩镇对唐王朝的依存关系。黄巢的叛乱势力,是以不满时政的任侠为核心的、无产化了的庞大流民组织。这一流民集团最初并没有推翻唐朝的目的,由于组织上的涣散,占领长安立足未稳旋即溃败。黄巢军虽然有弱点,但由此唐王朝灭亡了,诸藩镇的独立也成为了可能,历史于是进入了五代时期。

由以上的论述,堀氏得出结论,如果将佃户制规定为农奴制的话,何以中国未能出现封建的政治结构,而只是出现一种以下克上的(即官僚制的)形态呢? 成为封建制起点的主从关系,在初期虽曾有过私的保护性质,但这种关系是以土地所有为依据,且一直延伸至公的权威高度而存在着的。总之,封建制是通过土地所有者相互关系来体现的,这种关系虽是作为社会秩序维持者的公的权威而形成的,但这种封建制从古代社会中产生的时候,作为地方大土地所有者的古代豪族登上了阶级的顶点,进而否定并克服了古代官僚制(武士家的统领、日耳曼的王)。而在官僚制彻底化,贵族完全寄生于官僚制的中国,是不可能有封建政治机构的,只是在不否定官僚制的状态下,出现了以下克上的变革方式而已。

概括而言,按堀氏的观点,在中国没有产生封建的政治机构,其原因在于官僚制的彻底化。即使生产力在发展,也不一定就伴随产生政治、军事上人际关系的历史新局面,总之,没能清除准家族关系的奴隶制关系。西嶋氏试图用来解释秦汉社会的家长制家内奴隶制的结构在此又再度产生,或曰仍未摆脱。

值得指出的是,西嶋氏所谓的秦汉社会结构,是以家长制家内奴隶制为核心、包括其周围共同体农民的社会结构。这两种民众的互补关系,被认为即中国古代奴隶制具体的存在形式。关于这一点堀氏是怎么解释的呢? 在其大作《黄巢的叛乱——唐末变革期一探索》(《东洋文化研究所纪要》13)、《藩镇禁卫军的权力结构》(《东洋文化研究所纪要》20)中,对上述论文又作了进一步的整理、阐述。他对作为唐朝古代官僚制的对立面而出现的藩镇势力以及黄巢叛乱集团,或给这种种势力以指导的、后来在宋代以降成为集权官僚国家领导者的富商、土豪势力的内部结构进行了分析。西嶋氏认为这些势力的核心部分应即家长制家内奴隶制。例如,藩帅与亲卫军、黄巢与他的亲属及被保护者,以及庄园主土豪和庄户等等。另外在这核心部分的周边是各种如佣兵、破产农民或乡人阶层。

他认为在这一周边部分存在着古代国家自耕农的人身支配关系。这两种关系中一是私的,一是公的,虽说形式不同,但就其自上而下的支配关系及其不完全凭借土地为媒介的人身支配关系的意义而言,二者都属奴隶制关系。藩镇等势力中产生的那种私人结合关系,虽说一方面瓦解了唐朝律令体制的基础,但另一方面又仍然对其有所依赖。也就是说,前者那种私的关系,由于包容了后者而没能缔造出自身的政治机构——封建的政治机构,从某种意义而言,即使是再现一个古代集权的官僚国家也是可能的。但是,支撑这一国家的土豪、富商层可以说是不成熟的,而他们又显然是封建生产方式的佃户制的主导者,从这一意义上说,他主张应该将五代、宋代以后视为中国的封建时代(《唐末的变革与农民层的分化》,《历史评论》88)。

(三) 封建制说在逻辑上的矛盾

正如以上所详细见到的那样,战后最早由石母田氏提出问题,在西嶋、堀两氏那里得以展开为对中国的奴隶制及其形态、以及向封建制发展模式的实证研究。总之,这些研究是通过中国社会也同样随着世界史规律而发展的论证,超越所谓停滞论的具体尝试。那么,这一尝试真的成功了吗?

西嶋和堀氏的学说特色在于,认为奴隶制及封建制这两个世界史的理论范畴同样适用于中国秦汉至唐宋的具体历史过程,由此来证明中国史的发展性质。但是,显然二氏并不认为以这些世界史的理论范畴作为概念可以直接应用于中国的历史。关于奴隶制,他们认为在中国仅停止于家长制家内奴隶制,而没有发展成为西方古典时代那种劳动奴隶制。总之,这是个有附带限定的奴隶制。另外,关于封建制形成的问题,一方面认为佃户制即是作为农奴制一种形式存在的,另一方面又认为中国没有形成西欧中世那种以诚实义务为媒介的相互主从关系,没能产生出以此为基础的封建政治机构,依然停止于家长制经济制度和集权的官僚制国家。

上述二氏的研究虽说是对奴隶制、封建制的中国特殊性的认识,但值得注意的是,奴隶制、封建制在这里为何都只是给予消极的表述呢? 在此试分析如下。

二氏所试图超越的停滞论,是从欧洲世界与非欧洲世界具有不同历史本质的立场出发的,认为与前者的进步性相对,后者具有停滞性。这是一种欧洲的历史尺度,但二氏试图否定其见解,论证中国社会基本上也与欧洲世界有着共同的发展原理。但是,他们越是努力论证,越是远离真实的中国社会。例如,西嶋氏的秦汉帝国论,虽然将作为共同体瓦解结果的奴隶制度视为先进的因素,并以此来认识秦汉帝国的历史,但是对支撑奴隶制的广泛的自耕农共同体世界,却仅仅视为世界史典型发展模式的变异形态。可以说相对光而言它只不过是影而已。它妨碍着先进因素的全面发展,仅仅是落后的前代遗制。

堀氏的观点也可以说存在着同样的问题。他认为虽然在唐末出现了藩镇、佃户制、叛乱集团等各种各样新时代的因素,但是最终从欧洲封建制的观点来看的话,只不过是封建性未成熟的表现而已。这种观点没能认识到这些现象的历史实质。例如,不去追究黄巢反乱意欲推翻的对象究竟为何,而仅专注于从上述观点出发的结构论。又如对集权国家建立的问题,也是仅仅从对具有高度独立性农民的镇压机器的意义上予以解释,而不去涉及农民世界的内容——其实正是这一世界构成了集权国家的基础。将集权国家称为封建国家的观点,是基于农奴制性质的佃户制构成了国家基础这一认识的。于是所谓封建国家,就仅仅被理解为农奴制的维持机构这一抽象的意思了。但是,为何欧洲中世封建国家会出现那种分权的形态呢? 堀氏认为这不过是对古代帝国的扬弃形式。那么,如果认为中国宋以后集权的官僚国家是封建国家的一种形态的话,与欧洲同样,也是中国古代帝国的扬弃形式的观点就必须加以论证了。然而堀氏所不断强调的却是中国封建国家对古代帝国没能充分地扬弃的特点。他认为虽然存在着这一特点,但是以其为封建国家的理由,并非从上层建筑进行分析,而只是从经济基础即农奴制的佃户制作出理解。这虽说是将历史唯物主义原理应用于中国史的努力,但不能不说最终反而难以从总体上把握中国史了。

　　笼统而言,二氏对超越停滞论的努力,从结局上说仍未能脱离西欧的历史体系的窠臼。二氏仅抓住中国社会与西欧社会共同性质,试图以此为依据来解释中国社会全体,这势必会遗漏中国社会最基本的性质。中国社会相对于西欧社会的不同性质,就是以自耕农为主体的共同体社会的长期存在,它是奴隶制、农奴制等私有制经济制度全面发展的阻碍。显然二氏对此并非没有认识,如西嶋就曾把共同体关系作为奴隶制社会结构的一环来认识。但是,当试图说明奴隶制、农奴制等对中国社会进步的历史推动性时,最终还是将共同体世界置于消极的地位,在逻辑上予以忽视。然而,停滞论的依据恰恰又正是这种共同体世界的顽固存在。所以说,西嶋、堀氏虽一直意欲超越的可说是西欧文化优越论最显著特征的停滞论,但在结果上看却未能成功。由此,也能看到这正是战后史学所遇到的最大障碍。

　　当然,我们不能把责任仅仅归咎于西嶋、堀二氏,因为以奴隶制说、封建制说来全面把握中国史,其结局只能是陷入进退维谷的困境。此仅就已故仁井田陞氏的观点进行分析。仁井田氏是战后最早主张宋以后封建制说的学者之一。其观点最早得以集中阐述的著述,当属《中国社会的"封建"与欧洲的封建主义》(《东洋文化》5,又见《中国法制史研究——奴隶农奴法、家族村落法》,东京大学出版会,1962 年)了。下面就以这篇论文为主,同时也参照《中国法制史研究》的其他论文,介绍一下该氏的封建制说。

　　仁井田氏在论文的开头就说:"中世,封建社会即农奴制社会,是达到了一个发展阶段的社会结构,即历史的范畴。"这一定义,即将中世社会、封建制社会、农奴制社会三者视为同义语,认为这是带有普遍性的一个发展阶段。可见该氏与石母田、堀氏等的封建制说在理论基础上是相通的。由此立场出发,仁井田氏认为,中国史研究中对封建制阶段的定义具有三点重要的意义:(1)是对中国社会停滞性说的批判。(2)是使贯穿东西的全世界史的结构成为可能。(3)由此可以对反封建斗争的近代中国革命给以科学的解释。仁井田氏赋予中国封建制论这种意义的作法,应该说反映了当时一种普遍的思想倾向。

无论如何,他的意图在于定义中国史上的封建制时期,毕竟这标志着如上所述的,发现了作为农奴制的佃户制的存在。即从唐至宋的8—10世纪之间,是古代与中世的分界点。唐以前的奴隶及不完全奴隶化的佃客(这一定义应该说来自于西嶋说),是在称为右姓大族的大土地所有者经营中的基本耕作劳动力。仁井田氏虽然承认唐代在劳动力数量上看仍是奴隶制盛行,但是由于生产力水平的上升,奴隶制生产已向农奴制生产发展。取代以奴隶制为基础的右姓大族的,是新型的大地主阶级,即新官僚,他们登上了历史舞台。

这种农奴制的典型表现即所谓"随田佃客"。这种佃户在地主变卖土地时随土地一同转手给买方,也就是说,他们束缚于大地主的土地,没有移居的自由。尽管如此,佃户与奴隶仍有不同,奴隶必须服从主人无限制的支配,且从事的是无报酬的劳动;佃户则不同,服从主人定量的支配,拥有自己的生产资料,按照自己的计划经营,自己的劳动与那种为了他人(地主)的劳动是区分开的。总之,地主对佃户的支配,已不再是对奴隶那种直接的人身支配,而是以土地的给付为媒介的间接的支配关系了。

上述仁井田氏的佃户制论,与其他(以佃户制为奴隶制的)论者一样,在很多方面是以周藤氏的研究为依据的,但其中仁井田氏特别从法制史的角度,对佃户制即农奴制观点的完善做出了努力。他指出在宋代的法律中地主与佃户之间存在着"主仆之分",而且地主与佃户中的女性通奸是不受法律制裁的,这是考虑到了其佃户的身份。可见,佃户虽说与奴隶、部曲有所不同,但法律上毕竟不具有与一般人同等身份。

但是,佃户制也有其发展的历史过程。仁井田氏指出,从中世前半期的宋元时代到中世后半期的明清时代,佃户制是有变化的。例如,在明清律中没有关于佃户与主户非对等性的规定,佃户对地主施暴而获罪,在量刑时与一般人没有区别。地主与佃户中的女性通奸,也要同一般人一样问罪,而不再像宋代那样由于考虑到其一方为佃户身份而不予问罪了。又如,宋代强调"主仆之分",明清时代则按"以少事长"之礼行事,只有模仿长幼有序关系的规定,而身份关系从此消失了。

这种从身份制佃户制到非身份制佃户制的发展,在仁井田氏看来,正是克服佃户制农奴制关系的一个阶段,因为虽说它的最终克服是在近代中国革命的到来之时,但其背景则体现于明清时代频繁的农民暴动的"奴变"和"抗租"的之中。即认为佃户层反抗地主压迫的斗争及其势力的高涨,使得佃户制向着非身份性关系发生变化,进而迎来了近代太平天国以后的革命运动。

此外,以上所设定的中国封建制,究竟具有怎样的特性呢?如上所述,宋代的"主仆之分"虽发生在地主与佃户之间,但这种"分"的思想作为人与人关系的一般道德体系的形成却来自于宋学。宋学与宋以前的儒学一样,虽也将君臣、父子关系视为绝对的支配关系,且把以这种关系为核心的五伦视为永远不变的真理,但宋学更重要的特点应该说是试图将这种不变的真理作为宇宙秩序的"天理"(自然法)予以遵奉。意在于将一切人伦都解释为先天的规定,即提倡"守分"的思想。宋学的目的无非是企图通过对君父与臣子关系的固定化,来建立安定的社会秩序。

仁井田氏虽将宋学解释为封建的意识形态体系,同时也一并指出了其特性,认为宋学强调的是对于君父之恩,臣子有报恩的义务。这种对恩宠与报恩的强调,虽然暗示着君父对臣子的支配并不一定是无条件的,其中多少也存在着那种双方的关系,但是显然有一种强制兜售君父之恩的意识,明显具有强要臣子感恩的权力意识。实质上这与权力的无条件支配意识没有太大的差别。一言以蔽之,它是自古即有的那种凭借家长权威的关系,而不是欧洲中世的封建关系。欧洲中世的封建主义的特色之一,即君臣关系是相互以对方为条件的、独立主体间的契约关系、法律关系,而在中国则缺乏这种意义上的自由。血缘的家长支配关系始终是君凌驾于臣的单向关系。

由此出发,仁井田氏严厉批判了将周代封建制与欧洲中世封建主义等同看待的观点。虽然在君主与臣下间以受封关系相结合这一点上,二者是类似的,但是这仅仅是表面的类似:周代封建关系是由血缘的自然关系所支撑的,这种家长关系作为支配关系发挥作用,决定了古代社会以及中世社会的统治结构。因此,从这一意义上说,中国社会也许不存在封建制。仁井田氏说:"但是,这种支配自体(家长的支配——引用者注)并不就意味着中国中世连作为封建制基础的农奴制也不存在。若欲深究中国中世封建制是否存在的话,我认为这种(称为农奴制的)封建制基础的是否存在是一块试金石。"总之,正是农奴制的存在,成为了决定封建主义是否存在的关键。

以上即仁井田氏封建制说的大意,其中对作为支配制度的家长制的结构与作为封建制基础的佃户制之间具有怎样的关系则几乎没有谈到。就总体而言,给人以零乱的印象,使人感到中国社会发展的普遍性与停滞的特殊性之间没有任何内在的统一。这一点在该氏后面的发言中有着非常明确的表述。他认为在中国没有欧洲封建主义那种君臣间的契约关系,且得出结论说:"由此可见,在中国几乎只有对封建制的否定一面。然而,不应把封建主义狭义地限定于欧洲封建社会的模式。不论欧洲的封建社会,还是日本的那种,都只不过是封建主义的一种模式,从广义上看中国的封建社会,不也是又一种模式吗?"(重点符号为引用者所加)

这虽说只是相当笼统的发言,但归纳到一点,仁井田氏的封建制说似也有与堀氏等人同样的逻辑矛盾:即虽然试图根据对封建制时代的界定来论证中国史也具有世界史的普遍性,但反而遇到了中国封建化未成熟的难题。于是,为了掩盖这一点就强调佃户制之为农奴制的基础。即便如此,还是无法说明这一经济基础是如何与宋代以后的政治统治关系即上层建筑相吻合的。

另外,石母田氏(前引《中世世界的形成》)和西嶋氏的观点,也是认为共同体关系的顽固残存妨碍了典型奴隶制和封建制在中国的发展,这一认识与仁井田氏可谓如出一辙。仁井田陞在《中国的同族及村落土地所有问题》(《中世世界的形成》)中认为,10世纪和11世纪对共同体的历史来说也是个大转折的时期。这一时期古代血缘主义集团被取代,具有新的历史意义的各种集团形成发展起来,成为中世社会的特色。除了基尔特(guild)之外,重新组合的同族集团也是中世的特色之一。这种同族集团的特点在于依靠族田制(义庄、祭田等)而开展的同族间的互助活动。这种同族集团存在于华中、华南等广泛地域,最终成为当时大地主体制的支柱。由于地主唯恐同族内阶级分化会动摇封建的统治体制,为使村民有安定的生活,为了稳定封建秩序,所以要开展互助活动。另外,还以义庄的收入作为学费,供族中优秀子弟应试科举,尽可能多向官场输送子弟,指望他们将来能把利益返予同族人。可见,族田制与地主支配有着密不可分的关系。同族集团的再组合,维护了社会秩序的稳定。

正如仁井田氏所指出的,从大量宗谱(族谱)的存在可知,宋代以后各地皆有同族集团,他们建立了各种各样的族规以便执行互助功能(多贺秋五郎《宗谱的研究——资料编》,东洋文库,1960 年)。仁井田氏利用族谱,对当时的同族集团的结构、功能进行了详细的论述。根据他的研究,同族集团在义庄、祭田的共同经营之外,对草场、水利、墓地等也具有共同使用惯例的排他性,一旦与其他同族集团发生利害冲突,诉诸武力(械斗)则在所难免。另外,同族成员使用权的行使又是以共同体内部规则来体现的,例如在共有地的山上刈草,每日劳动时间及采集分量都是有规定的。对私有山林的生产也是有附加限制的(笋、茶、椿的采集时间的规定)。

总之,这种同族共同体是成员生命再生产的场所,而且它是依据族长制行使其功能的。族长又称宗子、族长、宗长、族正等,有时是并立的,他们能够超越各个家族及家长之权,成为一族的统率者。他们职掌一族的祭祀,处理族内纠纷,制裁触犯族规的行为等等。族人有服从族长的义务;但族长也必须服从族规,对同族公正忠实。如果族长自身有了不当行为,就会被族人罢免。这种罢免权在族规中被明文规定,例子不少。总之,族长的资格并不仅仅在于他们是一族长老,他们还必须是获得人望的有道德的人。

从以上研究可见,同族关系并非单一垂直的支配服从关系,还暗示了一种横向的同伴意识的连带关系。与此相关的问题是,包括在同族关系之中的个体家庭的存在形式。同族关系有优越于家庭的独立性的倾向,这与仁井田氏所论家长权的统一性、排他性、绝对性等的欠缺不无关系。另外，家产均分主义也是削弱家长权的一个原因。总之，中国的家族自体并非垂直支配关系的贯彻，而是那种家族中有个人的权力乃至权利的扩散的情况（他指出众多子女分家析产的现象。南宋时期，江淮地区女子拥有男子二分之一的继承权）。他认为这种情况下，由于家族的整合作用很不充分，因而各个家族成员之间又存在一种叫做同族结合的横向连带关系。

另又如前所述，仁井田氏是从为了维持大地主体制的安定社会秩序的角度把握同族结合的历史意义的。另一方面，如仁井田氏自己所详细论述的那样，同组结合具有重要的共同体的性质，它体现了民众间农村生活自主规律的存在。即使同族内的大土地所有者、长老和族长，无论谁都无法无视这一规律。且认为如果单纯地将此仅仅作为大地主体制的安定社会秩序的手段，未免太停留于表面性的观察了。尽管如此，仁井田氏仍固守自己的立场，其理由在于，他坚持主张以佃户制即农奴制的命题来界定当时的社会关系。他在描述了当时同族共同体的情况之后得出结论说："但是，无论如何同族结合是大地主体制的支柱，具有一边贯彻同族利己主义，一边又使封建秩序的村落秩序安定化的作用，这是依赖大地主利用农民的手段……"（同书，第687页，重点符为引用者所加）。这里，他几乎没有探讨共同体关系与地主制关系究竟有着怎样的内在结构的问题，不能不使人有一种仅从用词上将二者勉强结合的感觉。

（四） 封建制说的动摇

如上所述，1950年前后由石母田、堀、仁井田等氏所推进的中国封建制说的最主要的依据是认为作为封建农奴制的佃户制的存在。然而，即使佃户制即农奴制亦即封建制的命题能够成立，还是存在一个问题，即宋以后的中国社会并非只用这一命题就可以解释得了的。就像仅仅以奴隶制范畴解释秦汉帝国一样，其实最困难的是，用这一学说难以说明中国独特的上层建筑即专制国家权力。宋以后君主专制的中央集权性质特别浓厚的官僚制国家,究竟与农奴制佃户制有着怎样的对应关系,对此堀氏等人的解释是不能十分令人信服的。如果佃户制并未能产生出所谓封建的政治机构的话,那么就应该探讨佃户制是否为农奴制的核心机制。总之,如何说明佃户制与集权国家形态之间的相互依存关系,对封建制说真是个进退维谷的难题。

对此,仁井田氏认为,宋以后的社会的基尔特、同族村落等具有强烈封闭性的团体,存在一种分权的倾向。这一主张虽然赋予了国家权力分权的封建性质,可他对此问题却未作任何探讨。正如再三说到的那样,封建制说为了自圆其说就不能仅仅局限于社会经济基础,还必须对从经济基础与上层建筑的相互作用中产生出的社会整体机构只能是封建结构这一点上作出证明。然而,这对于始倡于1950年前后的封建制说,是一个极大的难点。实际上,从那以后学界正是因此而遇到了各种各样的问题。

首先,关于佃户制的问题,对周藤氏说宫崎市定氏提出了批判(《汉代以后的土地所有形式》,《东洋史研究》12—2,1952年)。堪称京都学派骁将的宫崎氏主张唐宋之间的变革使中国社会从中世进入了近世,本论文也是这一主张的一环,认为佃户制是近世的佃作制。其论点为:(1)至唐代,中世的庄园已经具备了庞大的规模,宋以后由于所有权的分割,加剧了庄园区划的零散化。(2)其结果是地主在与佃户的关系中失去了领主的人格,二者的结合变成了经济的契约关系。(3)被认为是将佃户强制地束缚于土地的那些史料,或是为了防止佃户撕毁契约而逃亡的措施,或是人手不足的宽乡地主为了确保劳力的行为,仅此而已。(4)南宋时代二重佃作权(地主——业主——种户)的存在标志着土地使用权的确立。对以上观点周藤氏曾有过反批判。关于对佃户制理解的争论我们暂时先放一放,无论如何,宫崎说的重大意义在于从经济基础与上层建筑的相互关系上作出了解释。

众所周知,由内藤湖南所提倡的京都学派的历史分期法认为,至汉是古代(上古),至唐是中世(中古),宋以降是近世。而且中世与近世的一个不同点即贵族政治与君主独裁政治的区别:在贵族政治中,贵族阶级是与人民身份人格相对的支配者,君主仅仅是贵族阶级的共主。但是唐宋间的变革扫除了贵族统治,建立了新兴的君主独裁政治,君主与人民之间的贵族阶级媒介消除了,形成直接的统治关系。这意味着身份人格支配的消灭。京都学派就是用这样的历史分期法,提出了唐宋间的变革扫除了中世诸关系、产生了新的历史阶段的主张。其中,宫崎氏的佃户制论认为,佃户制正是这一新阶段即近世社会中出现的佃作制,且认为这是与君主独裁的上层建筑相对应而产生的契约的、非身份的经济体制。

　　这是对佃户制农奴制说的正面直接的批判,周藤氏也予以了应战。后来围绕这一观点学者们虽提出了各种各样的见解,且有着相互的批评,但还是没有明确的结论(参见草野靖《大土地所有与佃户制的展开》,《岩波讲座》世界历史9·中世3,岩波书店,1970年;小山正明《亚洲的封建制——中国封建制的问题》,《现代历史学的成果与课题2共同体·奴隶制·封建制》,青木书店,1974年)。但是这种状况至少表明佃户制即农奴制说本身已很难视为学术界一致的看法了。就这样,以往持封建制论的一方也对从西欧式的农奴制概念出发理解佃户制感到了不安(参见堀敏一《唐帝国的崩溃》,《古代史讲座10》,学生社,1964年;及前述小山论文)。

　　其次,除了上述对佃户制性质的界定之外,如何看待宋以后社会的问题也被提了出来。仅仅从所谓佃户制的私的经营角度出发,是否就能推导出社会的整体性质还是个疑问;具体来说,对于乡村社会,应注重从超越个体经营,或曰对其作出总括的角度予以把握。作为这种研究方向的一例,这里对柳田节子的《乡村制的展开》(《岩波讲座》世界史9·中世3,岩波书店,1970年)介绍如下:柳田氏虽然同意地主佃户制为宋以后基本生产关系的观点,但同时也指出当时的国家权力并不是直接地无任何媒介地建立于生产关系之上的。即作为国家权力统治基础的乡村,不是仅仅以地主佃户制就能概括得了的。唐末形成的大土地所有制并未将无产化了的农民全部作为佃户吸收,没能形成全国规模的庄园制社会。因此,在乡村广泛存在着众多未能编入大土地所有制的中小土地所有者阶层的两税户。这些自耕农为了再生产,而有必要结成横向的相互关系。

总之,分别存在着地主与佃户的纵向支配关系,以及自耕农之间的横向连带关系。柳田氏认为对这两种关系如何结合成为国家统治基础的问题,有必要进行研究。

柳田氏的观点本身并未与封建论相抵触。但是,如果与前述仁井田氏的同族村落论相比较的话,柳氏观点的独到之处是显而易见的。即仁井田氏只将同族结合的共同体理解为佃户制的支配手段,而柳氏则认为乡村结合的共同体是与佃户制关系不同的另一种社会关系,其与后者之间有着怎样的联系,即二者是否有着内在的关系,是今后应该研究的课题。这样一来,柳田氏的宋以后封建说仍是个未完成的观点,就她提出的课题继续研究的话,当然还存在着一个广阔的未知世界,这一点是不难想象的。

说到中国史研究中的未知世界,首当其冲的要算是以各种各样形态出现的共同体世界了。正如上面反复谈到的那样,共同体社会关系可算是中国封建制说(乃至奴隶制说)所遇到的最棘手的问题了。西嶋氏、堀氏后来也对此深有感触。众所周知,西嶋氏由于受到批判而撤回了自己1950年提出的观点,不久又以新的设想提出了秦汉帝国论,认为帝国是自耕小农所构成的共同体秩序的一种扩展形式。此外,就堀氏来说,近年也有着从作为豪族体制的一侧面的共同体关系入手,探讨隋唐国家权力形成基础的明显倾向。例如,认为均田制是国家掌握豪族控制下的农村共同体秩序,从而抑制豪族大土地私有的产物(《均田制的形成》上、下,《东洋史研究》24—1、2;《中国古代史与共同体的问题》,《骏台史学》27。亦收入《现代历史学的课题》,青木书店,1971年)。关于以上见解的评述可参见本书后章。最主要的是这里共同体已不再是仅仅被作为历史的残余,而是作为国家形成的基础来认识了。就这样,西嶋氏、堀氏观点的变化对封建制说有着不小的影响。特别是围绕西嶋氏的旧说论争,以及西嶋氏撤回自己的观点一事,使人们对中国史上也存在奴隶制时代的认识,产生了深深的疑问,这一疑问又以如何把握中国史的方法问题为媒介,给日本战后史学的新体系以沉重的打击,甚至可以说这意味着中国史研究中"战后"的终结。

二、对单系发展说批判的展开与封建制的问题

(一)"近代化"论与封建制的再评价问题

如上所述,进入20世纪50年代中期,使用奴隶制、农奴制等一般概念把握中国史,旨在由此对中国史进行世界史意义上把握的尝试,无论在理论上还是在实证上都遇到了极大的障碍。由此必然地引起了一种新的动向,这就是强调中国史特殊性的倾向明显地增大了。具体说,即强调中国社会的专制特性,强调专制国家与民众之间基本阶级关系的倾向增大了。认为民众内部的阶级分化产生了阶级关系,这一关系决定着社会之本质的观点越来越退却了。这种倾向虽然并不能全面否定民众内部的阶级分化现象,但认为那毕竟应该是一种次要的、从属性的关系。

西嶋氏的汉代史研究新说已经表现出了这种倾向,我们应该注意这种倾向对六朝史研究所造成的强烈影响。众所周知,六朝社会的时代特征一向被认为是贵族制。例如,由于六朝贵族是超越国家权力而存在的,所以或可说国家权力是贵族阶级的合议机关。社会的统治阶级是贵族,各个王朝只不过是拥有一时的权力而已。这种以贵族制来界定六朝社会历史性质的时代观,曾流行于战前,不用说这是以内藤湖南为鼻祖的京都学派的观点。进一步来说,这一观点依据的是清代考据学的成果,代表了传统史学的正统观点。

当然,京都学派的六朝中世说的依据就是这一传统的贵族制论。而西嶋氏的旧说认为,六朝贵族是古代豪族即家长制家内奴隶所有者官僚化的产物。这一观点与京都学派的中世贵族说虽然相差甚远,但在认为六朝贵族多少是在其社会内部具有(或曾具有)某种势力根源的自立阶级这一点上,却有些共同之处。与此相对,在西嶋说(旧说)退却的同时,矢野主税、越智重明等人提出的六朝说有着新的倾向,即不太强调六朝贵族的阶级自立性了。矢野、越智两氏的观点可大致概括如下。

矢野氏分析了魏晋时期大贵族的经济生活,认为由于多数贵族依靠俸禄生活,所以六朝贵族最终仍与秦汉官僚同样,是寄生于国家的官僚,

只不过是马克斯·韦伯所谓的作为家产官僚制（patrimonial bureaucracy）的君主的从属物而已。在这种构造中，国家是权力的唯一存在场所。汉帝国如此，六朝也基本如此。就连堪称贵族全盛期的南朝，也是皇帝对立于诸贵族及贵族制，而确立其绝对政治地位的。

越智重明的六朝论虽与矢野氏说有所不同，但在强调六朝贵族的寄生官僚特性这一点上可谓同出一辙。他认为六朝的士大夫直至魏、西晋时期，仍是既有官僚的一面，又有作为社会名望家的自立的一面；但是东晋以后，官僚的一面增强了，变成了依存于国家权力的寄生官僚。与此相对应的是，皇帝权力对贵族阶级特权的排除，从而贯彻了一元化的人身支配关系。

两位学者的观点的旨趣何在呢？一言以蔽之，即他们表达了对以贵族制界定六朝时代特性的怀疑。若依照他们的观点，中国史岂不成为专制权力对民众的一贯支配图式了吗？如果他们的观点表达的确实是这样的旨趣，那么应该说他们对将中国史划分为古代奴隶制社会、中世封建社会的历史发展阶段说是持否定态度的。

他们的观点是否正确的问题将在第二编第三章给以论述，此不赘言。但是，我特意举出二位的观点，是因为它们与20世纪50年代后半期兴起的世界观有共同的倾向。这种倾向若用一句话概括的话，即这是一种对战后以单系发展说为特征的世界史理解进行批判的思潮。它并非仅仅产生于东洋史学界内部，更来自于其外部的强烈影响；它也不仅仅发生并流行于日本国内，更是国际间相互影响下的新思潮。此外，它也不仅是对中国史理解的单纯的学术问题，其实还与现代世界政治有着直接联系，显然还包含着重要的现实意味。下面的内容虽说有些超出本章的课题，但还是有必要对这一新倾向作一个的大体的概括。

作为这一倾向的一个代表例子，是梅棹忠夫的《文明的生态史观序说》（《中央公论》1957年2月号。收入《文明的生态史观》，中央公论社，1967年）；另一个例子是埃德温·赖肖尔（Edwin Oldfather Reischauer）的《日本近代的新见解》（讲谈社现代新书，1965年）中所收的论文。二者都是20世纪50年代后期至60年代前期名噪日本论坛的观点，对此已无须介绍。另外,由二者的观点引发的封建制认识方法的问题将在第二编第四章有所论及,此暂且不论。但是,如果从战后流行的世界史把握观点的角度来说,两学说确实向至今在日本学界占主导地位的单系发展说正面地提出了挑战。例如,上山春平氏因为不满于早已有之的马克思主义者提倡的单线发展说(从原始共产制开始,经奴隶制、封建制、资本制,达到社会主义的单线进程人类社会发展说),而试图寻找马克思主义世界观与多系史观之间相互调和的可能性,因此他对梅棹氏观点给以了高度评价,认为马克思主义应该吸收梅棹氏的多系论的观点(载于《历史观的摸索》,《思想的科学》1959 年 1 月;《大东亚战争的意义》,中央公论社,1964 年)。梅棹氏称那些沿着古代——中世(封建制)——近代(资本制)规规矩矩地发展起来的文明地域为第一地域,并指出与此相对的还存在着一个不经这些发展阶段而自成的第二地域。即第二地域是古代文明最先繁荣兴盛的地域,第一地域中古代国家的兴起,也不外是前者古代文明的波及影响下的产物,不过是对古代文明的模仿而已。然而,在第一地域中由于产生了封建制,使其进而创出了近代;相反,第二地域却仅仅是巨大专制帝国的反反复复的兴亡更替而已,没有显著的历史发展,因而在没有经历明确的封建制阶段的情况下,仅由惯性支配而进入了世界史的近代化进程。在第二地域中的近代化努力也是一样,没能像第一地域那样由资产阶级来承担,而是呈现着一种拥戴强权领导人的政府,即通过共产主义型、社会主义型的集团主义建设而企图实现近代化的趋势。

按梅棹氏的观点,日本与西欧诸国同属于第一地域,单系历史发展说仅仅适用于这一地域的社会,而占世界广大部分的第二地域各社会却另有一种历史发展方式。极端地说,即这是一种由古代直接进入社会主义(共产主义)的近代化的道路。

Ⅰ　古代——中世(封建制)——近代(资本主义)

Ⅱ　古代——…………——近代(社会主义)

Ⅰ的古代是对Ⅱ的古代的模仿,Ⅱ的近代则是Ⅰ的近代的疑似形态。于是,辨别真正近代还是疑似近代的不同发展道路,是否经过了封建制的中世就成为了重要的试金石。

总而言之,封建制的意义在于,它是成为真正近代的前提条件。我把这一关系图式地表达为"封建制→近代化",并对赖肖尔的历史观进行了探讨(本书第二编第四章)。在这种对封建制的解释中,梅棹与赖肖尔氏的观点可谓如出一辙。当然,关于封建制与近代化的关系,梅棹氏的重点在于进行事实的描述,赖肖尔氏则对封建制与近代化二者在概念的、逻辑的关系进行了极为深入的形式上的论述,使之成为一个完整的理论体系。

赖肖尔说的一个基本特点,是对日中两国社会进行了比较史学的研究。为什么在日本曾经对近代化问题很敏感,而在中国则反应迟缓呢?对此,他不同意马克思主义者所主张的由于两国发展阶段的不同的观点,而认为一个是封建国家,一个是中央集权国家,两国的社会结构有着本质的不同。中国发达的官僚制曾经是绝对主义时代的欧洲各国的榜样,支撑官僚制的平等主义曾被认为是更有利于中国实现近代化的。尽管如此,也无法改变近代化的姗姗来迟,原因即在于中国的国家体制。中国的高度文明产生了中华思想,而不屑吸收海外的知识,单一而僵硬的中央集权面对西方的学问和实力,没有作出充分灵活的反应。作为中国社会原则的平等主义,虽说保证了民众立身出世的机会均等性,但没能形成日本那种目的志向型伦理,而是演变成为一种保持官僚制的契机。甚至进而阻断了新兴营利事业作为私有企业发展的道路,结果是出现了不断被国有企业吸收的倾向。总之,中国近代化的姗姗来迟,不在于中国文明低下或社会发展迟缓,而在于其文明高度发展的国家结构。这种国家结构可以简单概括为专制主义,它与封建主义之间是一种并立的关系。

以上赖肖尔的学说,与其说是他个人的独创,不如说是他所在的美国的"近代化"论学派的研究成果的一部分。关于"近代化"论的动向,在和田春树《现代"近代化"论的思想与逻辑》(《历史学研究》318)、金原左门《"日本近代化"论的历史形象》(中央大学出版部,1968 年)、宫本又次编《美国的日本研究》(东洋经济新报社,1970 年)中论述颇详。由这些研究可知,"近代化"论的真正展开是在战后,特别是与 1950 年以后美国的世界政策有着直接或间接联系的。战后不久,美国就对社会主义各国实行"封锁"政策,同时实行对社会主义阵营以外后进国的经济援助,但结局是"封锁"政策以失败告终。以 1949 年新中国诞生为起点，旧殖民地民族独立运动呈现出不可阻挡之势。面对这一潮流，那种单一输送资本、技术，使之与当地劳动力相结合的美国经济援助也不过是一种落后于时代的方式。因为仅仅靠这种物质的技术的要素，是无法唤起后进国家自律的经济发展的。因此，对历来经济主义援助方式的反省，更使人感到将非经济要素也考虑在内的"地域研究"的必要，从而推进了经济学、历史学、政治学、文化人类学多学科交叉的综合学术研究。不久，又由此制订了美国的对外政策。

与这种"地域研究"互为表里的"近代化"论，是有其防止新兴各国受到社会主义阵营的吸引，而欲将其羁縻于自由阵营一侧的政治意图的。也就是说，资本家势力脆弱的新兴各国为了推进经济的开发，国家权力不得不担负起巨大的责任，因此它们往往向社会主义一侧倾斜。

美国的意图是希望这些国家向资本主义一侧转向，而这种转向的可能性究竟会表现为怎样的形态的问题，就非弄清不可了。在欲解答这个问题的"近代化"论中，他们对资本主义和社会主义的理解与马克思主义发展阶段论是不同的，认为二者不过是两个不同的近代化形式而已。他们所说的近代化（modernization）主要是指工业化（industrialization）。人类社会发展是从前工业社会（传统社会）向工业社会飞跃的，这一转变是界定各个文明社会最根本的决定性机制。这一意义中，资本主义与社会主义只是这两种不同的工业化形式。于是认为可以对世界各民族的各种社会从近代化、工业化的命题出发给予普遍化的理解。总之，不论什么民族社会，都可能到达这一阶段，至于是走资本主义的道路，还是走社会主义的道路，则是第二位的问题。

如果从这种结构来考虑的话，资本主义也好，社会主义也罢，只是相对的问题，而不是马克思主义者所理解的从资本主义向社会主义的进化过程。不仅如此，若从近代化即工业化的视角来看，那种自生典型道路的资本主义近代化，较社会主义近代化而言，应该是占据优越位置的。即与前者个人自由得到保证相对，后者则是以"全体主义"为前提的不自然的体系。

就这样,"近代化"论以人类社会的近代化即工业化为普遍法则,进而主张资本主义道路是理想的形态。和田春树氏为了与以自由主义、民主主义的西欧社会为理想的古典的近代化论相区别,将其命名为"现代的近代化论"。他认为"古典的近代化论"是在俄罗斯、日本那样的后进资本主义国家中,作为摆脱后进性的政治课题相联系而提出来的,"现代的近代化论"则是产生于现代反革命据点的美国的对外认识,在这一点上二者是不同的。另外,前者从马克思主义理论中寻找了若干理论支柱,而后者则正面批判马克思主义的主张。不过,尽管存在着和田氏指出的历史差异,我们还是应该清醒地看到二者在西欧文化优越论的立场上是共通的。

再者,"近代化"论的这种构想对日本近代化的高度评价,其原因是不言自明的。因为从政治上说,这与美国的亚洲政策中日本所处的位置是相联系的;从学术上说,特别对幕藩封建制与明治维新有着高度的评价。"近代化"论者对此进行的深入研究,是众所周知的事实。随着这种研究的深入,1960年8—9月,所谓日美箱根会议的召开,就更使我们耳目一新。它是一件宣告了《安保条约》修订后日美关系新时代开始的大事,此后不久就赴任美国驻日大使的赖肖尔教授,当然也出席了这次研究会。

由于赖肖尔说产生于以上背景,而受到了日本马克思主义历史学家的批判。批判大致可归纳如下:(1)谴责赖肖尔说的帝国主义思想倾向的性质;(2)谴责其历史观轻视历史上人民的作用(从封建制论的定义上说是轻视农奴制)。其中,关于(1),已故堀米庸三氏在《试论对封建制再评价》(《展望》1966年3月号。又见《历史的含义》,中央公论社,1970年)中要求对政治主义的批判态度进行反省,他指出作为赖肖尔说核心的封建与近代的关系的问题,与其说是他个人的独创,不如说是来自欧美学界的一般概念的学说。我一方面同意堀米氏的意见,一方面就应该如何坚持对赖肖尔说批判的立场,做了进一步的探讨(本书第二编第四章)。总之,如欲超越赖肖尔说,从而更进一步超越近代化论的话,赖肖尔说的封建制论也有进一步商榷的必要。同样是从这一意义来说,(2)

就很难说是从学说根源上所作的深刻批判。

赖肖尔并不认为封建制是世界史的普遍现象，而仅仅是在特定条件下的民族所经历的特殊的社会体制。从以下事实可知，他的这种封建制论绝非他个人的独创。1950 年，美国普林斯顿大学进行的有关封建制的共同研究中，关于西欧、日本、中国、古代美索不达米亚及伊朗、古代埃及、印度、比萨、俄罗斯等八地域封建制，各个问题的专家发表了自己的研究报告，赖肖尔承担的是其中日本部分的研究。那次共同研究的成果，由科尔伯恩进行了总结并予以编辑出版（《历史上的封建主义》，普林斯顿大学出版社，1956 年）。根据增渊龙夫氏的批判性书评（《历史上类似与比较的含义——科尔伯恩编著〈历史上的封建制〉读后》，《思想》1958 年 10月号），科尔伯恩所述的内容大致如下：古代帝国崩溃之后并非在所有地域都必然出现封建制。在帝国的边境地带可以看到这种现象，而在较为中心的地带是经由另一条道路重建国家秩序的。总之，是通过复活中央集权的官僚制来复兴帝国的。在封建化国家的具体实例中，有西欧和日本，而属于古代帝国再建的实例有继承罗马帝国的比萨帝国。中国也是在汉帝国崩溃后，经过一时的分裂，而继之以隋唐帝国和宋以后的中央集权的帝国。虽说也不是没有出现过像南朝那样一时的分立倾向，但那只是疑似的封建制，从整体上看不过是一时的现象而已。

增渊氏一面解说科尔伯恩的总结，一面指出这种构想不过是借用了德国中世史研究学者奥托·辛策（Otto Hintze）的研究成果（同上）。因为，辛策的封建制说，认为从氏族到国家，再到专制帝国的发展是正常的进程，而封建制只不过是一种变则形式。那些刚刚摆脱氏族制的朝气蓬勃的种族，由于接触到了正在崩溃的帝国的高度文明，从而演化出一种不同于上述合乎规律的正常发展过程的歪曲了的产物，即封建制。

总之，赖肖尔、科尔伯恩、辛策的共同见解在于，所谓封建制，是古代帝国崩溃后两条道路中的一种进程。不仅如此，正如后面将要叙述的那样，魏特夫的封建制论与此也可以说是如出一辙。另外，像上一节所介绍的《中世世界的形成》中所见到的石母田氏的封建论，和战前加藤繁的论文（前引《支那与武士阶级》）的观点无不与此极其类似。虽说石母田氏自己后来曾对封建制的两条道路两种进程给予了重新的认识,并进而阐述了各种封建说的共同点的力说;然而正如上节所论述过的,他沿着那一方向的思考,很快就遇到了极大的障碍。也恰好在单系发展说的立场开始发生动摇的时候,被单系说所批判的多系发展说再度提出了封建制论。

(二) 欧美学界的封建制概念与中国专制社会

但是若对"近代化"论的封建制论做追根溯源的探讨,便会发现其理论根源绝不肤浅。如堀米氏所指出的,其根源至少可以追溯到马克斯·韦伯的理论。众所周知,韦伯对封建制是作为家产官僚制的变质形态予以解释的。集权的家产官僚制即由君主单方集中权力,是一种很难在纯粹形式中维持自身的制度,于是不得不出现倾斜而形成为赋予臣僚一方不同程度自立性分权身份的家产制,这一制度的极限形态即封建制。但在封建制内部按其存在形式又可区别为非世袭的采邑(pfründe)封建制和世袭的莱恩(Lehen)封建制。前者尚未摆脱家产官僚制的属性,后者则是一种超越家产官僚制的形式。莱恩封建制是以特定的君主与特定的臣下间所结成的忠诚关系为精神基础建立的,它绝不是单方的关系,而是双方的契约关系。与采邑封建制那种臣下对君主的恭顺的支配原理相反,莱恩封建制是以诚实为原理的。对此,韦伯说:"莱恩封建制……是家产制结构的一种'极限的'形态。"(世良晃志郎译《支配的社会学Ⅱ》,创文社,1962 年,第 289 页)

韦伯认为莱恩封建制仅仅是欧洲中世的特异的封建制。也就是说,他认为资本主义近代得以开创的欧洲社会历史前提,从支配类型的角度归根结底地说,来自于莱恩封建制的特异形式。这一主张在韦伯关于封建制与近代资本主义的关系的发言中是显而易见的。韦伯指出,封建制一方面有着阻碍近代资本主义发展的倾向,例如将财产投资于土地的倾向以及来自传统主义的压迫等等。但另一方面封建的法制秩序与家产官僚制国家不同,它具有极大的安定性,这对资本主义的发展又是积极的因素。这里,虽然不像家产官僚制国家那样,个人能够由偶然的机会取得财产,但是因此反而有利于合理的资本主义体制的产生。从历史上看,欧洲中世由于不能像东方中国、俄罗斯官吏和国家御用商人那样通过与家产官僚制国家的依存关系而蓄积财富，因此资本纯粹是通过家内手工业和工场手工业的形式，流入市民营利渠道的。不仅如此，封建阶层还排斥、蔑视那种靠官职和政治权力增加财富的作法，越是禁止由财富获得贵族的领地，他们就越会纯粹地经由市民资本主义的轨道去谋求财富。

以上的观点其实与赖肖尔等的所谓目的志向型没什么区别。赖肖尔等人认为与封建制的日本的目的志向型不同，官僚制的中国是身份志向型。韦伯也认为中国和古代埃及一样，仍是家产官僚制国家的典型一例。这种发达的官僚制乍看起来似乎也具有近代官僚制的合理性，但一旦深入到内容、原理来看的话，最终仍未能超出传统支配形态的范围。一句话，这是家产官僚制的最高形式。这种看上去对社会向资本主义发展没有阻碍的形式上的近代性，事实上不如说正是更难以接受资本主义的原因。因为由这种形式上的近代性表现出的合理性，并未超出家产官僚制的框架，这一点在本质上还是自上而下的单向的，也可以说仅仅是疑似的合理性而已。

西欧与非西欧的区别在于，看其支配原理是否真的是诚实的、契约的，因而是合理的。于是，不管非西欧社会的封建形态看起来如何色彩浓厚，或看上去如何具有资本主义的特征，也只能是一种缺乏支配原理实质的，而不是真正的封建制和真正的近代化社会。因此，就形成了这样一种封建制与近代化必然在逻辑上紧密相连的范畴，而能够以这种逻辑来把握的历史社会就是西欧社会。在韦伯来说就是从这一意义上认识西欧社会的。

那么，韦伯是如何看待日本社会的呢？此仅就我有限的知识，作以下几点归纳。韦伯认为西欧的莱恩封建制的本质特色在于，源于从士制的虔信诚实的人际关系和与此相伴随的恩给制相结合的特点。而日本的封建制一方面虽也纯粹地带有从士制的那种人际虔信，另一方面却又缺少恩给制的庄园领主制的结构。比如，大名由将军授予的只是官职，而且大名还必须服从来自将军的转封命令。大名的家臣也一样，他们不是莱恩封建制的封臣，而只是禄米采邑的领取者。如此，日本并未形成完全意义上的莱恩封建制。但是,韦伯说认为,在日本契约的法制关系为培育西方意义的个人主义,具备了远远不同于中国神权政治的有利基础。所以日本虽然没能自发地产生资本主义精神,但毕竟比较容易地接受了外国资本主义。另外,韦伯又说,名誉与诚实的结合,仅仅存在于西方型的莱恩制与日本型的从士制封建制。

可见,韦伯的封建制论也是认为封建制(当然仅限于真正的封建制)是近代化的理论前提,沿着这种前提与结果的进程行进的只有西欧社会及其准社会的日本。这一理论结构与"近代化"论的逻辑结构是完全一致的。二者虽不见得在思想的同一性上完全一样,但是封建制→近代化的"近代化"论命题与韦伯的社会学多有相符之处是毋庸置疑的。

韦伯比较史的方法对今天历史理论的影响之大,实在难以估量。就眼前的问题而言,它当然不仅限于"近代化"论的理论源流了。对中国社会曾予犀利分析的另两位欧洲史学家是已故艾蒂安·白乐日(Etienne Balazs)和卡尔·魏特夫(Karl August Wittfogel),对于他们的中国论,这里特别就其与封建制问题相关的部分作少许介绍,并试论其与上述构想的近似性。

出生于匈牙利的中国学学者白乐日(1905—1963)虽主要进行六朝、隋唐社会经济和思想、文学的研究,但也发表了不少对中国史整体性的宏观把握的论文。其中一部分收在《中国文明与官僚制》(村松祐次译,みすず书房,1971 年)一书中,在这些论文中,白乐日最关心的问题是中国从公元前 3 世纪直至公元 20 世纪的漫长的帝制时代究竟是怎样维持的,以及中国社会这种传统特质在 1949 年革命后又是如何变化的等问题。白乐日认为中国社会这种恒常性的特征在于它的官僚制。进一步说,帝制时代中国社会的基本结构,首先是有广大的自给自足的农业社会作为社会基础,为了管理这一社会而出现了全体主义的国家。作为国家的手足的官僚是出身于绅士阶级的文人官僚,这些绅士阶级被给予的社会地位和势力,并不在于其土地所有权,也不在于地位、势力的世袭权,只在于这一阶级所担负的社会行政管理机能,此机能又由他们的官僚身份而得以发挥。

也就是说,国家与自给的农村之间以官僚制为媒介相结合,使国家权力作为一种全能势力,产生了全体主义的诸特征,例如恐怖政治、抑制商业的私有发展、官僚的回避责任的态度等等。另外,为了这一体制采取的意识形态手段即儒教。这种体制当然不能说没有遇到抵制和反抗。他认为与“合理主义”的儒教的体制保守性相对,回归自然的神秘思想的道教是迎合人们否定心理的。这一心理又往往与农民暴动相结合,动摇着王朝体制。

然而,这种民众的反抗虽然也带有革命的模样,但却无法从根本上否定传统体制,不过是一种体制的破坏与再建的反复过程而已。这样的传统体制直到近代以前都在不断进行着自身的再生产。

面对近代欧洲势力的侵入的事实,中国第一次达到了本质意义上的社会革命阶段,但是关于如此达成的近代中国革命,白乐日认为仍是传统官僚制社会的类似型。即在贫农人口占压倒多数、资产阶级势力微弱的中国,由知识分子代替资产阶级领导革命的形态。作为革命成果的中国社会主义(白乐日将其定义为国家资本主义),其领导的政党官僚被白乐日类比为帝政时代的文人官僚。经济是由国家的强权所控制的,例如国营农场也不过是对旧时代屯田的仿照形式。

可见,在白乐日看来,中国社会主义不过是旧官僚制国家的现代版,其强调的是全体主义的色彩。他还悲观地做出预见,认为包括欧美先进诸国以及旧殖民地国家的低发展国在内,这种全体主义的倾向,即官僚制的技术支配的国家统制的潮流将风靡全世界。

以上白乐日对中国的认识是以官僚制为核心范畴,从社会的恒常性去把握中国的观点。这样必然引出的结论即:帝制开始以后的中国史中缺乏封建制,至少也认为封建制范畴不适用于中国史。他说,中国共产主义者放弃了马克思本来的图式,即亚细亚社会、古典的奴隶社会、中世封建社会、近代资本主义社会的四阶段说,而代之以从“庸俗马克思主义”那里借用来的图式,习惯将古代中国的所谓奴隶制社会与1949年之间发生的一切统统称为“封建的”。总之,如此把一切都笼统地概括为封建的,只能是徒然地造成理解上的混乱。他认为中国官僚制社会中虽然不能说完全没有封建的因素,但这一社会的主要的统治阶级是文人官僚,而不是名副其实的封建阶级大土地所有者。

白乐日的中国社会论与韦伯学说的相似之处已如上所述。他虽就教于奥托·福兰阁(Otto Franke)的中国学,但在理论上也是受到韦伯的深刻影响的(前引村松祐次译著,第177页)。他的中国学研究不妨称为旨在将韦伯的中国论更加具体化的研究。同时,他的研究与美国的"近代化"论的中国观多相吻合也是不可否认的。如果说二者有什么不同点的话,"近代化"论者在政策上期望世界各民族都以自由世界为典范而进入近代化进程;而白乐日则不如说是对世界未来笼罩着的全体主义的危机忧心忡忡。从这一点来说,固然表现了他作为欧洲自由主义者的一面,但从官僚国家乃至全体主义国家模式否定性地去认识中国社会的观点来说,二者可以说是基本相同的。

魏特夫也是汲取韦伯学派影响的中国学研究者之一。根据魏特夫本人的回忆,1922年起直到1923年冬,在韦伯的影响下他开始了对水力社会(译者注:本书按照原著者的要求对hydraulic society一语一律译为"水力社会",而非"水利社会")国家特殊性的研究,至1924年他在研究中既引用韦伯又引用马克思(《东方专制主义》,亚细亚经济研究所译,论争社,1961年)。可见,他的水力社会研究应该说是韦伯的社会理论与马克思的生产方式论二学说相结合的产物。关于魏特夫的著名理论,本没有必要特别介绍了,这里仅就可称为他的水力社会研究的最终成果的《东方专制主义》中与本课题相关的部分归纳如下。

魏氏首先在序言中,谈到自己关于东方专制主义社会的研究意义。他指出虽在欧洲绝对主义时代兴起过对东方社会的研究,但到了19世纪上半叶产业资本主义时代,人们更关心其他的问题。虽然当时人们对自由主义的实现感到很乐观,但"直至今日"全体的权力不但没有被消灭,而且有着越来越扩大的趋势,这就又唤起了人们对专制统治历史经验的关心。于是有必要再度对东方社会做深刻的研究。

值得一提的是,所谓东方社会在魏氏看来不如称为水力社会更为贴切。水力社会曾被马克思、恩格斯称为亚细亚生产方式,二人本来是由此主张社会发展的复线构造的，但是后来的马克思主义者却以马克思的名义逐渐变为对单线论的贩卖。其代表即苏联东方学者出于政治目的而对亚细亚生产方式的否定，意在以此来掩盖苏联那种应该称为东方专制主义现代版的新全体主义管理者的官僚制本质。

于是魏氏从水力社会（政府指挥下的大规模的灌溉农耕社会）的范畴出发，试图对东方专制国家的贯穿政治、经济、文化等所有领域的机能进行分析研究。从这一意图出发，他试图获得不仅仅是适用于传统东方社会的，也是涵盖古今东西所有"全体主义"管理国家普遍形式的发现。正如他本人所说的那样，魏氏的研究是以美国文化人类学成果为依据的，对此所做的比较史的考察是在极其丰富的多方面材料驱使之下所得出的成果。

魏氏所划定的全体主义的水力国家的模式与以往介绍的各家之说在基本结构上多有一致的地方。不用说，中国社会是其中所举出的一例。魏氏为了说明水力社会的特殊结构、特性，不断采用与古典古代及欧洲中世比较对照的手法，无疑这一方法与他本人从复线结构把握世界史的观点是紧密结合的。

那么，魏氏又是如何理解日本社会的呢？他认为日本是亚洲大陆的一部分，日本文明具有与中国、印度同样的特征，日本人创造了人类史上最巧妙的灌溉农耕系统。尽管如此，日本却未曾有过水力社会。日本的水利条件由于其地形的原因，而不是统括的（水利的），是一种分散的（水利农业 hydro agricultural 的），没有必要进行政府指挥下的大规模工程，仅仅由地方指导者进行管理即可。这样的水利决定了日本历史发展的性质。以大化改新为契机试图建立日本集权官僚制的政策并未在日本扎下根，官僚层向世袭的土地所有者的转化，以及单嗣相续制度的采用使其走向了封建化的道路。日本中世以非集权的、以财产为基础的社会，与中国的水力形态相比，不如说更近似于欧洲的封建秩序。同样作为江户时代特征的政府权力的绝对主义集中，比起东方专制主义表象来也更接近于欧洲的绝对主义。

魏氏是绝不否认在日本的制度、思想中有着东方性质的。他认为，封建领主所要求的那种绝对服从关系与日本农业灌溉的准水力性质不能说没有关系;另外,统治阶层所具有的以儒教为基础的、尊重汉字文化的思考方式,是有与中国文官主义相联系的一面的。就这样,他一边承认日本社会有其东方的一面,一边又强调其与欧洲的近似性,这就不免使人感到他的观点也是以上述韦伯的构思为直接基础的。

从以上所举世界史的多系构造的观点,不禁使人明显地感到各位学者有一种共同的模式。即若以封建制社会体制为轴心而论,世界文明大致可分为两种类型:一是经过典型意义的封建制文明,另一是未能产生典型的封建制文明。世界古代文明虽首先以后者为发祥地,但很快波及到边缘地域,结果又作为克服后者的产物而产生了前者的封建制文明。进一步说,前者可以自发地发展为近代资本主义社会,但后者那种早熟的高度发展的古代文明社会体制却没能实现这种划时代的发展,而是原封不动地带着集权官僚社会的性质被纳入世界资本主义化的。就这样,要么成为殖民地,要么实现社会主义革命,而不论哪种可能都不可避免地成为后进国家。为了解决这一矛盾,以新的形态再现官僚制国家就不可避免了。

以上这种世界史的构想,是从自由主义的理念出发而建立起来的,也是持此观点的学者的共同点。所谓封建制并不仅仅指社会形态、还是一种特殊的人际结合方式:人们之间是一种以作为纯粹型而缔结的双务契约的主从结合关系。它克服了古代官僚制那种一方绝对服从于另一方的从属关系,人们的自由从某种意义上说是由习惯法来保证的。也正是在这一点上,封建制和自生的近代化被认为具有逻辑上的相关性。与此相反,官僚制社会那种古代的形态或由社会主义而试图实现近代化的形态,均为"非自由世界"。

值得一提的是,上述这种世界史的构想虽然理所当然地对马克思主义阵营中的单系发展说进行了批判,但是如上所述,白乐日、魏特夫都认为马克思、恩格斯的历史观点本来绝不是单系的。即他们认为马、恩是把亚细亚生产方式作为与欧洲史上的各阶段都不同的概念而建立的。如果是这样的话,那么围绕单系说正确与否的探讨就不能简单地说是马克思主义还是资本自由主义的问题了。与此相关的问题就是下节所要考察的内容。

（三）　亚细亚生产方式论的复活与封建制的问题

亚细亚生产方式的讨论在 20 世纪 30 年代以后曾逐渐冷场,但这十年来又再度在国际上恢复了活力,而且通过本田喜代治编译的《亚细亚生产方式问题》(岩波书店,1966 年)、福富正实编译的《亚细亚生产方式论争的复活——世界史基本法则再研究》(未来社,1969 年)两部大作,在日本也得以广泛地传播。这里要提到的是,这一讨论的复活与本课题的封建制相关的一些问题,有关争论复活的情况在上述两著作中已有详论,自然无须再度说明,但出于行文的必要权且概述如下。

众所周知,20 年代主要围绕中国革命的战略原则问题,而引发了亚细亚生产方式的讨论,在苏联学术界以 1931 年列宁格勒会议为契机,对马克思建立的作为一种独立的生产方式的这一概念,出现了从理论和事实上全面否定的倾向。以往被作为亚细亚生产方式的实例都被认定为亚细亚形态的封建制,进而将古代亚细亚解释为奴隶社会的观点也流行了起来。

这种对亚细亚生产方式的否定,与其说是经过研究之后的学术结果,不如说是一种强烈的政治意识的反应。亚细亚生产方式论者被贴上“托洛茨基主义者”标签一事,就是按斯大林直接的指示行事的。在此背景之下,1939 年斯大林发表了《辩证唯物主义与历史唯物主义》,规定了人类历史经过了原始共产制、奴隶制、封建制、资本制、社会主义制五阶段的法则。所以一旦见到与此公式不符的历史事实,就被认为是特例。不重事实重公式的教条主义者,遂将斯大林主义作为政治支柱来建立社会主义阵营的世界史体系。

这一公认的体系直至 50 年代初期还没有崩溃。事实上在苏联直到 60 年代初才对这一问题的有所“解冻”。众所周知,这次“解冻”的契机是由于法国马克思主义历史家提出了新的观点,即从 1964 年开始直至次年,《思想》杂志“亚细亚生产方式”专号的刊行。打开局面的另一契机是同时出版的苏联著名经济学家瓦尔加的《资本主义政治经济学诸问题概论》。瓦尔加在自己的著作中披露了上述抹杀亚细亚生产方式的历史，宣称要为亚细亚生产方式论者恢复名誉。

这样，从1964年底以来苏联科学院下属的各研究所开展了有关亚细亚生产方式的讨论。值得注意的是，他们的讨论并未局限于对这个概念的单纯探讨，而是理所当然地扩展到了社会结构、世界史分期等许多原理问题。无疑这是对顺从斯大林公式的世界史模式所进行的再研究，讨论中亚洲社会封建制的问题被提了出来。以下就根据本田、福富二氏的译文，对这次讨论中出现的问题作些许考察。

首先，谈谈对引起这场新争论有着重要作用的法国马克思主义者J·谢诺，他重提亚细亚生产方式的现实动机有三（《亚细亚生产方式——研究上的若干展望》，前述本田喜代治编译书）：一，是第二次世界大战后亚非各国的民族解放与政治的、经济的、发展的世界史的现实；二，是最近在获得有关非欧洲世界历史知识方面有令人瞠目的进步；三，是出现了与马克思主义的叛徒、修正主义者（魏特夫被作为其中的一个代表）进行理论斗争的必要性。对相互依存的这三种动机，后文虽另有论及，要言之，由于这种情况的出现，使得全面深入研究非欧洲世界历史成为必要，这种必要性于是成为了亚细亚生产方式的研究再次被提上日程的动机。具体地说，比如以下学术问题的被提了出来，即"古典马克思主义的概念、特别是奴隶制与封建制的概念，对非欧洲社会，或者至少对于其中若干地域进行分析时，不能说是完全适用的"（谢诺前引论文）。谢诺认为有必要再探讨的地域，有非洲、印度、越南、古代埃及等，并对匈牙利中国学者F·托凯认为中国周代存在亚细亚生产方式的观点（《亚细亚生产方式》，羽仁协子译，未来社，1971年）给予了高度评价。谢诺认为现代中国的中国史研究方法是不能令人十分满意的。指出，"出现了单纯地、素朴地像西方那样划分中国史的阶段，即在奴隶制之后是封建制的分期方法。奴隶制乃至封建制社会的东方的各种特殊性已不再是研究的课题。那些与中国独特的官僚制有着同样程度的基本事实，实际上已不再成为认真研究的课题"（同上）。谢诺的这一评价虽对中国史学界倾向的认识多少有些太单纯化了,但对这一问题确实表明了自己的立场。

认定一个文明社会中亚细亚生产方式的阶段时,究竟应如何预测这一社会总体的历史存在方式呢。就斯大林的单系理论来说,这是一个难以想象的复杂而困难的问题。谢诺对此虽有所认识,但他特别注目的问题还在于亚细亚生产方式论是一个涉及停滞论的、具有危险性的问题。为了规避这一危险,就必须明确这种生产方式将向怎样的发展阶段进化的问题。他推测很可能有一个由亚细亚生产方式向封建生产方式进化的过程。认为对于亚细亚生产方式虽可以定义为"村落共同体的生产活动与对其进行指导的同时又对其榨取的国家权威的经济干预的组合"(同上),然而这种社会结构由于私有土地所有的发展而有可能向封建阶段进化,因此他很重视中国在汉代以后土地私有的发展。

不过,谢诺自己对这一发展过程也不敢确信。他认为亚洲社会虽向着一种封建制的方向发展,但它是否就是"真的"封建制,除了很快就凋谢了的资本主义萌芽之外什么也没有产生。而且还提到托凯等人坚持的19世纪欧洲资本主义入侵之前亚洲各种社会在本质上持续永久性的观点。谢诺这种怀疑说明他对从亚细亚式到封建式的进化说并不确信。谢诺的本意正像他到处所强调的那样,不必急于提出什么固定的见解,重要的是从以往公式化的独断主义桎梏下解放出来,以当今新知识为依据展开全面的调查研究。对此,他认为不必以亚细亚生产方式普遍性的新独断论取代奴隶制及封建制普遍性的独断论。

与谢诺一同倡导复活亚细亚生产方式论的另一位学者是罗杰·加罗迪。他在《现代中国与马克思主义》(野原四郎译,大修馆书店,1970年)一书中也摒弃了将人类社会划分为原始共产制、奴隶制、封建制、资本制、社会主义制五阶段的"独断模式",认为中国未曾经历过奴隶制生产方式。即典型的奴隶制仅是地中海文明的产物,在中国则像托凯等人所主张的那样,殷周时期是亚细亚生产方式支配的社会。汉以后典型形态的亚细亚生产方式已不复存在了,因为土地私有制薄弱这一亚细亚生产方式的特征,已经随着土地的私有化和奴隶的蓄积而丧失了。亚细亚生产方式之后,虽然迎来了封建的生产方式,但却打上了亚细亚生产方式遗制的烙印,被赋予了中国封建制的独特性质。即中国的封建土地所有是与帝国的官僚特权相结合的,是所谓官僚封建制。它与领主作为劳动地租直接获取者,军队、裁判等所有国家机能齐备的(欧洲的)纯粹封建制差异极大。西欧封建制由于继承了古典古代的奴隶制商品经济而转化为资本主义,这是中国式封建制所不能实现的。部分产生的资本主义萌芽在国家的制约下并未能超出重商主义的阶段,富商大贾希望能进入官僚阶级,以致无法形成资产阶级。

加罗迪的观点也可以概括为"亚细亚生产方式→中国特有的封建制"这一模式。可见,就这种"封建制"未能发展为近代资本主义的见解来说,与前述立足于自由主义立场的各家比较史学是有其共同点的。

再来看看由法国新观点所引发的苏联史学界的讨论经过,这里也出现了不同以往模式的自由见解。从达尼罗巴对1964年底苏联科学院哲学研究所讨论会的总结可知(前引福富正实编译书),讨论会从对瓦尔加的论文进行讨论开始,后来超出预定地提出了有关社会构成体论、世界史时代分期论等许多理论问题。首先,提出了亚细亚生产方式的概念与马克思的关系,以及这一概念的有效性问题,关于今天是否还应该重视这一概念就出现了两种对立的意见。这一问题当然又是与阶级社会诸构成体的问题密不可分的。以往那种奴隶制——封建制——资本制公式学说与世界大多数民族的实际情况并不相符。一种强大的意见认为,虽然这些民族一直是作为剥削形态的奴隶制来认识的,可是事实上在那里从未有过奴隶制结构的历史。由此对那种否认亚细亚生产方式概念,并认为非欧洲各地域也存在奴隶制阶段的以往的公式学说发动了强烈的反击。这一观点不仅限于如何把握亚洲史的问题,也是涉及到如何理解世界史体系的问题。另有意见认为,以往的单系发展说仅仅适用于地中海世界,是否适用全人类还是个疑问。当然,对以上意见也有人提出了反驳,但据达尼罗巴的总结可知,多数与会者认为对以往理所当然的三段论分期法有必要重新予以探讨。

这次讨论的范围又扩大到了初期阶级社会的问题和方法论等问题。特别是关于后者,一种观点认为必须重视地理环境这一构成生产力的重要因素。这一观点应该说也包含了对单系发展说的批判。讨论的另一个议题是,关于后期原始时代国家的作用,与其视为阶级统治的暴力工具,不如说应该理解为生产组织者的机能的一种形式。这也不妨视为由奴隶制说向亚细亚生产方式说的转变,进而可以说提出了一般国家论的新问题。

总之,苏联对亚细亚生产方式的再度讨论使学界认识到有必要对以往有关人类社会发展史既成的观念重新进行研究。如果将谢诺等法国马克思主义者的研究也包括在内的话,他们对以往单系发展说可以说是从根本上提出了怀疑。如上所述,开始是由美国近代化论者在自由阵营中展开了对马克思主义单系说的批判,而后是马克思主义阵营内部也掀起了批判热潮。双方虽然存在意识形态的差异,但这一点却是共同的。而产生这种情况的契机何在呢? 这里不妨参照一下谢诺的话。他认为亚细亚生产方式论复活的第一个契机是第二次世界大战中出现了非欧洲后进各民族的解放与发展的现实。马克思主义如果不真正地抓住世界史的这一现实的话,则不免自取灭亡。这一新的事实不仅使理论界感到紧张,同样也使以美国为首的自由阵营感到紧张。因为如果没有对这一现实的理论把握,自由阵营制定世界政策的企图也是不可能的。

如此,如何把握就这种对现代世界史握有决定性的一票的新兴各民族的历史结构,就成为了两大阵营间激烈抗争的重要一环。谢诺指出论争复活的第三个契机是出于从理论上严厉批判马克思主义的叛徒和修正主义者的需要,这一课题不仅是针对马克思主义"落伍者"的,同时还可以说有其针对全体自由阵营意识形态的意义。

但是如果比较双方理论的话,马克思主义阵营一侧对此问题理论的形成是相当晚的,这一点是不容否定的。例如从"近代化"论的形成到亚细亚生产方式论的再建,这之间用了五至十年的时间。再从理论内容来看,前者将欧洲(及日本)与非欧洲相区别,提出了复线世界史的体系,而后者也许是由于同教条主义的斗争太分散精力,以致距离体系化的建立还相差甚远。然而,更本质的问题还不在于此。如前所述,前者的思想原点是标志着工业化的近代主义。因此,后者的真正课题在于以复活亚细亚生产方式论为形式开始的究竟从怎样的角度出发建立新的世界史体系以便与前者对峙的问题;而后封建制的问题自然也就成为从这一意义出发的需要进一步深化的课题了。

（四）结论

关于历史上的封建制问题,我不是专家。以上对研究史的叙述也只不过是对一时偶然地接触到的材料的整理而已。但是即使以我有限的知识来判断,由此人们明确了非欧洲各社会封建制的问题也绝不是一个不言自明而可以忽视的问题。而且就连那里是否经历过封建社会的问题都没有解决。比如有人认为与其以封建制的范畴去认识中国,不如使用官僚制的概念更为合适;还有人认为即使中国经历过封建制,可能与西欧的封建制也有着明显的不同。总之,应该说亚洲及中国封建制的问题现在已被还原到了一种未知的状态。

这种还原的第一个契机已无须赘述,即非欧洲各民族兴起的事实。一旦我们正视这一新的现实的时候,就会发现不可能把这些民族的历史置于欧洲历史的范畴之中。说句大胆的话,我们必须从内部入手去寻找能够表现这些民族主体历史的新方法。

三十多年间始终流行于马克思主义阵营的历史唯物论这一公认的学说,面对新的现实只能是一种无意义的教条,这使得越来越多的人开始了自觉的思考。因为越是试图将这种模式套用于非欧洲世界的各国历史,就不仅越发感到困惑,而且不得不对丰富多彩的固有历史内容采取视而不见的态度,最终陷入进退维谷的境地。对此,日本学者在战后的亲身经历中是有过切身感受的。

然而,我们仍然无法满足于"近代化"论的谱系。这种理论看起来意在把握非欧洲世界的固有性,但这毕竟仅仅是从欧美中心的立场出发的认识而已。这里,因为是将非欧洲世界看作欧洲世界的虚像,所以让前者扮演了强调后者优越性的角色。这就露骨地表现了其新殖民主义的世界观。

无论如何,我们还是将这个问题还原到未知的起点,将其置于讨论中国史问题的环境中予以探讨。那么，我们究竟应该从何入手才能解决这一难题呢？作为本章的总结多少要涉及这一问题，但在此之前我想先来介绍并探讨一下酒井角三郎的论文《从中国封建社会的研究出发到封建社会的一般理论》（《思想》1968 年 7 月号），因为在这篇论文中不但对以上诸问题在一定程度上有所涉及，而且还提出了一些以往几乎没有论及的问题。

酒井氏指出，日本战后史学家无法阻止作为亚洲停滞论翻版的近代化论的成立，其原因除了日本、西欧进入近代化这一事实以外，还在于亚洲封建社会研究由于缺乏与日本、西欧社会研究相对抗的逻辑性理论，以至始终处于极其低迷状态。战后亚洲史的研究曾以地主对农民支配来一般化地界定封建制，主张在亚洲也同样经历了封建社会，但却没能解决这一社会基础与上层建筑的关系的问题；没能解决为什么同样的社会基础会产生不同上层建筑的问题。与此相反，也有人提出周代封建制与西欧封建制有着本质的不同；然而为何能产生如此类似的政治制度也是个没有答案的问题。所有这些都暴露出了战后封建制说在逻辑上的缺陷。

酒井氏提出以上前提后论述了封建社会的特征，接着又对中国社会进行了自己的分析。他认为具有封建社会特征的决定性的结构形态，即在环节上、阶层上分散的政治结构就是领主的阶级组织和地域的分封国等等。在社会上，由出身决定的阶层职业身份制起着支配作用，特别在上层有着拥有军事权的贵族阶层。这一结构不但依据单独继承制世代相继，而且是依据精神统一原理的宗教体制来维持的。就以上各特征，如果从所有制的一面来看，这是一种未完结的所有制，即不存在那种排他的、具有全权的形式，这种未完结但开放的所有制形式具有对待同一对象存在多重形态的特征。封建权力的多重结构即由此而来，例如将日本与欧洲相比，前者那种显著的中央集权性即取决于这种完结性的较为强大。与这种建立于非完结的所有制之上的封建社会相反，完结的所有制的社会，其社会诸组织是利益社会、官僚社会性质的，其国家形态是中央集权或无政府形式的。然而，这两种形式的社会又是相互转换的。

如果将以上观点用唯物史观的历史发展阶段说解释的话，那么非完结所有制可以划分为两个时期。即从原始社会到完结所有制的奴隶制的过渡期，和奴隶制的崩溃期，即奴隶虽然恢复了所有权，但由于尚未实现完结了的所有制而仍然存在着阶级之间重复所有（共有）的时期。例如，周代的封建制即奴隶制以前封建社会的一例，而发展阶段说的封建制（农奴制社会）则是以上两时期中后一时期的产物。

按照这样的观点来看，封建制并非仅是特定条件下才成立的制度。这里酒井氏认为明代前期的中国社会是具有封建制特征的社会。周代封建制崩溃以后，中国社会的总体结构中虽然仍未形成全面发达的封建制，但部分的主从关系是以爵制的形式历代存在着的，这种关系尤其是在金末开始，经元、明直至清初都十分发达。特别是明代分封皇族、功臣，与爵位一同授予禄田就更是如此。这种禄田有着庄田化的倾向。另外，受爵者一般都世袭军职，其军队亦由世袭制的军户所构成。酒井氏认为元代是奴隶制的崩溃期，此外，在金元交替期，宋金的官僚层没落了，作为新支配者的武人阶层兴起，上述封建体制由此形成。

这样，与唐宋之间的变化相比，酒井氏虽然更强调宋元之际的变化，但是他并不认为那种封建关系当时已经覆盖了整个社会。一方面，有既是土地所有者又作为直接生产者而受国家支配的中间阶级（自耕农民）的存在。中间阶级就是由于身份体现着封建的生产关系，进而分解而产生了封建关系。相反地，构成封建关系的两个阶级，还在上升与下降之中出现了中间阶级化的倾向。封建制与官僚制就这样形成了相互的交流关系。另一方面，官僚制虽然由于压模封建制而趋向于中央集权制，但却由此产生了封建领主阶级通过国家机构来支配中间阶级的间接关系。于是出现了领主的官僚化倾向，也可以说是官僚的封建领主化倾向。

笼统地说，酒井氏观点的要旨不外以上几点。他的非完结所有制的范畴以其所包含的能够说明封建社会基础与上层建筑对应关系的理论，来探索世界史诸发展阶段普遍性质的尝试，是最应该引起人们注意的。然而，就酒井氏对中国史的把握来看，他的尝试却很难说是十分成功的。他的本意在于论证中国史上封建制的存在，试图由此克服近代化论的亚洲观。虽然他认为明代出现了中国史上最封建化的时期，但是又如他本人所言,那种封建制并不具有全体社会结构的性质,只不过是其中的一部分,并且是受到官僚制极大限制的一部分而已。这样一来,就必然地产生了究竟应如何看待官僚社会的问题。遗憾的是对这一问题的回答只能得出无法夸大中国社会封建关系的结论,而这又正与酒井氏本来的意图背道而驰。

与第一点相关的还产生了以下一个难点。近代化论者对封建制阶段的重视是由于他们认为封建制的内部已经为近代社会作好了逻辑上的准备。作为欧洲封建主从关系特征的双务契约的人际关系,一方面伴随以身份制,但另一方面是一种保证双方权利的关系。而没有这种对权利的保证,近代社会是不能成立的。另外,经历过这种意义上的封建体制国家,通常认为除了欧洲以外就只有日本了,在其他地域不管怎样地被认为是封建性政治结构,也应视其为疑似封建制,仅就这一点来说,其与西欧封建制在性质上也是不同的,这是近代化论的一个重要论点。总之,对封建制进行真正封建制与疑似封建制的区分,有没有支撑这一体制的社会精神的问题,也被认为有其源于韦伯流派的近代化论立场的原因。因此,酒井氏欲否定这种观点,是应该对这样的问题进行考虑的,不过他的封建理论却忽视了这一问题,毕竟还是仅仅停留于单纯的一般性结构论而已。

进一步说,事实上正是在酒井氏未能使自身意图得以充分贯彻这点上,使人意识到了解决问题的端绪。因为一旦对西欧封建制的意义重新进行考察的话,我们就会发现以封建制作为近代社会的前提与以封建制超越欧洲古代社会,二者之间似乎有着一种紧密相关的意义。冲破以血缘关系为基础的古代公法的社会,在开创私法的、内面的人类世界时成立了中世社会。在欧洲,这些划分时代的变革,不能不说正是由于运用"封建制"社会原理这一有力武器才得以实现的。换言之,封建制不正是扬弃古代世界的欧洲形态吗? 如果以上观点是正确的话,那么可以说当探索亚洲传统社会历史发展过程时,就无须将视点局限在封建制的政治制度乃至政治结构存在与否的问题上了。正如以往的研究经验所告诉我们的那样,从这一视点出发的话,只会产生亚洲停滞论的命题。另一方面,作为西欧封建制经济基础,与那种分权机构的其他上层建筑难以分割的农奴制,被认为是封建制的普遍性质,而探索农奴制生产方式的研究方法则不能看作是研究亚洲传统社会的主体方法。如果与欧洲进行正确的对比的话,亚洲各社会是作为世界文明源头的,有悠久的历史的古代社会,在那里究竟是怎样超越古代社会的,中世社会的形成又有怎样的过程和形式? 这些都应是内在的探求吧。一句话,即用欧洲封建制史的思路来考虑亚洲的历史。

至此我们看到,多数学者是将官僚制视为中国传统社会的特征的。这种观点本身当然没有错误。但是,对这一官僚制社会的"永恒不变"的结构内部也有一定的历史发展这一点,学者中大概很少有人持否定态度。这不能仅限于寻求究竟是官僚制还是封建制(乃至疑似封建制还是真封建制)形态,更重要的是对官僚制内部运动着的、各种社会内涵的自身发展结构进行深入的探讨。当然,官僚制是不能自我成立的,它是由其社会基础的支持而成立的。作为上层建筑的官僚制及其基础,在具有相互保证关系的同时,又有其相互对立的关系。就这些关系的辩证法来说,如果对亚洲传统社会从古代到中世的转变过程进行实证研究的话,我们就不能不相信,正是其自身的展开力量创造了一种不同于欧洲近代的亚洲独特近代的可能性。

注释:

① 关于制订此课题的意义,石母田氏在《危机中的历史学课题》(《历史与民族的发现》,东京大学出版会,1952 年)中曾指出:20 世纪 20 年代以中国革命的战略问题为导火索引发了关于亚细亚生产方式的争论,当时广泛提出的关于亚洲特殊性的问题,在历史学领域至少也具有同样的意义。但是在日本,这一争论脱离了中国革命活生生的课题而趋向了经院化的研究。这种研究,对于乍看起来好像停滞的亚洲各民族两千年的历史中人民艰苦奋斗的历史推动作用不作认真研究,而一味地用"亚洲停滞性"的咒文似的语汇作解释,把注意力都集中到了为什么会产生停滞性的问题上。本应以冲破"亚洲停滞"论为使命的(马克思主义)历史理论,不知不觉地却转化为将"亚洲停滞性"正当化的理论。不仅如此,它还认为(马克思主义者)自身(对亚洲解放)的无能为力,以及革命运动的停滞是理所当然的,并且形成了对西欧没有确切根据的赞美,对亚洲大众的绝望等等观点。总之,否定停滞论的课题,本来是作为马克思主义阵营内部的理论问题被提出来的。

② 远山茂树认为,当时在堀氏的报告中,有对石母田氏《通往封建制的两条道路》一文批评的意思,而大会上永原氏和石母田氏在报告中却未对此作任何回答(远山茂树《战后的历史学与历史意识》,岩波书店,1968 年,第 86—89 页)。我认为堀氏与石母田氏当时在观点上虽有差异,但从大体上看,二氏在见解上可说是相辅相成,共同建立了中国封建制理论。

第二章 中国的中世

——六朝隋唐社会与共同体

正如前章所讨论的那样,以封建制的概念把握中国社会固有历史的发展,并不是一种有效的手段。然而必须指出的是,如果因此就认为中国社会始终陷于官僚社会的停滞之中的话,则又过于轻率。像欧洲社会由于封建化而超越古代世界那样,我们难道不应该认为中国也会以其某种独自的方式,超越自身的古代史吗?但是前章所述那些尝试性的预测,并不是对历史真实状态考察后的结果。本章试图根据中国史的具体情况,对以上预测进行探讨。前半部分是对如何超越古代世界所作的史实和逻辑上的探讨,后半部分讨论的是有关中世史是如何形成的问题。

一、古代世界的超越

(一) 殷周的原理及其崩溃

殷周革命的意义 中国史上是否存在名副其实的古代社会?如果存在的话,它又是以怎样的时代形象和逻辑而被后代超越的呢?这些都是研究超越中国古代这一课题时,必然要涉及的问题。此外,在超越古代的历史潮流中,必然伴随着某些深刻的社会变动,也是可想而知的。中国社会在其历史时代开始以来经历过的巨大社会变革中,有过殷周交替时期、春秋战国时期、后汉末三国时期等阶段,以往的研究对这种种历史变革期已有过古代—中世(封建时代)的分期说。我愿以与这些分期说不同的观点,考察以上各时期社会变革的意义,并对以上课题作进一步的研究。

中国最早的社会变革要算殷周革命。而最早明确地论述殷周革命意义的，又当属王国维的《殷周制度论》（《观堂集林》卷一〇）。他认为殷以前各王朝（五帝、夏、殷）的都城都位于东方的黄河下游流域，而周则是兴起于西方黄河上游而灭殷的。这一胜利具有西方文化战胜东方文化的意义。总之，王氏认为殷周革命不仅仅是王朝革命，还是一种文化革命。

王氏还把这一文化革命的内容视为殷、周两王朝在制度上的差异。首先，殷以前嫡庶不分，实行兄终弟及继承制，而周则不然，确立了父子相承与嫡庶制。嫡庶制又进一步产生了殷代未曾有过的宗法、丧服和封建制等，于是确立了君臣名分关系。另外，宗庙制和同姓不婚制也都是在周代才确立的。王氏所指出的这些周代制度原则，对后来中国的礼制有长期的规定作用。总之，王氏认为周代为中国文明奠定了坚实的基础，并在这个意义上将殷周之际视为文明的分期界限。

对王氏的观点，内藤湖南极为重视，并进一步评价指出，殷周两代制度的变化不仅仅是王朝交替所造成的政治事件，还必须看到其中所反映的时代的进化（《支那上古史》，《内藤湖南全集》卷10，第69—70页，筑摩书房，1969年；夏应元选编并监译《中国史通论》上，社会科学文献出版社，2004年）。因此，在湖南看来，与其将殷与周割裂看待，不如将其视为连续和发展的过程。湖南还认为殷文化虽然相当先进，但是这种进步也有其堕落的一面。作为异种族的周在很大程度上吸收了发达的殷文化。

继湖南之后，对王国维说从实证的角度加以修正的是贝塚茂树氏。贝塚氏虽对王氏殷周革命乃东西两文化之交替的观点基本接受，但同时又指出殷文化中也有东西文化之综合的特点。此外，还提出了父子相继法、封建制等在殷代就有所萌芽的观点。总之，贝塚说也主张殷周的交替并非相互割裂，而应从继承和发展的观点予以把握（《中国古代史学的发展》，第335页以下，弘文堂书房，1946年；《贝塚茂树著作集》）。

关于殷周革命还有一些观点，在此就不一一介绍了。笔者虽对当时的史料、史实并不熟悉，在此亦不揣冒昧，略陈一己之见。殷周革命为中心的时期，产生了中国文化的巨大飞跃，这是不可否认的史实。关于这一飞跃的性质，简言之，正如王氏所指出的继承法的变化所显示的，是脱离原始氏族社会的飞跃。这种倾向在殷王朝虽然已经有所存在,但毕竟尚未成为决定性的事物,所以当时的国家还具有强烈的神政特征。与此相对,周代用礼制使人的社会生活规范化,从而巩固了以伦理主义为特征的中国文化的基础。

然而,若从社会结构论的角度来说,殷至周的飞跃,还不能说一定就是对氏族制的否定。周礼并不是抽象的观念,它应该是一种用来约束宗族内外秩序的现实的规范。与其说是氏族制的瓦解,不如说是由于礼制而使氏族制秩序化、强化、普遍化了。如上所述,继承法、祭祀法、封建法、婚姻法等等,无不出于维护并强化父系氏族的目的。换言之,礼制意味着氏族制文明化形态的出现。若以封建制为例而论,它是将氏族制社会结合原理的血缘性上升为政治原理的产物。

从以上所述可知,殷周革命确实是中国社会史上值得大书特书的事件,然而它又绝非是对古代社会的否定,而应该将其理解为原始氏族制社会的飞跃、发展的产物。

殷周原理的崩溃 继殷周革命之后的第二个变革期是春秋战国时代。经过数世纪的社会变动,出现了秦汉的统一帝国时代。从政治体制上来说,就过程而言,封建制一变为中央集权制,贵族制一变为官僚制(关于贵族制的定义后文另有论述)。作为这种政治变化的背景,当然有社会经济深刻变革的一面,然而在殷周与秦汉两个性质不同的历史世界之间,究竟以怎样一种过渡期来衔接的,也就是说探索这两个世界的区别与联系,正是我们所面临的课题。

如前所述,殷周社会原理的特点在于,它是由氏族制的血缘结合直接形成政治秩序体制的。这一原理中人的血缘位置也就是政治位置。政治上的主权者就是特定的氏族集团。被认为在殷代已开始了的分封制度,其实不过是王与其同族的亲族关系的政治性地扩大。到了周代,封建制又把这一制度发展到了最高峰,开始以嫡长制来规定王与诸侯,以及诸侯与家臣的关系。统治氏族与臣属氏族之间的关系亦不例外。殷王朝与异姓诸侯之间,被比拟为兄弟关系;周王与异姓诸侯的关系,也由宗家与分家的观念所支配的。这里,王族及其"亲缘"氏族作为一个整体而形成为贵族（士族），其他的是作为隶属民的庶族。庶族被认为既要经营自身的生活，又要以集团形式侍奉贵族。在周代的侯国中，贵族集团与庶族集团是以怎样的关系最终形成"国"，又是一个课题，有过种种观点。贝塚氏认为庶族是与贵族共同参与筹划社稷祭祀的；增渊龙夫氏则不认为庶族也有这种参与权（《春秋战国时代的社会与国家》，《岩波讲座·世界历史4·古代4》，岩波书店，1970 年）。二说的当否另当别论，但他们的观点都反映了当时血缘即政治这一秩序原理。

然而，春秋时代是这种原理开始动摇的时期。周王权威的衰弱、诸侯的称霸都显示出基于血缘关系的身份秩序与现实中力量关系之间已经出现了乖离。这一倾向产生了贵族内部的权力争夺战，尽管有郑子产、齐管仲等诸如调停政策一类试图重建传统贵族政治的努力，怎奈政治从血缘主义向实力主义倾斜，已成不可逆转之势。及至稍晚于管仲、子产的孔子时代，所面临的历史课题，已不仅是贵族相互关系可以解决，而是非延深至非贵族层不可的问题了。孔子针对新情势，最为关注的是社会道德秩序的重建。用他的名言来说，即"君君，臣臣，父父，子子"（《论语·颜渊》）。君臣之分、父子之分，本来在周代宗法当中，是不言自明的事情，因为那时仅以血缘的先天制约性为人伦关系。但是现在，先天的制约性已不再是理所当然的规范了，在此，孔子的话是具有历史意义的。

在这种现实面前，孔子主张不应埋没于传统的道德先天性，而应靠人们后天的努力去获取道德，并使其在意识上成为价值化的东西。这从反面表现出当时价值多元化的状况。战国思想界的所谓百家争鸣，确实不能不说是由氏族血缘原理崩溃所引起的必然现象。其中，法家那种彻底的政治实用主义，则是对氏族血缘原理最为激进的反义原理。在法家原理中民众的自律结合共同体关系被否定了，人们仅仅被要求作为分解的单一元素存在，而接受君主权的直接统治（参见后述宇都宫清吉说）。为了贯彻这种专制统治，又采取了彻底的官僚制，这一制度下的官僚绝非自律的存在体，只不过是君主的手足而已。

法家政治，是以春秋战国时期新型国家为依据的产物。逐渐发展起来的官僚制与郡县制，到头来孕育产生了秦汉的统一帝国。这可以说是殷周古代国家解体过程的最终结果。然而,在这一崭新的历史阶段中,究竟贯穿着怎样的社会原理呢? 毫无疑问,那种视民众为单一元素存在的法家政治,确实构成了秦汉帝国的一个方面。但是,如果说它是构成了这一阶段的唯一原理,则未免言过其实。因为,在某种意义上说,作为法家源流的儒家自身,也是以氏族血缘原理的崩溃为前提的,更何况在现实中它不久又成为了汉帝国的指导理念。

用怎样的社会原理把握秦汉帝国的问题,正如以前章为开始,且在本书各章都有所论及的那样,曾是战后东洋史学的最大课题。首先以氏族关系的崩溃后转变为家长制家内奴隶制说为开端,随后出现了各种各样的见解。近年来,学者较倾向于构成专制国家基础的民众共同体结合关系的观点(参见本书第二编第二章)。即不仅仅是从专制支配形式去把握秦汉帝国,还从帝国与既支持又反对帝国一方的相互关系的角度进行把握。而在这些尝试中最为令人瞩目的,当数宇都宫清吉氏的研究(如《把握中国古代中世史的一视角》,载于《中国中世研究》,东海大学出版会,1970 年;《中国古代中世史研究》,创文社,1977 年)。以下就参照宇都宫清吉氏之说,围绕本课题作些许考察。

(二) 秦汉帝国的构造与自律的世界

秦汉帝国的构造论 宇都宫氏是从皇帝与民的对立构造上去理解秦汉帝国的。皇帝是企图通过所谓的个别人身支配方式对民行使权力的,因此这种人民观是法家式的单一元素观。但是,从民的一方来说,他们在现实生活中,又营建着一种相互结成内部关系的集团。集团的最小单位,是由父母、妻子、兄弟这三要素构成的所谓三族制家族。子成人之后,即使有妻有子,仍与父母、兄弟同居。因此,多数情况是复合家族,家族全员在一家的土地上,共同经营农业。在家族的共同生活里,父亲不一定就是作为家长对家族成员进行绝对的控制、统治的中心人物。家族生活中实际上的中心人物,是青壮年男子及其妻子儿女。父母是受尊敬而被扶养的,父亲就是全体家族的长老,父亲与家族成员的关系,不应视为支配与被支配的关系。这其实是依赖各人自觉的伦理意识所结成的相互关系。

由此形成的自律伦理的核心,即所谓孝的道德名目。

　　民的这种自律的家族亲族关系,就是宗族。宗族的外围有血缘较为疏远的家族,或无血缘关系的家族。以此为基础又形成了乡党社会。指导这种宗族、乡党的是称为父老(父兄)的长老层。与此相对,一般成员称为子弟。父老与子弟的关系,是以家族内父子或兄弟那样的骨肉关系为表象的,其中又蕴含着一种人的自律关系。

　　作为民,与皇帝之间如果说是他律的关系的话,其与家族、宗族、乡党之间,则可以说是自律的关系。尽管皇帝仅仅视民为单一元素的存在体,但民的现实生活是以共同体的相互连带方式而存在的。如此,皇帝的原理与民的原理,不仅在性质上是完全不同,而且还是对立的关系。使这两种原理得以观念化的,是墨家(进而是法家)与儒家。简而言之,春秋战国时期形成的他律与自律的对立集团原理,二者经过既矛盾、互克,又相互妥协、渗透的过程,形成了现实中的社会集团。宇都宫氏认为,秦汉帝国正是这种历史逻辑的现实形态。

　　宇都宫说的一个特色在于它的家族论。与西嶋定生氏并驾齐驱的增渊龙夫氏认为,可以把当时的家族规定为家长制家族,再从中探索帝国权力的萌芽形态,认为家族与帝国权力之间,不仅性质相同,而且有着支持关系。宇都宫氏则认为,当时的家族是非家长的非权力的世界,强调了家族与帝国在原理上的不同性质(参见本书第二编第二章)。虽说宇都宫说多少不免有些陷入二元论之嫌,但就其对秦汉史的研究来看,不能不说开启了一个前所未有的新视角。宇都宫氏推测,在殷周的氏族血缘结合崩溃的过程中,社会普遍地分解成三族制家族。应该说正是上述宇都宫氏的理解,又导致了秦汉的家族制社会继承了殷周氏族制社会自律性的观点。[①]于是,儒家才能以此作为形成思想观念的媒介。

　　然而,殷周与秦汉之间,毕竟存在着本质的差异。如上所述,殷周社会的成立原理在于血缘关系直接成为了政治秩序。在那里,血缘团体即政治团体,人与人的族内关系(或这种关系的拟制)即政治关系。但是,作为氏族分解结果的三族制家族,其自身并非政治世界,实际上政治世界只有超越个个家族才能成立。这里,家族的自律世界不能直接形成为政治世界。世界就这样两极分化为自律的世界和政治的世界。宇都宫氏所谓皇帝与民的对立构造，只不过是前代社会机能分化的结果而已。

那么，这种分化开的两个世界，又是以什么为根据而相互联系，并构成秦汉帝国的统一世界的呢？宇都宫说不免二元论之弊，就在于其未能阐明这两个世界相互联系的根据何在。以下仅是我个人对此问题的尝试性论述，以备日后进行讨论。

自律的世界与政治的世界 首先，就宇都宫氏所谓自律世界空间的展开而论，各家族间相互发生联系的日常活动场所是"里"。里是各家族的聚居形态，虽以百户为标准，实际的规模却又各种各样。里周围圈以土墙，内外交通必经里门方可出入。里民共同担负着从社祭到土木工程、外敌防范等等多种事务，所以里又是一种地缘共同体。几个里一同又构成叫做乡、亭的城郭都市。几个乡、亭一同又构成县。可见，乡、亭、里虽说是郡县制的基础结构，却并不是单纯的从属机构。里是由父老层所指导的自治体，乡三老是从各里的父老层中选举出来掌管内部教化的。再从乡三老中选出县三老，他们与县令以下的地方官是地位对等的。简而言之，以里为基层单位的自治体制，由乡一直延伸至县的阶段，根据这种宗族关系、乡党关系，形成了各个家族之间相互结合的日常关系的空间范围。然而，这种情况充其量只限于县以下的范围，在现实中这种自治世界又是以乡为界限的（郡、国虽亦有三老的设置，毋宁视其为拟制的产物）。而超出这一界限以上的县、郡、朝廷，即所谓政治的世界。

其次，是这种自律（自治）世界与政治世界之间相互联系的方式问题。秦末陈胜之乱，沛县父老们杀死为秦固守的县令，拥戴刘邦，刘邦推辞曰："恐能薄，不能完父兄子弟。……愿更相推择可者。"（《史记》卷八《高祖本纪》）。然终被推为沛县令，由此开始了一统天下的事业。由此经过来看，作为乡里的父老子弟，县令存在的理由，在于保护他们的生命，安定他们的生活。刘邦利用了乡里民的这种意识，唆使他们杀秦县令，最终让自己能够取而代之。从那时起两年以后，他入秦都咸阳时，召集诸县父老豪杰，宣布了有名的约法三章。那时他说："凡吾所以来，为父老除害，非有所侵暴，无恐！"（《史记》卷八《高祖本纪》）从这话来看，此时的刘邦已正面打出旗号,宣称自己的使命在于除秦苛法,安定民生。

已故守屋美都雄氏曾引用此例,认为刘邦的势力,本来只不过是一个脱离家族、乡里的游侠无赖集团,然而仅仅依靠这些人的话,在扩大势力时将是很有限的。可当他取得了乡里父老层的支持,利用他们的统率力,就获得了新王朝主权者的资格。这样刘邦自身,也就从单纯的游侠首领,摇身一变为专制君主(《父老》,《东洋史研究》十四之一、二)。总之,虽然游侠集团中也具有国家权力的萌芽形态,但为了国家自身的完善,乡里社会的支持又是必不可少的。

依此观点进一步而论的话,国家权力(或作为其萌芽形态的游侠集团)能否得到乡里社会的支持,取决于它能在多大的程度上充当乡里社会的保护者。乡里与国家权力之间就这样建立起了支持与保护的关系。从这一意义上说,认为国家的存在,有赖于乡里社会的维持与再生产的机能的观点,就不能说不正确了。

虽然如此,但乡里社会的维持与再生产,并未能凭借乡里社会自身的力量发展到十分充分的历史阶段,这就不可避免地诞生了超脱乡里社会的机构,即作为萌芽形态的游侠集团和完成形态的军队及官僚机构即国家。国家的这种作用,带有一定的优越性,其表现在对乡里社会的专制统治。而就其最极端的形态而言,恐怕要算是法家的统治了。在秦代民有偶语(聚众谈话)则被处以极刑,这对民众的自律结合来说,是一种极端的否定。刘邦的约法三章就是废除秦苛政的约束。于是秦亡,代之而起的是保障了民众自律生活的汉。

从以上的观点来看,秦汉帝国明显地带有其继承殷周社会的特点。政治世界与自律世界一体化的殷周社会一旦解体,这两个世界也就分裂开来;而秦汉帝国的使命就是如何将其以新的形式重新结合起来。自律的世界是以三族制家族为基本单位而被继承的,其自身并不具有政治上的自立性,然而将其界限一直延伸,就产生了以帝国为形式的政治世界。而后,这两个世界在相互对立的同时,又形成互补关系。从时间的推移来说,这两个世界相互干涉、又相互渗透而再度浑然一体化的过程,正是秦汉帝国的基本动向。对这一过程不妨从官僚制的存在形式上予以把握。

秦汉时代与殷周时代相区别的一个标志在于前者官僚制度的发达。周代的统治身份可用"士"一词概括,士出自占统治地位的氏族,特别是有着执掌祭祀和军事的身份。春秋战国的变革打破了这种身份制度,代之而起的是官僚集团。而这一新统治层的官僚群又是怎样存在着的呢?孔子论及新时代的新统治层所应具备的资格时,也称具有这种资格的人为士。孔子这一定义的意义在于,以往由血缘主义支撑的旧士体制在他这里已经被空洞化了。而孔子设想新的人格主义的士的理念,就是试图填补这一空洞。在他的设想中,士在本质上必须是家族道德的实践者,而这一实践的全部意义又仅仅在于如何为政。这里有着道德与政治自身完全一致的理念,孔子这一思想的原型,当然可追溯到礼制即政治的周代的士那里。所以他这种要求士摆脱身份制束缚的方式,可称之为新瓶装旧酒。

其他春秋战国时期的各种思想是如何认识士的问题虽然是饶有兴味的,但毕竟不属本文论述的内容。秦统一以后,法家的政治功利主义成为官僚制理念。对官僚的评价是以其对君主有多大贡献度为基准,而不在乎官僚自身内在的人格性。这一点在汉代可以说基本上没什么变化。在前汉前半期,由于政治理念中未能全面清除法家主义,因而使人强烈地感到汉帝国的专制性质。对此暂且不论,仅就当时官吏任用来说,重视功臣任子及对通晓文法、事务的法家官僚的重用,就明显地反映了当时官僚制的性质。

前汉武帝盛世使官僚制度发生了巨大的转变,这就是乡举里选制的创设。提出这一制度的是董仲舒。他献策提出,由郡国每年推举贤人作为大臣候补者,以便由此破除以往任子制之弊。这一创制的直接效果究竟如何虽不太清楚,但很快就开始了举孝廉制,且一直延至后汉并制度化。

乡举里选制的意义在于,它是政府依据民间舆论登用人才的办法。简而言之,这是一种官民合作的官吏登用方式。另外,就登用标准来说,能否成为孝廉,须考虑其在乡里的道德行为,而不是单纯地看其行政能力如何。应该说,这种方式的作用在于不仅把被任用者,同时还将乡里社会自身也纳入国家权力。同样是根据董仲舒的建议，与独尊儒术相并行的这种举孝廉制，创造了政治世界与自律世界之间，在前者主宰之下的再次统一局面。这不再是依据血缘主义身份制的那种二者直接的统一。那种统一一旦分裂之后，再出现的只能是打破身份制趋势之下的再统一。而承担这种再统一的主体则是那些遵从儒家理念的汉代士大夫。如果是这样的话，可以说周代的世界至此完成了一个更大的周期。

（三）帝国的终结与古代原理的超越

帝国完成之逻辑的终结　如果说汉帝国是古代国家的完成期的话，那么在这种完成表象之下，历史已走到了尽头。必须看到，所谓完成就是盛极而衰的转折契机。无疑，汉帝国的崩溃期与春秋战国时期相比毫不逊色，也是一个社会的深刻变革时期。在此仅从以上观点出发，试对这一变革的意义探讨如下。

汉朝的版图是最能直接反映汉帝国作为古代国家的完成形态这一命题的。按照内藤湖南的时代分期法，"上古"分为前后两期，前期是中国文化的形成期，后期是中国文化向外发展的所谓向东洋史的转变时期（见前述《支那上古史》绪言）。大致而言，所谓前后期，又可理解为秦汉帝国成立以前及以后的二期。而作为后期的特征，则是中国文化对外发展的所谓向东洋史的转变。中国文化的发展并非一国的发展，而是包括周边诸氏族的一种世界史的形成过程。由这种分期法而论，秦汉帝国作为古代国家的完成，当然也就是世界帝国的完成。

更具体地来说，使自身成为世界帝国的抱负，在秦始皇那里已经开始了。北逐匈奴完成了长城的建造，侵攻南越在越南北部实行郡县制的征伐，都是这一抱负的表现。然而这一抱负的真正实现，则是从前汉武帝时期开始的。这一时期，汉与匈奴之间的力量对比出现了逆转。汉朝直接取得了西域、朝鲜、越南等地，从而将其文化扩展到了中亚以西及日本。正如内藤湖南所言，中国文化的对外发展，形成了"东洋史"的世界。

然而，伴随着这一世界帝国的诞生，也出现了新的问题。像秦末遭受的叛乱那样，在汉朝所占领的外夷之地，因内乱而产生的叛离活动已不再是暂时的偶发现象。汉成功地征服了周边，将其划入了自己的版图，由此也产生了性质完全不同的新问题。武帝时期以后逐渐衰弱的匈奴，进入后汉又分裂为南北两部，进而导致了南匈奴的内迁。究其原因，除汉与匈奴力量对比发生了变化之外，汉文化向匈奴社会渗透的内在因素也是值得注意的。汉在政治、经济上的优越性，导致了帝国对匈奴的包容，匈奴变成了汉帝国的一部分，进而踏上了衰亡的道路。

由于匈奴的衰弱，与汉不断加深接触的氐、羌两族，也大量被迫迁徙到帝国内部地域，因为种族矛盾逐渐引起了纠纷混乱。众所周知，公元2世纪初羌族的大动乱，就是由于不堪汉朝的苛政所造成的。这是一个汉对外发展成功后，结果反作用于自身的典型例子。内藤湖南描述"第一期的上古"的历史，认为在完成的同时也渐渐露出了终结的迹象。按湖南的观点，从后汉后半期至西晋，是"第一期的上古"向"第二期的中世"的过渡期。而"第二期的中世"，具体说是从五胡十六国开始直到唐中期，这一时期是外部种族由于自身的觉醒，而将其势力向中国内部反向波及的时代。按内藤湖南的方法，对于中国社会史的发展，可从中国文化的对外发展，及由此而自觉的周边诸种族向中国内部渗透这两个矢量来把握。按照这一方法来看，汉帝国确实是一个对外发展的顶点，而帝国的崩溃则是向着由其自身产生的反动潮流转化的转折点。

我曾经详细地论述过汉的对外发展及其由此产生的矛盾问题（《隋唐帝国形成史论》，筑摩书房，1971年；李济沧译《隋唐帝国形成史论》，上海古籍出版社，2004年，第一编），所以对此暂不做更多的论述。这里仅就汉文化对内发展的问题做些许考论。汉帝国的力量在向汉族社会基层渗透时，是否也具有与对外发展中类似的历史逻辑？换言之，通过对汉帝国社会深层的探讨，是否可以认为越是接近于古代世界的完成，就越是析出一种变化了的异质的世界？如果这一推测是恰当的话，我以为正是在这里出现了克服古代世界的逻辑和现象。

如前所述，汉帝国的完成过程，是一个政治世界将自律世界纳入自身的过程。这虽说是由前者掌握领导权的两个世界的统合，但是在这种统合形式之中，是否包含了自律世界的逐渐完善，进而掌握领导权的可能性呢？后汉时期清浊二流党争中，士大夫一方的动向，就是这种可能性的最初显露。

董仲舒所指出的前汉武帝时已经表面化了的土地兼并问题，在前汉末又有师丹、孔光等限田、限奴婢政策的提出，但是由于遭到外戚、宠臣的反对而未能实施，对此，不妨视为后汉朝之政情的前兆。也就是说，后汉中期以后外戚、宦官反复较量，轮流擅政，加速了国家政权的私有化，这一现象是与土地兼并问题互为表里而不断发展着的。对师丹的意图予以更彻底实施的是王莽的改革，这一改革失败以后，以政治手段抑止土地、人口兼并的尝试亦随之销声匿迹。总之，我们必须看到，这种政治权力本身，业已卷入滔滔的大土地所有化进程及阶级分化的潮流之中了。

特别是在二世纪中期，桓帝借助宦官之力诛灭外戚梁氏以来，朝政越发显现出宦官独裁的色彩，其毒害还向整个社会广泛扩展开来。宦官不仅直接压迫人民，增殖私产，还与地方豪族互为依托谋取私利，以致其恶劣影响更加扩散，遍及社会各个角落，从而使国家在整体结构上出现了私有化的状态。于是，至后汉末的桓、灵之间，国家已濒临崩溃。

值得指出的是，前汉中期董仲舒对当时土地兼并的抨击，及其限制大土地私有的提案，不仅仅是对民间土地兼并的批评，也是对当时国家已成为对人民掠夺、压迫机器的指责。而且他是对比古代井田制社会提出批评的。当时的现实，离他所憧憬的儒家理想的汉朝国家相距甚远。在那种政治社会经济状况中，应该说无论向民众期许怎样的道德生活，都是不可能的。总之，看得出来董仲舒的限田策，是以复古为理想，以期建立儒家的道德世界为前提的提议。

从董仲舒的时代开始，又过了两个多世纪之后，面对后汉末年几乎陷入绝境的政治经济状况，能够表现出强烈抵抗精神的，是所谓清流士大夫。而清流运动究竟又是怎样的一种历史现象呢？

清流运动的普遍性　对这个问题很早就进行过宏观考察的大作，是川胜义雄的《关于支那中世贵族政治的成立》（《史林》33—4；《六朝贵族制社会研究》，岩波书店，1982 年；徐谷芃、李济沧译《六朝贵族制社会研究》，上海古籍出版社，2008 年）。川胜批评了杨联陞将清流与浊流的对立归结为两个豪族群,即宦官豪族与官僚豪族为争夺政权的纠纷的观点。川胜主要认为:所谓清流士大夫的基础并不在于是否为豪族,而在于那种超越宗族组织,超越地域性,且不问身份、阶层如何都支持他们的社会舆论。换言之,无论豪族还是非豪族,有着同一个理念基础,他们在广泛的社会舆论之下被统一起来,从而形成为一股巨大的势力。

这种理念、这种舆论,一言以蔽之,即针对当时被扭曲了的国家理念,而主张正统性的国家理念,也就是当时的儒家的国家理念。就这种理念而言,君主权由外戚或宦官控制皆是对汉朝国家应有形态的歪曲;而高洁的士大夫被排挤与乱臣之辈猖獗政界,同样是不能容忍的。如此,清流士大夫以天子、士大夫、人民三者构成的公明正大的国家理念为共同立场,戮力同心。这种理念作为一种全国的舆论扩展开之后,就形成对中央政府的压力。

在清流势力内部,以这种儒家所要求的士大夫形象为标准来衡量,就产生了相互的人物评价(例如"月旦评")。这虽说有着对当时政府吏制腐败进行严厉谴责的目的,但终究构成了代表舆论的士大夫的统一团体。在他们之中还产生了与名望之士相互结成的师友关系,以及一种叫作门生故吏的主从关系。如此结成的各个组织之间又相互保持联络,由此取得了来自士大夫阶层全体的支持。

与这种清流势力的扩大强化相伴随的是后汉国家在实质上的丧失,随后是军阀时代的出现。在这种统治下,以清流士大夫为源流的士大夫阶层,依然保持着共同的感情和相互的联系。他们表现出超越各个军阀国家之上的超国家的、普遍的立场,作为超越王朝交替的社会统治阶层的六朝贵族正是由此发迹的。

以上即川胜观点的大义。其基本论点在于认为清流士大夫是六朝贵族的前身。另外,该论文的独到之处还在于将贵族与豪族相区别,提出了贵族能够超越豪族而存在的六朝贵族特征论。所谓豪族,是在乡里以宗家为中心的宗族结合,且包括宾客、部曲等非血缘从属者的集团,他们以拥有广大土地而称雄乡曲。但是豪族不一定就是贵族。贵族并非单纯的实力者,而且是一种具有高贵身份的社会存在。这才是贵族所具有的一种普遍性质。

总之，川胜将清流士大夫的抵抗运动视为一种超越腐败的、丧失国家本质的汉帝国的知识分子运动，并指出了其与后世六朝贵族之间的联系。至此，本章阐述了通过乡举里选等被纳入汉帝国政治世界的自律世界，以其在理念上对帝国的支持，反过来超越帝国逐渐成长起来的激烈矛盾过程。然而，既然是在理念上支持帝国，又如何超越帝国呢？即使从史实考虑的话，他们的运动先后两度被党锢镇压之后，受到了毁灭性的打击。汉帝国的灭亡所受到的"第一冲击"，毕竟来自另一运动即黄巾的反乱。如此来说，清流士大夫的运动能否认为就是超越汉帝国之存在的疑问就出现了。后来增渊龙夫针对上述川胜论文的批评，与此有着密切的关联（《关于后汉党锢事件的史评》，《一桥论丛》44—6）。

对清流运动批判的立场　增渊认为，川胜把当时知识阶层在现实中的行为过于理念化了。增渊认为当时知识层的行为并不是绝对一致的，除了支持清流官僚的知识分子之外，还有另一群虽同样受过儒家教育，但却采取另一种行为方式的知识分子。他们对清流运动实际上采取了批判的态度。因名士而连坐受迫害却被奉为名誉的现象，虽说是当时尚名节之风气，但也有些象申屠蟠、袁闳那样的知识分子，他们预见到党锢必然发生而积极回避，保全了生命。他们虽都是些在乡党中有声望的笃行之士，但又都不应清流派官僚荐举，坚持了终身不仕的逸民态度。他们既理所当然地对宦官持批判态度，又对清流人士那种"浮华交会"的花哨议政风气，表示了极大的不满。这是为什么呢？

虽说清流运动在理念上的确是高洁、正义的行为，但就实情而言，又确如《资治通鉴》胡三省注中所指责的，不过是包含了"干名蹈利之徒"之不纯动机的运动而已。当时的都城洛阳是英雄志士云集之地，特别是拥有三万余学生的太学更是讨论热烈的政治场所，名士的居室中常常宾客满堂，正如"登龙门"一词所描述的那样，谁得到名士的知遇，谁就得到了入仕官场的机会。在这种风潮之下，求虚名者势必不在少数。不仅如此，当时由太学生以"天下忠诚窦游平"相标榜的外戚窦武，还以天子、太后向太学生赏赐的方法巧妙地利用了太学生对宦官的激烈批判，壮大了自己打击宦官的政治势力。若事实确实如此的话,窦武、太学生一方面非难、攻击宦官为污浊势力,另一方面岂不也陷入将政权窃为私有的自相矛盾之中? 那种逸民人士不能首肯清流运动的原因,或许就在于此吧。

陈垣在《通鉴胡注表微》中提出,胡三省对清流运动的批判是他对南宋末宰相与太学生丑恶结合关系的讽刺。增渊主要以此为依据作出以上推论,认为有必要重新评价以往有关清流运动的认识。

如前所述,川胜由后汉末的清流士大夫那里寻求六朝贵族的源流,以期由此对后汉到六朝的历史进程作连续性的说明,所以他重视的是清流士大夫超越王朝之上的存在特性。对此,增渊针对清流士大夫的作用,指出这种政治势力不一定能够挽救后汉国家的颓废。他更强调了这一势力与国家具有相同性质的一面。必须充分肯定的是,增渊并未针对清流的行为方式,而是将批判清流的逸民知识分子抽出来进行研究,这在研究史上是一个崭新的角度。

值得指出的是,后来川胜针对增渊的反批判,更进一步深化了问题的讨论(《汉末的抵抗运动》,《东洋史研究》25—4;徐谷芃、李济沧译《六朝贵族制社会研究》,上海古籍出版社,2008 年)。川胜受到增渊的批判之后反驳指出:抵抗宦官操纵帝国的运动,是从 2 世纪后半期到 3 世纪初的 50 年间的规模巨大的运动。它开始于清流士大夫对政治的批判,那时产生了增渊所说的逸民人士;进而又有下层贫农大众的革命运动,即黄巾之乱的爆发。如果从这一宏观角度来看的话,是不可能将逸民人士与清流势力割裂开来评价的,更何况事实上二者一直关系密切,即清流士大夫中也有持逸民倾向的分子。不仅如此,我们还能看到两种人士深刻交游关系的实例。

那么,清流派、逸民派这些有着各式各样态度的知识分子的抵抗运动,就其基础来说,当时的社会实际情况究竟又是怎样的呢? 川胜指出:当时的乡里社会已失去其本来的共同体秩序,出现了豪族内部的矛盾化。一部分豪族与宦官势力相勾结,成为宦官打击对手的后盾。这样,虽说存在着一条宦官—豪族构成的所谓实权派路线,但同时被这条路线排斥的豪族,以及本来就不满于豪族对乡里支配势力的知识分子,也在以各种各样的形式进行着抵抗斗争。其中的一种形式是清流运动，另一种形式即由于对挽救时局感到绝望，而坚守拒绝参与现实政治的逸民志向。不论哪种形式，都是由于豪族集团内部存在的自我矛盾，即豪族欲望的膨胀与来自儒家教养的自我抑制精神之间的两难论题所产生的。换言之，也可以说这是豪族内部存在的对乡村的破坏性与其对乡村的维护性之间的纠葛。这里人们不禁会想到川胜在前引论文中，所谓贵族即超越个别豪族立场之普遍阶层的观点。不过，川胜在此又把这一旨趣继续发展为豪族自身的内在矛盾如何在现实运动的作用下被超越的研究。

另外，有这种内部矛盾的一部分清流士大夫，在党锢的镇压之下已失去了抵抗力，抵抗的主体就只剩下逸民人士和民众。抵抗者虽经历了从清流的抵抗转向逸民的抵抗转的煎熬，然而逸民人士是作为贤者受到民众尊重的，以他们为首领的新型道德共同体的形成则更是引人瞩目。川胜援引Ｒ·Ａ·斯坦《关于公元二世纪的政治、宗教的道教运动》（《道教研究》二），认为具有这种结构的新型世界，正是民众的宗教革命运动，即黄巾反乱所追求者。作为抵抗运动二要素的逸民人士与民众，就是在这种相互结合的方式中，创造出了一个新的世界。

与增渊那种把清流士大夫与逸民人士相区别的方法不同，川胜提出反论，认为二者是相当广泛的历史长河中相互关联的两股力量。然而，即便对此给予充分的理解，增渊认为仍然不能说当时知识分子具有两种不同的立场。若将这一问题继续追究的话，我们不免提出这样的问题，即对于支撑汉帝国的政治原理，人们是怎样以各自不同的方法予以超越的。对此，我尽管不是专家，但仍想就自己的印象谈谈看法。

汉代知识分子的思想转折与民众　川胜的宏观展望与增渊指出的清流士大夫的固有问题，虽乍看上去有很大不同，其实二者是可以统一的。若将清流士大夫与逸民人士比较，前者是从旧有的观念出发攻击宦官，而后者则就其生活方式本身进行批判，旨在从超越旧有观念的基点上获得自身的立场。这正是一种从根本上扭转以清流士大夫为代表的汉代知识分子既定立场的志向。如果认为清流与浊流本质上并无不同的话，当时的知识分子中这种扭转的意义势必减少。实际上，清流士大夫因为有其士大夫的立场,所以至少不会像浊流那样追求个人私利。于是,就出现一个需要解决问题:如同增渊所指出的那样,清流运动为什么使人有某种不透明感,为什么标榜公义的清流运动总让人觉得有些谋取个人利益的味道呢?

如果从崇尚名节反而达成个人利益结果的矛盾结构来考虑的话,可以认为道德价值是植根于与政治价值直接关联的汉代政治理念的。自从前汉时期独尊儒术以来,特别是通过乡举里选法的实施,道德、学问与政治权力相结合为一体,形成了帝国体制的完成形态。原本应该是以抨击体制为生命的道德与学问,淡薄了自己的天性而与国家体制粘连了。清流派对宦官的抨击正是由此形成的体制内部的抵抗,所以其政治斗争的手段也采取了以帝国官僚职权来镇压对手的方法。太学生、清流官僚都阿谀窦武那样的外戚,导致的必然结果,即他们的言行动辄被非难为"浮华"、"伪善",也不能说与这种道德的体制化没有关系吧!增渊氏所谓"价值标准的名目化、外在化"的提法,虽指出了当时士大夫阶层道德空洞化的现象,然而更进一步追根溯源的话,毕竟道德、学问的体制化与世俗化的问题也是无法回避的。

这是汉帝国完成形态的表现。其政治权力是以道德和学问为依据,合理而美好地高高耸立着。若论其社会基础的话,这是个人人以家族生活为基础而形成的自律的世界。作为这自律世界代表的儒家道德的实践者,是通过乡举里选而被帝国权力吸收上来的。

正如川胜氏所言,清流士大夫所凭借的正是这种正当化了的帝国秩序观念。但是,不论怎样的正当,那也是他们任官资格的保证。而且,乡里社会与政权的粘连,又必然导致这一世界本身的解体。如此,在帝国秩序观念迅速失去其实体的情况下,清流士大夫的正义感越是激烈,其仅仅强调道德主义故而难以保持现实立场的危险性就越发增加。

能够洞察清流派空泛言行之敝的是逸民派人士。他们超越了清流派所依据的帝国及其秩序理念的基础进行思考,由此摸索着自身生存的理想状态。就清流士大夫来说,汉帝国是个永久不灭的世界,是可以实现儒家道德的地上王国。道德与学问的理念是可以凭借政治而具象的。因此，他们不但不会怀疑政治的神圣性，而且自身就是政治正当性的肩负者。在周代曾作为政治即礼制原理的载体的士人，到汉代其本质结构并无变化，仍支配着士人的日常意识。而在他们这种原理的信念被打破之际，也就是汉帝国的灭亡之时了。

对汉帝国的永恒性和神圣性予以正面否定的，无疑是黄巾军。按照川胜氏的研究，黄巾之乱无异于一种希冀并追求新型共同体的运动。然而，否定汉帝国的，又不仅是黄巾军。当时作为前卫知识分子的逸民人士，也通过否定作为体制存在的自我，而开拓了超越帝国的思想立场。按照川胜氏的推测，在知识分子和民众之间可以说形成了一种精神的连带关系，并构成了黄巾军以及当时社会集团的基础。在知识分子和民众之间的这种新纽带，不仅产生了打倒王朝的政治运动，还孕育着一个超越中国古代世界原理的新时代的起点。这也正是本文下一节将要考察的问题。

二、中世的共同体与贵族社会

（一）　魏晋时期各集团的共同体结构

初期道教的共同体志向　从上一节的考察可以看出，殷周社会中血缘秩序即政治秩序，换言之是一个以道德与政治目的一致为原理而运作的社会。而后来承其遗绪的秦汉社会，基本上仍未能超脱这一原理的框架，甚至可以说不过是同一结构的再编、扩大。但是，随着历史的发展，这种社会原理最终丧失了原有的生命力。

作为古代共同体的一种形态的乡里制社会的解体，一方面又伴随着各种各样的私权化现象。诸如，外戚、宦官等所造成的国家权力的私权化，还有大土地所有的发展，隶属民的产生、增加等。就文化方面而言，作为乡里制社会共同体形式的社的祭祀，性质一变为个人之信仰，在社之外还出现了各种以个人祈福为目的的民间信仰。总之，贯穿于以往社会诸方面之公共原理的衰退，已呈无法挽回之势。

然而，对这种解体现象，人们并不是没有任何抵抗的。出自知识阶层的逸民人士,拒绝参与政界;包括众多民众在内的道教信徒们,则为抑制私欲尽力公共而执行戒律。总之,这些人的志向在于,不苟同社会的私权化倾向,试图抵制并超越它,憧憬一种新型的人与人之间的关系。在此,人与人之间的结合关系,已经不可能是从前那种自然的血缘关系了,因此形成了一种突出的伦理性的、宗教性的关系。那种对自身私欲的抑制,正是在新的志向下共同体世界得以结成的契机。

以三国时代在汉中地区建立政教合一政权的五斗米道教集团为例,他们建立了一种叫做"义舍"的公共住宿设施,向过路人提供由信徒施舍而来的米、肉,路人以饱腹为限,如果摄取份额超出必需量的话,被认为必将染病受惩罚(《三国志·魏书·张鲁传》)。这里所谓路人,其多数当是那些因饥馑、战乱而背井离乡的难民。信徒们为了那些异乡人而割让出自己生活资产,而接受施舍的路人又遵守为其他路人限制欲望的规矩。如此相互的自我抑制行为,就构成了这一教团的共同协作性。这是一种进一步超越血缘关系的,以伦理意识为媒介的协作关系。

这种情况并不限于五斗米道,葛洪在《抱朴子·内篇·微旨》中介绍当时的诸道戒曰:"欲修长生之道……乐人之吉,悯人之苦,赒人之急,救人之穷,手不伤生,口不劝祸,见人之得如己之得,见人之失如己之失,不自贵,不自誉,不嫉妒胜己,不佞谄阴贼。"这就明确地道出,正是这种超越自我的实践,形成了当时道教诸团体的根本精神。信徒若遵守这些戒律,则可求得"长生"不死,可以说这是一个由超越自我而获得个人至上幸福的世界。这是在扬弃古代血缘世界的同时,又超越对这一世界的破坏的产物。大胆地说,这里存在着一个由超越古代共同体世界的破坏者,而扬弃古代共同体世界自身的逻辑结构。

从后汉末知识分子和民众的动向中,可以感受到的是一种追求高层次共同体世界的志向(除上述斯坦、川胜的研究之外,还可参见大渊忍尔《黄巾之乱与五斗米道》,《岩波讲座》世界历史5,古代5)。而这种志向后来又是如何深入社会内部的呢?

动乱与中世聚落的形成　以黄巾之乱为契机,政治权力完全丧失了统一性,政局也就陷入了所谓三国时代的混乱。晋虽再度统一,但也很短暂,由于胡族的独立,华北再次陷入深深的政局混乱之中。至 4 世纪后半期北魏平定华北的大约两个世纪间,华北地区始终处于激烈的动乱之中。而后汉末出现的试图超越古代逻辑的各种思潮,在两个世纪的政治混乱之中,又是怎样一种情况呢?

对此不能轻率地认为这些思潮已淹没于政治的漩涡之中了。即使在这一艰苦的时代,人们仍然要生存。由于衰亡的中央政权已无法保证民众的生存,所以民众只有在军阀混战的夹缝中,以自力求存于世。但是他们已无法孤立生活了,而不得不组成各种不同性质的集团,以求自存之道。正是这种集团,体现了那种濒临绝境的人们的生存方式,它是超越了多变的政局而建立的社会基层组织。可以说在这一集团中,贯穿了上面所设想的那种历史的逻辑。下面仅就一些具体实例做些许分析。

值得注意的是,正如近年来学者们所指出的,从后汉到魏晋是中国聚落史上大变化的时期。其中一大变化,即当时“村”的出现。根据唐开元时代的户令可知,在唐代无论是都市还是乡村,所有聚落都是由里统一起来的,同时称都市的里为坊,称田野的里为村。宫川尚志在《关于六朝时代的村》一文中(《羽田博士颂寿纪念东洋史论丛》,东洋史研究会,1950 年。《六朝史研究·政治社会篇》,学术振兴会,1956 年),对此给予了历史的阐述。他认为在汉代,都、鄙都叫做“里”。后来出现了都市与乡村的分化,至唐代又出现了上述的制度化的现象。另外,他还指出作为这一分化的结果,“村”一词成为了新型乡村聚落的称呼,是在三国以后。汉代乡里制动摇以后,为了躲避战乱,流民结成了新型的以自卫为目的的聚落。这些聚落坐落的位置并不一定,虽然有的是利用已有聚落地而建立的,但在远离人烟的荒郊僻壤营建村落的例子也很多。当时的诗歌中“新村”一词逐渐被使用的情况,应该说正反映了“村”在当时的历史特性。

由宫川的研究出发,给予继续深入考察的是宫崎市定(《关于中国聚落形态的变迁》,《大谷史学》6)。宫崎认为汉代的乡、亭制度只不过是古代都市国家的遗制,而“村”的出现正是随着古代都市国家的崩溃,而形成的中世村落。另就村内居民的结合方式而言,以前的乡制是以里为单位而实现相互扶助的,而且是以里社的祭祀为中心的;而在村制中,则不得不寻求一种新型的社会互助的精神支柱。佛教、道教正好得以深入人心。

另外,在"村"不断得到普及的同时,叫做"坞"的聚落也在形成。而且,从逐渐形成的"村坞"一词可推知,二者是很相似的聚落形式。从已故那波利贞《坞主考》(《东亚人文学报》2—4、《史窗》30)开始,对当时坞的情况作了基础性的研究,最近又有金发根《永嘉乱后北方的豪族》(台湾,1964 年)一文对相关史料作了梳理。根据这些研究,我们对坞大致有了以下的了解:

"坞"字原义,按《后汉书·马援传》李贤注引《字林》,义为小障(小规模的土堤),也解释为小城。据《马援传》记载,陇西太守马援为防御羌族的侵扰而奏请设置的"坞候",当时的坞很显然是军事上的防御设施。在前汉的简牍中,我们已见到过这类意义的坞(劳榦《居延汉简考释》,台湾,1960 年)。那是防御匈奴的边境设施,但是进入后汉时起就用于防备羌族的侵犯了。2 世纪初羌族大反乱时,据记载仅在内地纵深处的太行山脉与河北平原交接的要地,就设置了 616 多处坞候。

另外,坞的设置不仅仅在于单纯的防御外敌,内乱时,一般居民为了自卫而集结并建设的设施,既称"营"、"壁"、"堡",也使用"坞"的名称。在这方面,最早的可举出王莽末年动乱时的例子。虽然后汉王朝成立伊始,政府曾命令撤去这些设施,以便使人民归于农业(《后汉书》卷四《冯异传》)。但在后汉末,坞又一次广泛地出现了。更进一步地,西晋永嘉之乱时,以坞为形式结成的自卫集团,就更广泛地普及了。众所周知,永嘉之乱使汉族流离失所,为避难,在集团流动的同时也在一定地点聚居、营造坞。根据那波的研究可知,前者的集团首领称为行主,后者的首长则称为坞主。

坞所建立的地点是不一定的。从《水经注》等的记载来看,坞多有依天险而设的倾向。例如,设置于洛水的一合坞,高二十丈,南、北、东三面是由天然屏障环绕,因为只有西面以人力把守,故得此名(《水经注》卷一五"洛水"条)。另外,还记载了同属洛水流域的高山之上的,由于经常有云霞笼罩而得名的云中坞（同上）。这些坞多数都考虑到建造于天险之地，以便在那里过封闭的生活，为此又必须储备武器、粮食等，特别是可以利用山间土地的耕作，以求自给自足。

像这种坞的生活，当然具有另辟一种新天地的意蕴。在远离村落的深山里，过着与外界隔离的集团生活，所以从外面人的角度，往往会将其想象为一种理想乡。陈寅恪认为，事实上陶渊明的名篇《桃花源记》，即以当时的坞为原型来写作的。他指出，东晋末年，从刘裕远征长安的戴延之，奉命去踏勘洛水上流，未及探明水源，半途而归。返回时途经百谷坞、檀山坞等处，当地即以桃源为地名。戴氏将这次踏勘的记录，题名为《西征记》。陈寅恪推测陶渊明就是取材于此而创作了《桃花源记》（《桃花源记旁证》，《清华学报》11—1）。②

总之，根据陈氏的研究，《桃花源记》并非纯粹空想的产物，而应是依据当时现实中坞为原型而创作的。由这一观点可以进一步认为，坞的生活实际上是人们逃避乱世，向往实现和平社会的愿望的产物。这虽有其来自外界的理想乡的想象因素的存在，但在坞里的居民为了自身愿望的实现，必须维持道德秩序这一点是肯定的。所以，如果坞的内部产生了争斗的话，就不仅仅是能否持续过与世隔绝的生活的问题，而且还有损人们对理想之乡的憧憬。按《桃花源记》，知道了桃花源地名的南阳隐士刘骥之为探访该处结果病故的说法，还告诉我们，桃源境在当时已成隐士所憧憬的对象。这说明，桃源境在内外两面都被认为是和平无争的世界。

坞内的人际关系　为同时代人所认同的坞的世界，实际上又是怎样一种人际关系的社会呢？若从历来受到史家注目的三国时代的田畴集团的情况来考虑的话，田畴为了给上司报仇，率"宗族他附从数百人"隐居徐无山（今属河北省）中，后来"百姓"依附者日渐增多，数年间膨胀为五千余家的大集团（《三国志》魏志卷一一本传）。由此可知，这一集团的是以"宗族"、"附从"、"百姓"为组成要素的。"附从"虽可解释为各种隶属民，但具体情况还不甚明了。"百姓"应该多数是可以生计自立的农民。后面还要论及到的西晋末的庾衮集团的"同族及庶姓"（《晋书》卷八八《孝友》本传）成分，以及郗鉴集团的"宗族及乡曲"（同上书卷六七本传）

都具有相同的构成。再参以其他坞集团的例子来看,这些集团在成分构成上,均以统率者的宗族为核心,然后是同乡的异姓各家,及远近投靠而来的民众和各种隶属民。也就是说,这不是一种纯粹的血缘集团,而是非血缘要素杂多的集团,而且它愈是膨胀,这一倾向特征就愈加明显。

　　然而随着以上情况的出现,集团内部管理秩序就必须确立了。首先,就有必要重新确定集团的统率者。田畴、庾衮二人都向集团中的重要人物提出集团需要盟主的呼吁,结果他们自身又都众望所归地被拥戴为"主"。其他坞主、行主想来也是在同样情况下被选出的。这种按照众望拥戴坞主、行主的选举形式值得注意,反映了集团全体的团结一致和人们在此意志下相互结合的愿望。从拥戴统率者的方法,可以看出集团得以结合的特征。从这种观点来看,被推立为坞主、行主的人有一点是共同的,即他们以前就是在宗族、乡党里值得信赖和尊重的人,而且这种信赖在难民团体形成之后,仍然持续存在着。然而,造成这种信赖的根本原因,又在于领袖人物对宗族、乡党的救济行为。即把自己的财产分给穷人,救人于危难,施人以恩义,以深受众人仰慕的人格而成为领袖,是其共同的类型特征。

　　然而,究竟为什么这种救济与感恩的关系能够凝结为一种社会集团的结构呢? 这就不能不联系当时的经济状况进行分析了。在当时严重饥荒的状况下,即使是士大夫阶层也不是轻易能够维持生存的。据《世说新语·德行》注引《郗鉴别传》载,因永嘉之乱而遭受大饥荒时,士大夫以下匀出手头财物赠送郗鉴。对此事《晋书》本传虽表达不同,但亦有所述,且更详细记载郗鉴又将所得财物分与宗族、乡里,以解救穷困。在当时那种凶荒之年,得知己馈赠无疑反映了郗鉴受尊重的人格,进而转赠他人就更体现出其人品的高洁。总之,这里存在着双重的自我牺牲行为,郗鉴先是作为自我牺牲行为的承受者,后又成为自我牺牲的行为主体,这正是传记的精彩之笔(他后来所以被推为主,也的确得益于他的这种人格)。

　　这种自我牺牲行为,正是人与人之间精神上得以相互沟通的契机。这是因为,自我牺牲行为的客体一方会产生感恩之心。救济者抛弃自己爱惜的所有物，在这里产生了一种精神的感召作用，即追求义的行为可以激起被救济者精神的高扬，从而建立起对救济者的敬仰之心。

然而，这种超越自我，即超越利而进入义的世界的人，又必须是在人格上具备这种精神的人。这种人格的存在本应属于自古以来的士大夫，但却出现在了上述那些领袖人物身上。他们都出身于乡里名望之家这一点就绝非偶然，不仅如此，作为个体，他们又都是士大夫精神的实践者。

在窘迫的日常生活状况下，虽然民众往往会放弃义的立场转而趋向于利的立场，但士大夫则可能超越人的性情，而保持其意志（虽然由此也产生了伪善的倾向），因而在精神上超越民众。民众也会从对这种人格的景仰之中，端正自己的道德生活。相反，若放纵民众在日常中的求利倾向的话，势必产生民众间的利害冲突，从而导致集团的内部混乱和无序。士大夫领袖的存在，则具有抑制此类事态，维持集团中人伦秩序的作用。田畴、庾衮被拥立为坞主之后，对各种制度、规定的制订，可以说正是发挥了这种作用。田畴制订"相杀伤犯盗净讼之法"二十余条，设"婚姻嫁娶之礼"，兴"学校讲授之业"。他这样做无非是为封闭于徐无山中的集团生活确立起礼教的秩序，以便维护集团内部的团结，为主君报仇。当时，田畴最怕的是在集团成员之间出现杀伤、盗窃等纠纷，那将会导致集团的瓦解，而无法达到最终的目的。

庾衮的情况也一样，他在谈到集团成员必须保持良好道德时说："无恃险，无怙乱，无暴邻，无抽屋，无樵采人所植，无谋非德，无犯非义，戮力一心，同恤危难"（《晋书》卷八八《孝友传》）这里存在着一种以道德意识防止成员间纠纷，维护集团生存的意图。庾衮就这样，在使集团成员明白了这一意图之后，利用天险构筑坞壁，为共同生活而建筑各种设施。当时，"考功庸，计丈尺，均劳逸，通有无，缮完器备，量力任能，物应其宜"（同上），如此准确地计算各人劳动的质与量，决心实现人们在劳动、生活中的公平，这是维持集团生活所必需的现实管理。这样，作为集团的领导体系，就必须不断地推出贤人长者，以便承袭乡里制社会共同体的经营方式，努力在全体成员中普及礼教精神。

由上述事例可见，当时的坞集团，决不仅仅是难民的群体，而是一种以高尚道德的统率者为中心的共同体集团。这其中个人的道德意识，就成为了结成共同体的可能性。但这并不意味着这种道德意识是可以游离于现实之外的。为了在坞的特殊条件下进行共同生活，常规的习惯正是不可缺少的。这种集团不仅在政治的地位和志向上具有一致性，在如何进行坞的建设、武器的制造、粮食的确保等等现实生活中，成员之间的协作也是不可或缺的。而且集团成员并不都有血缘关系，这是一个由各种非血缘要素组成的集团。仅此一点，我们就能想象出维持集团成员之间强烈的道德自觉是何等重要。

从上述坞的情况可知，后汉末逸民人士、民众所追求的共同体世界，后来终于在激烈动荡的时代中出现了，而且还在相当长的时期存在于现实生活之中。它既是一种美好理想的憧憬，同时又是为度过那种残酷岁月煎熬所必需的思想。因此可以说它正是对当时复杂现实的一种反映。

然而，六朝时代是所谓贵族制时代，贵族与上述共同体世界之间又是怎样一种关系呢？如刚刚提到的那样，作为坞集团的领袖，大多是所谓旧姓、大姓贵族出身，对此就必然引出了上述的问题。下面就以贵族制为中心谈谈这一问题。

（二）　六朝贵族的自立世界

六朝贵族的社会基础　如上节所述，作为魏晋社会的基层社会结构，与古代社会是不同的，这里产生了一种新型的共同体关系。于是，这一时代中确立起来的贵族制基础是否也产生了同样关系，就成了非回答不可的问题了。

可是，作为当时统治阶级的六朝贵族又是怎样形成的呢？正如很多学者所指出的那样，以庄园制、大土地所有制作为其形成的必要条件，是难以说服人的。与其认为他们是土地贵族，不如视其为官僚贵族、教养贵族更为合适。若将六朝贵族定义为统治阶级形态的话，也许是这样的。虽说我对这样的理解也抱有同感，但是，问题在于认为他们是官僚贵族的话，是否就意味着在阶级本质上，他们就只能是皇帝的走卒？而认为他们是教养贵族的话，那他们与现实社会的关系到底又是怎样的呢？我认为对这两个问题至今尚未作出十分深刻的探讨（参照本书第二编第三章）。总之，对六朝贵族的阶级基础究竟应该怎样认识，不能不说是个尚未解决的问题。

不仅如此，就这一课题的重要性而言，我以为实在尚未引起学者们足够的重视。对以上课题，更一般化而论的话，即不以生产资料所有关系为直接媒介的阶级关系究竟是怎样存在的。我以为这其中正包含着能够明确解释中国史特殊结构的重要线索。为此，近年来我提出了六朝社会的基础中存在着中世共同体的主张，这一观点的逻辑构成即从本书第二编开始论述的内容，然而这一观点受到了同行学者的大量批评，这使我感到很失望。我认为批评者在阐述中国史时有必要摆脱先入为主的成见，采取灵活的思考，他们的自我反省实在太少了。换言之，战后中国史研究是否正是由于这种缺乏灵活性的史观而悲惨地失败的呢（参见拙稿《关于"共同体"的争论——中国史研究的思想状况》，《名古屋人文科学研究会年报Ⅰ》；收入《中国中世的探求》，1987 年）？

无论如何，上述课题可简单地概括如下（参见本书第三编第一章）。即与财产、权势的世俗欲望相对，是士大夫的自我抑制精神实现了家族、宗族、乡党，以及称为士大夫世界的人们的共同体的结合。而从这种精神的对象世界反馈的人格评价，即乡论，又赋予士大夫以社会领导者的资格。六朝贵族的阶级地位，正是以这种乡论为基础而形成的，而乡论正是他们得以超越王朝权力而获得自立的社会地位的根基。

六朝贵族，特别是北朝贵族的支配结构与以道德高尚的知识分子为核心结成的共同体是同一类型，这一类型同时也存在于道教教团乃至坞集团之中。后汉末明显化了的憧憬新型共同体的志向，在六朝贵族制中最终得以体制化了。进一步而言，统治阶级正是借助这一志向的潮流而确立了自身地位，成为六朝贵族阶层的。而这种体制化的最具体的制度表现，当属九品官人法。

六朝贵族就是这样成为道德共同体的领袖的。虽然对于那些习惯于欧洲模式的发展史观的人们来说，这种观念也许会被认为过于唯心了，但是如果正视以儒家学说为思想核心的中国独特的文人官僚社会的实际情况,而且试图解明其结构的话,就不得不多少探求一下这种精神与社会的结合点的问题。而且,这并不仅仅是个观念世界的问题。六朝贵族的阶级基础,并非由物质手段所能够直接创造的,而是形成于对精神世界有所扬弃的世界。而这种精神世界,从根本上说并不仅限于贵族个人的享受的世界,还包括作为这种精神的对象社会,即家族、宗族、乡党,以及士大夫间的交际社会等现实的人际关系。这里存在着一个作为统治层而支撑贵族阶级的社会实体,而能够制约作为统治阶级的六朝贵族,使其得以自立的,正是这一社会的实体。

然而,这种社会实体又是由贵族精神的推动而体现为其外在形象的。在此有着推动者与被推动者对峙的相对关系,二者综合地构成了所谓贵族社会。贵族阶级凭借这一世界的支持,得以超越王朝权力而自立。这一世界在自身的形成中,同时又是一种主体的存在。贵族给此世界以精神推动作用,并非单纯地为了获得良好的社会舆论评价,从而得势于官场。不能说功利意识在这里完全不起作用,虽说中国人也有不绝对排斥功利主义的特性,但是,精神世界毕竟应是一种自身内在的存在,事实上六朝贵族的精神世界也是作为他们自身生存的课题,而使人感受到其内面深奥形象的存在。

超越世俗的精神　另外,只要观察一下六朝贵族精神的存在方式的话,就会发现并不能视其为一种单纯的禁欲。例如,博陵崔伯谦,尽管族弟崔遏为东魏显臣,却拒绝与其结交以求晋升,而满足于"雅道"的生活("以雅道自居",《北史》卷三二本传)。又如,北魏末范阳的卢义僖,虽多年被置于散官地位,却能一向恬然自得。有人劝他去见要员以求晋升时,他拒绝曰:"学先王之道,贵行先王之志,何能苟求富贵也?"(《魏书》卷四七,《北史》卷三〇本传)关于卢氏的逸闻还有一些,据说灵太后的宠臣李神轨欲娶卢氏之女,卢氏拒绝后将女嫁与他人。新婚之夜太后派人去中止仪式,而义僖却泰然自若。若他认为可以不择手段谋求富贵的话,与权势者通婚岂不是最佳捷径? 北魏末期,这种风气可是很普遍的。但是,义僖却不屑于"苟求富贵",而是坚持实践"先王之志"。上述崔伯谦也一样,不攀附当权者而谋求富贵,宁可安然于"雅道"这一己世界。

由以上几条常见的史料可以看出，作为有精神支撑的贵族，是不把显达于官场作为自己人生第一目的的。他们不那么在乎仕途的晋升，并非出于单纯的廉洁，是因为存在着一个导致他们秉持这种生活态度的世界，他们是把这一世界作为第一义来看待的。这一世界，在崔氏来说是"雅道"，在卢氏来说是"先王之道"，所以可称之为"道"的世界。正如"雅道"一语所准确表现的那样，这是一个超越世俗世界的精神世界。他们以此为依据，将这一世界视为是第一义的。我认为正是有了自身内在的这种精神世界，才使他们有可能获得超越世俗世界的精神自由。

我在这里暂且称这一精神世界为"道"的世界，并探讨一下其具体内容。让我们再一次回到卢义僖"何能苟求富贵"的语境中，他的意思并非否认富贵，只是不屑于趋炎附势以求富贵。他认为富贵地位应该是"学先王之道，贵行先王之志"的结果，背弃这一原则而希求富贵，则是为士人所不齿的。他认为只有学问及其实践的人的内在性，才能决定一个人的社会地位，而外在的要素并不是决定其地位的关键。认为必须如此衡量贵族的政治地位的人，并不仅限于卢义僖。仕于北齐的赵郡李孝贞一门，自堂姐为文宣帝皇后开始显赫，虽然李家与帝室有着几重的婚姻关系，但是孝贞兄弟皆"以文学自达，耻为外戚家"（《北史》卷三三本传）。又如，以《魏书》作者而为人所知的魏收与清河郡名族崔㥄之间，有以下一段饶有兴味的对话。二人本不和，魏收赴任梁时，途经徐州，徐州刺史崔㥄备卤簿迎之，派人语魏收曰："勿怪仪卫多，稽古力也。"魏收答曰："白崔徐州，建义之勋，何稽古之有？"自以门伐素高的崔㥄，闻此言大为不快（《北齐书》卷二三、《北史》卷二四《崔㥄传》）。崔㥄在高欢举兵时，曾参事于其幕下，以此功劳而在东魏获得显赫的地位，魏收针对这一点，嘲笑他的徐州刺史地位不是靠稽古即治学获得的，而是靠依附权势得来的。

由以上二例可知，当时的贵族层所赞赏的，不是靠依附权势，而是靠文学、学问等自身所具有的文化能力（教养）来获得政治地位。除了魏收、崔㥄那种世俗性的人物之外，这种认识正是当时贵族普遍的观念。这与前述卢义僖、崔伯谦摒弃"苟求富贵"，执着于"道"的世界的精神亦有着某种关联。即人的社会的地位必须以其内面世界为根底的理念，是以上事例所共同表达的。而且，毫无疑问，学问正是对这一内面世界作为知识的表达。总之，能够使六朝贵族作为统治阶级而自立的原因，不过分地说，正在于他们所治之学问。由此还证明了上述关于教养贵族的观点。那么，这种学问作为贵族内面世界的知识的表现，又具有怎样的含义的问题，就必须讨论了。

六朝贵族之学问的含义 颜之推在《颜氏家训·勉学》篇中曾有以下的论述。他认为，人不一定总能以族或乡党为依存，一旦只身漂泊，没有了保护者，那就只好自立谋生。此时作为自身的本领，莫过于知识。从梁到北周，再到北齐，从北齐又到北周，再到隋，饱尝流浪艰辛的颜之推，由自己严峻的经历得出了这一学问观：士大夫赖以为生的最后依据，既不是同族也不是乡党，而是自身的学问。颜氏的这一学问观，体现了当时门阀贵族制急剧衰落的社会趋势，因此按吉川忠夫氏的观点，这一学问观有着贤才主义的一面（《颜之推小论》，《东洋史研究》20—4）。那么，若追究贵族制的根源的话，它既不是宗族也不是乡党，而是士大夫的学问（即自立精神）。有一点有待于今后的研究，即按上述颜氏的观点，认为读书具有作为生活手段的价值，那么进一步的问题是，读书乃至学问的真正目的究竟何在呢？

颜之推针对这一疑问回答说："夫所以读书学问，本欲开心明目，利于行耳。"（《颜氏家训·勉学》）即人们为了开发知（开心明目）而勤于实践（行），这就是读书、学问的意义。他批评那种只求知识，不重视实践的读书匠，强调读书应与实践相结合。然而，知与行又应如何结合呢？他说，不知孝敬的人，可在读书中了解古人为父母献身的事迹，激发洗心革面的惭愧之心，从而遵循孝行；不知事君的人，可从古人的忠节事迹中得以反省自身，从而献身节义；平素骄奢的人，可效法古人恭俭之德而行之；本来鄙吝的人，可从古人的行为中懂得轻财重义、止足、赈恤的可贵精神，从而努力效仿。同样，暴悍的人，可从古人那里学到宽容的美德；怯懦的人，也会感慨古人的勇气，从而振奋精神。读书、治学的目的虽说还有很多，简言之，即由古人的行为懂得如何确立自身的人格，由这种痛切的反省,进而达到身体力行。总之,知是通过一种反省之心而向行转变的。

可是,究竟是什么产生了这种成为知与行之间媒介的忏悔心呢？毫无疑问就是依据古人的德行对照反省自己的不德所得出的结果。若对这种德与不德间的对照关系做进一步分析的话,根本区别在于人与人之间生存方式的不同。因为,促成德行的是人的虚己精神,相反,使人陷入不德的是人的自爱心。例如,为了孝道这种为双亲献身的行为,作为子女就必须泯灭自我。对国家、主君的忠节也一样,恭俭、轻财重义、止足、赈恤、宽容的行为,不妨说就是虚己精神的不同表现形式。另外,勇气其实也是超越自爱心的结果。古人的德行之中贯穿的全都是虚己精神,相对于古人的清高人格,人们会发现在双亲、主君面前自我是那样的渺小。通过这种对照比较,在强烈悔恨自己人性污浊的同时,自我觉悟起来,以这种忏悔心为契机又产生了实践的决心。

从颜之推对为什么要读书、治学问的论述可知,人们是通过忏悔心,起而进行道德实践的。而这种忏悔心又是从与古人德行事迹的比较中得来的,它是对那种将自身拘束于自爱的丑恶行为的反省。如此来说,颜之推所谓的学问,不能说不带有一种宗教的性质。这不仅仅是颜氏一人的学问观,上述卢义僖所谓"学先王之道,贵行先王之志,何能苟求富贵也",也是认为学问与直接实践密不可分,也是试图由此超越"苟求富贵"的利己世界。因此,我称之为"道"的世界。这是一种超越的精神世界,而支撑这一世界,并使其正当化的知识体系,最终还是学问。学问在作为道德规范之学的同时,又是记载"古人"传承"先王之道"之实践事迹的历史学。总之,它并不仅仅是抽象化的形而上学。

从以上探讨中,我们大体上明确了六朝贵族学问的意义,即贵族的虚己精神作为一种日常伦理,又作用于自己的对象世界,从而成为促使对象世界中共同体结合的纽带;而这种精神的培养又来自于学问。换言之,当时士大夫的学问,可以说是旨在人的教育的知识体系。六朝贵族的伦理行为,是有其以经学为中心的深远而厚重学问传统背景的。这种学问本身,是以建立中国社会道德共同体世界为目标,不断积累而形成的。作为这种学问与现实社会的媒介体,即中国士大夫,在六朝也就是贵族。

大体来说,不仅颜氏,六朝贵族都可以称为学问家。在北朝像崔、卢、李、郑以及其他名族中,涌现出了许许多多可称为硕儒的学者。其人数之多,举不胜举。赵郡李子雄本传载:"家世并以学业自通,子雄独习骑射。其兄子旦让之曰:'弃文尚武,非士大夫素业。'"(《北史》卷三三本传)由此记载可知,学问不仅是士大夫不可或缺的素养,而且还是可以世代立身的家业。

不过分地说,学问是贵族得以存在的依据。由于作为社会主宰者的资格来自他们的人格,所以实际上人格的培养又在于学问。至此,我们明白了六朝贵族之所以成为教养贵族的基本意义。这种社会地位不是由生产方式私有制所能直接决定的,是能够超越直接性的。形成他们社会地位的原因在于:他们能够成为统合各个生产资料所有者的主宰者。而这一主宰,又因此是知的道德的主宰,所以在这里学问就成为支配民众所不可缺少的机能了。

为了更清楚地了解当时的学问的含义,虽说有必要对学问的内容进行探讨,但在此暂且不予涉及。但有一点应该指出的是,由于士大夫的学问重点在于道德的规范,所以学问是以经学为核心的。从《颜氏家训·勉学》篇中叹息当时读书人别说裁判、民政,就连建筑、农业的基础知识也不具备,以致为武人、俗吏所嘲笑的情况来看,实学的知识也是包括在必修学问之中的。另外,从北朝贵族的传记来看,他们的学问中像阴阳、天文、术数、律历、医方、卜相、风角等,虽不一定是正统学问,但却包括了可称之为生活科学的各个分野。另一方面,还有玄学、佛学等形而上学,以及作为表现学的文学。从上面曾提到情况可清楚地看出,当时的学问就其本身来说是历史学,而与谱学的发展等相伴随的这一时代,历史学更进一步开拓了其独立的分野。如此,以经学为顶点的学问的领域明显地扩大,而且形而上学与形而下学以各种各样方式混在一起,形成了庞大的思想体系。这既是六朝贵族的超越性的知的根据,同时也是对于对象世界的实践性的源泉。

另一个问题是,这种以学问立身的教养贵族,为什么最终导致了门阀制度呢? 因为学问是一种以培养后天人格为目的的行为,所以才会产生这种疑问。对此,我的看法也许是不够成熟的,但是从以上所述可知,当时的知识体系并非单纯的客观知识,而是与人格主义及其超越性联系在一起的。即出于对这种学问的体验,要求必须具有与之相称的人的素质,于是导致了门阀主义的身份制。

但是,这又自然地产生了一个矛盾,即作为学问属性的后天性,与求学者资质的先天性的冲突,以及对这种先天性的否定。与门阀主义相对的贤才主义的出现,即是这一矛盾冲突的必经过程;而继教养贵族制之后产生的科举制又可以说是这一矛盾必然的结局。颜之推慨叹连武人俗吏亦不齿贵族纨绔的不学无术,不正表现了六朝贵族制与学问之间有着不可分割的关系吗?

(三) 北朝、隋唐诸国家与共同体伦理

五胡、北魏政权与汉人贵族　至此已讨论了作为华北汉人贵族支配阶级的自立性问题,其实关于贵族与国家权力之间的关系,也是非从历史的角度予以进一步分析不可的。因为,在五胡时代以及北朝的异民族政权之下,汉人贵族没能真正确立其在政治意义上的支配地位。特别是从五胡时代开始,到北魏前半期,国家按照胡汉二重体制结构而建立,胡族与汉族是分别置于不同的统治体系之下的。胡族仍残留着塞外时代部族共同体的形态,特别是组成国家军队,并以此形成了国家的政权核心(参见前引拙著《隋唐帝国形成史论》第Ⅰ、Ⅱ编)。这种具有强烈胡族色彩的政权君临中原,汉族社会被控制于这一政权之下。当然,这一政权是要起用作为汉族社会领导层的贵族作为官僚的。一部分贵族出身为官僚,活跃于中央政界,且在不同的程度上受到君主的信任,充任要职。例如,石勒之张宾、苻坚之王猛,以及北魏建设期之崔宏、崔浩父子等即其代表人物。此外,还有很多汉人贵族成为州郡县长官或其属官,在乡里生活。

但是,这种汉人贵族的官僚化,并不意味着他们已真正成为了国家权力的主体,因为国家主权是控制在胡族手中的。北魏太武帝时的崔浩笔祸事件,更使汉人贵族痛切地感受到异族政权统治的现实。事件虽起因于崔浩等人编写北魏国史激起胡族的反感,但就其背景而言,其实质是崔

浩欲改革北魏贵族主义国家的种种计划所招致胡族的反击。众所周知，太武帝时代完成了统一华北的事业，由此又迎来汉人贵族大量涌入政界，加之崔浩受到太武帝的极大信任，于是给崔浩以错觉，使他误认为在当时胡族政权已经可以向汉族式贵族国家转化了。但其结果却是崔浩被诛，且殃及与崔氏有姻亲关系的山东贵族诸家。

从这一事件的原委来看，北魏的统一国家中，存在着胡族与汉族在政治上的严格区别。北魏国家中胡族的政治作用主要是在军事方面。中央及地方(州镇)的军队，都是以胡族为主力。对于立有军功的胡族士兵，入仕的道路是敞开的。由此可见，国家组织至少就整体来说，尚未形成为贵族制。

在太武帝为宦官宗爱所弑之后的十几年之间，由于血腥的北魏宫廷内斗争接连不断，而没能有多大的对外发展。但是，到献文帝吞并山东地方时，北魏国家与华北社会的接触又明显加深了。正是这一条件下，才有了后来孝文帝力排众议的迁都洛阳，在此之前政府还出台了对华北社会的组织化政策。孝文帝初期，在文明太后掌权下创立的三长制、均田制等都是这一政策的内容，其中已明显体现了胡族政权与汉人贵族的关系。

均田制与贵族的伦理　从有关均田制的研究来看，认为均田制是太武帝统一战争时计口授田制的延续的看法，是目前最主流的观点(参见本书第三编)。对于北魏国家农业管理政策史上从计口授田到均田制的发展连续性的观点，我没有异议。但问题是这一政策的意义究竟何在呢？对此论者甚多，有认为这是汉人贵族之外的权力所实行的国家政策(因而是对汉人贵族的压制政策)的，也有认为这是胡族特有政策的。果真如此吗？的确，计口授田制是有徙民政策强权的一面，均田制也是以强权干涉为前提的一种土地所有制的限制政策。对这种强权的作用，虽说有着上述各种结论，但我以为仅做这样的理解仍过于简单。

首先，关于授田制背后的徙民政策，是将被征服民迁徙至都城及其他重要地点的周围，并在那些地方实行郡县制。由于计口授田制根据移民所保有的劳动力给予田地，所以其意图当在于为汉族社会基本体制提供自耕农。因而，这与"地无遗利，人无游手"的均田制理想是相同的理念，将这一理念归结来看的话，是与广泛的自耕农世界相互联系的。

众所周知，这种自耕农世界的再建，是从前汉董仲舒以来就存在的课题，然而有汉一代所有的限制大土地所有制政策最终都失败了。可是三国以后出现了新特色，在限制大土地所有的同时，又出台了对小农的给田政策，从屯田到占田、课田到均田的发展，都是证明。毫无疑问，计口授田制也是其中一环。

其次，这一系列政策的构想，又是出自怎样的社会阶级呢？均田制政策的提出者虽说只有李安世，但对李安世的赵郡名族李氏出身，又是绝不可忽视的。从六朝贵族即大土地所有者的观点来看，由贵族推出均田制以限制大土地所有制，在逻辑上是矛盾的。然而如上所述，六朝贵族的阶级基础其实并不直接存在于此。他们勿宁说与作为农村基干部分的自耕农社会有着社会精神方面的关系，即对于对象世界的贵族伦理程度、及其所产生的社会声望之间的相互关系。这里，贵族自身力戒成为大土地所有者而与自耕农之间陷入竞争关系（争夺民利），甚而认为应发挥自身的救济机能。士大夫所应具备的那种轻财重义形象，即对自己财产的恬淡、俭约、止足、救济等生活道德，与其土地所有方式不能说毫无关系。

如此来说，均田制的理念与贵族道德中的土地所有观念，与其说一定是矛盾的，不如说是有其共通精神的。那么，均田制企图抑制的大土地所有，究竟又是怎样的呢？如后面将要论述到的那样，这是一种以奢侈与营利即土地所有者扩大私欲为目的的大土地经营。这种经营必然地与自耕农形成竞争关系，并使其破产，造成兼并者与无产者的两极分化。这种情况不仅与上述的士大夫道德精神相违背，而且会导致土地与劳动力的不协调，结果是造成国家经济的不合理。

如果说这种大土地经营者不包括贵族层，是不符合事实的。贵族阶级忘却自己得以立身的士大夫道德，而追逐私经济利益的事例绝不少见。不仅如此，这种倾向又与贵族地位的稳定，即所谓门阀制的发展趋势有着紧密的关系。他们虽然由此逐渐游离于本来的阶级基础，但我们还是可以看到，均田制其实是贵族本来的经济伦理在胡族强权支持下以国家土地法的形式体制化的产物。总之，在孝文帝的门阀主义以前的这一阶段，就这样在公共性理念的基础之上，实现了胡汉的政治合作。

隋唐再统一的基层结构　然而，孝文帝亲政时期的所谓汉化政策又是旨在改造国家形态的。抑制以往的种族区别，尝试着组织起以士庶为区别的官僚体系，这就使国家权力中渗透了汉人的贵族制，并受到南朝门阀制的强烈影响。汉人贵族制就这样依附于国家权力，从而实现了贵族制的体制化。贵族阶级的统治地位就是这样，在国家权力的保证下趋向固定化的。不过这同时也迎来了贵族制的颓废。汉人贵族由于缺乏士大夫道德精神而受到社会舆论指责的事例频多，恰是孝文帝以后的一个特征。

但是，由孝文帝的政策还不能就断定说，汉人贵族已真正担负起了国家政权。因为在这一时期，军事的中坚力量依然是胡族出身的将士，所以当汉人贵族在政治上取得优势地位的时候，其与胡族将士之间的矛盾就突出起来了。在过去，军士有着国家柱石的荣誉，由此进身的道路是敞开的。可如今，他们仅能充当汉人贵族的爪牙而已。

对于这一矛盾是如何激化为中央羽林军之变，并发展为六镇暴动，又如何引起全国城民反乱，最终导致北魏的瓦解的历史，我在另一部著作中已有详论（参见前引《隋唐帝国形成史论》第Ⅱ篇）。另外，对这次内乱中，汉人贵族是如何集结乡里民众作为军事力量，捍卫既得地位的情况，我也尽可能地作了较为深入的探讨（前引拙著）。在那里我曾指出，对汉人贵族（乡帅）及其所集结乡里民（乡兵）之间的关系，不妨称之为贵族与乡党日常关系的军事机能化。即贵族阶级不能再依赖政权而存在时，他们又一次凭借自己平素所保有的潜在势力，意欲以此对付危机。作为中国中世社会基础结构的共同体世界，此时又显示出了它的作用。

而且，共同体世界作为国家体制而制度化，又不妨视为这一阶段的特征。以乡兵集团为有力基础而形成的西魏府兵制，后来成为了周、隋、唐各朝的军事骨干，对中国的再统一事业发挥了巨大的威力。这与同样以贵族精神为理念基础而创立的均田制后来成为了各统一国家农业管理体制的情况，应该说具有同等意义。

但是，为了实现这种贵族精神的国家体制化，在贵族支配的社会结构内部,也预示着某种变化的产生。我曾将这种孕育着变化的,具有新型志向的贵族制称之为贤才主义、新贵族主义及开明贵族主义(前引拙著)。虽说在上述乡兵集团中也能看到这种新倾向,但毕竟这一倾向是在隋以后作为科举制而制度化的,这一点毫无疑问。

　　以往学者多认为北朝后期兴起的中国再统一的潮流,是国家权力对贵族压服的结果。那么,究竟这里所说的国家是怎样一种阶级统治体制?这一疑问尚未得到解决。我本人认为,隋唐帝国是一个由胡汉两族的共同体社会经相互渗透、合成,共同建设的新贵族主义国家。这是中世共同体作用的结晶,就其意义而言,恰恰意味着中世国家的完成。而这一完成体的原型,就是西魏、北周。本书第三编第二章所论西魏《六条诏书》的理念,正是对当时贵族精神如何努力体现其自身的再清楚不过的写照。

注释:

① 宇都宫氏还更进一步地认为,正是凭借这种家族制,自律世界成长为豪族社会,进而创造了独特的六朝时代。与权力世界相对立的非权力世界的一贯存在的观点,是宇都宫氏对中国史理解的一个特征,笔者的"共同体"论,也是深受该氏学说影响而形成的。

② 唐长孺曾对陈寅恪说提出了批评(《读〈桃花源记旁证〉质疑》,《魏晋南北朝史论丛续编》,北京,1959 年),他认为《桃花源记》是以躲避汉人王朝封建压迫而逃往山中定居的江南少数民族共同体生活为素材的作品。他还不同意陈氏定《桃花源记》的原型为汉人豪族率领的北方集团的观点,认为那种集团中所包含的封建阶级关系,与《桃花源记》中描绘的没有压迫,没有阶级的世界大相径庭。尽管如此,唐氏在引用庾衮史例时,还是认为组成坞集团的宗族、乡里体制在某种程度上带有共同体的色彩,承认这一集团在活动初期是存在着成员之间必要的互助合作的。

第 二 编

中国古代中世史研究的方法与课题

第一章　一个东洋史学者的现实与学问

一

1952 年秋，我出席了民主主义科学者协会京都支部的例会。会议的题目是那时很时兴、很结合实际的所谓"国民的历史学"。在讨论中，我提出一个问题，即"作为一名中国古代史的研究者应该带着怎样的现实课题进行研究才好呢"？提问虽说稍显唐突，但对于当时的我来说，这确是一个最切实的课题。讨论的结果如何已不记得了，只记得我那锋芒外露的发言，并未使与会者感到有什么不合拍的。

从那时到现在八年多了，我依然无法摆脱上述课题的困扰。说是执着也好，说是愚钝也罢，总之这一课题一天得不到解决，我就一天也找不到自己作为研究者在现实中存在的真实感。然而，到底为什么我总是要问自己这样一个本源的，而且一直是不成熟的问题呢？

我想其中一个很大的原因在于，所谓"国民的历史学"学问的实践化（并非"学问的实践"）运动彻底失败的现实。这一运动本意在于，有意识地推动学问在与活生生的现实课题的相互结合的本来状况下发展。然而运动一失败，学问与现实的乖离反而比以往更进一步地加深了。在这种状况下，希求在学问研究中体现出现实意义的欲望，就成了我不断自问的原因。

60 年代安保斗争以后，特别是在青年研究者中产生了一种带着那种斗争心情治学的情况。然而，那一斗争的方向是否多少产生了一些新的学问意欲和观念呢？事实正相反，那只是一种无需学问的、非常闭塞的政治战线。如果说安保斗争后出现了面向新文化活动的意志和构想，则是以这种"时代闭塞"感为媒介的。

但是认真想一想的话,文化也许本来就是这种事物吧。就"国民的历史学"来说,文化是首先服从政治的。而就安保斗争来说,政治排除文化而使自身矮小化,二者都不是政治与文化在本来意义上的关系。我们本身也从以上经历中,认识到自己这种从事文化事业的人,被置于怎样极度的非文化处境。这恰好证明作为活生生的人,我们自身的生存正在变得越来越困难起来。然而,正是这种认识才是我们创造文化所不可回避的出发点。

二

让我们再回到本章开头的话题。迄今为止,我的研究课题是六朝、隋唐史。假设可称之为中世史的话,那么中国中世史研究的现实课题又是什么呢?或者说,我自己研究的现实课题究竟是什么,这是我应该首先反躬自问的。因为这一课题从一开始就不一定是研究者所共同关心的问题。最近我终于对此有了一些想法。也许这仅仅是八年来我自身所发生的一点点变化吧。但是,问题是这种个人的课题是否也多少有其普遍性呢?这不是说在学界的普遍性,而是指一般的人的普遍性。以下就以这一想法为出发点,对我自己浅薄研究的过去和现在做一不揣谫陋的叙述。

就我一毕业就开始的研究来看,当时我所最关心的,要算隋唐帝国究竟是怎样一种国家权力的问题了。无疑这是受到了战败后不久日本古代史研究的新鲜成果的极大影响的。东洋史领域的研究起步较晚,就隋唐帝国而论,学者多认为皇帝权力是对六朝以来贵族势力的压抑势力。我以为这种以国家与贵族对立、相克的样式来解释隋唐帝国的观点,应该说是违背了马克思主义国家论的命题。因为国家一定是贵族统治阶级的机器,所以其对立面就必定是民众。然而,有关这种作为对立面的民众的研究却可以说一点也没有。旧金山体制(注:又称桑港条约,1951 年以美国为首的各国签订对日本和约,当时苏联、中国没有参加)开始时,"国民总抵抗"(美国统御日本以及日本文化的政策所激发的全体国民的抵抗)一词非常流行,因此我的研究方向也就倾向了唐代的民众反乱这一课题。

　　有什么样的动机,并且在研究过程中保持一定的科学性,就会产生什么样的成果。应该说实证史学的立足点就在于此吧！就我个人而言,也确实在研究各个事物的过程中获得了相应的知识。然而,即使如此,仍然感到在现实世界与自己的研究之间存在着很大的距离,这种距离感最终又产生了以下的结果。

　　通过对安史之乱、唐代藩镇问题以及黄巢之乱前夜徐州兵士与农民反乱(庞勋之乱)等的研究,我明白了唐代民众是怎样生气勃勃地登上了历史舞台的。在这一问题上打开我眼界的是那叙事诗般雄浑的《资治通鉴》,与其相比,现代史家的名著皆不免有相形见绌之感,更遑论不给人以任何拘泥于社会构造论框架的感觉。民众又会通过斗争而得到政治上的成长。安史之乱中结成自卫武装而支持唐朝的民众,就是经过藩镇体制开始超越唐政府,且最终将其推翻,而逐渐成长起来的。

　　以上所述,我想即使在今天来看也还是正确的。不仅如此,还特别应以民众是历史发展主体因素的认识,更进一步地拓宽唐代史研究的领域。但是,这种研究与我自己现在生活的现实到底有什么关系呢？正像有时所言及的那样,我是受到“国民的历史学”那种思潮影响的。成为当时有力指导理论的石母田正氏的《历史与民族的发现》(东京大学出版会,1952 年),虽说有着主张克服机械的阶级斗争史观的意义,但在实际展开的运动中,其发掘过去阶级斗争传统,并将其形象化的效果,又是被当作一种煽动、激励作为历史的主人公的大众斗争意志的形式而受到普及的。石母田正氏的理论与当时那种运动形式的内在关系虽不是这里要议论的,但从基本上来说我的唐代史研究也未能跳出那一运动框架的束缚。总之,当时仅仅是希望对所谓“民众的存在及与当权者的斗争促成了历史的变化”的命题作出“实证”而已。这种研究在运动化的时候,其结果仍未超出“启蒙”、“教训”的范围。我的不安可以说经常就来自于此。

　　现在想想,在当时其实是无法摆脱对阶级乃至阶级斗争的机械运用的。看看那时写的东西,当时我曾预测“‘唐代的民众’并不仅仅是被统治者,他们逐渐被组织化,而形成了新的社会秩序”,当然这不是简单地从物理的反作用力上作出的理解，但如果自问一下究竟产生了怎样的"新社会秩序"的话，就不得不张口结舌了。看一看唐代后半期民众的动向，就会发现那种与唐代贵族相区别的土豪层所领导的民众的地域集团在历史上明显出现。我们很容易想象出这就是宋以后那种新社会的原型，然而若欲解释贯穿于这一集团的又是怎样一种结合原理，就会感到一种力不从心的困难。我对此只能从共同体原理与阶层原理相统一的角度来进行解释。

若追究唐代后半期已明显出现的土豪层进一步发展的形象，应该说他们后来成为了佃户制的支配者田主阶级。按周藤吉之氏的精细研究，佃户由于从主家那里不但租种土地，更要借取住宅、种子、农具、粮食等，所以依赖度很强，加之超经济强制的酷烈，所以他们具有接近于奴隶的身份。石母田氏又依据周藤氏的研究比照罗马帝国末期佃农的身份。那么，唐代农民的反乱到底是不是"奴隶革命"呢？当我们看到"父遣其子，妻勉其夫，皆断锄首而锐之，执以应募"（《资治通鉴》卷二五一）去参加徐州反乱的史料时，总是觉得与上述学者的奴隶制解释不是那么的协调。虽然我也认为感觉是学术研究所不可或缺的，但是单凭感觉是不能形成学问的。作为佃户制成立的背景，自有其诸如生产力的发展、交换经济的飞跃展开以及由此而产生的生产力与生产手段的急剧分离等等，当然都是毫无疑义的。佃户地位的低劣，与其说是因其人格性的卑下，不如说更取决于其经济方面的原因。对于各历史阶段生产者的地位，仅仅以所谓经济生活的严酷程度的经济主义尺度就能衡量吗？越是考虑到这些问题，我就越是难以保持坚定的信心。

三

上述不安一直持续至今日。这些悬而未决的问题，终因堀敏一氏的研究而得以破解，他在全面把握唐宋变革的研究方向上又有所迈进。他那些有关藩镇和黄巢之乱的大作是尤为引人注目的，大体上都集中反映在了《唐末的变革与农民层的分解》（《历史评论》88）一文中。而对于我所感到困惑的民众反乱与佃户制有关的问题,堀氏是怎样考虑的呢? 首先,来看看他有关黄巢之乱的见解。他认为商业资本的飞跃发展使均田农民分裂为富商、土豪层和破产农民。双方以新的形式再结合而产生了唐末的群盗,产生了黄巢集团:"黄巢集团是以一族兄弟为中心,在此基础之上集结并且接受黄巢的保护,成为依附于他而谋生的亡命徒的反叛集团。这种集团的结构,可以说这是一种以家长的结合为核心的、私的保护关系。虽说这种关系是在唐朝律令制人身支配崩溃过程中,与之相对立而产生的事物,但另一方面它又是因为没有对秦汉以来家长制关系的'陈旧性'很好地超越所造成的。"据堀氏推定,黄巢集团的这种关系在宋代的佃户制生产关系中应该也同样存在着。即由于佃户对田主的强烈依赖度,而产生了二者间的人身支配关系。而这种封建诸关系的未成熟性,又是宋代集权官僚制的基础。当然,堀氏的说明比我这里的介绍要详细得多,但其要点在于试图证明唐宋变革即从古代转向中世的过程。而且与此相关,他认为应该从对古代社会超越得不彻底的角度,去把握中国封建社会结构的特征(集权的官僚制)。

更具体地说,这种不彻底性即堀氏所谓秦汉以来家长制关系的"陈旧性"。家长制又是不以土地为媒介的,是直接的人格支配意义下的人身支配隶属关系(奴隶制的关系)。以这种家长制概念为媒介,涉及国家论而提出秦汉帝国奴隶制结构主张的有西嶋定生氏。另外,增渊龙夫氏认为由于殷周氏族秩序的崩溃,而产生的各类新型社会结合原理,其外部是家长制,内部是个人情感的结合关系,并由此论及秦汉帝国的性质。总之,家长制的人身关系成为当时的民间关系以及专制国家结构等的共同基础,并以此为中国古代社会特征的观点,是有一系列研究的。

堀氏的观点基本上说也是由此而来的。比如,认为初期藩镇武力集结的按户籍征募民丁,与律令国家官僚制统治的以人头为单位的古代做法是同质的,并非超越律令制的产物。又如,认为黄巢之乱前后由土豪富商招募的私兵集团的比重增高,虽然开始了否定唐朝的五代的"武人政治",但其中残留了大量家长制的、人身支配的"陈旧性",而这正是通往封建诸关系成熟的过渡政治。

我对以上具有一定逻辑的堀氏的观点,是想提出些疑问的。简要来说,例如堀氏所说的佃户制的成立,即使作为封建土地所有制逐渐形成的出发点,唐代藩镇、黄巢之乱、五代的武人政治等的政治变革的诸阶段,作为进入封建制的准备期不也应该处于积极的地位吗?而其中所表现出的"陈旧性",是与各种积极性相对比的"陈旧性",换言之即对于束缚各种历史作用的积极性不能充分发挥的"陈旧性",我认为是非探明不可的。堀氏所说的"陈旧性"是一种形态上的"陈旧性"。在这一点上他所谓唐宋变革的意思就使人感到模糊不清了。然而,我毕竟还是希望从实证的角度提出具体的问题。在此值得商榷的还有西嶋、增渊、堀氏的一系列的方法。①实际上,我认为探讨这些方法对于解决我在唐代史研究中遇到问题,以及学问与现实间的隔阂提供了一个突破口。

四

西嶋氏的秦汉帝国论的意图,在于从世界史的普遍性与亚洲的特殊性统一的角度来把握中国古代。众所周知,中国诸王朝的专制主义特征是与小农经营的广泛存在密切相关的。大土地所有制没能发展为社会主要经济制度的状态,这成为在大土地所有制内部的阶级关系上深深地刻下了私的(体制外的)性质的原因。西嶋将秦汉时代的豪族大土地所有界定为"家长制家内奴隶制",并将其纳入"中国奴隶制"的范畴。他认为,这种奴隶制之所以未能展开为古典古代式的劳动奴隶制,是那种基于生产力发展不均等性的共同体的残存所导致的,当豪族大土地所有与共同体接触而形成伸长时,就产生了佃作制(假田)。西嶋氏的这一观点尽管受到来自实证方面的种种批判,但对其方法进一步的探讨却少得出乎意料。只有增渊氏,认为即使是西嶋所创用来把握中国史的固有规律的家长制家内奴隶制的概念,也嫌过于一般了,因此他的更进一步的研究引起了关注。他从作为殷商那种氏族结合崩溃的结果而形成的新的人际关系的内在世界着眼,导入了上文已提到的"个人情感结合"的概念。指出,"无论如何不应将此作为平等关系而做平面的理解。在那种情感结合的自体之中,成为与其不可分割的关系,与作为结合的一方的强大的家长制的支配意志,并不矛盾地融合为一体"(《中国古代的社会与国家》,弘文堂,1960年,第28页)。可以说增渊氏是一面在对西嶋氏进行批判,又一面对其观点给以补充的。与此同时,对西嶋氏率直地提出中国古代社会阶级性的问题,增渊氏也从其"内在情感结合支撑"的角度予以"合理化"解释,对此下文还将提到。

关于中国史的普遍性与特殊性的问题,是亚细亚生产方式论争以来的一个课题。对上述勇于面对如此困难题目的先学们,我由衷地表示敬意。然而他们解决问题的方向却又是难以展望的。这里,有必要对家长制家内奴隶制的范畴再进行一番探讨。

西嶋氏所主张的以"家长制家内奴隶制"及其外延的佃作制作为汉代豪族的物质基础说,是以那种基于生产力发展不均等性的共同体遗制的残存为前提的。在此仅仅把共同体一味地作为落后的因素来把握,这恐怕仍有与在市民共同体破坏过程中建立古典古代式奴隶制做比较的念头。西嶋氏本来的意图是反对停滞性理论,所以力戒唯古典古代式奴隶制为普遍法则的公式化倾向,于是提出了与古典古代式奴隶制相并存的应该还有中国型奴隶制的主张,其结果,不外是仍陷入了"亚细亚变种"的陈说。

所谓亚细亚变种说,就其本质而言,仍是从欧洲史发展为正常过程的观点出发而建立的。这是与现实中欧洲世界把握资本主义主导权的事实相互关联的。即作为私有财产制最高阶段的资本主义,是将过去诸阶段作为进入自己社会的先驱来把握的,此时就出现了将人类全部历史都作为私有财产制发展史来认识的倾向。从这一角度出发,亚洲当然就被置于低于欧洲的位置了,于是亚细亚宿命的停滞学说产生了,亚细亚变种说也不过是空有逾越停滞说意图而又力不从心的理论。因为,如果说停滞说是以亚洲私有制的欠缺为前提的话,那么变种说的前提则是私有制的未成熟。共同点在于二者都是以私有财产制的发展作为把握历史的基准的。

的确,唯物史观是在生产手段的私有化里,寻求阶级社会形成的依据,而且是将资本制生产方式置于生产手段私有化的最高阶段的。但是,这是由于否定私有财产制的立场,才得出科学证明,证明在此出现了作为通向第二次共有制媒介者的无产阶级的历史作用。关于这种唯物史观的基本命题现在虽已没有必要重复了,然而要是将这一命题运用于历史认识,阶级社会的历史就是私有财产制发展史,同时也就是从原始公有制走向第二次共有制的过程。因此,不妨说这种矛盾统一的历史诸阶段,就是奴隶制以下的诸结构。

那么,又当如何看待中国大土地所有制的"未成熟性"呢? 相关实证的研究暂且作为今后的问题,这里只想先提出一个假说而已。如前所述,若从现象来观察中国社会的话,大土地所有与更加广泛的小农经营并存的状态尤为引人注目。作为大土地所有内部的人员构成,包括家内奴隶、佃客、佣人、佃户等直接生产者,虽然依时代不同各种人员的比重有所变化,但是从王朝的角度来看,他们全都是"私属"。即正是他们这些体制外民众为一方,而体制内的民众则是包括大土地所有者在内的自立民,他们与国家权力之间保持着独特的阶级关系。中国社会大而论之,就包括这两种阶级关系。

问题在于,王朝与小农之间的阶级关系又是怎样成立的呢? 如果大土地所有者支配小农的阶级权力是王朝的话,事情就简单了,然而这种支配为何没有形成直接的关系,而是以国家权力为媒介呢? 这一疑问是非解决不可的。西嶋氏是将共同体遗制作为奴隶制全面贯彻的阻碍提出来的,然而用共同体遗制说很难解释在遥远的后代自立小农的广泛存在。这样一来,对农民进行支配的根源就只能另外去寻找了。我认为其根源当在于包括所有自立了的民众在内的共同体之中。

我这里所说的共同体,不是共同体遗制,而是指再编之后的村落共同体。中国史上自立小农体制的坚固性,与氏族共同体的分解方式是有所关联的。在共同体分解的过程中,一部分成员脱落了,或者由于征服等原因被完全破坏了,可以说是一种体制外的情况,也有在其体制内部,一个个家族随着自立的相继实现而出现新结合的情况。前者产生了奴隶等等"私属",后者则导致了以小农为一般成员的共同体的成立。当然,大土地所有者也是成员，不过"私属"是不具有成员权利的。由此，这种包括内部阶级关系的共同体成立了。

村落共同体的构成单位是可以分解为一个个家族的。作为土地所有主体的家族，当然是由家长制而组织起来的。而且，所谓共同体又应是家长制的形态，这一点也是可以充分预料的。在这里，奴隶所有者与奴隶的关系也是作为家族关系表现出来的。如此看来这里的一切人际关系都可以用家长制予以界定了，果真是这样吗？试举一例如下，增渊氏曾举出了作为在内部支持父家长制的人格结合的具体表现，如集团内首领与成员之间互换"约"的一些例子，认为"约"就是采用约束的形式，而且是自上而下彻底实行的强制约束。然而，我认为在现实中即使产生了这种上下关系中秩序化的结果，在上下关系之中也并不存在这种"约"的必要基础。"约"的必要性在于虽然也包括阶级性在内，但更在于集团所共有的具体的现实课题。如果这一课题被阶级性所破坏的情况发生了，集团则与其首领斗争，选出新的首领，从而不得不进行其自身的再生产了。这就是中国易姓革命的基本类型。

如此，我以为家长制、上下关系、阶级关系的缔结，都是包括在集团成员所共有的现实课题之中的。阶级制及其支持集团的共同心情之间，显然是一对矛盾，而不是增渊氏所说的"无矛盾地一体化了"。增渊氏之所以那样考虑，是因为他仅仅看到集团中每个人的个体结合，而忽视了集团作为共同体的侧面。

村落共同体不仅包含大土地所有者与小农的阶级关系，共同体自身还是私有与共有的统一体。这一矛盾又必然使某些特定的个人乃至家族作为首领被选出。这里已有了产生官僚制的端倪。官僚制产生于共同体，又在其发展过程中游离于共同体，最终与共同体发生对立。王朝与共同体社会激烈对抗时，宦官、恩幸、寒门等作为君主的爪牙受到重用即与此有关。但是官僚的主要供给地，又是他们各自的出生地域。地域对选出官僚的资格，比起武力、财力等更看重的是政治、文化方面的能力，在这种形式下就产生了官僚贵族。大土地所有者作为共同体首领或官僚被选出的情况，在现实中虽说具有极大的可能性，但是那并非直接凭借了他们的财力,重视共同体或国家的运营所必需的政治的文化的能力才是最终被考虑的因素。大土地所有者使共同体、国家的运营向着有利于自己蓄财的方向运作的情况也是有的。而借助首领、官僚的权力,由贫士变为富者的例子也是数不胜数的。可见,共同体与大土地所有相关联的衔接点是表现为各种形态的。总之,共同体这一事物是在其与私的土地所有者的结合体中扎根成长的。但是,如果大土地所有制发展到了破坏其与共同体的结合的时候,当然也就到了二者间矛盾爆发的临界点,于是就会导致全国范围的大规模民众反乱。

由共同体产生阶级制度的观点,虽所早已有之,但几乎都是着眼于水利、军事等共同体的机能方面的研究。我虽也重视这些机能,但毕竟这里忽视了阶级制度产生于生产资料私有化的原则。若按以上构想来看,中国的村落共同体是私的土地所有者的结合体,这种结合的牢固性不如说是由私的土地所有来支撑的。不是正因为这一点,才出现了重视军事、水利诸机能的必要性吗?

五

以上所述不过是为今后研究得以进行所作的精神准备,而不是实证的结果。对于文中列举先学诸氏的研究,亦绝无学术批判的意图,而仅仅在于辩明诸氏之见解与我本人的研究方向之间所存在的分歧而已。若有不妥之处,敬请赐教。

就本意而言,如前节所述,我所希望考虑的只是作为一名东洋史研究者究竟应为怎样的现实课题而生存。对此不仅谈了种种思考,而且又是对近些年的回顾,又是研究方法论上的感想,所以显得非常拉杂零散。但是因为其中自然而然地表露了一贯的个人志向性,所以在此还想做个小结。

私有制与共有制、阶级制与共同制这些矛盾的两方面的统一存在,正是阶级社会中共同体的存在方式。换言之,这也是人的普遍存在方式。不论是亚细亚停滞论还是亚细亚变种说,都使人感到缺乏对这一点的认识。亚细亚生产方式的争论本是从中国革命这一最为切实的课题出发的,但后来逐渐失去了实践性而变成经院式的讨论了。但是这一问题的实践意义,在今天不仅没有减退,反而变得越发具有普遍意义了。如战后对亚洲各国解放革命的把握方法就是其中的一例,在此暂且不谈。这里所要关注的是,有关亚洲专制主义的学术课题设定中的两种立场。战后东洋史研究对这一课题从与欧洲史的比较上所作的研究,已如前文所述,同时,在评价日本近代化、民主化的不彻底性时,那种动辄与西欧对比的知识分子习性应该说也在不知不觉地发挥着作用。也许是有些钻牛角尖吧,如果确实是这样的话,那么这是与苏加诺方案的"印度尼西亚非西欧的发展"完全对立的立场了。今天的亚洲解放,是曾养育了专制主义的民众的历史发展的结果。对专制主义从根本上进行批判、克服的主体在欧洲并不存在,但在那里却有制造这种政治体制的人民。虽说这一点作为原则也许是谁都承认的,但作为日常中无意识的逻辑、行动往往对学术产生影响。而且其结果,可能会涉及研究者预想不到的现实问题,对此又不能不归结为所谓亚洲特殊性→亚洲有必要西欧化→后进国"援助"的思维方式的理论正当化。关于这一思想倾向形成的格局,我们只需看一下文部省新制订的《高中世界史新指导纲要》就清楚了。

今天亚洲历史所提出的问题,并非仅仅这些。它还使人感到是对人类史提出了带有根本性的大课题。我认为采用共同体是普遍的人的存在方式的命题,才是对阶级、阶级斗争、阶级扬弃的意义的完全理解。阶级斗争就是共同体所包含的矛盾的两个方面的斗争。斗争在掌握权力的少数者和无权力的大众之间展开,这不仅是因为权力者的压迫致使利益受损害的个人在数量上过多,更是由于这种压迫使共同体所具有的人的存在的普遍性遭到了破坏。民众是通过抵抗自身所受痛苦的方式,而加入捍卫这种普遍性的斗争的。在中国,民众反乱导致全面内乱的过程,也就是以这种个人抵抗为出发点,进而树立新王朝的共同体再生志向得以形成的过程。

然而,我们时常看到的事例,要么是随着孤立分散的抵抗集团向大规模反抗势力的集结,民众指导者的领导权转移到了统治层手中;要么是他们自身转化为了统治者。这是因为,共同体的恢复并不取决于对阶级制度的扬弃方式,而在于其唯有以再生产阶级制度的形态才能被实现的历史制约性。由此产生了支配层的指导性与民众的被指导性的观点,作为命题来说是正确的。但是如果从这一命题出发,认为历史的决定权全部掌握在支配者一方的话,势必有失偏颇。的确,对于历史的进程中民众的作用,一般是采取消极的表达方式的,但这决不意味着他们是无主体性的。作为阶级制基础的共同体成员,就是民众。如果对阶级关系不从其与共同体之间关系上去考虑,只是考虑个人之间个体结合的话,民众岂不仅仅成了个个零散的粒子。我们可以想象一下果真有那种民众的状态的话,别说比奴隶制社会,简直可以说近似于今日所谓的大众社会了。这种社会的民众是完全没有主体性的,他们已经开始丧失其民众的本质。

所谓的王朝对民众的个别人身支配,真的没有村落共同体的基础就能成立吗? 或者说,真的能将王朝的这种统治形态(更准确地说是一种征税体系)作为统治的本质来看待吗? 从个别人身支配经常随着社会发生质变而强化的事实来看,我认为不如说村落共同体成员就是私人土地所有者相互间的负担平均化,以及由此而来的共同体的维持与政权的安定化,才是这种统治形态的意图。至于这种统治究竟属于古代的还是封建的,或是二者兼有的,这种对统治体系做更进一步分析虽然很有必要,不过这里我想还是从略为好。我所要强调的是,孕育产生这种统治体系的母体,是私有土地所有者的共同体结合,而从这种人身支配的现象将民众立即还原为粒子的观点是解释不通的。不仅如此,对这种理解中所反映出的现代史家动辄陷入近代主义的倾向,也是有必要再探讨的。

然而,这毕竟不仅仅只是历史家的问题。与今日反体制诸运动的弱点相互关联的思想上的课题,不也以同样的形式存在着吗? 如上所述,中国的易姓革命在本质上是一种使陷入危机的共同体起死回生的事业。我想这一界定在现代社会所要求的革命中也是适用的。但是今天我们正处在一个很困难的状况,即我们对于怎样的共同体(人的普遍的存在方式)面临的怎样的危机,且能够克服危机的共同体又必须是怎样的等等,都是完全不清楚的。的确,在政治、经济、军事等现象下重大事件发生了,人们就会对问题的重要性提出警告,提出解决的方法。但是,若不对人的历史存在的重要性提出警告,不提出如何为了人的历史存在而奋斗的方案,就无法获得思想和行动的普遍性。以新日美安保体制为例,若对这件事从我们人的存在的角度来看究竟意义何在;又如就统一战线而言,它是以什么为共同核心而提出共同体结成的方案的,等等。

就我个人来说,很遗憾地感到现在的多数反体制组织还都不过是没有共有物的个人的粒子的集合体而已。当然这正是资本主义社会生活方式的反映。然而反体制运动如果仅仅限于是这种反映物的话,那么就不能不说它是一种非历史的事物了。因为反体制运动自古代以来,就是共同体对遭到阶级制度羞辱的一种复仇行为,运动的目标在于使共同体得以全面地开花结果。尽管如此,如果这一命题在现实世界里得不到验证,而仅仅是一种个人思考的话,其结果或许只能是一个空想,或别的什么吧! 如果在现实世界不能得到验证的话,就只能在过去中寻求证明,由此开拓自己的人生了。我正是从这一点出发,开始考虑历史学与现实之间关系的。

原载民科京都支部历史部会机关刊物《为了新的历史学》68 号,1961 年。

注释:

① 补注:这里所提到西嶋氏的方法即指所谓奴隶制说。但是因为这篇文章完稿之时,西嶋氏也已撤回了上述观点,所以有必要在此予以说明。另外要说明的是,西嶋氏全面阐述自己新说的《中国古代帝国的形成及结构》的刊行,也正与本文的写作是同一时期。

第二章　关于中国古代社会性质的论争

——从奴隶制到共同体

一

　　战后东洋史研究所探求的课题到底是什么？从战败至今已过去20年了，这已经不再是听起来使人感到小题大作的问题了。不仅如此，今日的状况也不能不引起回顾与反省。极言之，研究方向已经模糊不清了。或者也可以认为推进研究的构想和方法已变得缺乏新鲜感了。对现状做如此评价也许有人会提出异议，然而在我们所回顾的战后20年经历的背景之下，我多少有一种对研究现状不够满意的心情。

　　这姑且不论，战后东洋史研究所设定应该解决的课题到底是什么呢？若限定在中国古代（为了便于叙述，在此将殷周至隋唐笼统称为古代）的话，我想这就是如何从世界史角度把握中国史的问题。早在20世纪的头十年，内藤湖南就已明确地意识到了这一问题，从20年代到30年代，学者又从不同的立场对此做出了努力，以所谓亚细亚生产方式的论争为端绪，按照历史唯物主义来研究中国古代社会。

　　然而，在30年代末到40年代的前半期的灾难时代，上述课题在我们东洋史学界一度销声匿迹了。对中国史的世界史把握，就其本意来说，是一种从超越人种、民族、文明圈差异的全人类立场出发的问题意识。而且作为基于近代人文主义思想的产物，上述课题还是欧洲启蒙时代以来人们一直在探索的问题。如果重新反省战争中东洋史学界的过失的话，必须指出的一点是，学界单纯地追随战争政策，而没能将上述学术的历史的人类课题坚持下去。

　　这样,战后就不得不再度提出这一课题。这就是当时学界重建东洋史的构想。战后终于取得了市民权的马克思主义的立场、重新被注目的所谓内藤史学的方法,以及其他战前的以来的实证研究的成果之间,出现了各种各样的对立和相互影响,从而酿成试图以新的角度重新认识中国史的氛围。宇都宫清吉的《东洋中世史的领域》(《汉代社会经济史研究》,弘文堂,1955 年)、前田直典的《东亚细亚古代的终结》(《历史》1—4,铃木俊、西嶋定生编《中国史的时代区分》,东京大学出版会,1957 年;前田《元朝史的研究》,东京大学出版会,1973 年)等成果,都是那个时期所产生的。

　　稍后的 1950 年,西嶋定生氏的《古代国家的权力结构》(历史学研究会编《国家权力的诸阶段》,岩波书店,1950 年)发表了。西嶋氏认为殷周氏族社会的分解使家长制家内奴隶制的秦汉社会得以成立。这种奴隶制的外围,形成了以独立农民为对象的佃农制(假田制),这正是由于生产力的不均衡发展和共同体残存,所导致的奴隶制未展开的形态。因此,被奴隶制规定的佃农制决难说是农奴制。这种家长制家内奴隶制,以及作为其外围形成的假田制,可以说是中国型的奴隶制,其表现形式与西方古典古代奴隶制有着极大的区别。这种差异又决定了国家权力存在形式的不同。西嶋氏试图以这种中国型的奴隶制结构来说明秦汉帝国的专制性质。

　　西嶋氏有关中国型的奴隶制及其专制权力的构想,概括来说即力图将秦汉社会作为世界史普遍性与中国特殊性两个侧面的统一物去理解的结果。进一步说,在这一构想的背后的意图,即在于否定所谓停滞论。在亚细亚生产方式论争中,认为中国社会具有独特生产方式的马扎尔一派虽已被击败,然而即便如此仍没有理由无视亚细亚特殊性的观点。战前对这一难题就有过各种各样的见解。问题逐渐集中到了作为对包括日本在内的古代亚洲的理解方法,认为是在共同体的顽固残存状态中出现了奴隶制及其特殊形态。西嶋氏就是将这一方法应用于秦汉社会,以此来说明古代专制帝国的奴隶制本质的。

　　总之,西嶋氏的研究,有意识地继承了二三十年代的课题。同时,西嶋说又有以下独特意义。他认为,秦汉帝国的人民即便表现为自耕农的形态,但他们既不是国家农奴,也不是真正意义上的自耕农,那么在本质上就只能是奴隶了。而这种奴隶的系谱,又可以一直下溯到唐代的均田农民那里,均田体制是奴隶主豪族阶级将其统一权力进行再编的体制。另一方面,在接下来的宋元时代,应该视为农奴制的佃户制盛行的时代,经周藤吉之氏的研究也显得比较明确了。此外,以唐代作为古代终结的观点又有前田氏的研究(参见前文所注)。如此,以殷周—隋唐为古代奴隶制时代的时代区分说成立了。至于唐—宋过程中所发生的巨大社会变动,已有的内藤湖南的学说,以及由此获得启示的堀敏一氏从唐中期以后诸多反乱中得出对古代末期性质的认识,则更强化了上述时代区分说(《唐末诸叛乱的性质》,《东洋文化》7)。

　　就这样,以唐宋之间划分古代与中世界限的、新的时代区分说诞生了。以前,具备世界史视野的时代区分说,在内藤史学虽已有之,但新说与内藤说已有了很大的不同。不仅在时代区分的方法上有很大距离,二者在根本的思想上也是各自不同立场的。新说采取了以唯物史观为核心理论的社会构成史的立场。总之,这是一个对中国史以唯物史观为依据,在实证中赋予体系化的、具有划时代意义的尝试。

二

　　西嶋说引起了学界的巨大波动,对其批判的意见亦很多,主要集中在对汉代的豪族乃至国家结构能否用家内奴隶制予以规定的问题。对这一点,特别从方法上给以深入展开的是增渊龙夫氏。他一方面承认西嶋氏关于刘邦集团建立于拟制家族隶属关系的观点,一方面又指出:"但是,在以家内奴隶制为普遍概念来定义这种家长式的隶属关系之前,深入这种关系的内面,去探索举兵之前刘邦与每个游民的具体关系"是很有必要的(《汉代民间秩序的结构与任侠习俗》,《中国古代的社会与国家》,弘文堂,1960 年)。于是,作为对战国秦汉时代民间诸集团进行分析的结果,他指出:由内部支持家长隶属关系的个体之间主从结合,是当时普遍的民间秩序(任侠习俗)。他还提出,正是这种人际结合关系贯穿于官僚制与国家秩序,并赋予其活跃的机能。

这样一来,增渊氏对西嶋氏的批判,就不局限于方法上,而且已涉及如何理解古代帝国的问题了。总之,他指出了按家内奴隶制自上而下的单向专制支配关系定义中国史是不妥当的,不如说通过相互恩爱的心情交流,使家长支配得以贯彻,才是中国社会的固有体制。换言之,在西嶋氏来说,是从中国古代的普遍性与特殊性的统一,来探索奴隶制形态的;而增渊氏则认为,应尽量从追溯作为奴隶制前提的家长制问题入手,来研究家长制家内奴隶制的存在方式。

对于增渊氏的批判,西嶋氏也坦然接受,承认了自己在方法上的缺陷。但是,增渊氏并未提出可以替代西嶋氏家长制家内奴隶制说的历史学概念。增渊氏的研究,正如其本人所述,仅在于指出研究的基本视角而已。这样一来,如何从世界史角度把握中国古代社会,尚有相当大的困难。

这种困难在六朝史的研究中表现出了更加复杂的情况。内藤与西嶋等人的时代区分的一大不同在于将六朝、隋唐定义为中世还是古代。进一步说,内藤中世说的根据在于,这是一个由贵族统治的时代;西嶋等人则力图从古代豪族寄生于国家权力的形态上去把握六朝。于是,围绕六朝士人、诸政权的性质等问题,出现了川胜义雄与五井直弘的论争,争论围绕着当时皇帝与官僚的关系,或官僚间的门生故吏关系等,是具有其相互的人格性,还是仅属于单方面专制的性质等等基本问题展开。可以说,西嶋的一石虽然激起了六朝史领域的波纹,但是由于西嶋说本身出现了重大的疑点,所以这一(六朝史)论争也随之消失了。

另一方面,有关六朝史的世界史把握的问题,继承内藤史学一派的宫川尚志、宫崎市定等人,为探索中世的形态作出了一再的努力,并在实证上取得了一定的成果。然而,他们的研究,虽说从内藤史学的文化史的性质上,对时代特征、历史形象的认识是极为敏感的,并由此直观地认识到与欧洲中世相比定的时代性质,但毕竟未能从中国史普遍性与特殊性的统一把握上创出新的历史学概念来。比如关于六朝史，仅仅指出这是一个中世的贵族时代是不够的，还必须说明这一贵族制在社会构成史上的含义。

如果这样考虑的话，六朝贵族阶级并非欧洲中世那种庄园领主，而是作为官员形态表现出来的。对此，越智重明、矢野主税等提出了强调六朝贵族对于国家权力的寄生性质的观点。不过，关于政权与士大夫官僚的，或官僚之间的关系方面，川胜氏与二氏对立地指出了贵族的自律性，他先从后汉的政界去探索贵族制产生的背景，并就此提出了贵族制的两个侧面是如何能够统一起来认识的问题。宫崎市定在《九品官人法研究——科举前史》（东洋史研究会，1956 年）中，从制度史上描述了这种两面性的情况。换言之，六朝贵族制度，一方面表现为官僚制，另一方面这种官僚制自身又由于贵族主义而被明显地刻上了身份阶层制的印记。

这些观点，不仅为内藤史学的六朝中世说增添了巨大说服力，而且可以说开拓了从普遍性与特殊性两方面认识六朝社会的新途径。然而，如何从社会经济基础的角度，解释这种上层建筑的问题，还有待于今后的研究。不仅如此，尽管近年来六朝史的研究很盛行，但因过于偏重上层建筑的机构与形态，以致这一课题尚未排上研究的日程。

恐怕以下的情况也是存在的。以往经常使用贵族即豪族，即大土地所有者的公式；而现在的倾向，则认为应该按其土著性的有无区别贵族与豪族。单纯以土地所有形式来认识贵族阶级之物质基础的观点也是值得怀疑的。这种倾向进一步蔓延的话，势必失去解明贵族制社会经济基础的方向。

至于支持六朝贵族的物质基础，我认为，用所谓大土地私有制（不论定义其为奴隶制，还是农奴制）那种私的直接的形式大概是无法解释的。然而，由此立刻就提出贵族的寄生官僚性质的话，是否又过于轻率了？问题在于，对具有这样外在表现的六朝贵族制的原始形态，非不惜努力地深入当时社会内部进行探讨，是无法得到解答的。而也正是这种原始形态，才体现了中国社会普遍性与特殊性的深层世界。

三

由于篇幅所限,对均田体制的问题就不叙述了。但是,仅从以上所述,也能清楚古代史研究的大致动向了。非常草率地下个结论的话,战后用世界史的逻辑把握中国社会的尝试的第一回合失败了。最近的各种研究,也正是在这一挫折之后发展而来的,对此有必要给以清醒的认识。就整体而言,20世纪40到50年代那样宏大的研究已经看不到了,一味埋头于事物个别性的倾向日趋明显。当然,对史实的个别研究,作为史家是不可少的、非做不可的。但是就今天的状况而言,这些研究中真的蕴藏了认识普遍规律的可能性吗? 作为大趋势,在缺乏问题意识的明确性和方法论的锐利性的情况下,从事物个别性所得出的结果,也只能是局限于历史表象的解释而已。

对于今日的中国古代史学,如果多少称得上持有一点社会责任感的话,与其从政治的立场去寻求问题,不如在此之前,先让自己重返历史的课题。或者说,正视无力完成这些课题的现状是十分重要的。但是,即便在这种情况下,上述西嶋、增渊等人目前仍在探索既往的课题,又是值得注目的。那种力图东山再起的努力,虽然仍处于摸索之中,却使人感到其中包含着问题得以展开的可能性。

西嶋氏的大作《中国古代帝国的形成与构造》(东京大学出版会,1961年)即这种努力的表现,书中修改了遭到增渊氏等批判的旧说,提出了在新的构想下展开的秦汉帝国论。与旧说中豪族的支配结构不同,此书的立场是"秦汉帝国的基本结构是皇帝对人民的个别人身支配"。由此,对增渊氏以个人结合关系为基础的家产官僚制国家的观点给以了反批判。他认为增渊氏的见解即使强烈说明了君主与官僚人际关系的存在方式,但也没能把国家权力的问题搞清楚。我们也无法认为那种家产制财政机构是皇帝存在的必要且充分的经济条件。皇帝与人民之间稍有的一些相互媒介作用的存在,则是因为皇帝权作为公权而表现出的机能。

总之,增渊氏是从家长制的中国固有表现形式上提出问题的,而西嶋氏则避开家长制私权形成契机这一出发点,从作为公权的皇帝权的存在形式出发,展开了自己的观点。他认为,皇帝与人民之间,并非仅限于支配与被支配的关系,在二者间起相互媒介作用的是爵制秩序。这一秩序结构,虽是以殷周氏族秩序崩溃之后出现的里的秩序为存在环境的,但此时的里已在逐渐失却其形成自律秩序的机能。这一机能正在演变为皇权的拥有物,因而由氏族秩序的分解被析出的小农,于皇权的支配下,开始了实现自身再生产的过程。这里,存在着所谓皇权的个别人身支配的环境。

对以上西嶋新说,增渊氏提出了再批判。其观点一言以蔽之,即西嶋氏关于皇帝与人民的相互媒介关系,既然仅限于丧失了自律性的里的爵制秩序的场合,其结局不正是单向的专制支配隶属关系吗?增渊氏还进一步指出,里并不一定就丧失了自律的秩序,应该看到,代之而起的是以父老土豪为核心的新秩序。例如,汉代地方行政的下级官吏,很多都是地方的土著豪族,帝国权力正是由他们所带有的自律性地方秩序所支持的。增渊氏还采用我所提出的观点(参见本书第三编第一章)指出,在以土豪为首领的集团中,贯穿于家长制形式中的,是首领与成员所共同规定的共同体秩序(《所谓东洋的专制主义与共同体》,《一桥论丛》47—3)。

以上批判,虽然确实触及了西嶋说的缺陷,但是对西嶋氏关于作为公权体现的皇权的意图,则基本上没有涉及。增渊氏虽也强调以豪族为核心的生动的共同体秩序的存在,但问题在于,作为专制统一帝国本来的结构对这一秩序能否承认,是一回事;而它一度作为建立起来的帝国组织的社会支柱的机能这一事实,是另一回事。对此,还不得不有所区别地加以对待。

但是,无论如何,若按第一节所述两氏的观点展开来看的话,对中国社会从普遍性与特殊性关系上所界定的范畴,从家内奴隶制到家长制,从家长制到共同体的推移应该是很清楚的。这种推移,是对一般的历史进化法则所考虑的"共同体→家长制→奴隶制"顺序所做的相反方向的认识。总之,越是力图从内部对中国社会普遍性与特殊性的统一进行把握,就越使人感到不得不把考虑的视线追溯到人类史的本源阶段。这就使人更加痛感到,对于一个民族、一种文明的历史,既要不损害其固有性,又要从人类史的普遍性上去把握的课题,是何等不容易的事情。

可是,即便重视共同体秩序,也并不是把考察的焦点推移到原始共同体乃至氏族共同体的时点。以上两位所论,也都涉及到秦汉时代共同体秩序的问题。而对此,两位都是以殷周氏族制度的崩溃为前提立论的,而不是像西嶋氏旧说那样的氏族共同体残余的构想了。即这是带有统一帝国时代新历史性的共同体秩序。其中当然也孕育着阶级性,但对于这一共同体关系与阶级关系是怎样结合起来的问题,两位的见解可以说是有分歧的。

笼统地说,两位的共同点在于,都把重点放在了阶级关系的一方,认为共同体关系是将阶级关系合理化,并给予支持的力量。针对这一点提出个别见解的是宇都宫清吉的《读〈管子·弟子篇〉——关于古代专制体制与社会诸集团之关系的考察》(《名古屋大学文学部研究论集》史学10)。他不但对分析中国古代社会时简单套用"家长制"这种西欧社会科学概念的做法,给以了严厉的告诫,并且认为对先秦、秦汉时代的历史人物,可以从"首领制"与"家族制"两个在根本上相互矛盾的秩序规则上予以把握。前者意味着单向的支配从属关系,后者表达的是不必然存在所谓家长权强制的自然的血缘关系。这两个原理,虽然相互为媒介地赋予当时个人、家族、豪族、国家等以具体的历史形态,但是二者始终是一种非妥协的矛盾关系。总之,他认为秦汉时代就是这两个原理激烈对抗的时代。

这一论文的旨趣,在于提出了秦汉帝国与豪族体制之矛盾关系的主张,其理论根据即上述所言。其中最值得引起注意的是,对阶级关系与共同体关系,以"首领制"与"家族制"的概念,作为相互对立的矛盾原理提了出来。换言之,与西嶋、增渊相反,宇都宫清吉提出了"家族制"即非阶级秩序原理存在的主张。而且,这种"家族制"并非以往氏族制秩序遗制,而是作为超越古代帝国的豪族体制的一个侧面,带有强烈原理性的进步事物。若将宇都宫氏有关三国以后中世时代的见解一并考虑的话,就会发现正是这一原理,不久又产生了中世的共同体提法。

　　正是以上三氏的秦汉社会论，以各种各样的构想探索中国古代社会的阶级关系与共同体关系，为我们提供了展望今后研究的钥匙。换句话说，对于共同体的概念，不能仅仅按照氏族共同体，或西洋中世的那种被典型化了的村落共同体的模式，做僵化的理解。在中国存在着中国类型的共同体秩序，而且，我们还能看到共同体与历史的进步一同展开且变化的轨迹。与其认为社会的历史发展与共同体秩序的存在一定就是抵触的，不如认为正是在这种相互激励之下，形成了一个独特的文明社会。如果不从这样的社会性质去考虑，又怎能理解那么执着于"先王之世"的中国文明的特性呢？而且，从这种构想出发，我相信将会发现一个更加丰富的世界史形象。三氏的学说，虽然还只不过是一种先行的逻辑倾向而已，但同时又使人感到，其中蕴藏着为我们指引方向的座标。

　　原题《中国史的世界史把握研究是怎样进展的（1）——古代社会性质论争的有关问题》，原载《历史评论》184，1965年。

第三章　六朝贵族制社会的历史性质 及其向律令体制的展开

一

自已故冈崎文夫氏的两大名著《魏晋南北朝通史》(弘文堂,1932年)和《南北朝社会经济制度》(弘文堂,1935 年)以后,能够对六朝时代从综合历史特征上予以把握的成果确实不能说很多,但是战后对这一历史时期独特性质的重视(宇都宫清吉《东洋中世史的领域》,收入《汉代社会经济史研究》,弘文堂,1955 年),以及这一时期在中国史时代区分论争中的重要性,也是众所周知的(参见铃木俊、西嶋定生编《中国史的时代区分》,东京大学出版会,1957 年)。如此的主张、论争,虽说也是依据了自战前以来的实证研究成果的,但确实也无法认为是经过对各个具体历史事物充分研究之后的结果。然而,另一方面这种对六朝史的全面把握,以及确定其历史位置的尝试,又刺激着诸领域的个别研究,这些研究在战前以来成果的基础之上出现的活跃状况也是不容否定的。我在这里所要分析的是从 50 年代初开始到现在的,宫崎市定《九品官人法研究——科举前史》(东洋史研究会,1956 年)、宫川尚志《六朝史研究——政治·社会篇》(日本学术振兴会,1956 年)、越智重明《魏晋南北朝的政治与社会》(吉川弘文馆,1963 年)等相继刊行的大作,都是贯通六朝全时代进行叙述的,尽管从书名上看都是附加了某些限定,但这并不妨碍称之为著者各自对"六朝史"整体性理解的表达。

此外,已故福岛繁次郎《中国南北朝史研究》(教育书籍,1962 年)和矢野主税《门阀社会史》(长崎大学史学会,1965 年,油印本)等论著的刊行,再加之杂志上登载的单篇论文,有关六朝史的专论在数量上可谓急剧增长。①不过,上述各书也不一定全都是战后的著作,书中以战前撰写的内容为原型的部分也是有的。但是,尽管如此,由于著者都是把战后各种研究学说和思想潮流影响汇集于一书的,从这一意义上说,最近十年间六朝史研究的诸成果,不妨视为发端于战前、战中,进入战后而形成的诸研究的总结。

但是,这并不一定就意味着日本六朝史研究已进入了一个新的阶段。虽说在素材方面这十年间飞跃性的增长是不容怀疑的,但是还不能就因此断定,这些个别研究已对全体六朝社会的实态和特征的究明发挥了有效作用。战争刚结束时的时代区分论争中那种选择素材的粗放性,在今天虽说有了很大改善,但由此也产生了相反的一面,即失去了不少应接对象(素材、学问等)的紧张感和严密性,这是一种促使思想面粗糙化的倾向。诸如,关于对象的解释,以及由此导出的时代史理解的单纯化、论点的复杂多样化与末梢化、学说间立场的不相符;另外,虽对部分问题也有所赞否,但回避评论学说主旨的倾向等等。这些都反映了学术研究中所出现的思想性迟缓的倾向。的确,依据个别实证的研究,通过诸学说的相互渗透,新体系是应该能够得以建立的,而现今的学界却只能说尚处在通往新体系的过渡阶段。如后面将要谈到的那样,虽然大批研究者付出辛勤努力,以捍卫六朝史研究的正统性,但我认为对上述那种风潮又是不得不予以反省的。

近年来学界涉及最集中,感觉最困难的,要算是贵族制的问题了。六朝社会是贵族社会的命题最早由内藤湖南提出,后来六朝史的研究,实际正是由这一命题出发而取得大量成果的。但是,问题在于应该如何理解这一命题。例如,越智重明氏曾说:"中国史的展开中对魏晋南北朝的时代特征用贵族制来表示之际,这一概念自然是一种界定。即以这一概念之基本的'政治的支配者带有世袭的性质'的观念进行宏观地考察时,就未必仅限于这一时代的政治支配者,而且也就不能认为一定是从这一时代开始的了。因此,与其他时代的政治支配层的世袭性相比,这一时期世

袭性的进一步浓厚就可说只是个'程度'的问题了。"（《魏西晋贵族制论》,《东洋学报》45—1）

　　若依此论,贵族制仅仅是个支配层世袭性的"程度"问题,因此就不能特别限定于六朝了。而归纳这一意见的话,就得出六朝社会不一定具备贵族制特别性质的结论了。然而,这与内藤、宫崎、宇都宫等人的六朝观是根本不同的。因为,若按"从这些学者的'文化史'的立场出发的时代区分论"（越智氏语）来看,六朝时代也像秦汉或宋元时代那样,是一个独特的时代,其最大的独特性就在于它的贵族制。而在越智氏对六朝贵族制研究动向的叙述中,首先,他以自己的解释为前提,由此来介绍上述学者的各家观点,总让人觉得有些欠考虑。然而本文的目的并不在于对此问题的评述。应该说在越智氏无意的欠考虑中,正触及到了研究上的一个重要课题。越智氏接着上面的话,又说:"就这种（世袭制的——引用者所加）'程度'的具体情况而言,宫崎市定氏所著《九品官人法研究》按照家格的上下（基于乡品的——越智氏）决定子弟官位高低的贵族制的特征,是最值得注意的。贵族制即围绕着这种'程度'的具体情况,带有了各种各样的形态。综合这些观点,中国史研究深化了自身以贵族制为魏晋南北朝时代特征的理解。"越智氏就是这样评价《九品官人法研究》对乡品和官品间关系的阐述之划时代业绩的。然而,真的应该理解为是对世袭性"程度"的反映吗? 对此疑问,笔者的意见且留待下一节论述。总之,在研究者的各种见解中,即使是乍看起来一致的观点,也可能在原则上有着根本的不同。而且这种不同点在研究的进程中又往往被人忽视。本章即由对贵族制如何理解的问题出发,尝试论述六朝社会经济史所面临的课题。

二

　　前述宫崎氏《九品官人法研究——科举前史》可说是为六朝贵族社会研究开拓新领域的大作。关于该书的内容及意义,已有守屋美都雄（《东洋史研究》15—2）、河地重造（《史学杂志》66—2）、越智重明（《历史

学研究》205)、森鹿三(《史林》40—1)、木嶋孝文(《大谷史学》6)诸氏的
论述,兹不复赘言。在此仅如前述越智氏指出的那样,搞清士大夫的乡品
与起家官的官品的关系,且以此为出发点探索贯穿六朝官制的贵族主义
的展开过程。宫崎认为当时在各王朝实行的九品官制,可以说正是贵族
主义身份制的等级制度的表现形态。清官、浊官之别,流内、流外之别等
等均与此相互关联。这种贵族主义官僚制达到完成的形式,宫崎大约认
为是在南朝的梁武帝时代,及北朝的北魏孝文帝的太和末年。如此,汉代
已潜在的贵族官僚制,以曹魏受禅前一年九品官人法的实施为起点发展
起来,又以上述时期为顶点,继而进入了科举时代。对这一宏大的构图,
守屋氏认为"本书并不仅是单纯的选举制度史,而是由选举制入手展开
的一部优秀的《中国官制发展史》⋯⋯",森氏则介绍指出:"作者指出,就
广义而言,汉是贵族的萌芽期,唐相当于贵族的没落期。而夹在两者之间
的六朝贵族时代,作为与前后时代并列的一个独立的时代,具有十分独特
的价值。"可以说,两位都道中了该书的本质特征。

　　然而,宫崎所提出的问题却不限于此。我们来看看越智氏的见解,他
说:"近来作为其(贵族制度研究——引用者注)发展大势,可以说出现了
对作为贵族母体的豪族具有怎样的社会实际状态的再评价,特别是对过
高评价六朝豪族个别势力的再探讨,与此大体相应的是,明显形成了从以
豪族、贵族为依据的国家权力——皇权的官僚立场出发,推进贵族制的全
面研究的倾向。六朝贵族制度的研究中官职、选举法研究的重要性和必
要性就这样被大大提高了。⋯⋯的确,本书正是上述大趋势的产物,应该
说这是六朝贵族制和九品官制研究的最高业绩。"这里所提到的"再评
价"、"再探讨"的倾向,与西嶋定生氏在《战后社会经济史学的发展》
(《社会经济史学》20—4、5、6)中对森三树三郎《六朝士大夫精神》(《大
阪大学文学部纪要》3)表示赞许时,所论及"以往的观点对当时的国家与
贵族关系,由于贵族势力一向强大,就简单地认为皇权是受他们制约的,
但是当时的贵族虽然身居中央政界,但不一定说就具有了大土地所有者
的物质基础,而且也未掌握强大的兵权"的观点是一致的。川胜义雄和
宫川尚志②认为,很难将当时的贵族理解为豪族或大土地所有者的同义

词;宫崎氏本人也认为:"输送地方郡国掾史的家族,原来虽仅是有经济实力的豪族,但其中与政权结合得以贵族化者成为右族,毕竟这是历史堆积的产物,因此以地位高低和财力大小,不一定能够给以正确地比例衡量。贵族主义本来面目即在于此,这一点对于理解中世历史是至关重要的"。与其认为六朝贵族是对土地、人民的私的所有者,不如把他们作为官僚形态的存在去把握,这几乎是各家一致的看法;另外,如此考虑的话,或许能接近六朝社会的真实,近年来也渐渐地得到了学界的认同。而对这种贵族论给予各种各样具体阐述的,正是上述宫崎、宫川、越智三氏的著作。

　　但是,还存在一个问题。按宫崎氏所理解的乡品与官品的相互关系,就本质而言究竟又是怎样的呢? 有关这一点,上述几篇书评中未能予以令人信服的说明。我以为,就官品依乡品来决定的事实来说,贵族身份和地位虽可认为是由王朝权力所赋予的,但在本源上仍是由其在乡党社会之地位和权威所决定的,王朝只不过是对此予以承认——当然这种承认具有很大的作用。直截了当地说,贵族之所以为贵族,其本源不在王朝内部,而在其外部。而这种承认手续,就是所谓九品官人法。

　　如果这样考虑的话,不论六朝贵族有着怎样的官僚制形态,其本质也应该是比拟封建制的,换言之,可以视其为一种封建制的变形。这就是我对宫崎本意的理解。③如果真的是这样的话,六朝社会应该是可以比拟世界史上的中世封建社会的一个时代,也就确如宫崎氏所设定的那样了。不过也有观点认为,六朝贵族制是一种官僚制,所以国家权力具有相对于贵族的优越性,这与秦汉时代是同一性质的(矢野主税《试论门阀贵族的谱系》,《古代学》7—1),进而,也就有了滋生六朝即古代说的余地。或者,产生越智氏那样,从世袭性的"程度"问题的角度否认六朝社会独特性的观点。遗憾的是,这些立场显然都是有悖于宫崎氏著作的本意的。可见,对贵族的官僚性质是无法从表面上看起来一致的见解去认识的。

　　对此再稍加分析的话,要么当时的统治层是依赖国家权力的存在而得以形成的官僚;要么统治层虽然不以国家权力的存在为前提,而其自身就是统治层,但是仅仅在其存在形态上带有官僚的形态。这样一个特别关系到官僚社会面貌的中国史普遍性质的问题,可惜在六朝史的领域至今尚未引起人们足够的重视。换言之,虽然学界已普遍看到从中世封建制、古代奴隶制等一般范畴上把握六朝社会的不适用性,但是还不能说已向着创出有适用性的新方法的方向进行了努力。

例如,即便在前引宫川尚志《六朝史研究——政治·社会篇》中,我们也不能不说有着同样的感觉。书中探讨了汉魏及西晋的内乱、汉唐间的王朝革命、贵族社会的形成过程,以及贵族制度、反击门阀主义的寒门与寒人、村落和都市、军团中的统属关系等等广泛的课题,对六朝研究具有重大的贡献。那些论文每篇都是在旁征博引史书后,阐述同时代人物的生活方式、人际关系的,不仅为学界提供了丰富的素材,敏锐的洞察亦随处可见,对此后这一领域的研究给予了极大的启示。一般地说,宫川氏通过自己的叙述,清楚地描绘了六朝社会的中世相貌。试举如下两三项为例,如第七章"关于六朝时代的村",阐明了从古代都市到独立的新型中世农村产生的情况,第九章"关于南北朝的军主、队主、戍主"中,提出了对当时军队的统属系统中一种主从关系的见解。可见,他显然是视六朝贵族为中世贵族的。本书对全体现象的描述确实用力颇深,然而对于何以"中国中世的统治阶级不是封建武士,而是文雅的士大夫"(第206页)这一根本问题,却仅仅指出"这一阶级的集成过程与汉帝国的官制官吏登用法有着深刻的关系"(同上),可惜没能给予逻辑上的追问。

另外,越智重明《魏晋南朝的政治与社会》是集数十篇精湛研究文章为一体的大作,通过对屯田、军队、选举、户籍、封爵、租调等各项制度的分析,阐述魏晋南朝政治世界的存在形式。关于该书的内容和问题,吉川忠夫(《东洋史研究》22—2)、安田二郎(《历史学研究》285)等有着详细的批评介绍,认为当时特有的各项制度,具体体现了皇权与贵族主义之间的关系,这一点确是该书的特色。对于史料的独特解释,虽有些因随心所欲而使读者感到不安的地方,但对分歧颇多的各项制度给予贯穿六朝全期的把握,并由此解释六朝社会政治特性,作者的努力是不能不予以高度评价的。若与该书以外其他相关论文一并阅读的话,对于作者的见解我想至少可以悟得如下的道理。

从皇权与贵族主义间的交涉关系来看,这一时代可大体分为二期。前者为贵族制的时代,后者则是其衰退期。前者还可分为魏与晋两个时期,从以屯田民、兵户即曹氏的私的随从者(即客)为政权的直接基础的魏,到企图以给客制来强化皇权的晋,由于没能获得这样直接的基础,只好借助五等爵的制定、清议的采用、州大中正的设置、故吏对故主的服丧惯例的法制化等等的政术,来利用贵族层的力量。这样一来,上级士人不仅是五等爵的所有者,而且还获得了作为世袭高官的政治统治层的地位。至此,士人层的自律的一面,比起作为官僚的一面更加明显,又因皇权对此的承认、利用,贵族制成立了。

可是,经东晋入南朝以后,出现了贵族的寄生官僚化,即自律性的丧失。刘宋不再依赖士人层,转而依靠皇亲、恩幸(庶人)。由义熙土断开始的历代的户籍改革,虽是旨在抑制门阀贵族的特权,实现皇帝一元化人身支配的企图,但是与富裕庶民层的抬头也是有相互联系的。皇权虽然以后一贯地被强化延续到梁武帝的治世,但是皇权还无法忽视门阀势力,双方间一直不断有不得已的妥协。在梁武帝所建官制中就有着上级士人、下级士人(寒门)、庶人的区别,即其表现。

越智氏这种对时代的展望,与后面还将言及的各家见解多有相类之处,故而包含了今后得以充分展开的可能性。但是,在此必须注意的是,该氏不认为魏晋或南朝各王朝政权是贵族或富裕庶民的政权。他的这一观点是难以理解的,例如,他论西晋政权曰:"当对此(晋皇权的历史意义——引用者注)进行追究时,首先应该弄清楚的是,皇权机构的实际状态,究竟是制度上的皇帝与贵族的合议政体呢,还是应该理解为皇帝一方统治体制的一种。毫无疑问,可以判断这是皇帝一方的统治体制"(前引《魏西晋贵族制论》)。又如,他说:"区别现象与机构(的运营),并在此区别的基础上,应该追究二者的关联性"(同上)。由这些论述来看,皇帝一方的统治体制的"机构"对贵族主义诸"现象"的妥协或压抑的种种现象,都是就六朝总体而言的。如果是这样的话,皇权与贵族主义相互间就只有外在的关系,因而贵族制也就并非六朝社会的历史规定性了,而不过是一种单纯的社会现象。另外,在皇权的一方也丧失了历史性,而无法再超出所谓"一方的统治体制"的抽象形式的概念了。当我们说六朝社会是贵族制社会时,它被集约为贵族制形象的人的社会历史性,被推测为贯穿于当时任何社会现象(即使皇权也不例外)的,这样一来就形成了可称之为历史范畴的东西。这样考虑的话,如此意义上的六朝贵族的存在,不正是被越智氏所否定的结果吗?

与这一点相关的,如将西晋政权机构理解为单纯的合议制的机构虽很困难,但是难道因此就可以像越智氏那样,立即将其判断为"一方的统治体制"吗? 这恰如因为六朝贵族并非大土地所有者,所以就认为无法将其单纯地作为皇帝的臣僚来处理一样。对于这一点,即使是在"机构"之上也还是有考究的余地的。可是宫崎、宫川两氏,虽也将六朝贵族制视为封建中世统治体制的一种类型,但却以秦汉帝国体制的传统作为契机,去寻求这种变形的原因。这虽说可能是一种历史的说明,但却未必就是逻辑的说明。而我认为,六朝史研究所面临的根本问题,大而论之正在于缺乏这种逻辑的说明。

三

以上宏观地叙述了如何把握贵族制性质的问题。以往的研究涉及了各种各样具体的内容,而首要的是探讨六朝门阀源流何在的问题。对此,宇都宫清吉曾有过发源于汉代山东文臣、儒墨的意见(《冈崎博士〈南北朝的社会经济制度〉书评》,《东洋史研究》1—1),战后还有过川胜义雄以汉末清流士大夫势力为起点的探讨(《关于支那中世贵族政治的成立》,《史林》33—4)。作为反对意见,矢野主税根据对西晋贵族系谱的溯源研究,认为在汉代官僚名门与西晋有势力官僚之间,断绝的一面远远大于连续的一面,以此否定了宇都宫说;又指出那些被视为清流势力的家族,不一定与西晋官僚有着谱系上的关系,从而对川胜说提出了异议(前引《试论门阀贵族的谱系》)。他指出,因为西晋门阀是那些紧靠三国政权的人物,所以对于门阀的产生,王朝权力是不可或缺的契机。这一观点与他强调门阀贵族寄生性的观点是相互联系的。他否认了后汉士大夫与魏晋贵族有着谱系上的连续关系,但又认为二者在性质上并没有差异。他在分析曹魏权势官僚的经济生活时,指出他们多数是靠俸禄生活的,另又得出结论,认为豪族出身者也能进入曹魏政府,他们已抛弃其土著性,仅仅是寄生于中央的官僚而已,在这一意义上其与后汉官僚没有任何不同。这样,矢野氏的观点在某种意义上说,将越智氏的见解又向前推进了一步,其否认六朝贵族的独立性,进而否认六朝社会的固有性质的倾向是可想而知的。而这又是与他以下的观点相吻合的,即他在对门阀各族的谱系研究中(《郑氏研究》,《长崎大学学艺学部社会科学论丛》5;《韦氏研究》,《长崎大学学艺学部社会科学论丛》11 等),认为门阀的族的生活单位,仅仅局限于所谓"门流"的狭隘框框之中,一族的繁荣是特定门流与政权相结合的结果。

矢野氏观点中存在的问题,正如越智氏所指出的(前引《魏西晋贵族制论》),即能否断言靠俸禄生活者即寄生官僚呢? 越智氏对此进行了探讨,同时也对川胜氏《关于曹操军团的构成》(《京都大学人文科学研究所二十五周年纪念论文集》)作出了批判。川胜氏对六朝诸军团的分析,摆脱了以往那种制度史的观点。他从集团社会学的角度,提出了曹操军团的问题,指出它并非以汉的既成军队为基础,而是当时民间自发产生的武装集团的一个,曹操拥有的外郭部队也是由这种武装集团所构成的。这种民间武装集团的内部结构,贯穿了当时的豪族与宾客间那种个人的任侠结合关系,曹操直系军与外郭的归附诸军团的关系其实也可以视为这种结合的扩大形式。这种结构,是一种作为豪族势力一个侧面的家长制的上下关系被缓和,主客相互信赖关系被显在化的形态。这种关系不仅限于军团,也规定着构成后汉清流势力的所谓门生故吏的关系。由于这篇论文不仅对曹操政权性质,而且对贯彻于当时的军团、豪族势力、清流团体等历史诸集团中的普遍的结合原理也进行了探索,所以引起了学界相当的重视和讨论。如五井直弘氏对川胜氏认为由于曹操政权是从辟命者对故吏的私的关系出发,所以家长制的隶属关系变成了政治体制的观点进行了批判(《关于曹操政权的性质》,《历史学研究》195),但这又引起了好并隆司氏的再批判(《曹操的时代——有感于五井氏所论》,《历史学研究》207)。矢野氏则根据这些论争指出,川胜氏将曹操及其随从诸豪族之间的关系规定为私的相互信赖关系,虽然在某一阶段上说是正确的,但是随着其与曹操政权结合的深化,这种私的相互关系的内涵也在逐渐发生寄生官僚化,最后转变为君臣的上下关系了。可是,就矢野氏来说,比如以豪族官僚化或其子孙贫穷化为例,来说明作为寄生官僚的典型的君臣上下关系的形成。但正如前所述,即便丧失了与宗族的结合、丧失了土著性,以及不再具有直接的经济基础,贵族仍由于是贵族而独占官爵,这是一个重大的问题。川胜氏认为矢野氏的寄生官僚论跳过了这一问题。

围绕贵族制的特质,还出现了以下的问题,即所谓门生故吏的关系问题,这也是由川胜氏所提出的问题为发端而出现的。既有前述那种五井氏的家长制隶属关系说(可参考该氏《关于后汉时代官吏登用制的"辟召"》,《历史学研究》178),也有川胜氏对此所进行的反批判(《魏晋南朝的门生故吏》,《东方学报》京都28);矢野氏的观点与此二说皆不同,他认为故吏关系是通常是上官和属官的公职关系的产物,没有必要特别强调私的关系(《汉魏的辟召制度研究》,《长大史学》3)。另外,越智氏认为后汉门生故吏关系作为公的关系的基础,产生了强大的私的结合,致使后汉崩溃了。而九品官人法的制定,任官依据乡品决定以后,门生和故吏的实用性减弱了,其存在的历史意义亦逐渐丧失了。这可以说是部分地接受川胜说、但否定其基本点的观点。越智氏仍是坚持即便是私的关系,其结局也并未跳出公的关系的立场。

第三,关于贵族之所以成为贵族,其本源何在的问题,具体又集中在贵族与豪族的关系上。各家对此发表了意见。矢野氏《门阀社会的成立与崩溃》(《长大史学》6。前引《门阀社会史》所收)前已概述,此不赘言。总之,存在着两大立场:一是认为贵族与豪族在本质上是相同的,二是认为二者具有不同的本质。另外,作为现实的表现形式,二者相互作用,并构成了三国以后的各个政权。宫川氏《三国吴的政治与制度》(前引《六朝史研究——政治·社会篇》所收)认为,孙吴政权是以北来的淮河系官僚与土著的江东豪族为基础建立起来的,狩野直祯《蜀汉政权的结构》

(《史林》42—4)认为,蜀汉政权中枢虽被随刘备入蜀的荆州出身官僚所占据,但益州大姓有很多都成为了州郡属官。他们虽然有着政治上的不遇,但是暗中仍然保持了土著势力的发展。在那以后的东晋南朝诸政权都表现为这种政权结构,这与当时的社会身份制度是对应的,而且还由此产生了土断和户籍制度改订等各种各样的现实问题(这一点参见越智氏诸考论)。就这样,官僚贵族与土著豪族一方面虽然处在地位、性格和利害的对立关系之中,一方面又相互联系地支持着当时的各个政权。在这一意义上,二者的具体关系的阐明,仍有待今后深入追究。

四

如果说贵族阶级的经济基础不一定就是大土地所有制的话,那么对当时普遍存在的大土地私有制、庄园制,又当如何解释呢? 尽管存在着这种疑问,但对此进行研究者却不多。天野元之助《魏晋南北朝农业生产力的展开》(《史学杂志》66—10)认为,魏晋时代战乱与人口的移动虽削弱了生产力,但与此相应的是通过屯田、课田、庄园等形式向新生产力方向的迈进。即为了弥补劳动力的不足,利用先进农具、牛力,形成了耕种连贯的方式。另外,利用水力的碓、碾、磨的盛行,以及休闲法、二年三作的采用,人工灌溉的新发展,加之华北水稻技术在江南的普及等等,他强调这些都是作为农法的大土地经营方式。这主要还是以华北为对象的研究,关于江南的大土地私有,则有唐长儒《南朝的屯、邸、别墅及山泽占领》(《历史研究》1954—3)、《三至六世纪江南大土地所有制的发展》(上海人民出版社,1957 年)、大川富士夫《东晋南朝的山林丛泽占有》(《立正史学》25)。唐氏另有《魏晋南北朝史论丛》(三联书店,1955 年)和《魏晋南北朝史论丛续编》(三联书店,1959 年)两部著作,二书与上述两篇论文给予日本学界极大的影响。④以下是该氏的江南大土地所有论:后汉以来的大土地所有制的发展,在华北由于战乱而受到阻碍,但在江南则有着较顺利的发展,所以在江南更能看到中国封建大土地所有的先进形态。从落后于华北的经济条件出发,在江南一方面是宗族的解体,一方面是从北方来的流民、公私部曲、奴婢、逃亡民确保了劳动力的来源,这就促使了豪门大土地所有者势力的成长,而他们支持了吴、东晋、南朝诸政权(《孙吴建国及汉末江南的宗部与山越》,前引《魏晋南北朝史论丛》所收)。东晋以后,北来贵族为获得庄园的疯狂,受到来自江南土著豪门占有的阻力,这是造成促进开发山林川泽荒地的一个原因。统治层竞相设置作为山林开发组织及手工业制造所的"屯"以及作为这些物资贮藏所及贩卖部的"邸"。由屯开发出的山林川泽形成了"别墅"、"田园",这是广布山水的自给自足的庄园,这里的生产物一部分被商品化了。汉代以来,作为共有地曾经以公权力禁止占为私有的山林川泽,就这样被按照私家的意志占据了;进入南朝,这种私有权又在法律上得到了承认,这极大地削弱了王朝权力的统一性。实现了这一展开的私有制内部的生产关系,逐渐地弱化了奴隶制残余的人身隶属关系,经济关系因此转化,一直连续至唐朝。唐氏说对江南大土地私有的情况给以了历史的表述,且充满了启示,颇有见地。然而,对于讨论至今的贵族制与大土地私有的关系问题,还是不明确。他指出北来贵族由于江南豪门对土地的占有结果,而出现了寄生于俸禄的倾向,而且也认为士人地主以外还存在非士人(庶民)地主,但是他的门阀贵族的阶级基础的根本在于封建大土地私有的观点并不动摇,这一点与日本的贵族制研究的大趋势是有分歧的。

探讨贵族的没落,并触及大土地私有制问题的,还有川胜义雄的《有关南朝贵族制没落的考察》(《东洋史研究》20—4)和《侯景之乱与南朝的货币经济》(《东方学报》京都32)。他认为,由于南朝货币经济的发展与货币量不足之间引起的矛盾,形成了农村恐慌及半失业人口,借此获利又出现了新兴商人阶层;作为南朝贵族经济基础的自给庄园也因卷入货币经济而变质,由于生产物的商品化而依赖于商人,或委托"守园人"经营,商人层得以在贵族特权的庇护下自由活动。另外,还论述了来自农村的流民响应非贵族的土豪将帅的召募,对充实土豪实力起了很大作用。这种种状况表明在贵族阶级繁荣的极点,他们确实又不得不寄生于商人、土豪的经济、军事实力。而依川胜氏近作所论(《刘宋政权的确立与寒门武人——与贵族制的关系》,《东方学报》京都36),这种状态在刘宋成立期已具备了先驱的模样,刘宋政权已有寒门武人军事自立的意义,后来梁武帝末的侯景之乱,从外部给贵族制以致命的一击,从而决定了贵族制的命运。该氏论考的特征是重视货币的作用,以此作为贵族制的对立面而立论。在此,他虽视自给庄园制为贵族的存在条件,但如前所述,有部分学者却持贵族即寄生官僚的主张,所以这一点看来还有进一步探讨的必要。另一方面作为他用对商人和土豪将帅(寒门武人)的经济、军事依赖的模式,真实地描述了贵族层的寄生化状况的根据,这也使人感到对以往惯用的那种寄生官僚概念也有再探讨的必要。总之,寄生官僚概念虽强调的是贵族在本质上具备寄生的属性,但川胜氏则是将贵族的寄生化从其丧失固有形态的过程出发,予以了历史的解释。

五

以上是关于贵族制性质的论述,虽说甚至涉及了贵族制没落的问题,但是六朝贵族社会以怎样的形态,以怎样的阶级为媒介,发展为接续其后的隋唐律令社会的呢? 对于这一点,按照以上所介绍各家的意见,即称之为地方豪族(土豪)和寒门的非门阀贵族政治的兴起。然而,这种政治又具有怎样的社会实际形态,怎样超越门阀统治等等问题,尚未完全解释清楚。换句话说,这种"新兴阶级"登场的观点是近年来才逐渐提出来的,其与后汉魏晋时代以来一直存在的非门阀地方豪族层又是怎样一种关系,这是在怎样含义下的新兴阶级,它对随后的隋唐律令制的形成又有怎样的关系等等,有待于今后研究的问题还不少。若从律令体制一侧来说,这也导致了历来研究制度意义时,仅局限于制度史而不顾及政治、经济、社会诸关系倾向的延续。

作为律令体制形成研究的最大课题,大概要算是均田制的历史意义了。这一土地法形成的过程又是屯田制、占田和课田制的问题,有着大量研究成果。首先关于屯田制,西嶋定生《魏的屯田制——特别围绕有关废止的问题》(东京大学东洋文化研究所编《土地所有史研究》,东京大学出版会,1956 年。后又收录于西嶋《中国经济史研究》,东京大学出版会,

1966 年)一文,锋芒直指典农部屯田废止的意义。他就"罢屯田官,以均政役"(《魏志》卷四《陈留王纪》)的解释,对宫崎和吉田(虎雄)氏的观点展开了批判,提出了政役即征役,亦即兵役的新说,认为对屯田民与一般州郡民一样,也是要课以兵役的。他虽与宫崎说一样,也认为由此产生了屯田民之课田民化的结果,但认为这是西晋的人身一元支配的表现,与宫崎说则是根本对立的。西嵨氏在探求屯田制必然导致"末作治生"的原因时,是从秦汉以来的人身支配原则与汉代公田假作制同质的经营形态(分益佃作)的二重结构进行分析的。他认为西晋初民屯废止即屯田民的兵役赋课,亦即课田制的施行,是为解决这种矛盾而贯彻的人身支配的国策。进一步说,他是将屯田到课田,再到均田的展开,看作由汉代公田制出发的国家土地所有的强化方向,并在此意义上认为屯田是从秦汉的"自由"小农民体制到隋唐的均田体制的过渡形态;而专制国家的人身支配的原则,正是在秦汉帝国崩溃以后,以这种形式贯彻其自身的。

众所周知,宫崎氏认为占田、课田制是私人土地所有与国家土地所有之间有机结合的土地制度,它被一元化以后的形态即均田制。因此,可以将其理解为土地国有制的形式中所包含的土地私有制的本质。这种土地私有的主体,即使在从政府机关(屯田、课田)到一般自营农民(占田)广泛分布的情况下,仍然全部都是私有权的保持者,可想而知这是一种由公权在一定程度上自由化的封建土地私有制。可是,西嵨氏却认为,不如从公权掠夺形式的角度,将其作为贯穿着人身支配的土地制度来把握。关于两说当否的问题将另作评论,这里想指出的是,正如后面将要叙述的那样,两说的差异在于如何理解贵族制的问题。另外关于"均政役"的解释,还有认为"屯田民的徭役与郡县民的负担同样严酷"的藤家礼之助氏的观点(《曹魏典农部屯田的消长》,《东洋学报》45—2),有关屯田经营实态研究的好并隆司的《曹魏屯田的方格地割制》(《历史学研究》224),以及越智氏关于魏晋南朝屯田制度的研究。

另外关于占田和课田,围绕晋武帝户调式条文的解释,历来问题很多,近年来学者们提出了有各种各样的见解。迄今最有力的观点是对宫崎说提出异议的曾我部静雄的《均田法及其税役制度》(讲谈社,1953

年)和天野元之助的《试论西晋的占田和课田制》(《人文研究》8—9)。
曾我部氏认为,占田即一家的所有田,课田即负担力役的家族被授予的田
地;天野氏联系当时的休闲农法,作出占田即要休闲的田地,课田即每年
的耕作田的解释。对此铃木俊氏表示反对,他在《占田、课田与均田制》
(《中央大学七十周年纪念论文集》)中认为,占田即土地私有制的限额,
课田是在户主以外,以及旧屯田民被授予的政府所有的空闲地及旧民屯
田;而且与唐代的永业田、口分田有着近似的性质。米田贤次郎氏在《汉
魏的屯田与晋的占田、课田》(《东洋史研究》21—4)中,⑤将汉代边境屯
田的两种类型"耕战分离"型与"且田且守"型,到魏晋的民屯和军屯,划
分为不同的系统,认为它们进而解体以后,转化为"课田"、"占田",而正
是户调式中的"不课田"才是以往就存在的民有地。此外,还有西村元佑
的《劝农政策与占田课田》(《史林》41—2)和草野靖《关于占田课田制》
(《史渊》76)等观点。

　　总之,如米田氏所说的那样,这一讨论目前仍处在尚无定论的状态,
然而问题是,在寻求最恰当地解释户调式条文的同时,如何对这些土地法
的社会历史性质做出说明? 从这一意义上说,我认为对于宫崎说就不应
仅仅限于赞成与否的讨论,而是有必要对其观点中提出的户调式的原理
进行深入的探讨。

　　假设六朝真的是一个对土地、人民进行私的支配的体制化了的时代,
那么户调式确实有可能成为这一时代的表现形式。但是,由于这种体制
化并非就是无条件的,正如我们从占田制和荫客制所可以看到的那样,其
中附加了国家的限制。究竟应当如何理解这种两面关系,可以说是六朝
史的根本问题,进而言之这也是与如何理解均田体制的问题相互关联的。
例如,关于由户调式规定的贵族、官僚对土地和劳动力的特权所有的问
题,唐长孺氏认为,这是以作为国家权力的最高土地所有权为保证的,而
这就是实行户调式的本意(《西晋户调制的意义》,《魏晋南北朝史论丛续
编》所收)。这种"最高土地所有权"的用语,不用说是马克思赋予东方专
制国家的范畴,而我们今天的课题,是不能满足于这一用语的有效性的,
对这国家权力究竟是在怎样一种基础上形成的,又是必须从历史和逻辑

两方面做出说明的。在这一点上，战前由宫崎氏提出的问题，可以说至今仍未能得到充分的研究。而这与贵族制的理解问题又是有着直接关系的，因为仅从皇权与各种私权的外部关系进行把握，已经难以令人满意了，我想今天已到了对这一重大课题进行深入探讨的时候了。

六

再来谈谈均田制的问题。最近有关均田制研究的特征可以归纳为以下两点：（1）由敦煌、吐鲁番文书对均田制施行的具体状况的研究；（2）由北魏计口授田制研究均田制创设沿革的学说正在逐渐兴起。关于（1），首先，是根据大谷探险队带来的吐鲁番文书，弄清了唐代这一地区的均田制确实是实行还受的（西域文化研究会《西域文化研究第二·敦煌吐鲁番社会经济资料（上）》，法藏馆，1959 年），这就给以往围绕还受有无的问题争论打上了终止符。⑥由此不仅对唐以前均田制的实施问题给予了极大展望的余地，而且推动了对这一制度意义的研究（堀敏一《关于均田制实施情况的问题点》，《东洋学报》44—4）。其次，关于唐以前的均田制施行状况，从斯坦因探险队带来的敦煌文书中，发现了被认为是西魏大统十三年（547）制成的计账样文书，这一发现是由山本达朗氏所介绍的（山本达朗《敦煌发现计账样文书残简》，《东洋学报》37—2、3）。这为当时敦煌地区的田土所有、税役、家族构成等等的研究提供了丰富的资料。利用这些新史料对税役、田制进行研究、整理的，有西村元佑《西魏计帐户籍中课与税的意义》（《东洋史研究》20—1、2）和堀敏一《北朝的均田法规诸问题》（《东洋文化研究所纪要》28），他们解决了一些从来无定论的令制上的问题。池田温氏在《均田制——关于六世纪中叶的均田制》（《古代史讲座》8，学生社，1963 年）中，对敦煌发现文书在田制上已阐明的问题归纳如下：与唐代敦煌的户籍比较，各户的受田率很高；地段是按一定面积区划的，不是像唐代那样的不整齐；给予某人的田土，是麻田归为一块地，正田归为一块地。总之，可以推测在给田之前对全部田地有计划地进行区划分割。结合前揭吐鲁番文书，现在可以说对均田制并非仅仅限于理念,而是现实中实行的土地制度的事实,已明确无疑地解决了。

但是,如果就均田制的历史意义而论的话,仅仅从制度和实施两方面进行考察是不完整的。座谈会《如何认识均田制》(《东洋文化》37)虽对制度及其实施的方面做了充分的总结,但是在对制度意义的讨论上却未必已得到了足够的展开,这也许正是问题的所在吧。而且应该说问题出在如何把握均田制的历史意义的方法本身。前述堀氏的论文,从"尽可能对均田法规的全体构成及其变迁给予体系化理解"的旨趣出发,纵贯田土的种类和性质、给田与赋课的对象、均田法下的大土地所有制、贫富的调节等各方面,确定了北朝各政权下的各项法规,并由此试图对令制的意义作出分析。其中精辟之见解随处可觅,特别是强调北魏的桑田与露田之间在土地所有权上的不同后,指出围绕农地问题,国家与小农间有着强烈的支配隶属关系,这一点值得重视。而且,还从当时大规模开垦政策入手,探讨了这种小农支配的可能性,认为给田制以劳动力为基准,与以家庭为单位赋课制的原则不同之点,以及对从来被视为大土地所有制宽容政策的、对于奴婢和耕牛的给田,其实均起因于这种开垦政策。另外,在谈到均田制与农村共同体的关系时,他并不主张作为一种自营农民体制的均田制是直接来自农村共同体的,而认为不妨说共同体的机能由国家代行的这一点正是均田制的特征。他的均田论虽尚未深入论及这一制度在整体中国史中所处位置的问题,却是通过对法规的探讨而成功再现均田制历史形态的罕见之作。不过,同时也存在以下的问题。历来各家观点,都承认桑田与露田在所有权上的不同,将其视为私权与公权的抗衡体。如果对此持否定态度,围绕土地所有权(进而至于各种权利)所表现出的国家与人民之间又应该是怎样一种关系呢?堀氏认为均田制是国家权力对人民的一种直接人身支配的体制,进而又认为均田制是对秦汉体制的重组,不都是比较倾向于否定私权吗? 关于这一点,与上述贵族制讨论相联系,可以说也孕育着值得深入探讨的问题(参照前节西嶋说)。

把握均田制历史意义的另一个方法,是通过均田制以外的事例观察均田制,获得更具有普遍意义的认识。宫崎氏从屯田到占田和课田的沿革对普遍意义的导出,正是这样一种尝试。田村实造《均田制的沿革——均田法与计口受田制的关系》(《史林》45—6)指出,以往的研究多从中国土地制度史认识均田法的立场,虽认识到了课田法与均田法的直接关系,但是对这一制度为什么由拓跋族的北魏创设的疑问却往往视而不见。因此他对均田法的直接沿革,从拓跋族对华北征服过程中的徙民政策及其土地给付法的计口授田制入手进行了研究。他的这一研究与西村元佑和河地重造两氏的研究(参照前引《战后社会经济史学的发展》所收西嶋论文)有着一脉相承的联系。他的关键论点是在于计口授田制与均田制的关系的问题。田村氏则从计口授田民每人土地分配额的四十亩,与均田制下的露田面积相同;两者有着共同的旨趣,都是按人头分配公有地的农业振兴政策;在畿内中心成功实行的计口授田制,再扩大到全体领民就成为均田制等特点上把握了二者关系。他还进一步指出,具有强烈人身支配的徙民计口授田制,和在原则上以个人为给田单位,而且由国家对私有制实行强烈限制的均田制,有着本质上的同一性。

　　田村氏观点暗示,计口授田制及其扩大形态的均田制,不过是一种试图恢复因土地与劳动力的单纯、粗放的结合而荒废的华北农业生产的措施。这是根据当时历史条件得出的结论,今后一定还会有更深刻的阐述。不过,这里出现了一个问题,即他由此导出的有关计口授田制,以及均田制的生产关系的问题。他认为徙民计口授田制是比农奴制更为酷烈的人身支配关系,而按笔者的观点(《北魏研究的方法与课题》,《名古屋大学文学部研究论集》史学11),被迁徙的征服民并不就是被俘奴隶。当时的征服战争,并非河地氏所述那样以获得奴隶为目的的,而应该称为围绕中国统治权的争夺战。所以徙民也是与这一战争性质相应,有将旧敌人口编户化的意图。计口授田制正是对徙民政策的一种保证措施。人民的编户化也意味着帝国经济的财政的体制化,这是中国社会特有的性质。可见,计口授田制、均田制的人头支配,并不能证明国家权力的强大以及人民的无权状态,实际上这只不过企图彻底实现编户体制所采取的一种手段。

　　究竟这种企图,即贯穿于所谓律令体制的一种统一理念,是怎样一种国家权力呢？作为律令国家成立的契机,塞北诸民族的作用一直是研究的重点。例如陈寅恪的《隋唐制度渊源略论稿》(国立中央研究院历史语言研究所专刊,1944 年)、岑仲勉的《府兵制度研究》(上海人民出版社,1957 年)从鲜卑的兵制探讨了府兵制的起源,但是仅局限于探讨北族制度的起源,难免片面。唐长孺的《魏周府兵制度辨疑》(前引《魏晋南北朝史论丛》所收)则从中国传统兵制的展开上,对其历史地位作出了论述。另外,谷霁光的《府兵制度考释》(上海人民出版社,1962 年)亦为坚持府兵制是"中国封建社会"一环立场的力作。关于府兵制的研究还有很多,在此不一一详述了。对以上问题从均田制的角度进行探讨的,还有李亚农《周族的氏族制与拓跋族的前封建制》(上海人民出版社,1954 年)。李氏认为,北魏均田制中,园宅地虽属私有,但露田、倍田、桑田、麻田等则是无私有权的,另从还受制度来看,也应视其为公有地。即北魏的均田制是私有地与公有地并存的形式,这不能不说是一种氏族社会残余严重的村落共同体甚至奴隶制的土地制度。这虽然是已出现封建土地所有制的华北,在受到五胡入侵后倒退了两千年的结果,⑦但是很快由于与汉族封建社会接触而变质,至隋的均田制则已形成完全的封建土地所有了。就这样,李氏对北魏均田制社会冠以了"前封建制"名称。对他的观点中国学界有褒有贬,评价不一。批判的意见主要认为,拓跋部族社会是在封建化之后,与汉族的封建制结合而产生了均田制的。前引拙稿《北魏研究的方法与课题》中,笔者在回顾反省自身研究经历时,也从方法论上对这些见解也提出了批判意见。在那篇文章中我指出,褒贬李说的双方都以"汉族封建制"为不移前提,并由此把握均田制这一独特土地法精髓,这种方法不能成立。然而,若对李说加以变通的话,我认为"村落共同体"并不仅局限于拓跋部族社会范围之内,它因接触中国社会而扩大成为了国家规模的"共同体",进而作为保证这种共同体的经济基础,计口授田制乃至均田制才得以出现。上述认为徙民计口授田制的意图在于国家编户自由民化的见解,与此也是相互关联的。当然,这虽说不可与无阶级社会的原始共同体同日而语,但阶级关系也不是深入发展为私的隶属制的产物,在共同体扩大形式的展开中,存在着一种中国独有的特性。也就是说,编户民具有一方面是"国家共同体"的成员,另一方面又受到国家权力的支配的二重特性。

拙稿《初期拓跋国家的王权》(《史林》46—6)即从塞外民族的部族社会入手,对这种政治结构的源流所进行的探讨。另外,《慕容燕的权力结构——以前燕为中心的探讨》(《名古屋大学文学部研究论集》史学10。《隋唐帝国形成史论》,筑摩书房,1971年,改题收录;李济沧译《隋唐帝国形成史论》,上海古籍出版社,2004年)认为,虽然在鲜卑慕容部的国家形成前后,旧有部族制以更加发展的形态支持了王朝,且使其公的特性得以维持,但是部落贵族所掌握的军事权出现了经济利权化的手段,即由军权获得经济权利的手段。于是营户的扩大招致了编户的减少,这就是其最终灭亡的内在原因。

换言之,国家共同体的公共特性,在当时严酷的现实下,并未能按照部落血缘关系得以维持。强行解散了部落的北魏,虽曾暂时克服了这一危机得以发展,但由于希望按汉族式贵族制强化自身的北魏部落贵族,最终未能维持与作为共同体成员的同族人达成协调关系,结果酿成导致其灭亡的六镇军士反乱(拙稿《北魏末的内乱与城民》,《史林》41—3、5。同上书改稿收录)。这里的"国家共同体",是将汉人社会内部诸矛盾也考虑在内而不得不重组再建的。当时即便是南朝也能见到的名流与寒门的差别,及由此产生的纠葛在这里也存在着;货币经济的扩张对士大夫的精神腐蚀也与南朝相类。在这种状况之下,围绕官僚登用原则的两种相互对立理念的消长,正是拙稿《北魏官界的门阀主义与贤才主义》(《名古屋大学文学部十周年纪念论文集》。同上书所收)所论述的问题,这里所称的贤才主义,即士大夫德性得以证明的行政能力。换言之,士大夫精神并不是由门阀主义所已经代表的,而是获得于超越门阀的广泛阶层支持的一种理念。不用说,贤才主义理念很快就由科举而得以具相化了,如果是这样的话,支撑隋唐帝国的科举制,就的确超越了门阀制度的狭隘性,而以机会均等来吸引广大士大夫层。拙稿《关于北朝末期的乡兵》(《东洋史研究》20—4。同上书改题所收)指出在北朝末内乱中崛起的豪族军团中,各阶层间机会均等化现象;又在《北齐政治史与汉人贵族》(《名古屋大学文学部研究论集》史学9。同上书所收)中,认为贵族这种逆时代趋势的反动,是由北齐政权的内部腐败所造成的。

以上所述虽嫌拉杂,却是笔者根据近年研究对北朝社会究竟是如何向隋唐展开的一种构想。限于篇幅,挂一漏万。总之,我是试图从"共同体"的展开过程,来把握律令国家的。我认为共同体正是人的自律与制约互为表里而存在的世界。各节反复论述的贵族制中国的特性,亦与共同体世界不无关系。⑧

原载《社会经济史学》31—1—5,1966 年。

注释:

① 加上海外的研究,数量就更加庞大。对此,中国学界有着各种各样的大量的著书和论文。本章所言及的时期,正值中华人民共和国通过两个五年计划,进入社会主义的阶段,当然值得注目的大作很多,但本章因为仅对日本学界为中心提出问题,所以只限于介绍与此有关的中国学者的研究。

② 参见矢野主税氏《六朝门阀之社会的政治的考察》(前引《门阀社会史》所收)。另可参见川胜义雄(《东洋史研究》15—1)及越智重明(《史学杂志》66—1)对宫川尚志《六朝史研究——政治·社会篇》的书评。

③ 关于这一点,著者以下的发言是应该引起注意的:"(在当时的贵族社会中——引用者注),在另一侧严重存在着与其对立的君主权,它不断地分裂贵族制,努力将其改变为纯粹的官僚制。其实这种君主权的存在,正是将贵族制限制于贵族制的原因,若君主权再变得微弱一些的话,这种贵族制也许就成长为了更加割据的封建制度。……不如说在本质上,在当时社会本应该出现封建制,但由于君主权的严重存在,才选择了贵族制这种特殊形态。这种说法也许更接近于真相。"

④ 有关中国六朝史研究的动态及唐长孺氏研究在其中的地位,参见狩野直祯《最近的南北朝时代史研究——围绕中国时代区分论的中心》(《东洋史研究》18—2)。

⑤ 另外米田氏后来又在《晋的占田、课田》(《历史教育》12—5)中,对自己的观点做了订补。关于占田、课田制的各家观点,可以参考米田氏的论文以及越智氏的《近年来关于西晋田制、赋税的诸研究》(《东洋学报》43—1)。

⑥ 然而,这一吐鲁番文书并非均田文书,而是有关屯田制的记载,宫崎氏指出了这一点[《关于吐鲁番发现田土文书的性质——〈敦煌吐鲁番社会经济资料〉(上)读后》,《史林》43—3],另有池田温氏对此的批判文章[《书评〈西域文化研究第二,敦煌吐

鲁番社会经济资料〉(上)》,《史学杂志》69—8]。

⑦ 这里,请注意唐长孺氏关于江南的大土地所有制中,封建土地所有制的顺利展开的观点。唐氏对李氏说基本上是赞成的。

⑧ 必须说明的是,本章未能提及的研究成果还有很多。例如由宫川、宫崎两氏推动的集落史的研究,西村元佑、古贺登、越智重明、唐长孺诸氏对赋税制度的研究,松本善海氏围绕三长制的各项研究,滨口重国、菊池英夫等人对贱民制度及兵制的研究,及西山武一、熊代幸雄两氏完成的《校订译注齐民要术》(东京大学出版会,1957 年),中国史学界围绕封建土地所有制的论争,还有一些欧美学者的研究和译注,都是应该直接予以介绍的。但因篇幅所限,不得不忍痛割爱了。

第四章 中国史研究的新课题

——兼论封建制的再评价问题

一、战后中国史研究的方向与挫折

战后东洋史学界的热点问题之一,应该说是中国史的分期问题。战前已存在的内藤湖南的分期说,成为所谓京都学派的指导理念,与战后出现的历研派(依内藤戊申氏的命名)的新说展开了热烈的讨论。

讨论涉及鸦片战争以前的所有时代,其中关于古代与中世区别究竟何在,提出了大量的问题。对此,历研派不同意京都学派以秦汉—六朝之间变化分期的观点,而是将京都学派解释为中世转化为近世的唐宋之际定为古代向中世的转折,这就决定了两派的分歧。

进一步说,两派的分歧其实在于史观的不同,即是文化史观,还是以唯物史观为主要依据的社会经济史观的差异。然而,出人意料的是,在实际讨论过程中这一矛盾并未明显地表现出来,而是更多地使人感到二派在方法上的共同点。比如在如何区别中世的标准上,二者在注重农奴制现象的有无这一点上就是相同的。总之,一派注重六朝隋唐的庄园制,一派瞩目宋以后的佃户制,都是与农奴制进行比较而确定该时代是否为中世的方法。

这种现象可以说是战败后东洋史学界盛行一时的风潮。以欧洲史那种古代、中世、近代的发展阶段为标准,认为中国史也是如此(历研派则进而视此为世界史的基本法则)。这种观点在当时学界占据主导地位。促使这一现象的形成,虽有着对战争中东洋史学进行反省的原因,但战后国际关系划时代的变化，特别是受到新中国登上政治舞台这一现实的影响，是不容忽视的原因。当时流行的"打破停滞论"的用语，就是那个时代最好的写照。

但是对中国史的上述认识，并非战后一朝一夕所能够产生的，而是从战前就积累下来的。例如，作为形成战后历研派的一个前提，就是战前那种亚细亚生产方式的论争，以及与此相联系的马克思主义的中国论。在马扎尔批判以后，认为亚细亚生产方式乃至中国传统社会，不一定是与欧洲社会异质的存在方式，从奴隶制或农奴制的普遍范畴把握社会的观点，就逐渐占据了正统地位。

另一方面，可称之为京都学派鼻祖的内藤湖南的东洋史观，则更是早在本世纪初就已提出了，其根本思想是认为，以中国为中心的东亚世界，是一个独立的文明世界，它的历史展开本身就形成了一部完整的世界史。湖南的时代分期说也正是从这一理念出发，而使用了"上古"、"中世（中古）"、"近世（近代）"的用语，也是与欧洲史相比较，作为一种并行关系来使用的。众所周知，湖南的这一学说又是出于支持当时辛亥革命的共和制国家的政治立场而形成的理论依据。

以上两种潮流相互影响，加上战前已开始的在讲坛上形成的实证史学的立场，以社会经济史研究为媒介，从而形成了战后东洋史的方向。① 尽管京都学派与历研派在史观上存在着很大差异，但这并不妨碍双方在实际研究中具有诸多共同的立场，如以上所述，日本的中国史研究当时可说是一门对中国抱有极大同情的学问。

可是，这种战后的发展并不是一帆风顺的。那种对照欧洲史研究中国史的态度，在今天学者中仍然存在，不过，战争刚刚结束时那种直接追求的风气，现在确实也稀薄得多了。直接出于同情心的学术研究时代已经过去，代之而起的是客观主义的风潮。与此相伴随的是对中国史做体系上把握的意图也冷却了，其结果是课题细分化倾向的日趋严重。总之，日本的中国史研究那种战后理念并未能贯穿至今，而是迎来了一个新的局面，简言之，即"战后的终结"。

对以上课题执着追求的是历研派，受到严重打击的也是历研派。对此笔者已另有著文可参照，②其实历研派内部也出现了悲剧性的结尾，即西嶋定生氏的秦汉奴隶制说。必须说明的是，这里绝没有认为西嶋说浅薄的意思。或许可以说，从世界史把握中国史是个困难的课题，越是真诚、目的明确地向往的话，就越是会明显地露出破绽来。

西嶋氏的奴隶制说并非与西洋古典社会单纯对比的产物，而是结合了与生俱来的东洋社会的共同体关系，来假设中国奴隶制，并以其为秦汉帝国的基本结构。这种观点，从原则上把握中国社会发展性质的同时，并不无视其后进的一面，是认真细致思考后提出的、其目的在于以这种方法克服停滞论的成果。

以上虽已指出历研派和京都学派在问题意识上的共同性，但那只不过是宏观的把握，细论起来的话二者区别是十分显著的。上述西嶋氏的意图也一样，与两派的分歧点关系密切。京都学派认为中国独立于欧洲，有一个中国独自的世界史的发展，这是一种稍显乐观的态度。那么应该如何解释近代中国所陷入的逆境呢？这是问题的难点。历研派则一边将此设定为学术的实践课题，一边论证中国史中所贯彻的世界史的基本法则。京都学派认为中国史与欧洲史是并行不悖的关系，而历研派则将二者统一的历史法则作为论述的前提。

两派由于这种区别，又衍生出了另一不同点。如以前述农奴制为例，京都学派认为这仅仅是与欧洲中世有着并列关系的中国中世时代性的一个标志而已，而历研派则认为农奴制，是合乎世界史基本法则的、决定时代性质第一要素的生产方式。所以，即便两派都将中国史与世界史发展纳入同一构想，历研派一方可以说也是更坚定、彻底地贯彻了这一构想。而最具有这一特征者，无疑又当数西嶋学说。

西嶋说受到严厉的批判并最终归于破产，其原因也正在于以上诸特征。在众多论者之中，对西嶋说批判最为彻底的是增渊龙夫氏。他认为，将奴隶制那种一般范畴生硬地套用于中国史来论述其时代性质，是无法把握中国社会固有逻辑的。于是，增渊氏自身，从家长制人际关系有其各种各样机能的特殊中国社会立论，描述了秦汉社会。

西嶋说的终结，在于他没能从阶级关系与共同体关系内在的复杂纠葛中,最终提炼出历史的社会形象来。西嶋为了论证自己的观点,界定并使用了家长制家内奴隶制(即中国的奴隶制)的概念,对奴隶制做了过于"教条"的把握。顺便说一下,增渊说虽能对中国阶级关系的特殊形式作出探讨,但对与专制主义政治结构紧密相关的共同体关系却缺乏考察,难以令人满意。③

这些姑且不论。秦汉奴隶制说的崩溃,可以说标志着战后的研究已经步履艰难。我虽说对宋以后的研究动态不够熟悉,没有什么自信,但是我还是觉得,战后引人注目的佃户制研究似乎已达到了顶点。而佃户制是否真的能够规定当时社会构成的生产关系形态,看来还是值得再探讨的问题。另外,那些探讨明清时代资本主义生产形态,试图证明中国有自身近代化可能性的各种研究,最终也都未能收到预期的成果。

如此一来,战后的研究方向也就发生了某些微妙的变化。其中作为一种倾向,重视中国社会专制主义性质的观点再度复活。既然奴隶制、农奴制、资本主义制等范畴已越来越难以成为有效尺度,那么这种复活就是理所当然的了。

然而,对"专制主义"的提法本身就有着各种各样的观点。这里不能不提到的是上述西嶋、增渊两氏论争过程中的观点。他们认为,对于中国专制主义,应从其内部支撑社会诸关系的存在方式上去探索。而且认为中国专制主义,从来就是统治者与被统治者之间的单纯支配隶属关系。他们的观点对于超越以往专制主义论具有重大意义。

不言而喻,这里面临着很多非常困难的问题。正因为如此,以上的研究只有少数研究者才能胜任,也是不容否认的事实。很多人对这一课题的意义及其困难程度还未能予以重视。不仅如此,认为专制主义乃为不言自明的前提,并由此解释历史现象的观点,其实也绝不在少数。④这种现象在制度史的研究中尤为显著。但是,由于制度产生于君主权力意识,所以指摘其为专制主义的结果,确实不能不说是很容易的。史家所必须关心的,应该是这种权力意识中所隐藏的更深刻的含义。那种追求简单化的倾向,其实也正可以说是对战后研究方向的一种折射。

二、关于封建制的再评价问题

学界的这种变化,应该说多少与现实世界的变化是相互联系的。作为 20 世纪前半期历史特征的亚洲近代化潮流,在其成为战后一个时期的高峰以后,呈现出了复杂的停顿状态,学界对此也有微妙的反映。

在学界内部发生这种变化时,又有新的问题被提了出来。这就是在中国史研究的战后方向中,有着两种完全对立的观点,其中梅棹忠夫氏的《文明生态史观序说》(《中央公论》1957 年 2 月号。《文明生态史观》,中央公论社,1967 年)及赖肖尔的《日本近代的新见解》(讲谈社现代新书,1965 年)是代表作。因为两书都是在日本论坛引起极大反响的论说,所以无须再度做内容介绍了,此仅就二者所共同的要点归纳如下:(ⅰ)作为近代化的历史前提,而重视封建制的作用;(ⅱ)经历过(ⅰ)那种封建制→近代化的进程的,只有欧洲和日本,其他地域都因专制主义根深蒂固而难以实现近代化。

在这种观点的背后,有着两氏各自对现代社会的认识,这一点是毫无疑问的。这种观点认为,从现代社会是人类普遍的行进过程的角度来看,在此之前则是异质的文明(即社会体制)相互之间对立与并存的状态。无疑,这是一种以近代化为基准的视角。假设上述中国史研究的战后方向的形成是理想主义产物的话,那么梅棹氏和赖肖尔的观点,则是从现实主义出发,从理想主义观点探求的普遍原理性,在此被现状的个别性所替代。理想主义观点的美梦被打碎之时,现实主义的观点也就带着对现状的冷静认识登场了。

梅棹氏和赖肖尔所提出的问题,引起了东洋史学界怎样的波动,我虽不知其详,但至少可以说基本上没有造成什么明显的问题。不过,就我本人来说,最初接触梅棹论文之时,我发自内心地感到其中提示了很深刻的课题。梅棹对中国古代、中国中世、中国近世或近代那种顺序的思考方法,持全面否定的态度,认为对中国古代到近世,只需用专制帝国一词即可概括无余的观点,已不是京都学派或是历研派的问题了。

对梅棹论文的本义作如此理解,或许会引发误解。但是坦率地说,作为一名中国史研究者,我看了梅棹论文后总有些被逼入困境且挥之不去的感觉。与此同时,对他的思考方法从根本上又难以接受,这也是事实。就后一点来说,总有一种究竟对世界文明作这种一刀切的两分法是否妥当的疑问。比如,尽管可以按文明的类型进行地域区划,但毕竟还有一个探求异种文明之间所贯穿的人类普遍性的问题。

然而,理想不能替代现实的分析。对于所谓中国史所包含之世界史的普遍性,又应从何处入手,怎样才能发现的问题,当时给我留下的只是一种如坠五里云雾的困惑。事实上直到现在仍有这样的困惑。不过,与从前稍有所不同的是,我开始感到解决这一问题关键首先在于如何把握"近代"的定义。而真正解决这一问题的契机,还在于梅棹说之后的赖肖尔近代化论。

如前所述,赖肖尔说的核心理念,是那种视封建制为近代化促进因素的观点。他认为,日本之所以能够积极地接受了欧洲文明,成功实现近代化,其原因也是在于存在着封建制的基础。这一点正是日本与中国存在极大差异的原因。而后,他将这种日中比较论,与现代世界政治结构相互结合,指出,作为当今世界的后进国家实现近代化的样板,不是仍在"全体主义"的艰难道路上行进的中国,而只能是已顺利实现西欧化的日本。

就这样,赖肖尔树立了封建制是近代化促进因素(以下表示为:封建制→近代化)的前提,加以对日本近代化进程的历史考察,并由此导出自己的政治主张。这种前提、历史考察、政治主张三者明快的结合,对读者有着巨大的说服力。他的政治主张虽与其本人当时所处的驻日美国大使的地位难以分割地缠绕在一起,但是若因此地位而对其上述观点非难攻击的话,不正好反而是攻击者自身政治主义错误的反映吗?

对这一点,堀米庸三在《试论对封建制的再评价——近代化论的再探讨》(《展望》1966 年 3 月号,《历史的含义》所收,中央公论社,1960年)中提出了严重的警告。堀米氏指出,作为赖肖尔理论核心的封建制→近代化说,绝非该氏的独创,并对早已成为欧美学界的这一共识作了详细论述,并认为既然赖肖尔说提出了学术上的依据,因此针对他观点的反论也就不得不按照学术的合理性进行了。

堀米氏的警告是必须引起十分重视的,我本人对此就表示完全的赞成。而且我进一步认为,应该由此提出以下的问题,即赖肖尔说绝不仅仅是政治的煽动,而是有其充分学术依据的事实,这反映出政治与学术的关系,如今正在逐渐呈现紧密化的趋势。而且现在已超越了二者相互利用的外在关系,形成了哪些是政治、哪些是学问已难以区分的关系。正因为如此,堀米的警告才更有其重要的含义。

如前所论,封建制→近代化说,对中国史战后理念是有其重大挑战意义的,按照站在严峻紧张的国际关系一端的赖肖尔的立场,对上述论题的阐发,不正意味着中国史研究是直接由政治社会所引发的吗? 今日之国际政治家也一样关心中国在世界史中的位置。

如果赖肖尔的理论确实具有这一意义,尽管与我个人的研究领域确实间隔相当大的距离,但是对其观点进行检讨仍是责无旁贷的。首先,我感到,他的政治主张虽以封建制→近代化的学术命题为根据,但其政治主张与学术根据之间,是以怎样的内部必然性相结合的问题,则不无检讨的必要。如果因为一种学说有其学术的根据,就立刻相信其政治主张的正确性的话,恐怕有些轻率。

首先,要检讨的是赖肖尔对封建制→近代化这一命题究竟是怎样理解的。如果堀米氏的归纳是不错的话,赖肖尔的理解应由以下诸项组成:

(1) 与占世界大半地域的专制制度相比,由于封建制在本质上是重视法律的权利和义务的,所以多少助长了能适应于近代法概念的社会的生成。

(2) 因为封建领主专注于土地所有与地租的征收,所以(封建社会的)商人与制造业者比起专制政治的社会来,有可能获得更大的活动范围和更好的保障。

(3) 这种经济活动与上述法概念相结合,而产生了进步的经济制度,能够形成近代型的经济机构。

(4) 由于封建制度下,领主阶级以外的成员是被排除于政治权力之外的,所以与企图获得荣达身份的身份志向的伦理观相比,更能够助长目的志向的伦理观。

（5）目的志向的伦理观、封建制下所培养的强烈的义务感和责任感，又生成了富有进取活力的企业精神。

由此可见，赖肖尔的所谓近代化，很明显是指近代产业的形成。另外，他对什么是定义近代社会标准的看法，可概括为：（ⅰ）通过科学知识利用进步观念；（ⅱ）利用机械提高人力水平。这也有助于我们理解他的上述判断。赖肖尔说被认为与罗斯托理论有亲缘性的原因，也就在于此。

这种近代化的理解被用于分析明治以后的日本时，就势必产生一个难题：如果这种观点是成立的，那么将急速形成近代产业的日本，与近代西欧同等看待的话，则不会产生任何疑问；然而，与这种近代产业的急速发展相并行的、那种与其相称的作为支撑其主体的近代市民社会，果真从日本社会内部诞生出来了吗？若对此加以考虑的话，我们没有理由作出无条件的肯定。不如说，近代产业的急速形成，正是建立在破坏由传统社会内部培养起的日本人有规律的生活体系的基础之上的。何况，这不仅仅是一个所谓资本原始积累的过程，这是一种破坏现象，它通过战后"高度经济成长"政策，正在越来越激烈、越来越显著地发展着。它不是一种单纯的民众贫困化现象，而是一种人们丧失了对自身所应具有的自律性——这种自律的经线被残酷地抽去，由于不能主宰自身而出现的人的空转现象。这种现象每天都在以其惊人的多样复杂形式不断发生着。

按赖肖尔的观点，这是一种近代化过程中到处可见的伴随现象，但因此就应该说是可以容忍的现象吗？⑤当然，这虽说不全是日本独有的特异现象，但是如果认真思考日本极其盲目追求所谓工业化（industrialization）的时代特征的话，这难道不正是造成明治以来国民生活不断丧失主体性的原因吗？去过西欧的日本旅行者一致的印象是，西欧社会市民生活的自主性，以及与此相应的规则与秩序，而与之形成对照是日本都市生活却是惊人的猥杂，诸如此类都可以说是证明以上观点的直接素材。

我不是日本近代史的专家，单凭实感发议论虽不免有贻笑大方之嫌，但毕竟从以上的视角出发，难以完全赞同赖肖尔说。日本的近代化难道不是仅仅局限于工业近代化的实现吗？赖肖尔所说的由封建制培育的权利、义务的法制观念,说起来毕竟在这里仅仅产生出"商法"的世界,而一般市民生活中权利与义务的观念却十分淡薄。

总之,赖肖尔对封建制→近代化命题的理解,是以产业方面存在近代的合理性为中心的,然而这是否就是对这一命题的唯一理解方式? 似乎还有考虑的余地。比产业方面的合理性更为本源的,是人们生活体制的合理性。对于那种个人对生活的自主性依社会协作而得到保证的规则,我们也可称之为近代的合理性。我认为,今天日本的国民生活所应该获得的正是这样的合理性,而封建制→近代化的命题,是否能够揭示这一合理性的形成过程呢? 试做如下探讨。

研究欧洲中世史的学者,对这一问题是怎样考虑的呢? 为此,我拜读了增田四郎氏的几部大作。《如何在大学学习》(讲谈社现代新书,1966年)和《什么是欧洲》(岩波新书,1967 年)是两本启蒙读物,由于很能反映作者的问题意识,让我们来听听他的以下观点。

增田氏是从古代向中世的转换期来探求欧洲世界史的。如后面所要谈到的,那些对这一时期历史特征的研究,可以直接解答什么是欧洲的问题。而因为欧洲是近代文明的创始者,这种研究必然地又涉及到封建社会与近代社会的关系形态问题。

增田氏认为欧洲从中世开始,新的历史诞生了。作为从古代政治人类转向灵魂人类的精神革命的实现者的修道院,以及发源于日耳曼社会内部的主从制度等等的相互影响,那种封建体制得以产生。修道院是以在神面前人人平等为原则的,基于劳动与信仰相结合的一种生活共同体;日耳曼的亲随制,也是以自由人之间所结成的主从关系的,在罗马的阶级制度中所见不到的新型的人际关系。另外,他还认为形成封建制度社会经济基础的庄园的三圃农法,与其说是沿用土地公有的遗制,不如说这一种基于新时代精神的合理的共同体农法。

总之,欧洲中世的封建制,虽以古代为母体,但绝对不是古代的延续,可以认为是新型自由精神的具体形态。这是通过各种人的共同协作得以实现的,增田氏称此为社会生活中的团体合理性,认为构成欧洲世界的根基的就是这一体制。

　　增田氏这种中世史的见解无疑有其创见，但基本上还是沿袭了欧洲中世史学的研究方式。增田氏指出 18、19 世纪以来的所谓古典学说，立足于以近代为标准来推测中世的近代主义立场，而今天的欧洲中世史学，已到了矫正这种曲解的时候了，已可以积极地归纳中世社会的固有性质，并依此重新看待近代欧洲形成的意义了。在堀米论文中所强调的封建制→近代化说命题已成为欧洲史学界常识的事实，也是这种 20 世纪欧洲中世史学视角下的产物，是可想而知的。

　　增田氏还指出，这种中世研究的视角转换，与两次世界大战为契机引发的欧洲人的反省，即不得不重新思考并扪心自问欧洲究竟是什么的世界史的现实是紧密相关的。不仅如此，增田氏还出于自身发现的课题，由此进而提出了对日本近代的反省。日本人动辄与欧洲比较，哀叹日本尚未实现近代化，仍然保留着许多封建的、前近代的残余。增田氏认为，在某种意义上，欧洲比之日本有着更多中世、前近代的残余，而且正是由此形成了今日欧洲的基础；相反，在日本来说，则是一种无本之木的近代。但是，这并不能算是什么欧洲与日本之间无法逾越的差距。因为即使在日本，直至江户时代，也有近代所应该吸收的前近代的传统（例如都市的团体规则），只不过在明治以后被漠视，甚至破坏了而已。换言之，可以说江户时代与明治时代之间在社会意识上被割断了，直至江户时代还延续的本可以成为近代市民社会根基的前近代传统，没能被继承发展下来。

　　如果以上我的介绍没有大的出入的话，增田氏所论的近代社会，正是那种以合理精神作为活生生的团体精神，贯彻于人的生活的社会。而其源流，就在于中世村落共同体和都市之中。而这种所谓团体的合理性，又是作为特别的法制关系而表现出来的。对于这一点，即封建制下的权利义务观念促进了近代法制社会的形成的认识，虽与赖肖尔说有近似之处，但赖肖尔认为这是由近代产业社会的契约关系集约所致，而增田氏却视其为市民生活的协作问题，给予了更为普遍性的理解。同样都是立足于封建制再评价的立场，二者之间有着相当大的差异。

　　站在赖肖尔说的立场，判断是否为近代社会，是根据近代企业的有无。由此，近代社会与非近代社会之间，横断着一条难以逾越的鸿沟。必须一味地仿效先进国,依据固有的条件,创出独自的近代化的进程,这是一条曲折而遥远的道路。他将仿效欧美的日本作为后进国的样板的主张,就是这样产生的。站在另一方的增田说却认为,这条道路是行不通的。他在谈到形成欧洲社会特性的那种团体合理性时指出,虽然可以由此区别欧洲社会与非欧洲社会,但这一区别却并不一定是绝对的。团体合理性的概念,在体现欧洲社会特性的同时,也提示了一种理解人类社会生活的普遍方法。对此,增田氏说:"社会生活的合理性,作为所谓'生活的智慧',是在任何民族、任何时代都可以看到的。问题在于,这种合理性是在有意识还是无意识中发生的? 它究竟是个别主义的,还是团体主义的?"(前引《什么是欧洲》,第190—191页)

如上所述,合理的精神是存在于任何社会的。另一方面,人的团体生活也一样,可以说是人类史的普遍现象。然而,这一团体生活依据合理精神的自觉运行,是欧洲社会的特征。那么,在非欧洲社会又是怎样的呢?

若按以上的逻辑,非欧洲社会是合理精神并没能成为一种包括团体意识在内的普遍化的社会。仅仅从增田氏的叙述,还只能有作出这种消极的判断。但那是因为他的叙述目的仅仅在于对欧洲社会进行描述而已。增田氏认识欧洲社会的方法,是看一种历史的精神(合理精神),在作为人类生活的普遍形态的团体(共同体)之中,是如何被体现出来的。我认为这种方法自身,并不仅限于欧洲社会,而适用于人类的各个历史阶段,应该是一种最为普遍的方法。例如,东方社会看起来虽然落后,但仍是人的精神与共同体的相结合的社会。即使这一精神在西欧的合理主义来看,也许有许多不合理的性质,但它毕竟由人的共同体生活(普遍的社会形态)所体现,而且对这种共同体赋予了人生的意义。正是这种精神与共同体的结合,才往往是人类自由得以实现的基础。欧洲的自由只不过是自觉了的特殊形态。

三、对中国官僚制的认识方法

虽说兜了一个大圈子,但我认为要突破中国史研究所面临的困难,就不可能不将日本史、欧洲史一并予以考虑。因为这关系到整个人类史本质。然而,这毕竟不属于自己的研究领域,以上不过是感想而已,现在再回到如何把握中国史的问题上来。

按照梅棹说和赖肖尔说的观点,西欧、日本与中国历史进程的分歧,就在于封建制的有无。下面就打算由此具体问题入手,进行分析。假设我们从中国历史上寻求封建制的话,那么最为接近的当属六朝时代。暂且不论其经济基础是否为农奴制庄园,仅就大土地私有的扩展、政治的分裂、门阀贵族主义社会、异民族迁徙内地与建国,以及道佛二教的盛况等等,就有着可与欧洲中世相比的诸特征,京都学派因此称这一时代为中世,也是理所当然的。对此,赖肖尔也说:"例如从六朝时代的中国来看,时而也出现过转向封建制的契机,但最终未能发展至成熟阶段。"且认为,之所以如此的原因在于"过分地倾向于中央集权政府",以致个人间的忠诚关系不够扩展。

认为六朝贵族社会,其结果也只不过是在统一王朝的基础上的官僚社会的观点,并不仅限于赖肖尔,而可以说已成为近年六朝研究的一种倾向(参见本书第二编第三章)。作为六朝社会统治阶级的贵族,作为土地所有者,自己并不能如欧洲的封建领主那样确保、维持自身的政治地位。六朝的政治与秦汉或隋唐相比,即便在相当分裂的状况下,贵族也不一定就是那种土地分权领有的封建领主,而是与秦汉、隋唐的统治层同样,依然是官僚。这样的贵族制不如称为官僚贵族制更为合适。

六朝贵族地位即便皇帝也无法左右的超王朝性质说,早已为清朝考据学者所提出,且为京都学派所继承,于是产生了六朝中世说。但是,如上所述,一旦强调了六朝贵族官僚性的一面,对贵族与皇帝的力的关系的见解也就成为了不同的意见。即使贵族对皇帝多少保持一些独自地位,但他们限于官僚的地位,也仅仅是皇权的寄生者。因而,在本质上还是皇权一侧具有优越性。按这一观点,六朝时代就成为与其他时代无本质区别的官僚社会了,这就与视秦汉、六朝之间为古代向中世转换期的京都学派历史分期说,形成了对立。不仅如此,从这种立场看待中国传统社会,因为任何时代都是官僚政治的社会,对中国史发展的研究方向也就模糊了,坦率地说已接近于那种专制帝国论了。

然而,六朝官僚制又有其来自门阀贵族制内面的支持的一面,也是不容否定的事实,九品官人法(中正法)这样的官吏登用法,于此也是雄辩的证明。由此而言,对于官僚贵族制这种多少有些矛盾的概念,就有必要认真探讨其含义了。换句话说,认为官僚的性质仅仅是皇权从属物的观点是否妥当,也就成了问题。

这里稍稍把话题岔开,谈一下马克斯·韦伯的中国论。众所周知,韦伯在其大作《经济与社会》中,将中国官僚制作为家产官僚制的一例进行了描述。依他的观点,中国的中央集权制,实行得并不像古代埃及那样彻底。因为,与家产官僚制的支配相对,存在着称为氏族(Sippe:称为宗族、宗党似更合适)的土著势力,政府也不得不与这种势力进行妥协。在这种势力的影响下,官僚制进而又产生了事实上世袭的官僚贵族制。皇帝的家产制支配为了防止这种危险倾向而采取了各种手段,诸如考试制度、考课制度等发达的制度。因此,从形式上看中国的官僚制彻底地排除了通常家产官僚制那种个人的恩惠、恩宠关系,就其无主观性的特征而言,与近代的合法官僚制很接近。但是,中国的官僚制毕竟与合法官僚制又有着本质上的差异,以古典教养为不可或缺的资格,这里,它作为传统统治类型的家产官僚制的一例,是由其本质决定的。韦伯这种将高度发达的中国官僚制与地方乡党社会相互联系考虑的观点,是最值得引起重视的。总之,乡党社会由于赋予官僚制以封建化的契机,因而意义深刻。不过,韦伯认为最终实现的并非这种封建化,而是官僚制的高度发达。从形式上看,几乎可以看作近代官僚制中所贯彻的那种无主观性,韦伯甚至称之为"形式上看起来的特殊近代"。特别强调诸封建制中西欧采邑封建制的韦伯,虽然也直接提到封建制→近代化的命题,但是以此论及中国时,就认为在中国一方面孕育了封建制与近代化双方的形态,一方面仍然局限于家产官僚制的结构之中,而且是一种已发展到了极限的形态。

从这一意义上说,我们有理由认为中国是处于西欧的对立面的,也就是说表现为反西欧立场的。但是,韦伯由于坚持的是西欧主义的观点,所以他认为这种对立并非绝对的。强调中国的官僚制没能达到近代的合理性,并未超出家产官僚制界限。

可见,极富说服力的韦伯理论中,也不是无懈可击。即存在着仅以家产官僚制的范畴认识中国官僚制,是否行得通的问题。

家产制支配的本质,当然是基于亲子、主从间的虔诚、恭顺的支配关系(家长制的支配)。中国官僚制虽说确实存在这种上下关系的理念,但另一方面,如借用韦伯的话来说,即在天子与臣僚间结成的那种团体主义的横向关系,也是无法忽视的。我认为中国各个时代的统治体制,正是由这两种关系综合而形成的。以周王与太公望的关系为象征的周代封建关系,应该说就是这一关系的最初形态。在中央集权的帝国时代,这种关系的性质变化了以后形式仍然延续着,汉代的登用法重视的也是从地方乡党社会推举有德之士的方法。总之,官吏不是单纯作为天子走卒的行政官,他们还必须是辅佐天子的贤者,而且必须是颇具地方乡党社会威望的有德者。当然,始终作为天子走卒的官吏,在现实中也是存在并相当活跃的,不过他们是中国官吏的不规范形象,往往是被藐视排斥的。

与上述两个侧面具有内在的关联,而显现为中国社会领导者形象的是六朝的贵族。天子的官僚与乡党的名望,在这里并未发生矛盾的碰撞,而是在互助的形态下共存的。这看上去虽很像韦伯所谓的职官贵族制,但韦伯认为由于家产官僚制是氏族势力的延伸之后而发生蜕变的结果,所以二者有着相互的外在联系。但是,从六朝的官僚制来看,作为官僚者的一个不可或缺的条件即必须又是具有乡望的人,而这很难说是官僚制的蜕变形态。

然而,是否可以视六朝为例外,认为至再度建立中央集权的隋唐以后,本来的家产官僚制又恢复了呢? 长期以来学界内部确实有一种观点,认为隋唐的再统一是国家权力对豪族压服的结果。但若提出这一国家权力究竟由什么人担负的设问的话,则是难以得到满意的回答的。而就我的观点来看,这一政权的担负者,仍是那些获得乡望的贵族官僚。与六朝不同的,只不过是贵族间形成了一种平均化、机会均等化的倾向。科举制的创设是具有其重要意义的,而作为其中心理念的人格主义的教养,则正是乡望官制化、抽象化的产物。

如此看来,仅仅将中国官僚制作为家产官僚制自上而下的支配方式的结论,是过于轻率了。必须看到,官僚制之中存在着那种由地方乡党社会所支持,依据个人人格来辅导天子的,可以说是自下而上的约束作用。乍看起来矛盾的两种逻辑,相互联系着,形成了一种循环的结构。中国特有的士大夫阶级,正是这一结构的人格表现。

然而,尽管如此,这一结构如何才成为可能呢? 国家体制不仅仅是家产官僚制单向支配力,它还营造了官僚的某种自律场,而这种场又是以怎样一种方式存在的呢? 若以此与采邑封建制比较的话,采邑封建制下的贵族被给予地位的自由,而拥有对采邑永久的领有权。但是这对中国的官僚是不可想象的。中国官僚的地位的始终得以保证的情况,也不属于韦伯所谓的俸禄封建制。

对于中国官僚自律的一面,以上屡屡涉及到的乡党社会的构造是应该考虑的原因。以六朝为例,贵族官僚所应具有的资格和地位,是由乡党赋予的人物评价所决定的。这种评价,不是来自上级对下级的,相反,是被指导者的乡党给予指导者官吏候补人的。在表示这种关系的用语中,乡望、门望等的“望”字的使用,应该是容易理解的。这种人物评价中虽包含各种各样的要素,但其中心理念是德行,即那种虚己的,对家族、宗族、乡里的奉献精神与行为。学问的素养当然也是受到重视的,因为它是此种人格得以形成的手段。

这种道德主义与教养主义,形成为贵族精神以及贵族文化的根基,构成了贵族对乡党的支配权(韦伯所认为的支配)。然而,这种精神是如何对乡党形成支配力的,它与构成乡党社会的诸物质关系又有何关联,种种疑问就势必产生了。下面就对此谈谈个人的看法。

六朝贵族不以土地的领有关系为媒介,那他们是如何取得对乡党的支配权的呢? 解答这一问题的钥匙,也许就在西欧的采邑封建制之中。看看这种作为物质基础的庄园制,可知它并非各个小农经营的单一集合体,而是由三圃制农法有机组织起来的,是一个整体的农业共同体。换言之,它是对各个小农经济的扬弃体制,封建制被认为得以超越古代世界的证据,就在于此。总之,庄园制与建立于其上层的封建诸关系,并不具有与个别小农经济以及作为其延伸的奴隶制或租佃制的经营有同样立场,所以必须从对这些形式的扬弃角度出发进行考虑。

反过来,在中国社会则看不到这种扬弃形态的存在,乡村甚至可以说是个别小农经济的集合组织。在那里,虽然奴隶制或租佃制的大土地经营混同存在,但结果不过是小农经济的延伸而已。因此,这种大土地所有与小农经营,出于在原则上的排他关系,而引发了历代的所谓兼并问题。也就是说大土地所有者并不具备乡村统率者的资格。⑥

那么,乡村又是如何实现自身统合的呢? 古代血缘关系结合时代结束以后,个别农家经济的独立性加强了,这就要求有一种新形象的"人物"出现。这种"人物"能够具有指导性,是由于他们能将乡村集合为一体,能使各乡村之间的联合成为可能,进而奠定王朝的统一基础。上述的人物评价正是在这样的背景下出现的,所评论的德行、学识等正是这一意义上的文化的指导能力。

如果说采邑封建制是各个小农经营的扬弃形态的话,那么是否可以说六朝贵族的这种文化指导体制也是一种不同类型的扬弃形态呢? 这样考虑的话,也许有人会提出如下异议:前者的各个小农经营被三圃体制予以了物质的扬弃,但后者没有实质性改变,从结果上说并未发生扬弃,而仅是观念上的超越而已。我对回答这种可能出现的疑问,虽然也无充分的思想准备,但是仍欲述一己之见,以期引起注意。六朝贵族虽说具有指导性,但这不仅是道德层面的指导性,同时也包括实务层面的指导性,例如农业的指导等;而这种道德层面与实务层面的相辅相成,就构成了他们在乡村及任地对民众的指导。而作为学术对象的经典,正是对这两方面知识的体验的汇集,并由此典范化了。而经典所描述的,是以小农经营为基础的所谓大同世界。六朝的贵族并非作为古代社会的延伸而维持以小农经营为根基的乡村的,应该说他们是一个具有创造大同世界理想的乡村指导层。他们身上有着那种一面采取回归古代的形式,一面又有意欲建设新乡村体制的积极性。他们不断抑制贵族制中超然的(即游离现实的)一面,终于创造出了均田体制。

如上所述,六朝贵族的文化指导性,应该是一直贯彻于乡村的物质基础的。而可以说正是这一指导性保证了他们对王朝的自律立场。也可以说,他们并不曾建立一个独立于王朝体制之外的世界,而是以乡党的指导者的身份原封不动地被加以官僚的特征,肩负起了王朝的重任。仅因此一点,就称其为家产官僚是不够恰当的。如果说六朝官僚贵族确有家产官僚的一面的话,我认为不如说那是二次形成所致。

使用专制主义和家产官僚制概念认识中国的官僚制,即便有适用的一面,也有不适用的一面。对此进行探讨,就会发现其基础中有着人们的生活,以及在统合个体生活中所表现出的领袖风范。这里,虽说没有像西欧封建制那样明显地出现形态化的难题,但我们绝不能说这是一个与封建制→近代化命题毫不相干的世界。虽然西欧封建制的合理精神体现为土地所有关系而直接成为了近代社会之母体,但是若将这种真实含义予以普遍化,就扩展为如何理解非西欧世界的问题了。即,那里也存在着各种各样的人的精神,各种各样的人际关系,所以我们没有理由认为它仅仅是西欧世界的影子。从这一意义上讲,中国史研究的战后理念是应运而生的。但是,这一社会的精神仍然是不具备西欧社会那种直接的物质基础的。这就不仅要求我们要更深入探讨研究方法,而且也有个如何反省现代文明的意识问题了。

原载《日本史研究》94,1967 年。

注释:

① 关于这种动态,可参见增渊龙夫《日本东洋社会经济史学的发展》,《社会经济史大系 X》,弘文堂,1960 年。

②《中国史的世界史把握是如何发展的(1)——关于古代社会性质的论争》,《历史评论》184,作为第二编第二章改题收入本书。

③ 同上。

④ 拙稿《1966 年的历史学界——回顾与展望——魏晋南北朝》,《史学杂志》76—5。

⑤ "看来,实现了近代化的今日日本,与近代化了的西方各国同样,也被诸如青少年不

良化等典型的现代问题所困扰着。"前引书,第 39 页。

⑥ 从以往的研究来看,形成了认为大土地所有者即统治阶级的观点,这对时代区分论也是有影响的。而我认为这些观点是有再探讨之余地的。

第 三 编
士大夫伦理与共同体及其国家

第一章　北朝贵族的生活伦理

直接由大土地所有制生产方式探求六朝贵族存在基础的研究方法，今天已被许多学者的研究证明是很有疑问的。也就是说，六朝贵族与其说是土地贵族，毋宁说是官僚贵族或教养贵族，因为判断其身份的必要条件，并不在于他们究竟是不是大土地所有者。①

进一步又出现了是否应该将六朝社会定义为贵族制社会的理解问题。例如，针对六朝贵族中官僚贵族众多的现象，有人提出了无法承认他们对国家权力保有强大自立性的观点。②如果对这一观点的旨趣追根问底的话，要想在王朝权力之外明确地找出六朝贵族的存在基础，确实是很困难的。结果，作为六朝社会之历史性特征的贵族制的意义，当然也就变得稀薄起来。除上述观点之外，还有学者对"贵族制"等等用语提出质疑。例如，认为将"贵族"或"贵族制"这些含糊不清的概念，作为历史的范畴先验地使用，是有问题的。③另外，为了避免在概念上含糊其辞，还有人提议是否应该使用例如"封建贵族"等更具有限定性的概念。④

以上见解，无疑是值得倾听的，然而一旦深入探讨六朝社会实情之后，总给人一种不尽如人意的感觉。首先，从用语问题上说，确实"贵族制"一词作为历史的范畴是过于一般化了，含义也使人感到有些含混不清。然而，这里有一个与此紧密相关的问题，即正如开头已谈到的那样，当时的统治阶层是无法一味地根据某些财产所有形态来定义的。换句话说，正是由于目前只能用"贵族制"这种含糊用语，我们才可以看到当时统治阶层存在的实际状态。可见，探讨这一实际状态正是当务之急，而学术用语的含混不清，也正应该由此出发而予以最终的解决。

其次,由于六朝贵族与大土地所有者并非同义语,因此就认为他们没有能够自立于王朝权力的社会基础,而只能是寄生官僚,不是过于轻率了吗? 大凡人们得以自立于政治的、世俗的统治权力的条件,并不仅限于土地私有这种物质条件(它总是与精神要素纠缠不清的)。例如从教会那里所看到的一样,社会精神性机能是可以发挥强大作用的。进一步说,我们无法理所当然地认为,这种精神机制与社会物质基础之间没有任何关系。因为通过对土地所有者和生产者精神领域的支配,便已涉及了社会的物质基础。

可见,所谓自立于政治权力的问题,是非从精神和物质的两方面,以及二者相互关系的考察入手而无法解明的问题。从这一意义上说,探讨六朝贵族的成立基础,弄清其与王朝权力间的关系,无论在方法上还是在实证上,都不能不说还有大量的工作需要我们去做。

那么,究竟应该如何找出解决这一问题的研究线索呢? 这样考虑的时候,我们不禁想起近年来学界所出现的另一种倾向。众所周知,作为贵族官僚登用法的九品官人法是以乡评为前提而运作的,因此贵族与乡党社会的密切关系是可想而知的。于是最近以这一问题为焦点围绕九品官人法的意义(换言之即官僚贵族体制的意义)展开了探讨。⑤由此,还进一步产生了贵族制的基础在于乡党社会的观点。⑥

而且,这种将贵族与乡党相互联系的尝试,还不仅限于从九品官人法出发的研究,甚至涉及后汉至三国贵族制的形成问题、南北朝贵族制质变问题等一系列极为广泛的领域。⑦那么,这种尝试的新意究竟何在呢?

首先,认为乡党社会是一种共同体社会。共同体虽说是以各个土地所有者作为主要成员的,但同时又是超越个别土地所有的集团场所。其次,假定贵族立身于这一场所,通常是由于受到了乡论这种乡党舆论的支持才得以实现的,所以可以预测在贵族与乡党之间,最重要的是由此所表现出的精神关系。

虽说上述两个方面被认为是互相联系的,但如果可以假定存在一种包含并且超越个别土地所有的精神的社会连带场所的话,我们就没有必要因为六朝贵族并非以大土地所有为必要条件，而怀疑其对于王朝权力的自立性了。

本文即试图探讨这种可能性，并对六朝贵族伦理生活这一课题进行研究。即从他们的伦理意识之中，探索支持他们的精神的社会关系的形态，再由此进一步探讨他们得以立身之基础。

众所周知，六朝贵族写作并流传下来很多家训，已经亡佚的也很多，但是原文的一部或全部留传至今者仍然不少。另外，那些尚未形成文章而只是对子孙耳传口授的训诫之类，数量之多也是可想而知的。总之，贵族以某些形式训诫子孙，被认为是当时的普遍现象。⑧

由这些训诫透露出的信息是，贵族阶级时常是怀有一种自戒意识的。由此可以看到六朝贵族不仅具有浓厚的伦理性，而且其伦理性与他们的日常生活是分不开的。那种如何维持日常生活不受挫折的信念，不妨视为他们经常自戒的根本命题。⑨

这样，六朝贵族的家训、训诫之类，是与其日常生活紧密相连的贵族伦理的表现，其中生动地记述了贵族与当时社会的关系。我们透过他们这种自戒意识，不就能认识当时社会中的贵族的实际情况了吗？

下面将要提到的，是北魏末年的一位高官予其子孙的训诫，由此得出的结论是否能普遍适用于六朝贵族整体，尚有慎重考虑的必要。但是，将在北朝统治下的汉人贵族的自然状态与南朝贵族相比，也可以看到其仍然存留着的本来的特性，从这个意义上，以此做为探索全体六朝贵族的门径，大致并无问题。

一、士大夫社会的恒久性

公元 529 年，北魏太保杨椿向孝庄帝申请致仕获准，孝庄帝握其手，挥泪惜别，并且命令羽林兵护送至其乡里华阴。公卿百官也为他送行至洛阳城西的张方桥，其送别之盛况令路人驻足瞠目。当时北魏正值内战方酣之时，赴任者、送行者的内心，或许都是思绪万千吧。临行之际，杨椿向子孙作了训诫。《魏书》卷五八《杨椿传》相当详细地收载了训诫的内容：

> 我家入魏之始(引用者:杨氏始仕于北魏道武帝之时)，即为上客，给田宅，赐奴婢、马牛羊，遂成富室。自尔至今二十年，二千石、方伯不绝，禄恤甚多。至于亲姻知故，吉凶之际，必厚加赠襚；来往宾僚，必以酒肉饮食。是故亲姻朋友无憾焉。

> 国家初，丈夫好服彩色。吾虽不记上谷翁(引用者:椿之曾祖父珍，尝任上谷太守)时事，然记清河翁(引用者:祖父真，尝任清河太守)时服饰，恒见翁著布衣韦带，常约敕诸父曰："汝等后世，脱若富贵于今日者，慎勿积金一斤、彩帛百匹已上，用为富也。"又不听治生求利，又不听与势家作婚姻。至吾兄弟，不能遵奉。今汝等服乘，以渐华好，吾是以知恭俭之德，渐不如上世也。

> 又吾兄弟，若在家，必同盘而食，若有近行，不至，必待其还，亦有过中不食，忍饥相待。吾兄弟八人，今存者有三，是故不忍别食也。又愿毕吾兄弟世，不异居、异财，汝等眼见，非为虚假。如闻汝等兄弟，时有别斋独食者，此又不如吾等一世也。

> 吾今日不为贫贱，然居住舍宅不作壮丽华饰者，正虑汝等后世不贤，不能保守之，方为势家作夺。

杨椿接着说道：太和初年，兄播在孝文帝的左右，自己与弟津在文明太后身边任职，当时太后与皇帝关系微妙，二人之间，有很多挑拨是非的人，我们兄弟互相告诫切勿轻言，十余年间，从未言人罪过，为此虽曾受到严厉谴责，但文才武略、门第姻戚的背景都不如他人的我，却历任高官，弟津也官拜司空，此正是由于诚心诚意、小心翼翼、谨慎言语，从不论人之短，无论贵贱待之以礼的缘故。

> 闻汝等学时俗人，乃有坐而待客者，有驱驰势门者，有轻论人恶者，及见贵胜则敬重之，见贫贱则慢易之，此人行之大失，立身之大病也。

汝家仕皇魏以来,高祖以下乃有七郡太守、三十二州刺史,内外显职,时流少比。汝等若能存礼节,不为奢淫骄慢,假不胜人,足免尤诮,足成名家。

吾今年始七十五,自惟气力,尚堪朝觐天子,所以孜孜求退者,正欲使汝等知天下满足之义,为一门法耳,非是苟求千载之名也。汝等能记吾言,百年之后,终无恨矣。

以上,即杨椿训诫的要点。其全文要旨,正如竹田龙儿氏曾经指出的,在于劝诫子孙谦退、止足,⑩若对其再稍作具体的分析的话,又不妨归纳为:(一)慷慨地将俸禄及其他财产散发给亲戚和知己;(二)俭约服装、车马、住宅;(三)兄弟和睦相处;(四)不与当时权门势家勾结,不言他人的短处,不拘贵贱待之以礼;等等。另外,就训诫的整体目的而言,有一点值得注目的,即在于维持杨氏的家族已在北魏朝廷内奠定之显赫地位,而且他指出如果其将来仍能继续保持的话,则成为"名家"也是可能的。

如上所述,杨椿一族若就门第而言,并不比他人高贵。如果其祖先果为弘农杨氏的话,乃后汉以来之望族。但是根据竹田氏的研究,弘农的杨氏在后汉至五胡时代之间有过数代的空白,《魏书·杨播传》中也记载"自云恒农华阴人也",而有所怀疑。杨椿兄弟的祖母王氏,虽是文成帝皇后冯氏(文明太后)的姨母,但她却是异民族的乐浪的王氏。仅就这一点来看,杨椿的血统里也是有很多问题的,很难无条件地称其为望族。其一族之得以高官辈出,是藉着与冯后的密切的姻戚关系,才得以一直维持权门势家的。

从杨氏所处这种地位来看,其一族的人们面对汉族的名流时,当经常持有谦卑的心情是不难想见的。对此,从杨椿谈话内容的细微处也可以领会。当他谈到杨家日后也有可能成为名家的时候,措辞背后隐藏着殷切期望。以上归纳之(一)至(四)的训诲,即可解释为实现这一愿望的条件,然而究竟为什么(一)至(四)的训诲能够成为杨氏通往名家之道的保障呢? 对此原因的考察正是本文的研究中心,本节所提出的就是其中的一部分。

杨氏世系略:

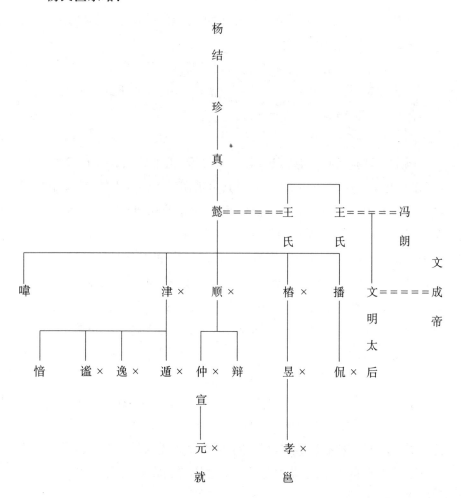

×记号系为尔朱氏所杀者。

杨氏为了将其家门提升至与一流贵族为伍的目的,已经保持几代高官连续不断,由此来确立起官位与门第的相关关系。不仅如此,为了维持高位的官职,就像杨椿自己所言,就必须设法在朝廷不要遭受挫折,举止谨慎。

关于这一点,杨椿讲述了自己的亲身经验。他自己与弟弟杨津得以显达的原因,即在于谨慎言语、不议论他人之是非、不拘贵贱以礼待人。所谓不拘贵贱云云,指无论对方当时处于怎样的政治地位,皆以士大夫之礼接待的意思。总之,杨椿等能够官至显位,在于不得罪士大夫阶层,以确保来自此阶层的支持。

也有与此相反的做法,轻率地议论他人的缺点,便是其中之一。与他人互相竞争的立场,正是招致愤怨而造成自身垮台的原因。而且这种做法,往往也会走向与当权者勾结而谋求自身地位的提高,进一步会产生迎合权势而轻侮无势力者的态度。这不是将士大夫当作士大夫来对待的方法,而是根据一时的政治地位来评价的方式。虽然与权势结合看起来似乎很坚固,但其实未必是稳定的。因为这是一种未能把根基扎入所谓士大夫社会之永久场所的方式。

从杨椿的话可以看到两种立场。他认为只有站在士大夫的立场才能使自家达到与名流匹配的地位,并受到士大夫社会的支持。而且,这同时又是作为当时的士大夫们所理当选择的道路。例如,与权门势家交往即使是不得已的事情,就士大夫精神来说,都被看作是不清高的行为。试列举数例如下:北魏的封轨和高绰都是勃海的望族。权臣高肇受命为司徒的时候,高绰曾前往祝贺,封轨却终究没有去。当时高绰发现封轨不在场便匆忙回返,并慨叹说:"吾一生自谓无忝规矩,今日举措不如封生远矣。"即使权势者是亲戚、知友,避免与之交往的例子也是并非罕见。杨津断绝与自青年时代起便是友人的冯诞(文明太后之甥,孝文帝的外戚)交往,也可说是这种士大夫洁癖的表现。⑪

然而,现实中士大夫为与此相反者亦不在少数。他们通过行贿、阿谀或如下面要提到的通婚等手段,极力巴结权势者。北魏末的朝臣毕义畅、宋维、崔勔等,都因浮薄贪欲而受到责难。义畅被指责为"无士业(士人之操行)",宋维招致天下士人之愤慨和轻蔑。舆论谴责崔勔"浮竞"。所谓"浮竞",无非是指其浮薄而无操守,排挤别人而竞相争利。

杨椿所严厉训诫子孙们的就是,这种"浮竞"会使人身败名裂。他本人称此为"奢淫骄慢"。若在他的训诫中寻求"奢淫骄慢"的反义词的话,那大概就是"恭俭"。二者之差异,就在于是放纵肉体的私欲而贪图短期名利,还是通过对私欲的抑制,而在士大夫社会的支持下长期生存下去的不同选择。⑫

杨椿训诫的基本方向虽然如此,但杨氏一族既然是官僚且是高级官僚,那么势必会遇到种种现实的问题。其中之一,就是对待经济生活所应有的态度的问题。就官僚家族的经济生活来说,士大夫精神究竟应该是怎样的呢?

如同"奢淫"一词使人推测的那样,士大夫的奢靡、贪财理所当然地要受到社会舆论的谴责;相反,俭约、廉洁则受到称赞。但是,有一点必须注意的是,即使是强调俭约,其与吝啬也是有着根本区别的。吝啬对于士人来说是应该唾弃的行为,因为那意味对财货的贪婪,而俭约则是超越贪婪所产生的态度。⑬

再看看杨氏的情况。杨家绝非贫穷,而是相当的富裕。单是俸禄和赐与之物,无疑已达巨额。但因杨家动辄向亲戚、知己放财,据说从未有人对他们表示过不满。即使是同一个家族之中,也不可能所有的人都有机会入仕,显达的程度也因家族不同而各有各样,即使姻戚、知己之间也是往往产生不均衡的现象。所以,获得显达之机会的人,将俸禄及其他来自官府的收入分予亲属、知己以尽相互扶助的义务,被看作是当时士大夫应有的行为。纵使由此为自家的生计带来什么亏损的话,也不敢介意。体现这种救济精神的行为是受到称赞的。相反,如果怠于散施而竭力蓄财的话,立刻就会受到世人的谴责。如此之对照,从房法寿与封述的情况即可看出。二人都是山东贵族的出身,房氏曾因协助北魏经略山东而受到上宾的礼遇,被赐与田宅、奴婢而成为富豪。因其经常致力于亲故、宾客的救济,且不顾自家的穷困,而被誉为"通爱";封氏虽然也是富翁,却不管骨肉亲人、友人多么艰苦,也全然不肯伸出救助之手,以致遭到世人的非议。

对于这种救济精神用当时用语表达的话,叫做"轻财重义"或"轻财好施"。这种精神虽说一般首先作用于亲戚、挚友,但是涉及任职当地之兵士、贫民、少数民族的例子也不在少数。另外,厚遇名士、侠客的行为,也是用这类词语来赞扬的。而且,这种行为似乎有着对人的凝聚力,而有这种行为者或多或少地保有豪侠性格。⑭

在官僚生活之中,除获得俸禄之外,还有各种各样蓄财的机会。北魏宣武帝时代,荥阳贵族郑云向当时的权势者刘腾行贿而谋得安州刺史的职位,任命书一到手,他立刻去封回的府上拜访并且询问道:“我为安州,卿知之否?彼土治生,何事为便?”封回冷淡地作答曰:“卿荷国宠灵,位至方伯,虽不能拔园葵、去织妇,宜思方略以济百姓,如何见造而问治生乎?封回不为商贾,何以相示?”又如,隋朝杨素在全国各地经营邸店、水硙、田宅,对此舆论也认为是与士大夫行为不相符的。再如,北魏邢峦也因为在任职的蜀地经商谋利,而遭到社会舆论的非难。所谓治生,虽说指的是凭借商业、高利贷等手段而谋利的方法,但作为士大夫,财货仅仅做到吃穿不缺就可以了,若对超出这一限度的蓄财报以兴趣的话,则被认为是有悖士人本分的。杨椿在训诫中讲到清河翁禁止“治生求利”一事,那不过是将当时一般流行的士大夫经济伦理收入了家训而已。

清河翁的家训还禁止与权势之家通婚。上文曾经提到,与权门势家结成亲密关系,是一条通向显达的捷径,且在物质利益上也是一种保证。前述郑云以行贿手段谋得州刺史职位,并希望以此作为谋求治生之事,正是反映官职自有其生财之道的很好例子。这样看来,与望族及权势之家的通婚,绝非罕见。范阳的卢伯源和荥阳的郑羲,都是凭借与北魏孝文帝时代的肱股官僚李冲通婚而位至高官的。来自南朝的亡命贵族王素之侄王翊,也是为了“荣利”而与北魏末的权势者元叉结为姻亲。另外,就权势家这一方面而言,同样希望凭借与望族通婚来提高自家门第。隋朝杨素以巨额聘财而娶崔儦之女,看中的也是清河崔氏之门第的魅力。

然而,那些坚持士大夫精神的贵族,则拒绝为了“荣利”而与势家结合的。北魏范阳的卢义僖曾拒绝了因灵太后宠幸而势倾朝野之李神轨的通婚要求,而嫁女他家,太后为此派宦官敕令停止婚礼,但卢义僖却泰然自若而面不改色。他从很早开始就不屑于巴结要人,说:“既学先王之道,贵行先王之志,何得苟求富贵也。”诚然,与权门的通婚,对他来说不过追求短暂的富贵而已。而且视此为可耻之事者,也不只卢义僖一人。赵郡的李孝贞一族,虽与北齐的帝室有着多重的通婚关系,但孝贞兄弟却宁愿以文笔自立,而不情愿作外戚之家。

由上述各例可知,杨椿训诫中表现出的各种道德观念,是当时身为士大夫者所应该遵守的伦理准则,那就是超越对权势、财富的欲望,选择生存于士人之道义的世界的立场。欲望的贪婪之心,不仅会将士大夫的人格改变为非士大夫的人格,并且在士大夫之间的竞争中还将使自我欲望更加膨胀。另外,由于这种作法理所当然地会受到舆论的批判,因此其排他的孤立的立场越是强烈,其显达地位之失去也就会越快。因此,士大夫出于道德的立场,从对欲望的超越而获得了一种公共的立场。这就是说,获取士大夫之间的信赖与支持,通过与士大夫社会的共存,最终将此立场长期保持下去。官僚之家为了成为名门大族,就必须坚持这样的立场,至少杨椿是这样设想的。

二、累世同居的伦理意义

在杨椿的训诫中,曾讲到杨椿兄弟不仅住宅、财产共有,就连进食也必定在一起的情况。在上一节里虽未提及此事,其与本文现在所讨论的课题究竟有什么关系呢?本节拟就此探讨如下。

在《魏书·杨播传》中,对杨氏的家族生活予以了相当详细地描述。就像杨椿的训诫中也提到的,以杨播为长兄的兄弟,在父亲杨懿去世之后仍维系着同居同财,有如父子关系的生活。清晨一起床兄弟就开始聚集于厅堂,白天一直在此一同度过,而未曾入内。想休息时,就拉上厅堂最里面的帷幔休息,睡醒之后又继续谈笑。从杨椿的话来看,他们兄弟原有八人,长兄杨播殁于宣武帝时代,其他兄弟也有亡故者,至北魏末年大概只剩下椿、顺、津等三人了。上了年纪的杨椿如果外出酒醉,回家后杨津就把他扶回房休息,自己则在房前假寐,照顾兄长。杨椿和杨津都年过六十而成元老重臣之后,杨津仍然早晚向杨椿问候请安,子侄们都排列立于堂下。杨椿不说"坐",杨津决不敢落座。杨椿去附近外出时,若日落尚未归家的话,杨津不管多晚也要等兄长回来后,再一起用餐,决不先食。在用餐之前,杨津必定要先试尝一下饭菜。杨津任职肆州刺史时,一旦有珍馐美味，必定派人送到住在京城的杨椿那里，据说杨椿见到送来的食物时常落泪。

由此可见，杨椿兄弟的关系不仅是一种使人由衷赞叹的和睦关系，并且是一种对同居共食的共同体生活的稳固经营。同时，就像最年长的杨椿总领一切家务那样，杨津拜任司空之际，其僚属也是由杨椿来挑选的。如此，这一家包括兄弟之子、孙以及他们的配偶构成了一个大家族，杨椿甚至还有十五六岁的曾孙，且希望他尽早娶妻想抱玄孙。这是表现所谓累世同居的一个例子。若说到北魏时代的累世同居，当时人们常将杨氏兄弟与范阳卢渊兄弟当作典范。

那么，累世同居的意义究竟何在呢？累世同居现象往往仅作为家族规模的问题来研究的，但是，守屋美都雄氏却一面检讨诸学说，一面认为必须看到至少在后汉以后的累世同居现象中已经有了礼教意识的作用。[⑮]另外，最近越智重明氏又提出应该把累世同居理解为三族制家族的延伸形式的观点。[⑯]这两种观点，在我们研究累世同居现象时都是应该予以重视的。下面拟就以上观点进一步作出研讨，但即使按照守屋氏的观点，也尚须对礼教意识与所谓累世同居家族形态之间究竟是何等关系的问题，作深入的研究。

累世同居作为礼教意识作用的结果，在这个时代不是稀罕的现象。除了上述的杨氏、卢氏之外，还有如崔氏的五世同居、许氏的三世同居等实例；而且，那些虽算不上累世，但在父死之后兄弟仍然过着同居共财生活的例子，也非罕见。尽管如此，那些被认为值得称赞而记载下来的，父亲死后分财异居的所谓三族制家族不也是一种普遍现象吗？至少父亲死后分财异居现象本身，并未成为谴责的对象，这一点是肯定的。

然而，关键在于分财异居的方式。分财之际，兄弟围绕应得的份额而互相争执虽然是常见的现象，不过那又理所当然地会受到舆论的谴责。例如勃海的高遵、高次文兄弟，由于财产纠纷而不和睦，以至庆吊也不往来，受到舆论谴责。可以说这是一种对因财产而暴露出所有欲进而破坏兄弟和睦关系现象的谴责。因此，要想维持这种和睦关系，不可避免地要抑制自己的财产所有欲。"推财"即推让财产，虽非罕见，但之所以受到称赞,是因为这是一种轻财重义,即重视人类道德关系的行为。裴安祖曾为故乡的州主簿,他在处理兄弟争夺财产的讼案时,曾晓以"礼仪"之重要性。分财异居迫使人们必须在财与义之间做出抉择,也就是说这是一个考验道德的机会。

所谓财与义的问题,是一个生活于利己之环境,还是生活在与宗亲同心协力之中环境的家族生活应有方式的问题。而能将后者给予最充分之形态化表现的,应该就是同居共财关系。按前述杨氏的事例推测可知,在当时士大夫的住宅里设有厅堂,看来这里成为了家庭生活的中心场所。而且,在饮食和炊事共同进行的情况下,这里也可以说是全家族共同的食堂和厨房。北魏末的裴植的家,虽是以母亲为中心的兄弟同居,但由于是分设炉灶的所谓同居异财异爨的生活方式,因而遭到世人的非议。并且,从其被认为是沾染了江南风习的情况,可推知华北的同居家族通常是共用一个炉灶的。另外,若同居而同财,还可推定在生产与消费的两个方面,全家族共有的设备当占有很大部分。

但在另一方面,这种住宅里又有很多起居室,可知同居家族中的几组夫妇及其子女,分别有特定的场所起居生活。博陵安平李几的家,是七世共居同财的大家族,据说其家有 22 间房、198 口人,这里所说的房应当指的就是起居室吧。总之,这种同居大家族,不妨视为房的集合体。按照上述越智重明氏的观点,即便累世同居,也决不是古代宗法的大家族,不如说是三族制家族的延伸形式。三族制家族虽也是由若干个房组成的复合体,但是由于随着世代的更迭而不断地分裂,与房的数目相应而进行着三族制家族的繁衍。如果是这样的话,即使在累世同居的家中,也经常孕育着各房可能的独立契机,也就是说,在家的全体和作为组成部分的各房之间,是会出现各种各样问题的。

例如,像杨椿所训诫那样,虽然作为家的基本体制是同居同财同爨,但是其中有的同居家族成员却在别室用餐的情形是可能的。这种倾向进一步发展的话,就像前述的裴植家的例子那样,每房各自起炉灶的情形也是有可能的。而且,一旦在这样消费生活的方面各房的独立性强烈,共财关系的崩溃便无法避免。裴植的家虽说是同居异财,但不能不说这是个理所当然的过程。这种倾向进一步强化的话，则可能会发展成为分财异居的形式。

从累世同居同财关系的家庭向三族制的家庭分解的过程中，有着各种契机。例如，博陵崔挺家本是持续了五代同居的家世，却因连年饥馑而不得不分家，但崔挺与弟振互让财产，结果他只要了一些墓田。若论这种情形，主要是由于饥馑这种不得已原因促使痛下分居决心的，兄弟间的精神情感仍然很强烈。但是，同居家族转向分财异居的原因，是否大多数在于家族间的不和呢，这种推测也是可能的。而且，在这种不和的背后，家族内部欲望之间的冲突所起的作用也是可想而知的。清河崔㥄由于放纵"财色"情欲，且与弟弟们不和睦，因而受到舆论的谴责。可是，物欲和情欲等，造成了同居者的利己心，进而由此产生共同生活裂缝的例子，想来也绝对不在少数。

人类既然有物质存在的一方面，那么同居家族内部经常发生裂缝情况就无法避免。所以毋宁说累世同居就是由于不断地弥合这种裂缝，才得以持续存在的。⑰如果是这样的话，同居生活本身存在着家族分解之契机，也不是不可能的。前述崔挺有崔孝芬等六子，兄弟之间确实很和睦，尽管如此，在他们同居共财的实际生活中，还是经常会遇到上述问题，试简要介绍如下。

父亲去世之后，兄弟们尊孝芬为家长，一切都遵从他的指示。而且，一钱之金、一尺之布也不入"私房"，一切作为共同财产来管理，在吉凶等必要时，经商量之后支出。另外，不仅兄弟彼此之间和睦，妯娌们也相处融洽，任何事情都能互相通融。就这样，崔孝芬兄弟继续着自父亲崔挺的时代开始一直维持的累世同居生活，叔父振亡故之后，伯母李氏仍与遗孤宣伯、子朗同居生活。崔氏兄弟侍奉李氏如同母亲，家务全部听从李氏的裁决。兄弟们的所有收入，不论多少都如数入李氏金库保管，必要的经费都由这里支出。而且，对于堂弟宣伯、子朗，也是情同手足。

同居家族为了继续维持共财关系，如同上述崔氏之例那样，就不得不自我抑制把财产储蓄于"私房"只顾夫妇消费的欲望，而将其委托共同管理。而且，为了坚持这种精神，妯娌共同生活的心理准备非常重要。如荣阳郭琼一家,不仅兄弟感情好,姒娣也和睦相处,因而受到社会的普遍好评。可是,如果姒娣不和,兄弟之间的亲和关系也就随之崩溃。这种现象一旦加剧,同居大家族中就会出现以夫妻为单位的封闭世界,共同生活的实质亦随之丧失。即使在形式上过着同居生活,家庭内部纠纷不断的状态也是可想而知的。

在崔氏的例子中,夫妇及其子女的居室被称为"私房",同居家族全体与夫妇的关系可以说是一种公与私的关系。与上述清河崔氏不同的另一家博陵崔氏的崔士谦家族,从"虽复年位并高,资产皆无私焉"(《北史》卷三二本传)的记载来看,也是同样的情况。在当时,由于同居家族的成员对私欲不能自制,而在大家族生活中制造小单位的世界,的确是违背共同生活公的理念的私的行为。

以上情况不仅限于财产方面。例如上述崔孝芬,视叔父遗孤为手足之事在当时已经成为美谈。此外,将亲生儿子的荫官让予兄弟之子,因而博得社会赞誉的例子也不少。这种行为之所以流传为逸事,自有其劝勉人们摆脱只顾妻子的私人立场,步入更广阔的人与人关系天地的目的。

可见,舍私利而就公义的理念,已成为当时累世同居现象的精神支柱,应该说已经是毋庸置疑的了。而对所谓累世同居是礼教意识产物的观点,我认为也应该在这一意义上去理解。而且,后汉以降这种家族形态的显著表现,可说是当时社会瓦解过程中的再集结现象,其中不是可以看到道德主义色彩极其强烈的社会连带理念的作用吗?

三、乡党支配的构造

在华北的贵族之中可以广泛看到的那种超脱名利的态度,虽说是他们视精神世界为生活第一要义的表现,但是就其生活方式而言,则不可仅视为精神主义,而忽视使人与人的相互结合成为可能之社会伦理的实践。至前节为止,主要叙述的是家族、亲戚、知己范围内人与人结合的伦理的具体情况。然而,各贵族的背后又各有其乡党社会,乡党社会可视为超过上述贵族范围的一种地缘性集团。就像以下各例中可以看到的,乡党社会与各家贵族的存在是有深厚关系的。在杨椿的训诫中,关于乡党本身虽无只字提及,但他隐退后的落脚之地,却是其自认为本籍的弘农郡华阴。这样看来,本文所述之贵族伦理,究竟在乡党社会中如何发挥作用的问题,就不能说是没有意义的考察了。

贵族以其所表现的人格和行为博得乡党称赞的事例可谓不胜枚举,同样,招致乡党憎恶的事例也确实不少。不过分地说,当时贵族的一举手一投足都是受到乡党注视的,而来自乡党评价的所谓乡论,又是与九品官人法的运用互为联系的。贵族获得乡党的称赞,多数情况是由于他们的德行,其中灾荒时救灾行为的例子有很多。例如,他们或是用私财设粥场以周济饥民,或是贷予种子、粮食。虽然后者大致是要偿还的,但是由于荒歉连年,无法偿还者也是有的。在这种场合下,如果彻底行使债权的话,债务关系就会进一步转化为隶属关系,但是债权者却常焚毁贷借文券而放弃债权。

试举一例,隋代赵郡隐士李士谦,曾贷借给乡人粟一万石(一说数千石),乡人因荒年歉收而无法偿还,就全体来向李士谦谢罪,于是他说:"吾家余粟,本图赈赡,岂求利哉!"随即焚毁了债券。第二年大丰收,人们争相来偿还所借粟谷,却被李士谦拒绝了。后来又遇荒年,饿死者众多,李士谦倾所有财产,制粥以救民众。由此活命者有数万之众。翌年春,又分发粮种给贫民。赵郡的农民们感其德行,抚其子孙说:"此乃李参军(案:李士谦年轻时曾任东魏的开府参军)遗惠也!"李士谦亡故之时,赵郡人莫不落泪说:"我曹不死,而令李参军死乎?"会葬者逾万人。

如此逸事,于其他贵族之家也并不少见。如平原刘郁,于山东地方遇见盗贼时,称是房景远的亲戚,贼曰:"我食其粥得活,何得杀其亲!"遂放过了刘郁。由这类事例可见,灾荒时的救济行为,曾在乡人之中产生了强烈的感恩之心,致使救济者与被救济者之间形成了精神的结合。如此双方的结合关系,一旦有事就会发挥巨大的效力。如后面还将叙述的那样,北魏末年内乱之时,贵族是以其各自的乡里为根据地而集结武装的,而形成这种武装主体的,便是平时对贵族感恩的乡人。⑱

这样看来,贵族与乡党连带关系的形成,使人感到是以一定财产的舍弃为重要契机的。而且，如此形成的连带关系，又未必是建立于平等原则基础之上的，而是包含着一种的支配关系。例如，贵族与乡党武装（乡兵）的关系，虽是指挥者与兵士的关系，但这种关系又可以认为就存在于贵族与乡人日常关系的内部。不过，这种支配关系，并不像农奴制那样根据生产手段之有无而赋予契机，而是一种纯粹的、精神的关系。那么，这种精神的关系又是怎样形成为支配关系的呢？为了解答这个问题，关于当时乡村的土地所有的情况，实有稍加考察之必要。

不用说，当时的贵族大多数都是拥有大量田产的。如上述李士谦的事例所表现出的那样，其对贫民施行大规模的救济，没有大土地所有作为前提是不可能的。不过，对于把贵族与大土地所有者划等号的观点，正如本章开头已经谈到过的那样，我是有保留意见的。贵族阶级的存在基础，还表现为仅仅用所谓"大土地经营"所无法涵盖的内容。这里就从大土地所有的性质出发试加以如下考察。

虽说在贵族的大土地经营内部，可以推定是有各种隶属民从事农耕的，但是就乡村整体而言，自耕农占农民的大部分。他们住在贵族土地的外缘，从事着依靠家庭劳动的自给性生产。贵族的大土地经营，基本上也是以维持家族生活为目的的，在这个意义上，贵族与一般自耕农可说是站在同样立场之上经营各自土地的。

但是，实际上两者之间在经营规模上有着很大的不同。因此，在面对歉收、战乱、赋税苛重等危机的忍耐力方面，存在差异是理所当然的。而由二者经济力量的差距，就有可能产生出种种的隶属关系。例如，大土地所有者的剩余谷物，可以转化为将贫穷化的小农民捆绑在债务关系上，进而夺取其土地的手段。

而且，如果大土地所有者的经营方针是沿着这一路线进行的话，那将会毁灭自耕农的生活，进而导致以自耕农为主体之乡村社会的瓦解。大土地所有者如果这样做的话，虽然可以成功地获得若干财富、土地和劳力，但是作为一种共同体社会的乡村也将随之与其决裂。也就是说，贵族作为乡村领导者的地位，会由于这种谋利行为而受到损害。

乡村生活与营利事业就是处于这样的一种矛盾关系之中，而贵族出于其士大夫伦理,还是选择继续保持其乡村领导者的地位。就像李士谦一例中所反映的那样,他放弃了谋利的机会,并由此抓住了人心,结果是得到对乡党的领导权。

贵族掌握住乡党的过程中,存在着某些物质契机的作用是无法否定的事实。不过,必须强调指出的是,在此并非物质的契机本身发挥了作用,而是物质转变为精神的契机在发挥作用。上述李士谦等救济者的"余粟",以及产生这些余粟的大土地所有等等,都在发挥着各自的作用。

进而,围绕各种物质契机而产生了精神性作用。李士谦声称"吾家余粟,本图赈赡"之"余粟",即其一例。又平原望族刘善明,发放自家的积粟救济饥民之后,获救的乡民竟称刘氏之田地为"续命田"。"续命田"的称呼表明,此土地已超越了刘氏私产的范围,而成为刘氏与乡人精神性结合的物质表现。值得指出的是,刘善明于刘宋末的内乱时能够立足于一方,终究是由于集结了乡党而编成义军的缘故。[19]

总之,超越并将物质的契机提高到精神的水平,乃是总体掌握乡党社会的途径。就像至上节为止所论述的那样,贵族超脱名利的态度,使其与家族、亲戚、知己乃至士大夫同僚的连带成为可能,同样的理由对乡党社会也是适用的,这就是本节考察而证明的结果。值得再三指出的是,强调贵族的精神生活,绝对不是否定其物质层面的存在意义。毋宁说物质层面支撑了精神生活的认识,对于通常被称为现实主义的中国人的思考而言,也并非无缘之物。即使当时的贵族有这种认识,也算不得例外。但是,当物质层面直接发挥功能时,他们的伦理感就会进行抵抗。因此,物质层面是必须上升为精神的。只有如此,人间社会才能以其共同体的本来面目,作为家族、宗族、乡党、士大夫社会、王朝等形式而被现实化。而且,这个共同体社会的主宰者,又必须是这种精神之自觉的中坚人物亦即贵族,贵族就这样地成为了人间社会之总体的支配者……

贵族阶级的存在基础,不也首先应该从这种精神的支配关系中去寻求吗? 如此看来,是否为大土地所有者,与贵族的本质并无直接关系。贵族之所以为贵族的必要条件,在于其人格所具有的精神性。他不一定必须是大土地所有者,尽管如此,也不应将其视同小农。他可以是连一片土地也未拥有的人,但必须是超脱的精神世界的主人。如果不是这样的话,他会因为执着于利害冲突不断的物质世界,而不可能成为现实中民众的领导者;面对围绕着财产分割份额而起纷争的兄弟们,他就不可能做出退让,以便唤起对方的悔悟。做不到这一点,他要统合这个民众社会也就是不可能的了。相反,如果他能够成为这个世界之统合者,即使他本人不是土地所有者,他也可以通过对人心的掌握,间接地与土地所有发生关系。

虽然物质社会必须提升到精神的境界,但并不是说就可以否认物质社会的存在意义。将这两种社会统一,且使其理念化、形象化的,应该说就是所谓礼制。赋予贵族人格特质的精神性,不仅限于伦理意识,还扩展到了学术、思想、文学等各个文化领域,就其根底来说,还在于古代以来形成的礼制观念在发挥作用。以这种传统文化意识为素养,且能将其运用于现实的人,确实是很适合称为教养贵族的。

在贵族身上所看到的那种脱俗的风格,表现了其人格精神的高尚性。但是,超俗也往往会变得态度倨傲,缺乏与人协调的精神。这种倾向在门阀主义发达、社会阶层性突出的时期,表现得特别明显。北魏末,荥阳郑氏矜夸门第而招致乡党的憎恶,即其中一例。在贵族与其领导的社会之间,当然会出现一定的矛盾关系,上述的事例,就使这种矛盾达到了顶点,以至于产生了两者的分裂和敌对的关系。

尽管这么说,贵族那种脱俗的风格,本来不就是作为统合当时现实世界的精神而出发的吗? 而且,这种精神不是作为一个明显的时代精神,在某一时期以某种面貌兴起的吗? 这些虽说都是有待以后研究的课题,但如果说从中已能看到某些超越古代的标记的话,似乎也并无不妥。[20]

四、北朝政治史上的贵族

魏晋时代是贵族国家的第一个成立期,尤其是西晋政权,广泛地吸收望族,建成堪称贵族国家的王朝。然而,望族阶层不久就蒙受了严重的打击。八王之乱又引发了匈奴独立,以至最终成为西晋王朝灭亡的原因。从此,一直洋溢于朝廷内外的浮华奢靡之风一变而坠入离乱之世。

贵族和民众结群逃往江南避难者甚多,乃是众所周知的事实。然而除此之外,不仅长安、并州、幽州等华北各地的汉人军阀,甚至在异民族势力之下奔忙者亦不在少数。坚持留在乡里谋求自卫手段的贵族也并不罕见。

残留于华北的贵族各氏,与避难江南的人们不同,他们并未失去与各自乡里的联系,至少也是保持了其可能性。自五胡至北魏,随着华北再统一的推进,曾一时流落他乡的贵族,似乎也逐渐恢复了与乡里的联系。

他们曾经分别入仕于赵、秦、燕、北魏等各个时期的政权,但就其仕官的状态来看,被任命为中央官者虽也不少,而当上乡里郡县之守、令或州郡县之僚属的例子则更多。虽说这是胡族诸政权承认并利用汉人贵族在当地之领导作用的结果,但在汉人贵族的方面来说,也有与其贪求中央显位而居高临危,不如甘当乡里的地方官选择朴实人生道路的倾向。例如西河宋隐,曾祖父、祖父、父亲都曾担任前燕高官,宋隐自己也是在后燕时代当上本州别驾的,后来还曾任北魏之中央官职,但是当他临终劝戒诸子时却说(《魏书·宋隐传》):

> 苟能入顺父兄,出悌乡党,仕郡幸而至功曹史,以忠清奉之,则足矣,不劳远诣台阁。恐汝不能富贵,而徒延门户之累耳。若忘吾言,是为无若父也,使鬼而有知,吾不归食矣。

在“台阁”的中央政界里生活虽然华丽,但也正因为如此才十分危险。权力的世界就其本质而言是斗争的世界,特别在瞬息万变的五胡兴亡之时就更是如此。在汉人贵族之中,也有试图对那些与自身发生关联之政权的命运做出预见的情况。

就这种立场来说,中央政界只不过是随时世的变动而变化的。相比较而言,既质朴又稳定的场所,就是宋隐所谓“父兄”、“乡党”所在的家乡。作为北魏中期名臣勃海高允之弟的高燮,虽因其文才而屡屡为太武帝所延聘,却都不曾应聘,最终不过官至乡里的州主簿。他对其兄高允在永年都城中为官辛苦忙碌不以为然,热衷于过悠然的乡里生活。

不论宋隐的劝诫,还是高燮的生活态度,归根结底都是一样的。这种例子不胜枚举。简而言之,华北的贵族们得以超脱时势的依靠,就在于他们拥有家乡这一生活场所。而且,有如前述那样,正是这个场所才是使他们成为贵族的根源。

不过,如果说只有家乡才是贵族存在的场所的话,那也不尽然。因为如果是那样的话,他们也只不过本地土豪而已。与族人聚居险要以抗拒王朝权力介入之土豪势力,虽说也是当时常见的,但这毕竟与贵族层有所不同。贵族在以家乡为存在场所的同时,另一方面又保留着谋求中央政界职位的机会。上述事例中,宋隐告诫其子的可畏的"台阁"之道,高燮所拒绝的中央官僚生活,均属此类。

贵族应该说由于其成为官僚才显出其作为贵族的完全面貌。以阶级整体而论,贵族社会是在贵族阶级与政权结合之时才得以构建完成的。然而,在胡族统治的政治条件下,则并不能保证这种贵族社会的完构。胡族政权虽能保证贵族的身份,但是由于这种政权与贵族社会的基础不同,所以政界是不可能完全成为贵族性质的。

比如,称霸华北的北魏太武帝,曾努力将华北各地的士大夫吸收入政权。神麚四年(431),诏令延聘名士数百人,主要有范阳卢玄、博陵崔绰、赵郡李灵、河间邢颖、勃海高允、广平游雅、太原张伟等,广泛地网罗了所谓山东望族。其中没有山东望族首位的清河崔氏,是因为清河的崔宏、崔浩父子早自道武帝时代起就已加入北魏政权,而占有汉人官僚之总帅的位置了。

而且,对于太武帝的任用汉族士人方针,崔浩无疑发挥了极大作用。他的本意是欲将北魏政权改造成为贵族政权。虽然他后来因笔祸事件而被诛,但其真正致祸的原因,却是上述意图激起了北族的反感。

总之,汉人贵族的参政,由于崔浩事件而遭受巨大挫折。因与崔氏有姻戚关系而牵连在崔浩之狱被判刑的贵族之家为数甚多,但由此事件也可看出,汉人政权与北魏政权的还是有其互不相同的本质的。

为了使两者融合,北魏政权就不得不改变其异民族政权的性质。孝文帝的汉化政策,的确可说是解决这一问题的努力,其政策贯彻了门阀主义的理念,如此,北魏政权也就有了贵族阶级的性质。而华北的汉人贵族也完成了作为统治阶级的自我实现。

然而,成功之路一旦到了尽头,衰颓的命运就随之而来。从孝文帝死后至北魏灭亡约半个世纪的时间里,贵族社会以政界为中心的轻浮气氛日趋浓厚,特别是到了肃宗朝,这种倾向越发明显。《魏书》卷五六《郑羲传》云:"自灵太后预政,淫风稍行,及元叉擅权,公为奸秽。自此素族名家,遂多乱杂,法官不加纠治,婚宦无贬于世,有识咸以叹息矣。"就是说,家族道德涣散,个人主义强烈起来,追名逐利之风气弥漫,奢靡贪财行为普遍。贵族特有之自立风气衰退,勾结当朝权势者甚多,都是这一时期的特征。上节所引用诸例,多数是属于这个时期的。

北魏末的动乱,就是官界对衰颓命运的自我拯救。因其中与种族问题相关,而对贵族社会应有状态提出了重大警告。于是,如同以下所述,意在捍卫陷入危机之贵族社会的力量,从贵族阶级之中还算健全的部分产生出来了。就是说,他们再一次用自己的双手重建家乡,并且试图以此为基础将贵族政权再度集结。

杨椿之训诫子孙,正是在这个时期。联系到上述那种北魏末官界衰颓之中流行的事例,则此训诫的意义似乎就更为明了了。而且,杨氏一族正是捍卫贵族社会最积极的分子。在此之前,作为镇压叛乱者而出现的北方契胡出身的豪族尔朱荣,终于逼近洛阳,在河阴屠杀了灵太后以及朝士两千余人。因此,胡汉的贵族们以孝庄帝为中心谋求集结反尔朱势力。孝庄帝等曾经计划打倒尔朱荣,而参与此计划的一人便是杨播之子杨侃。另外,计划成功,尔朱荣被诛之后,杨津被任命为北道大行台、并州刺史,杨椿之子杨昱为东道行台,与尔朱荣同族尔朱仲远作战。由此可知杨氏曾举其一族参与了打倒尔朱氏的计划。

然而,尔朱氏立即进行了报复,尔朱兆火速入洛,逮捕了孝庄帝一派。

此时,杨侃适巧请假,得以幸免而回乡里华阴,但是尔朱天光驻屯在华阴附近的长安,杨侃终于被天光所杀;在华阴过着隐居生活的杨椿及其子昱(辞去东道行台而返乡中),也同时被杀;昱之子孝邕逃至洛阳躲藏,并且伺机报复,但不久被发现而遭杀害;椿之弟顺和津及其子孙们,也都分别在洛阳、光州、晋阳等地遇害。

如上所述,杨氏一族落了个几乎被斩尽杀绝的悲惨下场。只有津子愔幸免于难,不久成为北齐政界的领导者,而于杨愔的传(《北齐书》卷三四、《北史》卷四一)中云:"家门遇祸,唯有二弟一妹及兄孙女数人。"遭遇如此惨祸的例子在当时也是少见的,然而这又正是北魏贵族命运遭遇的一个象征。

然而,这一惨剧又激发了贵族阶层之奋起也是不容否定的。如前面所述,打倒尔朱氏的活动虽已由孝庄帝为中心而开展,在河北一带,则有以勃海的高乾兄弟为首,勃海的封氏、赵郡的李氏、范阳的卢氏等山东望族互相结合的行动。他们的活动在孝庄帝被尔朱兆所弑,杨氏遭受报复时,就愈发活跃了。后来适逢高欢叛离尔朱氏而自立,并与这些贵族势力结为同盟,终于打倒尔朱氏而建立东魏,则是众所周知的事。

杨愔正是在这个时候投奔高欢幕下的。孝庄帝和杨津亡故之后,杨愔遭到通缉,他投身于勃海高乾兄弟,在那里潜伏数年后高欢东进至此。很快他受到高欢信任,并作为其幕僚而尽力于东魏政权的创建。在与尔朱氏决战的韩陵战役中,杨愔冲锋在先勇敢作战,同僚惊叹曰:"杨氏儒生,今遂为武士,仁者必勇,定非虚论。"

在此拟就贵族与武勇之关系略陈己见。说到六朝贵族,并不使人感到它与武人性格有多大差异。而且,这一点对认定六朝社会为中世的封建的时代的研究来说,感受到的是某种无奈的踌躇。然而,至少以北朝贵族为限,贵族之中武人性格色彩浓厚的人物绝不在少数。试举一、二例如下。先来看看曾卷入北魏末的内乱,后来又投奔高欢幕下的范阳卢勇。他年轻时与从兄景裕同学,二人的伯父卢同说:"白头(景裕的字)必以文通,季礼(勇的字)当以武达,兴吾门者二子也。"另有一位同时期人、赵郡李士雄,生于学问之家,却勤于骑射,其兄李子旦责备他:"弃文尚武,非士大夫素业。"士雄反驳说:"自古诚臣贵仕,文武不备而能济功业者鲜矣,既文且武,兄何病焉?"李子旦无以应答。

从李士雄与其兄长的对话中可看出,文虽然是士大夫必须的教养,但若兼之习武,亦绝非可挑剔之事。东魏、北齐朝的官僚张晏之,出身清河望族张氏,也是以文士知名,但又有武干的人物,作为清河王岳的参谋而在实际作战中有着惊人的表现。又如,隋的崔彭,既是精通《周礼》、《尚书》而有学识的博陵贵族,另一方面又有武略而善骑射,曾在突厥达头可汗之前展示武艺而倍受称赞。

但这并不是说所有的贵族都能文武兼备。如上述杨愔被同僚称为儒生那样,无论如何,如果推测偏重文的贵族占多数的话,是有充分理由的。特别是联系到贵族社会安定及完成的北魏末年情况考虑的话,这种倾向越来越强烈也是可以推知的。故一旦贵族社会危机来临,文武兼备的贵族之活跃,更加令人瞠目。值得注意的是,以上列举实例,有很多都是这个时期的人物。

北魏帝国的崩溃之时,亦即东、西魏的创建期,这种类型的贵族们,在山东、关西及其他华北各地集结武装,继续展开收拾时局的活动。对此,因为笔者已有论稿发表,[21]此不再详述;由贵族纠合的武力即称为乡兵的乡人武装的情况,上节也已有过说明。贵族的武人性格,多数是以其豪侠型人物呈现出来的。就是说,那种"轻财重义"的道德观念,早已使乡人们心服,所以一朝有事,就可以召募他们组成军团,由贵族亲自指挥以应付时局。

东西两魏政权是以这样的乡人武装作为支柱之一的情况,已不必重复。在这一意义上,两政权也可说是贵族阶级呈现其本来面貌,并由此得以重建的政权。正因为如此,两政权对贵族阶级而言,又是一种自我革新的契机。在此基础上得以强健推进的,则是西魏、北周。相继兴起的这两个王朝,把贵族对乡党的领导性及其作为根据的伦理,提升到了国家体制的层面。府兵制、"六条诏书"[22]或是周礼主义的政治理念等等,就是其明确的表现。对此问题笔者将另文论述,[23]西魏、北周或是继承于此的隋、唐,乍看好像是呈现着皇帝专制的表象,但是如果把视点集中于其本源的话,便可明白这正是贵族世界的转换形态。

原载中国中世史研究会《中国中世史研究——六朝隋唐的社会与文化》,东海大学出版会,1970 年。

注释:

① 参见拙稿《六朝贵族制社会的历史特征及其向律令体制的展开》(《社会经济史学》31—1—5;收录于本书第二编)。

② 同上。

③ 参见布目潮沨《隋唐史研究》(东洋史研究会,1968 年),第 10 页。

④ 滨口重国《关于历史分期》(《山梨大学教育学部报告》18)。

⑤ 堀敏一《九品中正制度的成立——魏晋贵族制社会的相关考察》(《东洋文化研究所纪要》45)、《九品官人法的制度与贵族制的出现》(《古代学》15—2)等。

⑥ 同上。

⑦ 关于贵族与乡党的关系,早已有过冈崎文夫的论述(《魏晋南北朝通史》,弘文堂,1932 年,第 426 页以下);最近,除了拙稿《关于北魏末期的乡兵》(《东洋史研究》20—4;改题收录于《隋唐帝国形成史论》,筑摩书房,1971 年;李济沧译《隋唐帝国形成史论》,上海古籍出版社,2004 年)、堀敏一《均田制的成立》(《东洋史研究》24—1、2)之外,还有《东洋史研究》25—4(特集·六朝士大夫与社会)所载诸论文。再者,若把视野扩展到六朝贵族源流之一的汉代家族问题上,则有将汉代豪族的存在基础至于乡村共同体关系之中来研究的增渊龙夫《所谓东洋的专制主义与共同体》(《一桥论丛》47—3)等。另关于自汉代至六朝之支配体制与共同体的关系,可请参见拙稿《一个东洋史研究者的现实与学问》(《为了新历史学》68)同《如何推进将中国史作为世界史的研究(1)——围绕古代社会性质的论争》(《历史评论》184)、同《中国史研究的新课题——封建制再评价问题》(《日本史研究》94)等。以上三篇收录于本书第二编。

⑧ 参见守屋美都雄《六朝时代的家训》,《中国古代的家族与国家》所收,1968 年,东洋史研究会。

⑨ 宇都宫清吉《颜氏家训解题》(《名古屋大学文学部二十周年记念论集》所收,1969 年),谈到了《颜氏家训》的这一性质。

⑩ 竹田龙儿《关于门阀弘农杨氏的考察》,《史学》31—1—4。

⑪ 本章所提到有关各贵族的史料,凡未一一明记出处者,均出自《魏书》、《北齐书》、《北史》等正史的记载。

⑫ 川胜义雄《支那中世贵族政治的形成》(《史林》33—4)中指出,作为六朝贵族社会之母体的后汉末的清流势力,是与士大夫层之广泛舆论互为表里的政治组织。而将此观点进一步开展来,论述六朝的文人贵族制社会所以没有走向典型封建社会的存在形式的,则是其近作《汉末抵抗运动》(《东洋史研究》25—4)。这些论点,有很多对于北朝社会的理解也是适用的。

⑬ 冈崎文夫氏在论及西晋贵族奢侈风气时,认为与此互为表里之吝啬倾向也很明显(前引《魏晋南北朝通史》,第 98—100 页),确实不失为卓见。另外,俭约被视为美德的倾向与实物经济占优势的当时社会有其密切关系这一点也是不难想象的。

⑭ 当考虑到北朝贵族具有豪侠性格时,不禁使人想到作为战国以后中国社会史一大特色的游侠。内腾湖南曾经承袭赵翼之说,叙述了前汉以前游侠的风气的儒学化,以及对后来所谓东汉名节形成的关系(《支那上古史》,《内藤湖南全集》第十卷所收,筑摩书房,1969)。另外,宫崎市定也曾指出后汉游侠的贵族化现象,并认为这与后来贵族社会的成立是相互联系的(《关于游侠》,《亚洲史研究·第一》所收,东洋史研究会,1957 年)。又如宫崎氏《汉末风俗》(《亚洲史研究·第二》所收,东洋史研究会,1963 年)中也曾提及的那样,《后汉书·党锢列传》中所谓"八厨"(所谓厨,能以财救人者之意)等人,应当就是其具体事例。又如,增渊龙夫氏的《汉代民间秩序结构与任侠的习俗》及其他有关游侠的一系列研究(《中国古代社会与国家》所收,弘文堂,1960 年),也明确地认为,游侠、巫者、豪族等在相互关联中,造成了隐蔽于公权力内面的民间秩序,一方面与秦汉帝国权力相矛盾,另一方面形成为从内部对其起支撑作用的构造物。并且,他还指出这种势力进入六朝期之后,便站到了社会的前面。同时,他也没有忽略对秦汉时代的史料中所出现的"豪侠"用语的研究。上述研究使人深有感触的是,在提出贵族社会的成立与游侠之关系的重要性的同时,对贵族社会之性质和构造进行考察时,对于所谓游侠这种自古代以来的社会现象,是绝对不容忽视的。关于表现这种侠气的"轻财重义"等用语,在九品官人法的乡论之中的存在及作用,在上文提到的越智氏的论文中已有所涉及。

⑮ 守屋美都雄《累世同居起源考》,《东亚经济研究》26—3、4。

⑯ 越智重明《围绕累世同居的出现》,《史渊》100。

⑰ 唐代的张公艺一族以九世同居而闻名,高宗询问其之所以长久持续同居的原因时,他默不作声地写了一百多个"忍"字。其意盖在于说明,家族各人对私欲的自我抑制是根本的原因。

⑱ 拙稿《关于北朝末期的乡兵》(《东洋史研究》20—4;改题收录于前揭《隋唐帝国形成史论》)。再者,安田二郎《晋安王子勋反乱——南朝门阀贵族体制与豪族土豪》(《东洋史研究》25—4)中,论述了南朝刘宋末之贵族的这种情况。

⑲ 参看上注安田二郎论文。

⑳ 关于超越古代的问题,参看本书第一编第二章及第二编第四章。

㉑ 参见注⑱所引拙稿。

㉒ 参见拙稿《关于苏绰的六条诏书》,《名古屋大学文学部研究論集》史学 15;改题收录于本书第三编。

㉓ 参见注⑱及㉒所引拙稿。

第二章　西魏"六条诏书"中的士大夫伦理

一

苏绰作为宇文泰的得力助手,是确立西魏、北周政权的重要人物。苏氏乃武功郡(陕西省武功县)著姓,绰父协为武功郡守,弟椿于西魏大统十四年,以当地乡望出任乡兵统率。但出身关中名望家的苏绰,从其与西魏国家政权的关系来看,却献全身心于新政权,鞠躬尽瘁于政务,四十九岁便英年早逝。他与宇文泰相互信赖的特别关系,从《周书》卷二三《苏绰传》所载对话片断,可见一斑。

对于这一瞬息万变内乱中的军事政权,究竟是出于何等期待,致使苏绰愿为其献出生命呢? 他所策划的诸项改革中最为著名者,当属依据《周礼》的六官制的制定了。① 此外,他还以提倡古文复兴的先驱著称(关于府兵制,由于他是在此制完成之前去世的,② 所以其中有无他的构想已难考其详)。仅就六官制制定与文章改革二事业的形式而言,明显都是复古志向的产物。而进一步探索这种形式出现的原因,还不难看出其有否定门阀主义政策的立场。即,六官之制是对北魏孝文帝以来看重门阀官制的彻底挑战,③ 古文复兴也是意在打破骈体文之贵族文化弊害的产物。④

然而问题在于,以否定门阀主义为目的,且欲取而代之的苏绰的复古主义,究竟具有怎样的立场呢? 换句话说,欲否定门阀主义的苏绰本人,又具有怎样的立场呢? 西魏、北周的复古主义及其对门阀主义的否定,若仅从国家的抽象概念看的话,也许可以视为国家与贵族的对抗,单纯地解释为官僚制的延伸;但若借助苏绰这一现实人物为中介来看的话,这样的理解又无法令人满意。也就是说,按这种理解就不得不考虑某些意欲克服门阀主义的为政者的立场。西魏、北周的国家是通往隋唐帝国的台阶,若对其存在方式以这种观点进行认识的话,势必进而影响到对隋唐帝国性质的认定。

另外,苏绰在上述各项改革之外,还呈交过一份他所起草的《六条诏书》。宇文泰对此甚为嘉许,不仅令百官习诵,且奉为自己的座右铭。还特别要求郡守、县令必须精通《六条诏书》与计账。⑤所谓《六条诏书》,全文由"先治心"、"敦教化"、"尽地力"、"擢贤良"、"恤狱讼"、"均赋役"六条构成故名。《周书·苏绰传》收录了这篇文章,由此足见苏绰政治理念。以下逐一解释各条,以探讨上述课题。

二

其一,先治心。

这一条一开始就讲,今日方伯守令任务之重要,可比于古之封建诸侯,治民之重责虽在中央百官,然地方官员堪称最重。可见,《六条诏书》特别是以地方官为对象而制定的。诏书先道明这一目的,之后开始阐述何谓"先治心"。如后节所言,这第一条可谓诏书全文的要纲。

而若论治民的根本原则,首要的是努力"治心"。心是"一身之主,百行之本",心不清净,则徒生妄念,则不明事理,则不辨是非。是非不辨,则一身不能自治,终不得治民也。是以治民之要,在"清心"而已。

接下来,诏书解释了"清心"的意义。所谓"清心",不仅仅有不贪货财之义,还要"心气清和,志意端静",即处心于公明洁白。有"心和志静",方使邪念无处容身,凡所思念,无不皆得"至公之理"。以"至公之理"临其民,则民无不从化。

诏书就是这样解释治民之本在于为政者心态的。然而仅仅心态端正,仍不过是无形的状态,还必须以行为示于民。所以不仅要"治心",而且要"治身"。为政者必先为民之师表,故为政者须"心如清水,形如白玉"。躬行仁义、孝悌、忠信、礼让、廉平、俭约,继之以不懈努力,加之以明察,训导人民,是以民畏而敬之,则自然而然效法之。

其二,敦教化。

前一条是述地方官之心态,这一条则论应该向着什么方向诱导民心。人有"中和之心",化为"仁恕之行",如此的人性虽异于木石、禽兽,又并非一成不变,或化于"敦朴"而"质直",或化于"浇伪"而"浮薄"。"浮薄"者,则成"衰弊之风",祸乱自起;"质直"者,则化"淳和之俗",天下自治。如此可见,治乱兴亡无不起因于民之教化。

转而又论现实,世道衰退已数百年,近年大乱亦历二十载。道义衰竭,唯武功是闻。今日虽得中兴伊始,然战乱、饥馑余弊犹存,非以弥缝措置不得匡救。连年稍有丰收,赋税略轻,民衣食不切,可谓教化可修之良机。

如此,诏书意欲重振牧守令长洗心革意,尽心教化。"化"者,振兴"淳风"、"太和"、"道德"、"朴素"之风气,使民心自然趋善,令"邪伪"、"嗜欲"心性自行消灭。"教"者,然后教之以"孝悌"、"仁顺"、"礼仪",诱民以"慈爱"、"和睦"、"敬让"。先王使风俗复归淳朴,治天下以至太平者,莫不由此教化之道。

其三,尽地利。

衣食关系人之生命,饥寒切体,而欲使民教化,此好比"逆阪走丸,势不可得也"。诏书先作此判断,而后论曰:若论衣食足之途,在于"尽地利",而"尽地利"又须"劝课"有方。主此"劝课"者,在乎牧守令长而已。"民者冥也,智不自周,必待劝教,然后尽其力"。

这一条作为当时农政状态的史料,经常被学者引用,这里列举了"劝课"的具体方法:每至岁首,必诫告管界内人民,不问长少凡能使用农具者,皆令就田耕作。播种、收割、养蚕,不误农时,男女老少协力营作。于是农桑之业可行,若有游手怠惰者,乡里正长报之郡县,随事加罚。故先王之戒曰:"一夫不耕,天下必有受其饥者。"春耕,夏种,秋收,若不能依季节指导,而令民废农者,是则绝民之命,趋以就死。然对乏劳力及无牛之家,使其与富裕之家通融兼济。农闲及阴雨之暇,又当教民农业技术。然指导不宜过碎,碎则扰民;而劝课亦不容太简,简则民怠。

其四，擢贤良。

这一条也讨论得很多。一言以蔽之，乃州郡县如何选任属佐之论。州郡县诸官既有中央任命的府官，又有刺史守令辟召的州吏，此条也许主要论及了后者。诏书说：民不能自治，故必立人君而置臣下佐之。且置臣能否得贤者，又为治乱之二途。

往昔以来，州郡大吏，但取于门第，多不择贤良；末端小吏，唯用其事务能力，一向不问志行。但门第与本人之贤愚无关，事务能力亦与品行公正无涉。理想之官吏当然是既有门第又为贤良，既具事务能力又品行端正。

然而，门阀中往往贤才难出，事务才干每每德行阙如。有鉴于此，诏书要求：任官不限门第而重能力；而其志行不善者，则去之。这既是对门阀主义的否定，又非单纯的能力主义。六朝时代的中央、地方行政官厅，通常由超脱政务的贵族出身的高官与专念于实务的非贵族僚属构成。而诏书的意图则在于树立一种能活用此二阶层之长处的新型官员形象。⑥

这一意图还应有其扩大官吏人选范围的一面。这一条的后半部分，是对人才不足观点提出的反驳。依孔子"十室之邑，必有忠信如丘者焉"之语，指出非无合格人选，只因未努力寻求，问题在于是否确实进行了选考。良玉不经打磨，与瓦石相类；名骥不令驱驰，与驽马相杂。若必待太公望、管仲出而后用之，则历百年亦无望。

此外，诏书还强调：若欲任用善人，必先省简行政机构。机构繁琐则人必杂不善、政必生混浊。今州郡官厅机构繁杂，悉宜罢黜冗员。且任用善人不限于州郡县之官吏，至党族闾里正长之职亦然。须经充分选考，举出乡里最佳任者，慎重建立组织系统。总之，求贤之路，自非一途。必由任而试之，考而察之。观察其于居家、乡党之生平，方可得无误之人选。

其五，恤狱讼。

人性或趋于善，或趋于恶，故而产生了赏罚。赏罚不当，则民无所措手足，而生怨叛之心。所以先王对此特别重视，劝戒治狱之官精心追究事件根源。以"五听"、"证验"的方法，确认情况，究明隐匿，不使奸恶漏网。

处人以刑罚,必先检举其确实罪证,因事件性质施行,量刑轻重必无不当。"赦过矜愚,得情勿喜",才能摆正情与理,斟酌礼与律,完全把握人心,使罪人也能心悦诚服。此则刑狱之最上者。

但是,地方官并非人人都有透彻之见识,揭示事件真相自然有困难。故须专一于"至公之心",排除私情,力求公平,调查之后依法处之,不行苛暴,有疑则从轻,未认真审理不妄加处罚,及时处理,不使审判停滞。此乃次善之法。

若视民为木石则一味拷问,致使巧诈者罪证清楚而获免,弱者无罪而被处罚。此乃最恶劣的方法。今日之守令应当努力于次善,而追求上善。不过如今的审判不必如此。"先王之制曰,与杀无辜,宁赦有罪。……今之从政者则不然。深文巧劾,宁致善人于法,不免有罪于刑。所以然者,皆非好杀人也,但云为吏宁酷,可免后患。此则情存自便,不念至公,奉法如此,皆奸人也"。

以上是诏书有关如何实现刑罚公正的阐述。原则是以"爱民"为本,但又决非宽大主义。主张除恶务尽,故强调审理慎重。因此,诏书明言:若有深奸巨猾,伤化败俗,悖乱人伦,则可"杀一利百",处以重刑。

其六,均赋役。

天子之位虽以仁守之,财富亦不可或缺者。上古以来行征税之法,目的即在于此。今敌寇未平,军用耗费,须以财政之力减租省税解除民苦,且力求"平均",无使下层穷困乏匮。"平均"者,即不避开豪强而仅征贫弱者,不放纵奸巧而困顿正直者。然财货来之不易,纺织更非一朝一夕之功,若预先准备,则可按时纳税。国家赋税充足,人民方能生活得没有痛苦。但是,如今为官吏者不预先指导,纳税期至唯恐延误被问罪,而临时匆忙督促。于是,商人乘机渔利。富者可高价购买得以应付,贫者只得借贷高利陷入窘迫。

输税的期限虽有原则规定,但先富后贫则可以斟酌。这是乡里正长、郡县守令的各级职责。若斟酌得当,则政和而民悦;若处之无方,则吏奸而民怨。又差发徭役,考虑不周,以致造成贫弱者或"重徭远戍",富强者或"轻使近防"的不合理。此等守令皆可谓王政之罪人也。

三

以上所介绍《六条诏书》各条,是对当时地方官心得的简单罗列呢,还是一种各条之间具有密切联系的地方政治理想模式呢?笔者更倾向于后者。本节即对此略加阐述。

如果说诏书确实陈述了地方政治模式,那么它首先应该有一个地方官理想模式以为根基。第一条"先治心"是诏书提出地方官理想模式的出发点,第四条"擢贤良"则是对这一模式的具体阐述。第四条的基本趣旨,概言之即才能与德行的兼备。才能是行政的实行能力,德行则指对行政道德化的人格。如果称前者为实务性的话,后者则可称为道义性。[⑦]为了政治理想的实现,二者必须相互激励并存。一方面,道义性通过实务性首先被实现;另一方面,实务性正是由于与道义性结合才被赋予了正当的意义。而能够体现这二者相互关系的人格,就构成了官吏的理想形象。

如果《六条诏书》是这样设想的话,第五条"恤刑狱"和第六条"均赋役"则应是对二者关系的具体化描述。首先,"恤刑狱"把审判方法分为上、中、下三类。称为上善的,是使获罪者心悦诚服地就刑的方法。为此,站在爱民立场(道义性)的同时,还要求具备察明事件真相恰当绳之以法的能力(实务性)。也就是说,这是一种难以区别孰为道义性,孰为实务性的,二者的高度统一模式。

这种精神高度并非任何人都能具备的。因此普通人尽可能以公明正大的心境从事审判,但不得不采取有疑则从轻,未经充分审理不妄加处罚的次善之法。这里虽也有道义性和实务性二者的要求,但比之上善,二者的内在统一是不充分的。因此,虽说审判结果不一定完全与事件真相吻合,但这种不充分性由爱民的立场加以弥补。

最下等的审判是放弃上述立场,始终使用法的形式(实务性)。结果是以拷问逼迫于民,造成使无辜者陷于刑罚的不合理性。现实中此种冤狱颇多,原因在于审判官出于利己之心所生成的官僚主义。总之,这一方法显然缺乏道义性与实务性的调和。

关于"均赋税"。当征税时,矫正豪强与贫弱的差距,防止放纵奸巧而困顿正直者现象的措施,称为"平均"。为实现这种"平均",提前做纳税指导是个关键,若地方官怠慢于此,待纳税期到来,再性急催促,致使商人乘虚而入,则加重人民痛苦。理应由厉行纳税指导之实务开始,最终实现以爱民为道义立场的"平均"政策。但是,对产生于"平均"政策的斟酌贫富之规定,若不能贯彻道义性,势必出现营私舞弊、"吏奸而民怨"的现象。可见,实现"平均",道义性与实务性的统一仍是不可缺少的条件。

那么,上述理念结构在第一、二、三条中是如何体现的呢? 首先,第三条"尽地利"中强调的是牧守令长"劝课",即农业指导的重要性。其中对应指导的内容,有着相当具体的叙述。这些当然是对牧守令长实务性的要求,但又不限于单纯的实务性。"劝课"并非现代史家所常简单地下结论那样仅为征收赋税的方策,其目的还在于使广泛存在的小农得以独立安定地生活,以此加强民力使国家殷实安泰。为此须使人民与农业生产紧密结合,并以实行各种协同生产的方式,解决劳力不均的问题上述这些都是不可或阙的。

为了广泛的小农体制能再生产,而进行贫富调节的思想,已见于上述"均赋役"条,另外在"恤狱讼"中也有间接涉及。这种可称为齐民世界的构想,在"尽地利"中表达得也相当明确。如果假定这一世界崩溃而变质的话,就会形成商业高利贷资本对自给农民的压迫,使小农生产难以维持,而操持末作惰业者也将增加。按诏书的农本主义立场来看,这正是"浇伪"、"浮薄"(第二条)的世态。

可见,即便是强调实务的条款,也是以道义性为前提的。然而,特别就道义性的问题而言,还必须对第二条"敦教化"进行一些考察。如前所述,"尽地利"是作为"敦教化"的必要条件而设定的,二者可以说互为表里。如果将"尽地利"中所暗示的齐民世界赋予道德表现的话,那么其"教化"的目标就应该是"敦朴"、"质直"的民风。换言之,可以说"尽地利"是从形而下的层面,"敦教化"是从形而上的层面,塑造了各自的社会理想模式。

如此看来,不能不说第二、三条所占位置,与第四条以下各项稍有不同。第四条以下论述的是属官的任用、审判、赋税等地方实际。第二条、第三条虽也论及地方政治应如何处理教育、生产，但与第四条以下的各部分并不都是平行关系。因为这里不仅针对了地方行政的存在形式，还揭示了社会的存在形式。就此意义而言，与第四条以下相比，应该说论述了更高层次的命题。那么，第一条的"先治心"与此相比，又具有怎样的位置呢？

为政者精神的清浊是政治治乱之根源的论题，是这一条的根本命题。而"清心"绝不仅是不贪财货的行为廉洁，它意味着一种公正廉洁的精神。而作为行动所把握的标准，则全在于"至公之理"。这被认为是治平的出发点。但是，只这样论述多少显得抽象而难以理解。联系为政者的精神与现实政治的这种"至公之理"，到底是什么呢？

与此近似的"至公之心"，在"恤狱讼"中也出现过，说地方官若不能立于上善之境界，亦当"率至公之心，去阿枉之志"，力求公正。并且非难官吏为保身而始终贯彻法制的现状，认为"此则情存自便，不念至公也，奉法如此，皆奸人也"。"至公"，无疑意味着不徇私情。徇私情之心，即阿枉之志，指的是袒护特定人物的利益。换句话说，他指的是以特定人物的存在为依据的行动。可见，这里所谓的"至公"，并非单纯的抽象概念，应该说是一种以现实为基础的见解。

第二、三条所述齐民社会，并非个体小农的单纯集合体。为了不陷入"游手怠惰"，固守"朴素"、"质直"风气，就有必要建立起超越个体小农经营结构的协同体制。而这种淳朴与勤勉之风又保证了农业生产，将社会总生产量维持于一定水平，确保了天下的丰衣足食。在这两层意义之下，齐民社会，只能是以社会公共性为不可缺少为前提的世界。但是，这一社会又是不可能存在于民众的主动性之中的。民众须在为政者的指导下，方可以变成这一世界根基。所以，为政者精神的清浊，就成为事关这一社会存亡的关键。可见，上述"至公之理"的确应当被看作这一社会的公共性在为政者心里的投影。

当然，这一投影决非来自民众一方，也就是说不是来自客体世界一方能动的作用。毋宁说诏书要求为政者自身由于保持"心清志和"，而对这一客体世界的逻辑理解,这是乍看上去倒立着的形象。至少从近代的观点出发使人感觉是一种倒立的做法。对此,只要注意一下诏书各条的排列顺序,便可一目了然。然而虽说如此,但出自为政者心理的民政,也并不全是主观性的产物。因为,它必须是由实务的客观性作为支撑的。前近代社会中治者与被治者关系的逻辑,在此显然有着相当清晰的体现。

四

《六条诏书》所描述的治者的世界,使人感到相当的理想化。条文随处都将先王之治作为依据而引用,诏书要求地方民治的典范,正是出自那一大同世界,这一点是毫无疑义的。但我们是不是可以据此断定,诏书具有一种在中国史的任何时代都能看到的超历史的立场呢?

《六条诏书》的目标虽说是作为先王之治来描述的,但当我们考察达到这一目标的方法时,就会看到那里有着那一时代的历史投影。如第一条所述那样,这一理想的实现,是以地方官自身的“清心”,即精神的纯化为基本条件的。正如再三所强调的那样,这并非单纯对物欲的抑制,而是一种无须抑制的,更高境界的自我精神的保持。这是一种超越了作为他律规范的道德,进而追求更为先验的内在世界的境界。对此,由诏书“治身”先“治心”的要求,便可窥知。

反过来说,六朝时代是一个人的精神超越他律规范的道德世界(礼教主义),或将其内涵化的时代。诏书给人印象深刻的正是对这一时代精神的彻底贯彻。而对作为这一时代精神代表的士族阶层来说,诏书的立场虽乍看似站在国家的高度,其实应该说仍不过是从士族阶层立场出发的。对此我们不妨看看以下情况。

诏书要求地方官的精神世界,绝不是徒具他律规范的道德心,而是一种作为道德根源的内在世界。从持有这种精神的一方来看,与其说是来自政治的要求,不如说这是一个超越了这一要求,而基于自身自由的需求。因此,这不仅是一种他们以官僚生活的心境治民的问题,也是在私生活中以同样生活态度要求自己的问题。对于这种心境,诏书称之为“心气清和,志意端静",或"心和志静"的境界。事实上当时人对官僚进行评价时,类似的表达也随处可见。对此只要对《周书》列传稍加浏览是不难发现的:

"性节俭,有干能……性清静,务以德政化民,西土悦附"(卷三九《王子直传》)。"性宽和,尚清静,甚为夷獠所安"(卷三三《厍狄峙传》)。"性清素,临终之日,家无余财,唯有素书数百卷"(卷三七《张轨》)。"幼而谨厚,以清约自居……父叔四人,并早殁,昆季之中,孝穆居长,抚训诸弟,有如同生,闺庭之中,怡怡如也"(卷三五《郑孝穆传》)。"性清约,不事生业,所得俸禄,并散之亲戚,身死之日,家无余财,宅宇卑陋,丧庭无所,有诏为起祠堂焉"(卷三六《司马裔传》)。"性柔谨,虽久处列位,常清慎自守,所得禄赐,尽与亲故共之,家无余财,常曰:凡人患贫而不贵,不患贵而贫也"(卷三二《陆通》)。"性平和,小心奉法,安分守志,恒以清白自处,当时为善人"(卷三九《黄甫璠传》)。"性温柔,好虚静,居家不治产业,笃学爱文,政事之暇,未尝弃书,谨慎小心,与物无忤,时人以此称之"(卷三八《元伟传》)。"企虽童幼,而好学恬静,百姓安之……性又清约,纤毫不扰于民,在州五年,每于乡里运米以自给……企志尚廉慎,每除一官,忧见颜色"(卷四四《泉企传》)。"在州五稔,俭约率下,边人乐而安之……徽性廉慎,乃画杨震像于寝室以自戒"(卷三三《申徽传》)。"性廉慎,沉勇有决断……以清俭自居,小大之政,必尽忠恕"(卷二三《苏椿传》)。"他日太祖谓俭曰:名实理须相称,尚书既志安贫素,可改名俭,以彰雅操"(卷二六《长孙俭传》)。"雅好俭素,不营赀产,时论以此称焉"(卷二七《梁椿传》)。"性俭素,不治产业,家无余财……(太祖)乃谓公卿等曰:苏尚书,平生谦退,敦尚俭约,吾欲全其素志"(卷二三《苏绰传》)。"位遇虽隆,而率性俭素,车马衣服,亦不尚华侈,志量淹和,有儒者风度,特为当时所重,又以其经明行修,令与卢诞等教授诸王"(卷三九《辛庆之传》)。"衣服饮食,虽以俭约自处,而居家丰丽,室有余赀,时论讥其诈云"(卷二八《郭贤传》)。"以过蒙礼遇,常辞疾避之,至于婚姻,尤不愿交于势要……性节俭,所得禄皆散于宗族,身死之日,家无余财"(卷二七《蔡祐传》)。"性恭俭,与物无竞,常以满盈自戒,故能以功名兴"(卷二〇《丁翼传》)。"性谦恭有礼节,虽居显要,与亲党之间,恂恂如也,轻财重义,好施爱士,时论以此称之"(卷三七《李彦传》)。"虽居显职,性谦退,善下人,尽心勤公,进拔良士,以此人皆敬而附之"(卷二二《周惠达传》)等类举不胜举。这里举出的各种评语,虽多少有着含义上的细微差别,但大体上就"心和志静"的倾向而言,都是具有同样性质的。

那么,这种性质,又使人们产生了哪些具体的生活态度呢? 由以上各例可见,它表现为恬淡于名利的共同特征。即"不营赀产","家无余财"。将官僚生活获得的收入,散于宗族、亲故是常见的现象。与此相关,努力保持家门和睦的倾向也是引人注目的。总之,不欲突出个人的世上荣光,始终坚持置身于与他人的关系之中,这是一种以虚己为手段,而保证全体存在的态度。将在家族、宗党中的这种态度,进而贯彻于官场,就产生了对荣达的淡泊,亦即所谓"与物无竞"的态度。这就是抑制个我主张意义上的"静"、"谦"、"虚"、"俭",在摒弃个我之浊意义上的"清"、"素",在调和全体之中生存意义上的"和"。

此种生活态度,不妨称为一种在公共关系中的生存态度。由此也可以成为他们自律信条。"清约自居"、"清慎自守"、"以俭约自处"等等表现,不仅仅说明他们具备了清约等品质,还表示由此出现了自律的状态。即不仅他们自己以这种生活态度正身,相应地还使外界产生相应的评价。前引事例虽对此多有反映,这里再举一例:"性方重,有风格……又好施与,家无余财,所得禄赐,常散之宗族,其尤贫者,又割膏腴田宇以赈之。所留遗子孙者,并塉埆之地。朝野以此称之"(《周书》卷三二《唐瑾传》)。这一条材料说明:作为世论形成的环境,不仅是乡党社会(乡论),同时也是官场。⑧

那么,以这种生活态度为信条者,作为地方官处理民政时,又是怎样一种政治呢? 由上引各例来看,王子直"务以德政化民,西土悦附",张轨"临人治术,有循吏之美,大统间,宰人者,多推尚之",郑孝穆"在任有能名……每岁考绩,为天下最",皇甫璠"政存简惠,百姓安之",元伟"政尚清静,百姓悦附",长孙俭"殷勤劝导,风俗大革,务广耕桑,兼习武事……民安其业"。总之,他们私生活的廉洁态度,亦转移至地方官的生活中,遂为良吏。这种政治是由"简惠"、"清静"等与人格相应的评语予以形容的，更具体地，爱护任地的人民，[9] 则表现为"抑挫豪右，不避权贵"，[10] 不受贿，不治产，[11] 劝奖农桑，[12] 公正刑狱，[13] 移风易俗[14]等政绩。一心一意地贯彻这一方针的理念，应该就是"至公之理"了。总之，《六条诏书》正是对当时官员在公私生活中所应履行之伦理的明文化形式，而士族阶层正是这种伦理的担负者。从上述各例来看，具有这种道德精神者的出身，又并非一律。这些人有荥阳郑氏、河内司马氏那种天下名族，有京兆王氏、武功苏氏那样的关中右族，及泉氏那种巴蛮酋豪。另有如梁椿、长孙俭、库狄峙等众多人物。但是泉氏的情况是：泉企之子元礼"颇闲草隶，有士君子之风"，其弟仲尊亦"虽出自巴夷，而有方雅之操，历官之处，皆以清白见称"。泉氏本出自蛮夷，而学得中原士大夫教养与志操。同样情况在北族出身者当中也存在着。

在士大夫精神普及的同时，仍保持了土豪的素朴，二者由此合成酿就了一种时代气氛，是可想而知的。上述官僚之中，在北魏末内乱时应募结成乡里义军的例子很多。[15] 东西两魏军团的一部即由这一势力构成，由此可推知这些土豪与乡人或乡兵之间有着强烈的连带意识。而这可以说意味着他们没有丧失与民众的联系。[16] 作为民众的指导者，他们能够站在公共的立场，且富于实务性，是理所当然的结果。[17]

然而，当时的士大夫层不可能全部都持有这种生活态度。门阀制度的烂熟使得士大夫层蜕去"质直"品质，而酿成了"浮薄"风气。当时的士大夫层正陷入这一深刻危机之中。特别是承北魏颓废之后的东魏、北齐，士风的腐蚀化竟成为进而灭亡的内因。[18] 西魏、北周也许是由于地处边境的原因，所受影响比较小。而苏绰等有识之士所极力告诫防止的，正是这一士风颓废的危险。士大夫伦理由诏书这一国家的意志形式而明文化了，我们所明显感到的，正是六朝至隋唐的这种时代趋向。

原题《关于苏绰的六条诏书》，原载《名古屋大学文学部研究论集》史学 15，1967 年。

注释：

① 苏绰虽殁于六官制施行(恭帝三年,即556年)十年前的西魏大统十二(546)年,但最先是他着手此事业的,其殁后由卢辩继而完成(《周书》卷二四《卢辩传》)。

② 从滨口重国氏府兵二十四军成立于大统十六年说(《西魏二十四军与仪同府》,《秦汉隋唐史研究》上卷所收,东京大学出版会,1966年)。

③ 参见宫崎市定《九品官人法研究科举前史》东洋史研究会,1956年,第489页以下;收入《宫崎市定全集》,岩波书店,1993年。

④ 《周书》卷二三《苏绰传》云:"自有晋之季,文章竞为浮华,遂成风俗。太祖欲革其弊,因魏帝祭庙,群臣毕至,乃命绰为大诰,奏行之。"接下来载有其文章。由此可见文章改革是依宇文泰意图所为的,但同书卷二二《柳庆传》云:"时北雍州献白鹿,群臣欲草表陈贺。尚书苏绰谓庆曰:'近代以来,文章华靡,逮于江左,弥复轻薄。洛阳后进,祖述不已。相公柄民轨物,君职典文房,宜制此表,以革前弊。'庆操笔立成,辞兼文质。绰读而笑曰:'枳橘犹自可移,况才子也。'"此事当在上述大诰发布的前一年(大统十年),可知苏绰亦为文章改革的有力推进者。且这一改革企图的社会意义,依上文亦可明了。

⑤ 汉武帝元封五年,设部刺史,以六条察州。苏绰或仿此亦未可知。然毕竟二者性质迥异。六条察州仅检察管辖内守令、豪右之不轨,而苏绰的《六条诏书》则如后文所论,是针对地方官内心应如何管理地方政治的阐述。

⑥ 参见拙作《北魏官界的门阀主义与贤才主义》(《名古屋大学文学部十周年纪念论集》。《隋唐帝国形成史论》,筑摩书房,1971年)。

⑦ 不仅这一条,对其他条目也可以这样说,道义性与实务性虽然大体上是平行的。但另一方面,道义性又相对于实务性,处于优势并对其有着指导作用。这种既非二元,又非一元的两者关系的直观的统一体,即此所谓的上善。

⑧ 前引郭贤一例,反映了为获得世评而伪装俭约那种沽名钓誉的情况。在当时这种风气想来一定不弱。而另一方面也有出于纯粹自尊而乐于清俭生活者。"侠尝与诸牧守俱谒太祖。太祖命侠别立,谓诸牧守曰:"裴侠清慎奉公,为天下之最,今众中有如侠者,可与之俱立。'众皆默然,无敢应者。太祖乃厚赐侠。朝野叹服,号为独立君。侠又撰九世伯祖贞侯潜传,以为裴氏清公,自此始也,欲使后生奉而行之,宗室中知名者,咸付一通。从弟伯凤世彦,时并为丞相府佐,笑曰:人生仕进,须身名并裕。清苦若此,竟欲何为?'侠曰:'夫清者莅职之本,俭者持身之基。况我大宗,世济其美,故能:存,见称于朝廷;没,流芳于典策。今吾幸以凡庸,滥蒙殊遇,固其穷困,非慕名也。志在自修,惧辱先也。飜被嗤笑,知复何言。'伯凤等惭而退。"(《周书》卷三五《裴侠传》)又,也有将物质利益与人格相比,看重人格而拒绝营利行为的例子:"蜀土沃饶,商贩百倍。或有劝文举以利者,文举答之曰:'利之为贵,莫若安身。身安则

道隆，非货之谓。是以不为，非恶财也。'"《周书》卷三七《裴文举传》。这也可以说是一种超越单纯道德主义的立场。

⑨ 前揭例中还有如"在官虽无明察之誉，以廉平待物，去后颇亦见思。"（《周书》卷二八《郭贤传》）"仕魏，位高阳郡守。为政仁恕，百姓颇悦之。"（卷三三《厍狄峙传》）

⑩ "除抚军将军、使持节，假镇南将军、东雍州刺史，进爵为侯。部民杨羊皮，太保椿之从弟，恃托椿势，侵害百姓。守宰多被其凌侮，皆畏而不敢言。企收而治之，将加极法，于是杨氏惭惧，宗族诣合阁请恩。自此豪右屏迹，无敢犯者。性又清约，纤毫不扰于民。"（《周书》卷四四《泉企传》）又《周书》卷三四《韩盛传》："出为新平郡守。居官清静，严而不残，矜恤孤贫，抑挫豪右，贼盗止息，郡治肃然。"此人"盛幼有操行，涉猎经史，兼善骑射，膂力过人。"

⑪ "除瓜州诸军事、瓜州刺史。州通西域，蕃夷往来，前后刺史，多受赂遗。胡寇犯边，又莫能御。瑱雅性清俭，兼有武略。蕃夷赠遗，一无所受。胡人畏威，不敢为寇。公私安静，夷夏怀之。"（《周书》卷三九《韦瑱传》）"出为襄州刺史。时南方初附，旧俗，官人皆通饷遗。徽性廉慎，乃画杨震像于寝室以自戒。及代还，人吏送者数十里不绝。"（卷三二《申徽传》）又"俦性宽雅，幼有识量，好学强记。兄祖训、祖礼及俦，并有志行。闺门雍睦，白首同居……性又廉恕，不以财利为心。"关于寇俦为地方官，又有记载为："出为左将军、（凉）〔梁〕州刺史。民俗荒犷，多为盗贼。俦乃令郡县立庠序，劝其耕桑，敦以礼让，数年之中，风俗顿革……俦在州清苦，不治产业。"（卷三七《寇俦传》）

⑫ "时荆襄初附，太祖表俭功绩尤美，宜委东南之任，授荆州刺史、东南道行台仆射……荆蛮旧俗，少不敬长。俭殷勤劝导，风俗大革。务广耕桑，兼习武事，故得边境无虞，民安其业。吏民表请为俭构清德楼，树碑刻颂，朝议许焉。"（《周书》卷二六《长孙俭传》）另见上注《寇俦传》。

⑬ 崔谦不仅笃于孝悌，而且任刺史亦以治绩天下第一著称。其治刑狱，"性明悟，深晓政术，又勤于理务，民讼虽繁，未尝有懈倦之色。吏民以是敬而爱之。"（《周书》卷三五《崔谦传》）又如前面提到过的赵肃，他"久在理官，执心平允。凡所处断，咸得其情。"（卷三七《赵肃传》）注⑪的寇俦也是，在司徒杨椿与平民史底的田地所有权诉讼案中，认同史底主张的正确性。不过，赵肃、寇俦的审判，毕竟不属地方官的事例。又，前述赫连达，为夏州总管三州五防诸军事，"虽非文吏，然性质直，遵奉法度，轻于鞭挞，而重慎死罪。"（卷二七《赫连达传》）

⑭ "性清静，务以德政化民，西土悦附"（《周书》卷三九《王子直传》），"历拓州、硖州，所在皆有德化，人吏称之"（卷三二《唐瑾传》）。另参照上注所列长孙俭及《崔谦传》。

⑮ 参见《周书》苏椿、裴侠、司马裔、裴文举、寇俦、韦瑱，泉企等人本传。

⑯ 参见拙稿《关于北朝末期的乡兵》,《东洋史研究》20—4。前引《隋唐帝国形成史论》改题收录。

⑰ 有关这类官人形象,参见拙稿《周末隋初的政界与新旧贵族》,前引《隋唐帝国形成史论》所收。

⑱ 参见拙稿《北齐政治史与汉人贵族》,《名古屋大学文学部研究论集》史学 9。前引《隋唐帝国形成史论》所收。

第三章　均田制的理念与大土地所有

一

对于均田制出于李安世上疏之事史有明文记载,其上疏动机在于
"时民困饥流散,豪右多有占夺,安世乃上疏曰……"(《魏书》卷五三《李
安世传》)。可见当时大土地所有之盛。再从上疏的内容来看,就更清楚
了。他在上疏中,首先谈到上古政治依井田法对人民土地限额授予的理
由,说:"盖欲使土不旷功,民罔游力。雄擅之家,不独膏腴之美;单陋之
夫,亦有顷亩之分。所以恤彼贫微,抑兹贪欲,同富约之不均,一齐民于编
户。"(《魏书》卷五三《李安世传》)

总之,目的在于防止民间土地所有不均,以及由此可能产生的贫富差
别,力图实现并保持一个齐民的社会。然而当时的社会与此却大相径庭,
常年的战乱使土地所有权越发混乱,强宗豪族乘机侵夺土地的事件频频
发生。于是提案曰:

愚谓今虽桑井难复,宜更均量,审其径术,令分艺有准,力业相称,细
民获资生之利,豪右靡余地之盈。则无私之泽,乃播均于兆庶;如阜如山,
可有积于比户矣(同上)。

其旨在抑制豪右,维持细民生计之意图清晰可见。李安世的上疏趣
旨由于被载入了太和均田诏书,已成为众所周知的文章,这里出于行文需
要,将诏书全文引用于此:

朕承乾在位,十有五年。每览先王之典,经纶百氏,储畜既积,黎
元永安。爰暨季叶,斯道陵替,富强者并兼山泽,贫弱者望绝一廛,致

令地有遗利,民无余财,或争亩畔以亡身,或因饥馑以弃业,而欲天下太平,百姓丰足,安可得哉？今遣使者,循行州郡,与牧守均给天下之田,还受以生死为断,劝课农桑,兴富民之本(《魏书》卷七上《高祖纪上》)。

　　这里讲的仍是"富强者"与"贫弱者"差距的问题。李安世的上疏及上引诏文中,不用说有很多套话。但尽管如此,我们还是能从中看出大土地所有的进展,及作为另一极无产者层扩大的现实状况,已使均田制成为应该面对的一个中心课题,这一点是毫无疑问的。

　　以上观点已为以往许多学者所指出,可以说已成为学界的不移之说。尽管如此,我认为大土地所有与均田制的关系在理念上、实际上究竟是怎样一种存在形式,仍是个难以研究的问题。比如,均田制在理念上是否就是对大土地所有的否定,施行均田制是否侵害了既存大土地所有等问题,最近的学界对此并非全都持肯定的态度。① 例如,池田温氏在《均田制——有关六世纪中叶的均田制》(《古代史讲座》8,学生社,1963 年)中,认为在均田制秩序下存在着庄园体制,还进一步认为这种情况与均田制的理念并不矛盾。他说:"本来均田理念并非生物意义上的人所持有土地的平等,而仅是社会身份体系中占有一定位置的每个人所持有土地的均衡;是一种身份高者多授予、身份低者少授予的方式。"而对均田制在施行过程中,是否与既存大土地所有发生过冲突的问题,池田氏在其他的场合大体论述的是下面这种否定的见解:② 他认为,均田制由于是自上而下完善、强化统治体制的政策,所以并未能直接以公权为媒介而实现农民对土地的要求。当时成为统治阶级物质基础的庄园,就是因这种自上而下体制的均田制保有了自身一定的合法性。而且统治阶级作为官僚,持推进均田制的立场。均田制将大土地所有作为体制的一环,企图构筑总体土地制度,所以它并不是对庄园制的破坏形式。

　　可见,池田氏认为庄园制不仅在理念上、实际上并不与均田制矛盾、冲突,而且认为前者是后者的一环。该氏的观点虽说可取之处颇多,然而均田制与当时的大土地所有是否真的没有矛盾对立的一面呢？虽不能说该氏对此完全采取了忽略的态度，但至少给人一种论述不充分的感觉。

后来发表的堀敏一氏的《均田制的成立》（《东洋史研究》24—1、2）关注了这一问题，并努力从均田制与大土地所有对立和统一的两方面进行了阐述。他认为，均田制是"汉帝国崩溃后的新形势下，对个别人身支配进行再编成的产物"，为了这种再编成的完全实现，国家权力渗透到豪族体制内部就成为不可缺少的条件。他认为，从国家权力直营的计口授田制（堀氏以此比照三国时代的屯田制）向均田制的转化，具有国家权力介入豪族体制而直接控制小农的意义。这样，虽然国家与豪族的激烈冲突在所难免，但毕竟与以往认为均田制实施易于引发国家与豪族对立的土地、人口的争夺战的观点不同，堀氏是对二者关系从其内部进行把握的。简言之，豪族体制不是用大土地所有者的豪族与其隶属民之间单纯的领主制关系可以解释得了的。豪族在具有作为地主一面的同时，还有其作为宗族、乡党所构成之共同体领袖（宗主）的另一面。豪族体制虽具备这矛盾的两方面，但地主的一面具有压倒另一面的优势，所以作为共同体领袖的豪族就趋使独立小农走向没落破产。而乘此矛盾之机的国家权力，又图谋亲手培育起小农（均田制），并实现了这些小农共同体的再建（三长制）。这些措施虽使豪族势力蒙受了打击，但并不能使其没落。他们凭借国家对农民直接统治的官僚机构，继续保持着统治阶级的地位。而田令所规定的种种官僚特权的享受，就这样又使豪族地主制逐渐转化为了所谓的品级地主制。

堀氏的论述，虽说发展了以往诸说而具有了相当的说服力，但究竟随着均田制的施行豪族遭到了怎样的打击，而且他们又是在怎样的原理中转化为品级地主的？在这些问题上的叙述总给人一种暧昧的感觉。总之，对均田制与大土地私有这两层意思的现实关系，并未能作出切实深入的探讨，究竟原因何在？

堀氏不是从国家与豪族间外在关系，而是从豪族体制的内在入手，并由此探索均田制成立的必然性，其意图堪称妥当，可以说使均田制研究迈出了新的一步。然而，另一方面，由于仅仅将豪族内部矛盾规定为地主与共同体的两个侧面的矛盾,那么这一对矛盾有着怎样的历中展开呢？由于对这一点缺乏实态性的分析,所以没能解释均田制成立的必然性,实属遗憾。与此相关的,由于将作为均田制的施行主体,设定为超出豪族体制的国家权力意志,③其结果仍是陷入了"国家与豪族对立"论。进一步说,出现这些问题的原因,就在于堀氏将当时国家视为秦汉帝国那种对小农个别人身支配结构的再编成形态。

由此可见,不仅均田制与大土地所有二者关系问题尚未解决彻底,它还直接影响到了对均田制应当如何解释的问题。本章即意在发表一些个人在这一问题上的看法。所以在本小节,先对目前所存在问题的线索作些梳理。

清水泰次氏曾经指出,均田制的意义在于解决"地有遗利,民无余财"这种农业荒废的问题,是以平衡土地与劳动力二者关系为目的,即在土地有所剩余的状况下施行均田制,并非以抑止豪族兼并为其主要目的(《北魏均田考》,《东洋学报》20—2)。堀氏对此进行批判,认为"地有遗利"一语,是从国家政策立场出发而言的,并不一定是说还存在无主荒地。均田制毕竟是针对豪族大土地所有而言的。这里堀氏所谓"国家政策立场"的意思,应该是指秦汉以来统治小农的国家传统政策的立场。他还认为"地有遗利"的表达,也是来自汉代晁错的用语。总之,这些观点与该氏上述国家论是一脉相承的。

但是"地有遗利"所云,果真仅仅表达国家政策,而与兼并问题无直接关系吗？即使堀氏对清水氏无视兼并问题的批判是正确的,也没能对土地、劳动力与兼并问题的关联给以充分的论述,反而使人感到二者被割裂开来了。

李安世的上疏中谈到均田制的作用,要达到的目标是："土不旷功,民罔游力。雄擅之家,不独膏腴之美;单陋之夫,亦有顷亩之分。"又在要求施行均田制时说："今虽桑井难复,宜更均量,审其径术,令分艺有准,力业相称,细民获资生之利,豪右靡余地之盈。"(前引《李安世传》)即,土地、劳动力问题与兼并问题是相提并论的,这很有可能是出于将两者相关看待的意识。进一步对均田诏分析,"富强者并兼山泽,贫弱者望绝一廛,致令地有遗利,民无余财"所云,描绘的应该正是兼并问题与土地、劳动力问题的因果关系(前引《高祖纪》)。从文章结构上推测,对这两个问题,不但看不到清水说所指出的矛盾,反而还应该考虑二者间所具有的深刻联系才是。如果对此作因果关系来考虑的话,土地兼并不仅与小农无产化、劳动力脱离土地等相应,而且"地有遗利"不也正是土地利用的某些不合理现象吗? 上疏中"豪右靡余地之盈"一句,也是有助于这一推测的。那么这样的推测是否能够成立呢? 试从当时大土地所有的事例出发,分析如下。

二

（1）恭宗季年,颇亲近左右,营立田园,以取其利。允谏曰:"天地无私,故能覆载;王者无私,故能包养。昔之明王,以至公宰物,故藏金于山,藏珠于渊,示天下以无私,训天下以至俭。故美声盈溢,千载不衰。今殿下国之储贰,四海属心,言行举动,万方所则,而营立私田,畜养鸡犬,乃至贩酤市廛,与民争利,议声流布,不可追掩。夫天下者,殿下之天下,富有四海,何求而不获,何欲而弗从,而与贩夫贩妇竞此尺寸……顷来侍御左右者,恐非在朝之选。故愿殿下少察愚言,斥出佞邪,亲近忠良,所在田园,分给贫下,畜产贩卖,以时收散……"恭宗不纳(《魏书》卷四八《高允传》)。

恭宗即太武帝皇太子拓跋晃,当太武帝四方出征时常任留守之职,死于帝在位时。又高允为勃海名族,崔浩被诛后处于汉人士大夫代表的地位,以其公正、恭俭之人格颇得信赖。[④]文中恭宗所设"田园",经营畜产,以此作为商品在市场上出售。[⑤]而诱导恭宗从事此种营利事业者,是那些非以正途登用的恩幸。即高允所称"佞邪"之辈。从高允称其为"小人"来看可知,他们很可能不属于士人。由"田园"这种特征可推论,这一土地所有形式具有排他性。如高允所指出的那样,以其出产投放市场,势必与民争利,这不仅针对营业而言,即便"田园"的设置,也是以土地私有独占为前提的。高允要求开放"田园",分给贫困民众,当时首都平城附近确实拥挤着大量无产游民。高允要求太武帝对其开放"禁封良田",以便增加公私贮蓄,以备饥馑。⑥恭宗的"园田"正可说与这种无产者的庞大存在形成鲜明对照。

但是,大土地所有与无产者的这种对照,并非产生于一面是独占土地,一面是所有地被掠夺的无产者化那样简单、平面的原因。⑦虽说这样单纯的事件不是没有,但就全体而言,则是一种更为复杂的结构。例如,就农民无产化的原因来说,首先,应该是由长年战乱造成的数不胜数的凶荒。在当时"游手惰业"的现象中,我们可以看到的是,辛劳于贫瘠的土地,缴纳国家权力所强制的税役,而家境仍陷入困地的情形。于是他们希望找到能够更快赚钱的生存之路。即造酒,⑧聚集为织布业,⑨甚至以赌博、杂戏度日等等的,⑩所谓舍本趋末之业。可能维系这种生活方式主要是在大都市。平城庞大游食之徒的寄生,也是理所当然的。⑪

从后面所要列举诸例来看,当时的大土地经营与商品经济相关者甚多。也就是说,无产者生存的环境,决非与大土地经营无关。即便不直接从事经营的生产,多少也会介入其流通过程,是可想而知的。从这一意义上看,倒不如说二者变成了相互依存的关系了,大土地所有给与无产者以生存环境,从而使其获得了存在的正当性。但果真是这样吗?

让我们听听对恭宗的"田园"经营提出批判的高允的意见。他说,王者必须至公无私,不得追逐私利。即王者必须超脱一切私的经济,且将其包容,保护天下之富。这里的公与私、王者与私民的利益应该是一致的。向无产者开放土地的政策,也应是这一理念的表现。

而且这又不仅仅局限于帝王论,也包括了对国家经济政策的意见。高允在请求开放"禁封良田"时,谈到其目的说:"若公私有储,虽遇饥年,复何忧哉!"即开放土地并不是单纯救济贫民的社会政策,而是以将劳动力尽量投放到土地,以提高国家整体生产量为目标的。这是一种在保证农民个别生活的同时,又超越个别私经济结构的国家的公共立场。

时代稍晚一些,孝文帝时著名的韩麒麟《时务策》,也具有同样的立场:

> 太和十一年,京都大饥,麒麟表陈时务曰:古先哲王经国立治,积储九稔,谓之太平。故躬籍千亩,以励百姓,用能衣食滋茂,礼教兴行。逮于中代,亦崇斯业,入粟者与斩敌同爵,力田者与孝悌均赏,实百王之常轨,为治之所先。今京师民庶,不田者多,游食之口,三分居二。盖一夫不耕,或受其饥,况于今者,动以万计。故顷年山东遭水,而民有馁终;今秋京都遇旱,谷价踊贵。实由农人不劝,素无储积故也(《魏书》卷六〇《韩麒麟传》)。

这里也是把非农业人口问题,作为影响国家粮食总产量的因素,即从国家经济立场出发,进行论述的。

处于这一立场的经济说,又产生了如下主张。即,一个社会不论看起来经济多么繁荣,若不以谷物、衣料这些人的基本生活资料的生产为第一义,即为应该矫正的社会弊风。即韩氏所云:

> 自承平日久,丰穰积年,竞相矜夸,遂成侈俗。车服第宅,奢僭无限;丧葬婚娶,为费实多;贵富之家,童妾袨服;工商之族,玉食锦衣。农夫餔糟糠,蚕妇乏短褐。故令耕者日少,田有荒芜。谷帛罄于府库,宝货盈于市里;衣食匮于室,丽服溢于路。饥寒之本,实在于斯。愚谓凡珍玩之物,皆宜禁断,吉凶之礼,备为格式,令贵贱有别,民归朴素。制天下男女,计口受田。宰司四时巡行,台使岁一按检。勤相劝课,严加赏赐。数年之中,必有盈赡,虽遇灾凶,免于流亡矣(同上)。

也就是说,太平之世的社会奢侈风潮,在使工商末业繁荣的同时,也荒废了作为国家经济基础的农业生产,进而导致天下饥寒的危机。⑫

从这种农本主义立场来看,以营利为目的的大土地所有,是与国家经济正常存在形式相对立的。第一，从土地集中、商品流通的层面说，它压迫了小自耕农；在农业的层面说，它降低了劳动力的投入度。第二，它无法将无产化的人民全部吸收。第三，即使可以吸收，其劳动也多是从事非基本生产的奢侈品生产。第四，这种商品生产，与小农经营不同，会产生大量的未被利用的土地（余地之盈）。在这些原因的相互作用下，势必出现基本生产的土地利用度低下（地有遗利）与劳动量投放的减少，在总体上导致国家经济危机的产生。

　　如果以上推定不错，那么否定大土地所有的观念就可以成立了。这里暂且称之为国家的公共观念。然而，对这种观念我们应该认为它不仅是从抽象的或者传统的理念出发的，还必须从具有一定内容的历史观念出发。如前所述，高允之所以对恭宗身边非以正途登用之"佞邪"表示出强烈的不满，一方面当然是因为他认为那种做法对于应该保持至公无私形象的恭宗太不相符，但另一方面也是出自于他本人的士大夫立场。而这两种理由之间，又是一种相即不离的关系。因为，王者能够做到至公无私，靠的是起用贤士大夫，而士大夫也被认为应该具有献身的人格。

　　这一立场在韩麒麟那里也同样存在着，在上述引文中，他指责当时奢侈之风混淆了身份秩序，意欲严格贵贱之分的态度，就明显地反映了其士大夫的立场。⑬总之，他们的农本主义理念，是出自士大夫的立场，而且以当时公共主义原则的国家观，以及各自立场为媒介而形成的。而一部分大土地所有又正是与士大夫理念不相容的。总之，我认为均田制正是这种士大夫理念的政策化、体制化形式。⑭因此，对于均田制与大土地所有之对立关系，也就有必要作理念上的考虑。下面就是对这一预测能否成立的考述。

三

　　（2）禧性骄奢，贪淫财色，姬妾数十，意尚不已，衣被绣绮，车乘鲜丽，犹远有简娉，以恣其情，由是昧求货贿，奴婢千数，田业盐铁遍于远近,臣吏僮隶,相继经营。世宗颇恶之(《魏书》卷二一上《咸阳王禧传》)。

咸阳王禧乃孝文帝之弟,世宗(宣武帝)之叔父。孝文帝亡后,禧等诸弟本当依据遗诏辅佐新帝,禧虽最年长然怠于政道,且因大量受贿而使地位动摇。以上引文描述的即当时状况。世宗亲政后,二者反目,禧谋反失败,赐死。史载其临终仍念念不忘爱妾。

他所设置“田业”的性质究竟如何虽无记载,但从其与“盐铁”等营利事业并列记载推测,也可能是一种追逐利润的交换经济。而那种奢侈之风,及利用政治地位聚敛等等要素,也从侧面对此有所说明。

> (3)(元)又以腾为司空公,表里擅权,共相树置。又为外御,腾为内防,迭直禁闼,共裁刑赏。腾遂与崔光同受诏乘步挽出入殿门。四年之中,生杀之威,决于乂、腾之手。八坐、九卿,旦造腾宅,参其颜色,然后方赴省府,亦有历日不能见者。公私属请,唯在财货。舟车之利,水陆无遗;山泽之饶,所在固护;剥削六镇,交通互市。岁入利息以巨万计。又颇役嫔御,时有征求;妇女器物,公然受纳。逼夺邻居,广开室宇。天下咸患苦之(《魏书》卷九四《阉官·刘腾传》)。

北魏末,宗室元乂与灵太后对立,垄断了政权,宦官刘腾亦因此弄权得势。由以上引文来看,刘腾与咸阳王禧同样,利用政治地位索贿受贿,除此以外还通过“舟船之利”、“山泽之饶”、“剥削六镇”、“交通互市”、“岁入利息”等方法,蓄积大量财富。“舟船之利”应该就是通过交通运输手段的商业投机,[15]如《洛阳伽蓝记》卷四载:[16]

> 市东有通商、达货二里。里内之人,尽皆工巧、屠贩为生,资财巨万。有刘宝者,最为富室。州郡都会之处,皆立一宅,各养马一匹,至于盐粟贵贱,市价高下,所在一例。舟车所通,足迹所履,莫不商贩焉。是以海内之货,咸萃其庭,产匹铜山,家藏金穴。宅宇逾制,楼观

出云,车马服饰,拟于王者。

　　"剥削六镇"的内容不明,但从当时六镇情况看,中央派来的镇将索贿受贿情况是有记载的。[17]他们把所获财富再献给刘腾也未可知。"交通互市"指的应该就是南北贸易关系。"岁入利息"仅仅是来自以上各"产业"的收益,或是包括其他高利贷一类的收益虽不太清楚,但当时官僚中经营高利贷业的例子也是有的。[18]总之,从刘腾倚仗其权势的利权化、各种商业行为,以及露骨的聚敛中,我们可以肯定"山泽之饶"的独占,仍然是营利的一个环节。[19]

　　上述之咸阳王禧的例子,还有现在这一例,都使人感到在以上营利活动的背后,明显存在着奢侈的消费生活。《洛阳伽蓝记》卷一:

　　　　建中寺……本是阉官司空刘腾宅。屋宇奢侈,梁栋逾制,一里之间,廊庑充溢,堂比宣光殿,门匹乾明门,博敞弘丽,诸王莫及也。

　　这些建筑也许是非法驱逐邻人而营造的。这种精致的邸宅、器具、庭园等,恐怕都应该是上述各种营利活动的结果。换言之,"产业"经营具有相当直接的个人豪奢消费的生活目的。这一点在咸阳王禧及前引富商刘宝那里,可说也是一样的。不过,下面一例中的营利产业与消费生活的关系,又多少有些不一般:

　　　　(4)　欣好营产业,多所树艺,京师名果皆出其园。所汲引及僚佐咸非长者,为世所鄙(《北史》卷一九《广陵王欣传》)。

　　元欣为孝文帝孙,魏末,与孝武帝一同投奔关西宇文泰,终成为八柱国之一。这里的"京师"是指洛阳还是长安虽不明确,但当时洛阳各佛寺有果树园,其出产之各类名果在洛中颇得好评,在《洛阳伽蓝记》中是有记载的。[20]而且这些佛寺据说又多建于王侯贵族之手。[21]故推测元欣的"园"或许近似于佛寺的果树园。"园"中所出产果实,是否作为商品出售于市场不大清楚,但"好营产业"的描述确有很大推测的成分。又"所汲引及僚佐咸非长者"一句,使人想象到元欣周围那班市井出身的奸佞之流。

若这种推定是不错的话,这"园"中出产的名果,可谓高级品种,是作为迎合京师贵人、富家奢侈嗜好而出售的。也就是说,这里大土地经营是以社会一般的奢侈性消费为前提而成立的,其实在(2)与(3)条史料中的"田业"经营、"山泽"独占,应该说也属于这种经营内容,是属于同一范畴的。总之,这种经营被认为是以生产、贩卖相当特殊的商品获利;而后,再以这种利益满足经营者自身奢侈欲求的活动。

虽说不免掺杂了相当多的想象,但当时各种营利产业还是通过上述诸关系,以社会及个人奢侈生活的多重错综复杂形态被表现了出来。仅从个别现象看,虽多少给人以交换经济盛行之感,但最终却归结于人们的非生产性消费生活,这应该说就是当时贵族社会中人的价值表现的一个方法吧。我认为当时那种以营利为目的的大土地所有,的确应该视为这种经济结构的一环去认识。带着这一念头,让我们来看看下面的例子。

(5) 道迁虽学不渊洽,而历览书史,闲习尺牍,札翰往还,甚有意理。好言宴,务口实,京师珍羞,罔不毕有。于京城之西,水次之地,大起园池,殖列蔬果,延致秀彦,时往游适,妓妾十余,常自娱兴。国秩岁入三千余匹,专供酒馔,不营家产。每诵孔融诗曰:"坐上客恒满,樽中酒不空,余非吾事也。"识者多之(《魏书》卷七一《夏侯道迁传》)。

前四条史料,都是关于大土地所有者以商品生产为目的的事例,而这条史料中夏侯氏的"园池"却有所不同。这是放达之士道迁为自己游园所建造的,其中所置山水,想是意在满足主客风流之心,其中所"殖列"之"蔬果",则是专用于奢华宴席膳食的。当时的大土地所有者中,这样专为个人自娱的设施想必不在少数。[22]这就理所当然地使人联想到,前述咸阳王禧、刘腾、广陵王欣等,应该也建造了各式"园池",以满足自己的享乐。只不过不同场合下,观赏用庭园也会兼有商品生产之目的,也是不难想象的。

　　不管怎样,以上道迁一例中的土地所有是不具营利目的的,这与前述诸例有其不同性质的另一面。"京师珍羞,罔不毕有","国秩岁入三千余匹"全部用于酒肴之资,以此等"园池"为舞台的享乐生活,又是与首都市场密切连接的。至道迁之子夬,"性好酒,居丧不戚,醇醪肥鲜,不离于口。沽买饮噉,多所费用。父时田园,货卖略尽,人间债负数犹千余匹,谷食至常不足,弟妹不免饥寒。"(同上)其放达、豪侈之风更甚于父辈,竟至卖尽"田园"。这虽为一极端之例,但即使这本与交换经济无涉之庄园,它仅作为一种穷奢极欲的场所,也是以都市奢侈品市场为不可或缺之前提而成立的。

　　以上引述大土地所有各例告诉我们,商品经济与奢侈生活之间,是一种错综复杂的重叠形态。这种土地经营乃至生活方式,与上一节所论及的士大夫的农本主义理念之不相容,是不难想象的。虽说以上各例均属孝文帝以后时代,但又都不过是曾为高允、韩麒麟所感到畏惧的现象在这一时期更加明显的展开。另外,诸例虽集中于宗室、宦官等权势之家,但对这种营利产业所最应焦虑的,却是北魏末政界的一般风潮。㉓缺乏均田制以前的实例虽说有些遗憾,但从现有事例出发推测的话,均田制不正是对这种土地兼并风潮的一种挑战吗?

四

　　均田制与大土地所有是否二律背反关系?如果是,那么,在贯穿于均田制根底的士大夫理念中,是绝对不能容忍大土地所有的。但是,这样的解释多少给人一种牵强之感。

　　从以上所论来看,均田制在其理论上的对立物,是具有一定特征的大土地所有。虽说大土地所有中,也不乏士大夫身份的经营者,但是作为经营内容则不能不说是非士大夫性质的。㉔随着北魏临近末期,这种倾向虽然也在急剧扩大,但是另一方面,在那样的时代风潮中坚持士大夫生活态度的人并不少见。问题是这些人在自己的所有地上,究竟是如何经营的呢?

　　佗性刚直,不好俗人交游,其投分者必当时名胜。清白任真,不事家产,宅不过三十步,又无田园。暑不张盖,寒不衣袭,其贞俭若此(《魏书》卷八八《良吏·裴佗》)。

裴氏乃河东名族。身居高官地位却无"田园",看来在当时属于特例。然而,为了恪守了士大夫精神所应有的"贞俭",难道不应该去除"田园"的拥有之心吗。

　　椿临行,诫子孙曰:我家入魏之始,即为上客,给田宅,赐奴婢、马牛羊,遂成富室。自尔至今二十年,二千石、方伯不绝,禄恤甚多。至于亲姻知故,吉凶之际,必厚加赠襚;来往宾僚,必以酒肉饮食。是故亲姻朋友无憾焉。国家初,丈夫好服彩色。吾虽不记上谷翁(高祖父珍)时事,然记清河翁(祖父真)时服饰,恒见翁著布衣韦带,常约敕诸父曰:"汝等后世,脱若富贵于今日者,慎勿积金一斤、彩帛百匹已上,用为富也。"又不听治生求利,又不听与势家作婚姻。至吾兄弟,不能遵奉。今汝等服乘,以渐华好,吾是以知恭俭之德,渐不如上世也(《魏书》卷五八《杨椿传》)。

训诫又说,我们兄弟,若在家,必同盘而食,又愿毕吾兄弟世,不异居、异财。如闻汝等兄弟,时有别斋独食者,此又不如吾等一世也。吾今日不为贫贱,然居住舍宅不作壮丽华饰者,正虑汝等后世不贤,不能保守之,方为势家作夺。……

　　这就像《颜氏家训·止足》,[25]对"贞俭"道义作更具体的阐述。坚持俭约的生活,不倾心于"治生求利",不希冀与势家通婚的同时,将来自土地、官禄的蓄积抚恤"亲姻知故",款待"宾僚"。换言之,这是一种道义意识,即自家之富不应自家全部享受,而应向自家的外围、或曰自家的延伸的乡党、宾客提供友谊资助的意识。而对于自家内部，又具体表现为同居同财同食的兄弟间的团结，这种以孝道为根基的道义精神。总之，从家族再推及社会的孝悌仁爱伦理意识，规定了士大夫的生活态度，酿成了他们的家庭经济方式的性质。而"贞俭"，或《杨椿传》所谓"恭俭之德"，应该就是对这种生活态度的评语。

士大夫道义那种去华丽、重俭朴，也应该作为这一伦理观念的前提予以考虑。而既以此为处世前提，士大夫家的富裕又是绝对无可怀疑的。杨椿对子孙的告诫，并不反对自家的富裕，而是力戒对财富蓄积的沉迷。㉖可见，士大夫的大土地所有，是在坚持其伦理意识的范围内才被允许存在的。

> 义僖少时，幽州频遭水旱，先有谷数万石贷民，义僖以年谷不熟，乃燔其契。州间悦其恩德。性宽和畏慎，不妄交款……义僖性清俭，不营财利，虽居显位，每至困乏，麦饭蔬食，忻然甘之(《魏书》卷四七《卢义僖传》)。

卢义僖乃名流范阳卢氏的一族，北魏末人士。从其谷数万石的贷付来看，也应是个大地主。但是他"不营财利"，以俭朴为重，全数放弃凶年债权，由此博得乡党赞赏。

> 家富于财，躬处节俭，每以振施为务……其后出粟数千石，以贷乡人，值年谷不登，债家无以偿，皆来致谢。士谦曰："吾家余粟，本图振赡，岂求利哉！"于是悉召债家，为设酒食，对之燔契，曰："债了矣，幸勿为念也。"各令罢去。明年大熟，债家争来偿谦，谦拒之，一无所受。他年又大饥，多有死者，士谦罄竭家资，为之糜粥，赖以全活者将万计。收埋骸骨，所见无遗。至春，又出粮种，分给贫乏。赵郡农民德之，抚其子孙曰："此乃李参军遗惠也。"(《隋书》卷七七《隐逸·李士谦》)

　　李士谦也是赵郡名族,其妻出于范阳卢氏。士谦六十六岁殁于隋开皇中,年代上虽稍晚些,但这一例与前面卢义僖一例的旨趣基本相同。他焚毁债契时说:"吾家余粟,本图振赡,岂求利哉!"若对他的这一态度追根究底的话,李家的所有田,虽然理所当然是李家的财产,但又是用于乡党救济的。即士大夫的大土地所有,在保持其私有的同时,发挥了其作为乡党社会救济手段的功能。不用说,正是这种基于道义的土地所有,作为与士大夫身份相称的土地制度才受到了认可。

　　具备这种意义的士大夫大土地所有,非但与小农占大多数的乡党社会的秩序没有矛盾和冲突,相反应该说是这一社会的核心力量。大土地所有者与小农之间,有着如种子、粮食借贷那种关系,但也有救济、保护的另一层关系。若破坏了这两方面的统一,而突出了前者的话,那就是李世谦所说的将"求利"事业化,从而逾越了士大夫土地所有的意义,则应属于前节所见到那种营利"田园"的范畴。与此同时,土地所有者也就放弃了士大夫的道义,向非士大夫人格转化了。于是营利主义、荣达主义、过度奢侈、脱离乡党社会、家族宗族团结解体、士庶混淆等现象产生,对民众的榨取、压迫加重。

　　另一方面,大土地所有在贯彻士大夫道义的范围内,不是破坏而是建设了乡党社会秩序。这里的土地利用,也是以救济乡人为目的,以谷帛等的生产为主,应该具有着自给自足的实质特征吧。而作为当地乡里的领导者,有一些证据表明他们还有着督促奖掖乡民生产的作用。㉗

　　由此而论,堀敏一氏所提出的那种豪族势力内部存在地主侧面与共同体侧面矛盾的命题,就不得不进行修正了。即,士大夫世界中这两个侧面不如说是统一的,至于地主制对小农共同体秩序的侵害,那不过是放弃了士大夫道义之后的行为。总之,这一矛盾,是在士大夫人格解体这样特定历史情形下发生的,而不是像堀氏所认为的那样具有一般性意义。

　　堀氏认为均田制是利用豪族体制的一般性矛盾而介入的一种国家的新型统治手段。对于这一国家观,上文中我虽只是怀疑其未免过于抽象化,而现在经以上一番考察之后,我对自己关于均田制产生于士大夫立场的感受越来越强烈了。㉘对于这一观点的论证,仅就本章来说是不够充分的,详细的论说有待来日。

最后,谈一下均田制实施过程中是如何处理大土地所有的问题。有关这一问题,例如贵族庄园是否被没收并且分给了农民,或相反是否被允许存在等等,虽然难以论证,但是我想至少可以作出以下的分析。

> 怀又表曰:"景明以来,北蕃连年灾旱,高原陆野,不任营殖,唯有水田,少可蓄亩。然主将参僚,专擅腴美,瘠土荒畴给百姓,因此困弊,日月滋甚。诸镇水田,请依地令分给细民,先贫后富,若分付不平,令一人怨讼者,镇将已下连署之官,各夺一时之禄,四人已上夺禄一周……"时细民为豪强陵压,积年枉滞,一朝见申者,日有百数(《魏书》卷四一《源怀传》)。

可见即便北镇方面,也存在土地所有的不均等问题。源怀为改革现状而依据"地令"均田,试图实行"先贫后富"的原则。㉙而为使措施明显奏效,对"主将参僚"独占水田的行为施加了相当大的压力,想来贫民优先的再分配是得以实施了。㉚然而,这一措施的效力能否长久维持,则未必有保证。众所周知,六镇叛乱即镇民不堪饥馑所致。总之,法规究竟施行到了怎样的程度,是个事关为政者态度的大问题。前文列举那些为营利而设置"田园"者,大多为北魏末年之高官的事实,应该也可以看作均田制实施减弱的结果。

如此,均田制是怎样限制大土地所有的问题,虽与每个时期不同的政界状态紧密相关,但如果政界意欲推进均田制的话,其对既存大土地所有必形成强大压力是毫无疑问的。均田制并非单纯法规的集成,其中还贯彻了理念的依据。我认为这就是士大夫农本主义的立场,上述"先贫后富"应该说体现的也是这一立场。又如"地无遗利,民无游手"等原则,也是这一理念的重要要素。为了这些主旨的实现,国家在均田法施行之前,已经推出过各种各样的土地政策,㉛我赞成先学们视均田制为这些政策之集大成的观点。不过,关于大土地所有是否受到均田制的侵害的问题,某种程度上虽说有着各项细则规定,但在根本上我认为还是依照制度的理念来决定的。

例如，对奴婢、耕牛的给田规定。正如堀敏一氏所指出的那样，不能仅仅看作是对大土地所有的容忍，还必须看到有其开垦土地的目的。[32]而作为这一目的根本原因，不单在于国家财政政策，如上所述，还必须承认有其扩大国家全体财富的意图。也就是说，均田令制在与这一理念一致的范围内，未必就是以否认大土地所有为原则的。最开始那种对奴婢、耕牛的给田制规定虽然后来消失了，但另一方面它又为官人永业田、职分田、公廨田制度的产生做好了准备。按堀氏的观点，官人永业田是北齐请垦田传统的延续。[33]另外，这种田地虽有官僚特权性质在内，但毕竟还有在田地支给额，及其他项目的国法限制。而这些制度又是意在与一般民众给田相调和的措施。大胆言之，可以说这些制度，正是士大夫在土地经营中自我抑制的另一种表现形式。对于本文开头所提到的均田制与大土地所有共存，或向品级地主制的展开等等各位学者的意见，如果是从这一意义上考虑的话，那么我是十分赞成的。

原载《东洋史研究》25—4，1967 年。

注释：

① 参见座谈会《如何看待均田制》七，"均田制与大土地所有制"条，《东洋文化》37。

② 同上。

③ 如本文所介绍的，堀氏认为均田制以前的北魏国家是以计口授田制作为直接基础而建立的，是与豪族体制相分离而存在的。而由此形成的国家权力，又通过均田制等介入了豪族体制。堀氏观点的一个依据在于，认为计口授田民是可以比作三国时期屯田民身份的。因为一般来说，徙民除平齐户以外，大约是不被编入郡县制的。但是，我们看到徙民除平齐户以外，成为郡县民的例子是存在的。《魏书》卷一五《常山王素传》载："世祖初，复袭爵。休屠郁原等叛，素讨之，斩渠率，徙千余家于涿鹿之阳，立平源郡以处之。"从平齐郡、平源郡的例子来看，应该是徙民以被征服民之事所命郡县名。但是尽管如此，既未被贱民化，也未受到与一般编户不同的待遇。如笔者所一再主张的，徙民也好，计口授田也罢，都不是出于纯自经济的目的，首先第一位的，这是破坏敌对势力，并使其士民成为国家新居民的强制措施。这种措施当然地形成了国家的财政基础，但是徙民与其他郡县民并没有任何本质的差别。

④ 参见大泽阳典氏关于高允的研究，《北魏高令公传小考》，《立命馆大学》180。

⑤ 《南齐书》卷五七《魏虏传》叙述当时宫城形状云："伪太子宫在城东，亦开四门，瓦屋，四角起楼。妃妾住皆土屋。婢使千余人，织绫锦贩卖，酤酒，养猪羊，牧牛马，种菜逐利。"此与《魏书·高允传》的记载可谓趣旨相当。

⑥ "是时多禁封良田，又京师游食者众。允因言曰：'臣少也贱，所知唯田，请言农事。古人云：方一里则为田三顷七十亩，百里则田三万七千顷。若勤之，则亩益三斗，不勤则亩损三斗。方百里损益之率，为粟二百二十二万斛，况以天下之广乎？若公私有储，虽遇饥年，复何忧哉？'世祖善之。遂除田禁，悉以授民。"《魏书·高允传》。

⑦ 参见前引清水论文。

⑧ "其制有司课畿内之民，使无牛家以人牛力相贸，垦殖锄耨……又禁饮酒、杂戏、弃本沽贩者。"《魏书》卷四下《世祖纪下》。

⑨ 《北史》卷一五《魏宗室传》记载元淑事迹曰："孝文时，为河东太守。河东俗多商贾，罕事农桑，人至有年三十不识耒耜。淑下车劝课，躬往教示，二年间，家给人足，为之谣曰：'泰州河东，杼柚代春。元公至止，田畴始理。'"《魏书》卷九四《仇洛齐传》也记述了有名的杂营户的例子："魏初禁网疏阔，民户隐匿漏脱者多。东州既平，绫罗户民乐葵因是请采漏户，供为纶绵。自后逃户占为细茧罗縠者非一。于是杂、营户帅遍于天下，不属守宰，发赋轻易，民多私附，户口错乱，不可检括。洛齐奏议罢之，一属郡县。"另外，大致同样的记载在《食货志》里也能看到。

⑩ 《魏书》卷八八《良吏·鹿生传》："生再为济南太守，有治称。显祖嘉其能，特征赴季秋马射，赐以骢马，加以青服，彰其廉洁。前后在任十年。时三齐始附，人怀苟且，蒲博终朝，颇废农业。生立制断之，闻者嗟善。"又参见注⑧。

⑪ 参见注⑥及本文所引韩麒麟上表。

⑫ 时代稍晚的记载，有如北周的乐逊也明显地具有这一立场："武成元年六月，以霖雨经时，诏百官上封事。逊陈时宜一十四条……其二，省造作，曰：顷者魏都洛阳，一时殷盛，贵势之家，各营第宅，车服器玩，皆尚奢靡。世逐浮竞，人习浇薄，终使祸乱交兴，天下丧败。比来朝贡，器服稍华，百工造作，务尽奇巧。臣诚恐物逐好移，有损政俗。如此等事，颇宜禁省。《记》言'无作淫巧，以荡上心'。《传》称'宫室崇侈，民力雕弊'。汉景有云：'黄金珠玉，饥不可食，寒不可衣。''雕文刻镂，伤农事者也。锦绣纂组，害女功者也。'以二者为饥寒之本源矣。然国家非为军戎器用、时事要须而造者，皆徒费功力，损国害民。未如广劝农桑，以衣食为务，使国储丰积，大功易举。"《周书》卷四五《乐逊传》。

⑬ 关于韩麒麟及其子显宗（以反对孝文帝门阀制度的贤才主义者著称）的士大夫立场，参见拙作《北魏官界的门阀主义与贤才主义》，《名古屋大学文学部十周年纪念论集》，《隋唐帝国形成史论》，筑摩书房，1971 年。

⑭ 高允请以"禁封良田"分与贫民获准，韩麒麟使用"计口授田"的表达，希望给田"天下男女"等，皆与均田制形成关系密切这一点，早已为诸家所注目。另外，均田制创始者李安世为赵郡望族，也是不能忽视的事实。参见第四节及注⑧。

⑮ 《梁书》卷二五《徐勉传》："勉虽居显位，不营产业，家无蓄积，俸禄分赡亲族之穷乏者。……诚其子崧曰：吾家世清廉，故常居贫素，至于产业之事，所未尝言。……门人故旧，亟荐便宜，或使创辟田园，或劝兴立邸店，又欲舳舻运致，亦令货殖聚敛。若此众事，皆距而不纳。"这里的"舳舻运致"当即为此。

⑯ 依张宗祥合校本。

⑰ 参见《魏书》卷一八《广阳王渊传》所载元渊上书。

⑱ 举北齐一例，"元康便辟善事人，希颜候意，多有进举，而不能平心处物，溺于财利，受纳金帛，不可胜纪，放责交易，遍于州郡，为清论所讥"。《北齐书》卷二四《陈元康传》。

⑲ 《北史》卷八七《崔暹传》："性猛酷，少仁恕，奸猾好利，能事势家，初以秀才累迁南兖州刺史，盗用官瓦，赃污狼籍，为御史中尉李平所纠，免官。后行豫州事，寻即真。遣子析户，分隶三县，广占田宅，藏匿官奴，障吝陂苇，侵盗公私，为御史中尉王显所弹，免官。……武川镇反，诏暹为都督，隶大都督李崇讨之。违崇节度，为贼所败，单骑潜还。禁于廷尉，以女妓园田货元乂获免。"亦可做同样解释。唐长孺《南朝的屯、邸、别墅及山泽占领》（《历史研究》1954 年第 3 期）认为，江南的山泽封固伴随着部分商品生产。

⑳ "龙华寺，广陵王〔羽〕所立也；追圣寺，北海王〔详〕所立也。并在报德寺之东。法事僧房，比秦太上公。京师寺皆种杂果，而此〔一本昨二〕寺，园林茂盛，莫之与〔一本作与之〕争。"（《洛阳伽蓝记》卷三）"〔劝学〕里内，有大〔一本作文〕觉、三宝、宁远三寺，武定四年，大将军迁石经于邺，周回有园，珍果出焉，有大谷梨重十斤，从树着地，尽化为水，承光之柰，承光寺亦多果木，柰味甚美，冠于京师"（同上）。"白马寺，汉明帝所立也……浮屠前柰林蒲萄，异于余处，枝叶繁衍，子实甚大。柰林实重七斤，蒲萄实伟于枣，味并殊美，冠于中京。帝至熟时，常诣取之，或复赐宫人。宫人得之，转饷亲戚，以为奇味，得者不敢辄食，乃历数家，京师语曰："白马甜榴，一实直牛。"（同上，卷四）。

㉑ 见注⑥。

㉒ 《魏书》卷二一上《北海王详传》："初太和末，详以少弟延爱，景明初，复以季父崇宠，位望兼极，百僚惮之。而贪冒无厌，多所取纳；公私营贩，侵剥远近；嬖狎群小，所在请托。珍丽充盈，声色侈纵，建饰第宇，开起山池，所费巨万矣。又于东掖门外，大路之南，驱逼细人，规占第宅。"元详乃孝文帝末弟，曾与咸阳王禧等辅佐宣武帝，其受贿、聚敛与禧如出一辙。然这里的"山池"是作为观赏用庭园记述的。

㉓ 《魏书》卷三二《封回传》："荥阳郑云谄事长秋卿刘腾，货腾紫缬四百匹，得为安州刺

史。隙书旦出,暴往谞回,坐未定,谞回曰:'我为安州,卿知之否?彼土治生,何事为便?'回答之曰:'卿荷国宠灵,位至方伯,虽不能拔园葵,去织妇,宜思方略以济百姓,如何见造而问治生乎?封回不为商贾,何以相示。'云愧愧失色。"《魏书》卷六六《李崇传》:"然性好财货,贩肆聚敛,家资巨万,营求不息。子世哲为相州刺史,亦无清白状。邺洛市廛,收擅其利,为时论所鄙。"关于李世哲,"性倾巧,善事人,亦以货赂自达。高肇、刘腾之处势也,皆与亲善,故世号为'李锥'",郑、李二氏都结交依托当时权势。这一点与注⑲的崔暹相同。孝文帝死后之官界,受贿政治的现象,至此已叙述并清楚了。不得不游历其中的官僚谋求营利手段的情况,也就可以想象了。如下一节将要论及的,就连对此风潮持批判态度的杨椿,最终也未能恪守父祖对"治生求利"的训诫。

㉔《宋书》卷九二《良吏江秉之传》:"元嘉十二年,转在临海,并以简约见称。所得禄秩,悉散之亲故,妻子常饥寒。人有劝其营田者,秉之正色曰:'食禄之家,岂可与农人竞利?'"充分表明了士大夫的立场。

㉕ 这就使人想起《颜氏家训》卷五《止足》的"先祖靖侯戒子侄曰:'汝家书生门户,世无富贵;自今仕宦不可过二千石,婚姻勿贪势家。'吾终身服膺,以为名言也","常以二十口家,奴婢盛多,不可出二十人,良田十顷,堂室才蔽风雨,车马仅代杖策,蓄财数万,以拟吉凶急速,不啬此者,以义散之;不至此者,勿非道求之。"另外,对杨氏训诫全体结构的分析,本书第三编第一章已有详论。

㉖ 下面一例也可说是如出一辙,"以功赐爵壮武侯,加平远将军,给以田宅、奴婢。性好酒,爱施,亲旧宾客率同饥饱,坎壈常不丰足。毕众敬等皆尚其通爱。"(《魏书》卷四三《房法寿传》)顺便说一句,房法寿由于效力于北魏之征服山东,而被奉为上客。

㉗ 堀氏举出的共同体指导者一例,如《北史》卷三三《李灵传》:"悦祖弟显甫,豪侠知名,集诸李数千家于殷州西山,开李鱼川方五六十里居之,显甫为其宗主。"即暗示了这种情况。另《魏书》卷六一《毕众敬传》载,众敬之子元宾出任本州即兖州刺史时,他亦隐退乡里曰:"众敬善持家业,尤能督课田产,大致储积。元宾为政清平,善抚民物,百姓爱乐之。"可见父子共同受到乡民敬爱。也就是说"尤能督课田产,大致储积"不能仅作为自家所有田看待,还有其督促奖掖乡民农业生产的意义。

㉘ 提出均田制方案的李安世,乃前述李士谦之祖父。

㉙ 北魏受田规定曰:"进丁受田者恒从所近。若同时俱受,先贫后富。"《魏书》卷一一〇《食货志》。其中"先贫后富"的规定,是否也适用于土地的肥沃贫瘠虽难知其详,但从法规的精神上考虑,应该说当然是适用的。这一原则至唐令就更为普遍化了。参见堀敏一《北朝均田法诸问题》,《东洋文化研究所纪要》(28)中《户等的作用》一节。

㉚ 对源怀的上表有诏书承诺解决问题。

㉛ 前引堀氏论文及田村实造《均田法的谱系——均田法与计口授田制的关系》(《史林》45—6）有详论，可参见。

㉜ 参见注㉙所引堀氏论文的"跋"。

㉝ 注㉙所引堀氏论文中"官人永业田"一节。

第 四 编
六朝名望家支配的结构

第一章 六朝时代的名望家支配

一、序　言

六朝时代(魏晋南北朝时代)是贵族制时代的认识,在清朝考据学者们的著作中已很明确了,[①]内藤虎次郎(湖南)则将此认识发展,将六朝至隋唐的前半定义为中世贵族政治的时代,从而确定了贵族制时代在中国史发展进程中的位置。[②]从那时以来,如何理解贵族制,就作为把握这一时期历史性质的问题,而吸引着史家的关注。内藤及其学统的继承者,例如冈崎文夫、宫崎市定、宇都宫清吉、宫川尚志、川胜义雄等人都认为六期时代的贵族阶级是独立于各个时期王朝权力而存在的。[③]即便是皇权,也无法改变来自贵族制的身份秩序。他们在这一点上是一致的。

如果是这样的话,六朝贵族阶级得以自立的根据究竟何在呢? 汉代以来,大土地所有制不断发展的事实是不容怀疑的,虽然六朝贵族的大多数都被推测为大土地所有者,但却很难视此为贵族自立性的保证。因为六朝贵族作为统治阶级的形象是在官界得以显现的,所以可称他们为官僚贵族。由这种理解方式,又导致了一种否定六朝贵族阶级的自立性,视其为寄生于皇权的官僚集团的观点。由此,产生了所谓六朝贵族即寄生官僚说。以上这些问题,引起了学界的讨论。[④]

宫崎市定对九品官人法的全面研究便与此问题相关。[⑤]宫崎根据研究认为,当时决定各个贵族任官资格的,首先是乡论,而不是皇权。

阶级的自立与官僚的存在形态,虽然乍看是矛盾的,但是由于乡论的作用使二者得以同时成立。那么,当时所谓的乡论,又产生于怎样一种社会构造呢? 围绕乡论虽有过不少的研究,[⑥]但在此我们还是不妨再度回到内藤湖南的相关论说。他曾有过如下的表述：

> 这个时代中国的贵族，并非根据制度而由天子来授与领地、人民，其门第乃是作为地方名望家不断延续而自然产生的，不用说这种延续从根本上说还是以其累世官宦为基础的。⑦

如果将内藤的这一观点予以图示的话，则可简要地表述为"累世官宦之家——地方名望家——贵族阶级"的模式。可见，内藤是从地方名望家入手去探求贵族阶级直接基础的，不过对有关地方名望家社会实际形态的问题，他未作任何说明。

而对此问题冈崎曾研究指出："要之，后汉时期，作为家族之德的孝义，对宗族、乡党的友义，对上司的节义，这些德都由经学赋予了逻辑的基础，最终形成了支配后世的文明基础。"⑧

冈崎认为，以儒家道德为媒介而结合的家族、宗族、乡党及上司与个人的关系，是后汉以后才形成的。他虽未直接言及有关贵族阶级的社会基础，却已指出在汉帝国内部产生了自律性的人的结合关系，对此不能不说是值得关注的见解。

笔者自60年代以来，一直带着所谓豪族共同体的构想，也是为了解答六朝贵族的阶级基础是什么的课题。如果探索六朝政治史的动态，则在瞬息万变的王朝兴亡的背后，能够捕捉到一种以豪族之家为中心而结合的地方社会形象。这一形象有时会浮上政治的表面，特别是以军团的形式活跃于政治舞台。这种地方性结合体就是豪族共同体。

自汉帝国瓦解以来，饱受社会矛盾、天灾、战乱等等威胁的民众，依附于地方上拥有势力的豪族，以谋求生活的安定。作为豪族的一方面，其与民众的连带关系对于维持自身势力是有利的。要之，作为汉代乡里制瓦解的结果，人们以所谓豪族的特定之家为媒介，期望组成新的地域结合体。

对于依附于豪族的民众，史料中经常用"宗族"、"乡党"等来指称。可见，在这种连带关系中，血缘和地缘的关系成为了媒介。他们与豪族所蓄奴婢、佃客那样的隶属民有所不同,基本上说是自由民。一方面有着身份自由,另一方面又依附于豪族,在其强烈影响之下生存,这种看似矛盾的关系,正是豪族共同体的特征。

因此,两者的关系,并不在于土地等生产手段之有无剥削、被剥削关系。豪族赈恤宗族、乡党中的穷困者,花费心血扶助其生活,日常还要指导农事、调解纷争;面临外敌,则团结宗族、乡党以图自卫。当此之时,豪族提供其所有资产和奴客劳动力的情况很多。豪族层的这种行为,经常是用"轻财重义"、"轻财好施"等的语言来评价的。而这种无私之心以及来自宗族、乡党的信任,就成为豪族共同体不可缺少的精神要素。为了度过后汉至六朝时期充满苦难的岁月,人们是需要站在这种超越自我之立场上的。

以上就是笔者所持豪族共同体说的梗概。⑨到了 70 年代,我的这种构想引起了许多评论,⑩其中大部分是批判性的意见。重视人的结合之精神契机的这种构想,被视为脱离了一直深受唯物史观影响之战后日本历史学界的潮流。但是,笔者总感觉那些批判未必符合六朝史的实际情况。笔者将在以下诸节中,在以往的构想的基础上结合若干新的看法,以期对自家之言加以补充完善。

二、名望家支配之赈恤意义

我试图使用"名望家支配"一词,来定义豪族对于宗族、乡党所实施之社会行为以及由此所产生的强大影响力。而在此名望家支配之中占据最重要位置的,则是在缺乏生活物资的时代所实施的赈恤行为。这种实例虽说在史书之中随处可见,但此行为究竟是出于何种动机而产生的?单纯是出于名望家个人的、偶发的慈善之心吗? 或者说是基于像是某些习惯那样的原因呢? 能够明确说明这一问题的史料并不太多。然而我们不禁想起后汉崔寔所著的《四民月令》。上田早苗的《〈月令〉与后汉社会——以救恤为中心》[昭和五十七年度科学研究费补助金总合研究(A)报告书《中国士大夫阶级与地域社会之间关系的总合研究》所收],

就是对此作出考论的优秀著作。以下一面参照此文，一面就我自己的课题进行考察。《四月民令》是博陵望族崔寔对各家应做之全年例行活动的逐月记载。以研究此书而知名的渡部武采用了石声汉的构想，将书中繁多的家事分类为"仪礼与教养"、"农业"、"手工业与食品加工"、"医疗"、"管理"、"交易"等六个项目，每一项内又再分为若干个小项目。其中"仪礼与教养"分为"祭祀"、"家礼"、"交际"、"教育"四个小项目，有关赈恤、救济的记事，则列入"交际"项目⑪。

总之，可以看出赈恤、救济关系之记事的，有三月、九月、十月的三处：

> （三月）是月也，冬谷或尽，椹、麦未熟，乃顺阳布德，振赡匮乏，务先九族，自亲者始，无或蕴财，忍人之穷，无或利名，罄家继富，度入为出，处厥中焉。

此段记事之后又记载曰：

> 农事尚闲，可利沟渎，葺治墙屋，以待雨，缮修门户，警设守备，以御春饥草窃之寇。
> 九月，治场圃，涂囷仓，修窦窖，缮五兵，习战射，以备寒冻穷厄之寇，存问九族孤、寡、老、病不能自存者，分厚彻重，以救其寒。
> 十月，五谷既登，家储蓄积；乃顺时令，敕丧纪。同宗有贫窭久丧不堪葬者，则纠合宗人，共兴举之，以亲疏、贫富为差，正心平敛，毋或逾越，务先自竭，以率不随。

从以上三项可见，三月食粮的赈恤，九月衣料的救济，十月送葬的互助，都是按照季节的循环来决定赈恤、救济的。所谓季节的循环，首先是按照各家谷物的收获、储备、消费的顺序，以日常财富生产与消费的形式反复进行的活动。又由于各家族之间条件的不平等，为了矫正而进行的财富再分配的赈恤、救济，则是按照三月的青黄不接时期、九月的渐趋寒冷时期等等季节需要，而编入全年例行活动的内容。进一步而言，在这种宗族结合的外围,缺衣少食的贫民也同样是随着季节的运行而产生,并可能成为土匪盗贼来侵袭各个村落,因而对其加强防御的工作也必须列入全年的例行活动。当然,为了防御盗贼入侵,一族的团结是必需的条件。而为了创造这一条件,赈恤、救济也就成为不可轻视的事情了。

如此看来,《四民月令》所载救恤条项,是按季节的循环严格纳入一家的全年日程表的。换言之,作为家政一环的救恤,是按照自然循环的经营而设定的。

那么,能否将《四民月令》中这种赈恤意义予以一般化的理解,并且认为其同样适用于六朝时代呢?《四民月令》中的"三月"与"十月"条,隋人杜台卿撰《玉烛宝典》曾予以引用;又,"三月"条的一部分,唐人韩鄂撰《四时纂要》的"四月之部"也有类似的记载。由此可知,《四民月令》的赈恤法,直到隋唐时代仍受到强烈的关注。但是仅仅如此,还不能成为《四民月令》的赈恤法一直实施于后世的证据。倒是南朝宋的颜延之所著《庭诰》的一节更应引人注意:

> 务前公税,以远吏让,无急傍费,以息流议。量时发敛,视岁穰俭。省赡以奉己,损散以及人。此用天之善,御生之得也。[12]

此处所表现的,也是如何顺应自然节奏经营家庭经济、留心作为其中一环的赈恤的思想。语言虽极其简洁,却是将公税、自家消费、赈恤三者能够按道义、有计划地支出作为理想的。文章还使人领会到,支撑家政之道义性和计划性的那种自然的摄生之理与社会的舆论。

另一个例子是隋代隐士李士谦的逸闻,它也使人感到赈恤是如何成为名望家的家庭经济之一部分的。李士谦是望族赵郡李氏的一员,曾以数千石谷物贷于郡民。无奈荒年持续,致使债务无法偿还。当欠债人前来表示歉意时,李士谦却说:"吾家余粟,本图赈赡,岂求利哉!"并且焚毁债券,勾销了所有债务。[13]由这则逸闻可知,自家消费以外的剩余部分是可以贷借乡民的。这种贷借不但可以生利,而且征收高利也并非不可能。实际上,在史书中也确实常能看到这种事例。但是作为名望家,那并不是目的,说到底还是为赈赡而积谷的。李士谦的话可谓一语破的。

如此,名望家的收获物,除去租税部分,大约被分割为自家消费和救济两部分。但是,这种分割绝不是固定不变的,而是根据收获的丰歉和家人的意志,发生着各式各样变化的。上述颜延之的后裔颜之推所撰《颜氏家训》中,就有这样一段饶有兴味的训诫:

> 世间名士,但务宽仁,至于饮食饷馈,僮仆减损,施惠然诺,妻子节量,狎侮宾客,侵耗乡党,此亦为家之巨蠹矣。[14]

从这一段文字来看,周济宾客、乡党似乎已成为六朝末期名士的一项义务,同时也表明家庭经济中用于施与的份额,是在不断变动而并不固定的。

总之,由以上各例可知,因为当时的赈恤行为是名望家之家政的一个环节,所以各家的家训对此屡有记述。前揭《颜氏家训·止足篇》又云:

> 常以二十口家,奴婢盛多,不可出二十人,良田十顷,堂室才蔽风雨,车马仅代杖策,蓄财数万,以拟吉凶急速,不啻此者,以义散之,不至此者,勿非道求之。

这是彻底的止足教导。这种将最低消费以外的部分散施与他人的思想,在此以前也曾见到。[15]如此,赈恤行为与家庭经济的俭约精神紧密地结合起来了。在名望家之中有很多人具备止足的谦虚人品,其赈恤行为就是从这种家政与人格之中产生出来的。

具有如此意义的赈恤行为,对于蒙受恩惠的人们又有怎样的精神影响呢? 前述的李士谦在灾荒年饥饿致死者不断出现时,将自家谷物全部发放作粥施舍,据说因此获救者有数万人。农民感其恩德,抚其子孙说:"此乃李参军遗惠也!"[16]由李士谦的赈恤得以家绪不绝的农民们对其感恩戴德。

除此隋代的事例以外,东晋末的江南,也流传着类似的美谈。继孙恩之乱以后,江南地方饥荒严重,以至人相食。当时,名族顾琛的母亲孔氏(孔氏也是名族),发放家粮施与郡民,由此得以存活者甚多,他们生下孩子,都以"孔"字命名。⑰由此也可感受到农民对于孔氏之赈恤使自己家庭得以延续的无限感激心情。

还有这样一则关于南朝宋末刘善明赈恤的逸闻,说赖平原郡名望家刘善明的赈恤而得以活命的人们,指着刘家的田地称之为"续命田"。⑱意思是说,因刘家田地的收获才使自己的生命得以延续下来。⑲

从以上三例可见,人们对于赈恤者所感激的,不仅是救命之恩,而且还有保其香火的恩德。这里获救济的,不仅仅有饥民个体的生命,同时还有那种从过去迈向未来之家庭的连续性。对当时人来说,家庭之连续性具有至高无上的价值,这一点应无庸赘言。也就是说,名望家的赈恤行为,在当时应作为关系民众生存之根本的大事来理解。

至此,我们可以就当时名望家的赈恤行为所具有的意义提出一个大致的结论了。这种赈恤行为是顺应自然的需要来经营家政的一环,其行为的实践不仅在于拯救各个饥民的生命,还具有保障各家的维持、存续,即保障人类生存的意义。人是在自然的恩惠下生存、繁殖而形成人类社会的,但自然界的失调与人为的灾害(二者在当时被认为是具有对应关系的),威胁着生存,造成人类存续的危机。在此二者之间名望家们,一边亲手矫正贫富的悬殊,一边积极应对危机,由此产生了他们调节天人之际的使命感。那么,抱有如此使命感的名望家,又是怎样一种历史的产物呢?

三、名望家的形成

六朝时代的名望家是怎样形成的呢?如本文序言中所述,内藤湖南认为这是累世官宦的特定家族的缘故。这一见解十分重要。因为如果这一见解是正确的话,那么作为名望家形成之出发点就在于个人了。以下,拟根据这一见解加以探讨。

所谓官僚,本来是以个人的能力而为君主效劳的。众所周知,中国的官僚制是经过春秋战国时代封建制度的瓦解,直至秦汉时代而得以显著发展的。在秦朝建立最初的统一帝国的过程中,决定臣下地位的是个人的功绩。汉朝虽然多少缓和了秦代过激的制度,但在基本的性质上并无变化。个人与君主权相结合而形成社会的、政治的集团,这种情况在墨家或法家等思想家群体,尤其在法家成为现实国家的思想体系支柱的成功中,已明显可见。[20]即使前汉武帝实行独尊儒术的政策,将儒家教养作为任官资格加以重视以后,官僚制依靠个人功能来支撑的原则并没有改变。

那么,由官僚又是如何成为名望家的呢？关于这一问题,江村治树发表了饶富趣味的论文。[21]他认为,秦汉的官僚并不是像君主权的齿轮那样无人格的存在,官僚们常被人以“贤”字来评价。所谓“贤”,意味着具备与常人不同的卓越人格。它既用于评价战国以来的任侠之士,也适用于前汉的忠诚官僚,赞扬儒家官僚时也使用这一评语。按照江村氏的观点,当时的官僚即以这种人格为立身基础,如此看来这不正是探讨名望家形成问题的关键所在吗？因为若一个家族累世为官僚,那么这一家被人视为产生卓越人格的特别家系,就是很自然的事情。

如此,可以说名望家的出发点在于个人。至于如何由个人的人格及体现这种人格的政治功绩,以及创造这些精英家系的过程,则可作以下推测。即作为官僚所建功业的成果,通常不是一代人可以完成,而可通过世代的交替传与子孙。其情形恰如农民家产的父子相承。例如,在官界生活所获得的资产固不用说,其他有形无形的政治特权以及治学的有利条件等,都在家庭内得以储备,有助于子孙入仕。类似的情况往复进行,就形成了不妨称为“官户”的特别家系。尤其是前汉中期以后,儒学与政治的结合关系强化之后,因为官僚必须是具备儒家人格者,于是其所出身之家也就赢得了极大名望。

为了把如此建立起来的具有名望的家系维持下去,家族每个人日常的努力是必要的。遵守儒家道德,不追逐名利权势的自立精神,以节俭为宗旨的经济生活,尊重学问教养等等。他们以这样的生活态度受到乡论的高度评价,甚至以此通过乡举里选和九品官人法而获得官职,这就必然激励他们涵养家风的努力。

如此,沿着这种从人至家的方向,家就被附加上了人的条件。六朝时代所盛行而制作的家训,就是作为这种规范的体现。不仅如此,各家还分别制定家礼。礼本来是由儒家经典记载的人间关系的规则,到了六朝时代,将其转移到生活实践的倾向强烈起来,各家争相制定具体的礼节仪式,而且影响到其他家族。《隋书》卷三五《经籍志》著录有李穆叔所撰《赵李家仪》十卷。所谓赵李,不用说就是山东四姓之一的赵郡李氏。李穆叔讳公绪,是东魏、北齐时代的人,根据《北齐书》卷二九的记载,他还有关于礼学的著作。同样是赵郡的李敷,是北魏中期的人,关于他则有如下的记载:

> 敷兄弟敦崇孝义,家门有礼,至于居丧法度,吉凶书记,皆合典则,为北州所称美。㉒

就支撑具有名望家系的人物来说,最为重要的便是颜之推再三强调的教养,特别是儒学的素养。在这个意义上,家同时又是学问的场所。除了幼年时代必须接受尊重长辈教育之外,还有不少教育项目(例如对于六经中某一经的训诂学)也在家传授,即所谓的家学。

如上所述,人与家有着不可分的关系,二者相互作用,便使得某些超凡的家族脱颖而出。

根据稻叶一郎的研究,名望家的形成自前汉末已见于各地,并且对宗族、乡党有着极大的影响。㉓就汉帝国的统治规律来说,这是一种新的情况。因为汉帝国本来是以皇权直接统治人民的关系为原则的;而今在这种政治规律之中,却出现了所谓名望家支配的另一种社会的、政治的关系。

前引《四民月令》的著者崔寔,在其所著《政论》中有以下一节记述:

> 上家累巨亿之赀,斥地侔封君之土,行苞苴以乱执政,养剑客以威黔首,专杀不辜,号无市死之子,生死之奉,多拟人主,故下户踦岖,

无所跱足,乃父子低首,奴事富人,躬帅妻孥,为之服役。㉔

值得注目的是,这里使用所谓"上家"与"下户"这两个反义词语。这表明,在皇帝权力统治对象的各家之间产生出了上下关系。虽然在此以前也有贫富的差距,但此时差距的进一步扩大,以至于构成上下关系、支配隶属关系。这是与秦汉帝国的统治规律相矛盾的新情况。

不过,像《政论》所描述的那种家与家激烈的上下的、支配的关系,绝不能说就是名望家的支配。《四民月令》记载的名望家的形象,则与此大大不同。但是二者并不是互相矛盾的。崔寔对上家下户关系发展现实的批判,不正是名望家所应有的形象吗? 要之,后汉中期,上家下户关系与名望家支配这两个相反的现象是共同存在的。然而,这两个现象之间是有其共同点的,那就是家与家之间所结成的上下关系。残酷的掠夺关系也罢,亲和的保护关系也罢,总之都表明此时出现了与汉帝国统治规律相反的情况。再就当时的大体倾向附带说一句,以后汉中期之后的腐败政治为背景的上家下户关系,受到了后汉帝国崩溃的沉重打击。

另一方面,名望家支配也曾在某一阶段上对支撑地方政治发挥了作用。㉕不过,那只是对于现实的暂时妥协,不妨将其理解为体制变化的一个过渡期。后汉帝国崩溃之后,名望家的地域支配越发带有了自立的性质,可以说这是因为政治的不安定促成了如此方式的秩序维持。

四、关于名望家的人格

如果说名望家是由人与家的相互作用而形成的话,那么作为结果,名望家的人格又是怎样的呢? 这个问题看来与形成名望家支配的原因关系密切。因为王朝政治衰微之后,对于倍受天灾、战乱等危险不断威胁的宗族、乡党来说,名望家就是他们的精神支柱。名望家与宗族、乡党之间所缔结的信用和声望关系,促成了名望家在社会、政治上的自立。诚如内藤湖南所揭示的那样,其自立性并非产生于对土地、人民那种排外性的掌握,而是植根于自身与民众之间的人格关系中,一方面又作为接受中央政府管辖的编户齐民。

这种人格支配的重要契机，不用说就是名望家的道德。比如说，作为赈恤前提的，那种由"轻财重义"、"轻财好施"行为所表现出来的对财产的恬淡精神。这种精神超越了个人与个人之间的隔离，创造了一种连带关系。这种精神又与名望家的家庭经济的勤俭节约相互关联。他们那种赈恤行为与俭约生活的不可分离情况，在上一小节已有论述。崇尚节俭朴素的精神，必然须避免与权势之家交往，并且不会考虑走向权势之途，这或许就是与地方社会共存的态度吧。

恪守止足而回避权势的精神，在上述颜之推身上虽已看到，此处再举一则范阳望族卢义僖的例子。卢义僖是北魏末的人，生性清俭，不营财利，据说他位居显要竟时常不免穷困，满足于麦饭蔬食。但是，当其故乡幽州连年遭受水旱之灾时，他烧毁了数万石谷物的所有借贷文书，免除了民众的债务。纵使长年身居虚职，他也全然不介意。曾经有人劝他谒见身居要职的高官求职，他却说"学先王之道，贵行先王之志，何能苟求富贵也"，谢绝了劝告。当时势倾朝野的李神轨来求通婚，卢义僖予以拒绝，并将其女嫁于他氏。在婚礼前夕，宠爱李神轨的灵太后遣人命令中止婚礼，卢义僖却泰然自若无动于神色。[26]

《魏书·卢义僖传》中所见到的这种节俭生活、仁恕精神、不求权势的态度，是一种在其他名望家身上也同样可见的道德。这种超俗的精神，又是以什么为依托的呢？就卢义僖来说，靠的是学习"先王之道"，也就是儒学。正如《论语》中许多章句所见到的那样，儒学的确教导士人以轻利重义的精神。不过，老庄思想也提倡超脱现实世界，所以就当时名望家来说，可以推测也受到了老庄思想的影响。例如博陵望族崔伯谦，尽管族弟崔暹是东魏的权臣，他却非庆吊之时不与之交往，而"以雅道自居"，[27]使人感到他的生活态度中带有一种隐逸的倾向。

由此看来，就那些超俗生活人们的心情而言，虽然有着各种不同的韵味，但从卢义僖和崔伯谦二例来看，支撑他们这种生活态度的，是那种称为"先王之道"或"雅道"的"道"的世界。所谓"道"，就是超越现实具体世相的普遍原理。这正是支撑那些名望家人生的根柢。

如果说恪遵"道"的世界是德的话，那么认识"道"的世界就是知。卢义僖学"先王之道"，就必须实践"先王之志"的观点，已经显示了知行合一的思想萌芽。颜之推也说过："其所以读书学问，本欲开心明目，利于行耳。"即认知的开发，本来就是为了实践的，其中包含了学问的目的。他接下去又说：

> 未知养亲者，欲其观古人之先意承颜，怡声下气、不惮劬劳，以致甘旨。惕然惭惧，起而行之也。……素鄙吝者，欲其观古人之贵义轻财，少私寡欲，忌盈恶满，赒穷恤匮，赧然悔耻，积而能散也。㉘

也就是说，理解古人的德行，藉此深刻反省自我，亲身仿效起而行之，才是学问的真正意义。可见，在颜之推看来，知的目的在于德的实行。换言之，知是迈向德的自觉，即回心转意的契机。

这个时代，德与知的关系，看来并不总是像颜之推所说的那样。不如说，正是因为现实中二者有乖离，所以颜之推才有上述那样的强调。不过，某些特定领域的知，已成为当时的贵族阶级所必须具备的教养，这一点也是不容否定的。这种教养并不只是贵族身份的点缀，还关系到这一阶级的本质。六朝贵族既是官僚贵族，同时又被称为教养贵族的情况，㉙是不能不从这一意义上给予理解的。而这种教养从学问的领域所表现出的，应该就是玄、儒、文、史四学。玄学是以《老》、《庄》、《易》三玄作为教材的形而上学，儒学是以经书作为教材的人伦之学，文学是凭借语言表达思想之学，史学则是以人类的经验作为先例的记述之学。总之，对这些学问归纳而言，就是对超人间的宇宙之理法、人间社会的现实和理想等等世界万物的总括性把握。

就这种学问的形成而言，当然儒学是根本的；不过自后汉末以来，儒学自身也如礼学中所见那样是作为生活实践之学而发展起来的。另外，老庄思想盛行并形成玄学这一独立的领域。史学也脱离经学而自立，开拓了以正史为首的各个领域。社会变的越来越重视依据过去经验行事，史学记述也越来越丰富起来。此外，文学也最终脱离神祇文学的性质，而成为对人类个体心情的倾诉；个人文集的开始编撰则突出表现了这一点。总之，玄、儒、文、史都是作为中世贵族制社会的知性果实而产生的。

除了玄、儒、文、史等正统的学问之外，还有可称为生活科学的一系列的技术学。前述的李士谦，博览群书，通晓天文、术数。《隋书·经籍志》的子部，由儒、道、法、名、墨、纵横、杂、农、小说、兵、天文、历数、五行、医方等十四目构成，天文、术数属于这一领域。此二者加上五行等，称为秘学。㉚秘学虽不属于正统的学问领域，但是作为在生活上应用的观察宇宙奥秘的洞察之学，是包括李士谦的当时多数贵族阶级所学习的知识。

除了玄、儒、文、史以及秘学之外，给予六朝名望家深远影响的，还有道、佛二教。前述的李士谦，曾因悲恸其母与姊之死，而施舍邸宅为伽蓝，列传中记载了若干他对佛教信仰的谈话，但并无排斥道教、儒教的意思。关于三教的优劣，他说："佛，日也；道，月也；儒，五星也。"总之，他从事赈恤行为的动机，与其佛教信仰关系极大是可想而知的。曾经有人对他说："子多阴德。"他回答说："所谓阴德者何？犹耳鸣，己独闻之，人无知者。今吾所作，吾子皆知，何阴德之有！"虽说出于期待社会声誉而施行的救济行为绝不在少数，㉛但是上述李士谦的话表明他的行为是出于宗教无偿奉献精神的。

关于贵族阶级所学之学问、知识，究竟与名望家支配有何关系的问题，必须从各个层面来探讨。例如北魏末卢文伟，以其有关古代之督亢陂的知识，为故乡范阳的灌溉事业作出了贡献；㉜又如同时代的赵郡李元忠，以其所学医术为乡民治病。㉝值得一提的是，无论是卢文伟或是李元忠，都曾于北魏末的动乱期，在故乡进行过军事活动，这种活动的基础，不也包含着他们日常与乡民的联系吗？

如此，德与知在各种形态的相互支持之中，构筑了名望家的人格，成为了名望家支配的泉源。以德来超越自我且摆脱世俗，用知去把握自然与社会的一切，二者在根本上是联系在一起的。遵从世界的法则，节制私欲，拯救众生，谋求人类社会的延续，乃是身为贵族阶级的他们所背负的责任。换句话说，他们是以实现这个世界之"公"为己任的。

但是，担负责任的他们，毕竟有其属于特定私家的个人的一面。在此有着名望家支配内部的深刻矛盾。这种矛盾及其克服，在他们的家庭生活中又是怎样一种形态呢？

> （崔）士谦性至孝，与弟说特相友爱，虽复年位并高，资产皆无私焉，居家严肃，旷及说子弘度并奉其遗训云。[34]

据此可知，崔士谦与弟说过着同居同财的生活。在同一个家中，把资产据为己有的情况被称为"私"。也就是说，在一家之中也是有公私关系的。崔士谦属于博陵崔氏，同族中还有崔孝芬、孝伟、孝演兄弟，他们也是同居同财生活，其经济生活的情况有着如下的记述：

> 一钱尺帛，不入私房，吉凶有须，聚对分给，诸妇亦相亲爱，有无共之。[35]

此处之"私房"，指的是构成同居家族之一部分的夫妇的居室。在这种复合家族的同居生活之中，夫妇关系是一个"私"，那么所谓"公"者又是什么呢？即使是骨肉的兄弟，在一起也会有很多纷争；何况妯娌这些外人之间，就更是纷争不断。《颜氏家训·兄弟》中，在叙述兄弟感情恶化诸事例之后，有着以下一段评说：

> 所以然者，以其当公务而执私情，处重责而怀薄义也。若能恕己而行，换子而抚，则此患不生矣。

这里所说的"公务"，绝不是指官吏等职务，而是指超越每一对夫妇之上的家族全体的家政而言的。例如上述崔孝芬兄弟遵守完美的同财关系，即使庆吊支出亦协商而后行的事例。值得一提的是，崔孝芬曾因将兄弟的遗孤视同自己孩子疼爱而受到称赞。

可见，家庭生活之中也有公私两面。此与名望家对宗族、乡党的态度应该是有关系的。因为对宗族、乡党的赈恤正是家政的一环，而成为赈恤之前提的节俭生活又是由其家风所决定的。为了使这一切得以正常运作下去,家族意志的统一,即要求家族每个人都站在公的立场是必要的,否则是不可能向宗族、乡党伸手援助的。

以上虽仅是累世同居的复合家族的例子,其实纵使是单婚家族,在本质上也并没有区别。由于对妻子的私爱,使得自己与兄弟、进而与相关宗族的连带意识变得淡薄起来的事例绝不在少数。

总之,名望家支配是在名望家之家族内部公私纠葛之中,通过公对私的克服而得以实现的。也可以说能够弃私而就公,正是名望家层所引以为自豪的。但是,本来是私家却又要实现社会的公,这对矛盾是不可能完全解决的。一旦门阀贵族制成熟,名望家的社会、政治特权固定化之后,忘却社会责任后,私家以及个人的繁荣和享乐就成为追求的目的了。这种倾向在南朝非常严重,在北朝也并无不同。不过,在北朝特别是西魏以后的关中政权来说,由于把名望家层编入了军事体制(参见后述),加之对门阀制度的压抑,所以贵族制得以延续以至于隋唐时代。至于隋唐时代的名望家支配的形态,则是今后所应该研讨的课题。

五、名望家支配与六朝国家

以上所述名望家支配,在六朝社会究竟占有多大的比重? 这是否仅仅是一种偶发的地方性现象呢? 还是那一时代具有普遍性的、规定性的构造呢? 对这些问题究竟应该如何看待,暂且列举事实如下。

正如以往所曾谈到的,六朝诸王朝的一些国家军队,是由名望家支配为背景而集结的军团。其代表性的例子,便是对东晋王朝给以强有力支持的京口军团。京口军团即设置在都城建康东北京口的国家军队,原是为防备五胡之南下而设置的,其起源为山东名望家郗鉴率领故乡民众于峄山所建立的坞垒集团。郗鉴在永嘉之乱严重缺乏粮食之时,把别人赠送的物资周济与宗族、乡党穷困者,而获得人们的深厚信赖。在无法应付五胡的军事压力的时候,他率领民众渡长江南下。迄此因未拥有直属军队而不安定的东晋王朝,由此获得了极大安定。㊱淝水之战中击败前秦苻坚大军的,正是这支京口军团。众所熟知,取代东晋而建立宋王朝的刘裕,就是京口军团的将校。[37]要之,确保江南政权的军力源泉,正即北方的名望家支配。[38]

在宋齐革命以及齐梁革命中,名望家率领的军团也十分活跃。[39]其详情姑且省略,在此仅以一例加以说明。在第二节所谈到的平原名望家刘善明,即对宋齐革命发挥重大军事作用的人物。他所率领的军团,即由信赖他的宗族、乡党所组成。就这样,在东晋、南朝王朝力量薄弱之时,是名望家与受到其恩德之民众的团结关系,成为建立新王朝的杠杆。

再来看看北朝的情况,以旧游牧民族的兵士为军事力量骨干的北魏崩溃之后,在华北名望家率领的军队也活跃了起来。高欢建立东魏政权时,由崔、卢、李、高等的所谓山东贵族纠合起来的"乡人部曲",便曾与之协力,结成同盟。[40]

另外,宇文泰建设西魏政权,也曾获得关中地方的名望家所率之"乡兵"的协助,但由于西魏必须进一步与东魏对抗,所以积极地招募乡兵,加强了军队。这就是西魏、北周、隋、唐一贯实行的府兵制的起源。[41]

地方的名望家把民众编成国家军队的政策,也延伸到了北周时代关中以外的地方,在隋与陈接壤的中间地带也曾有所实行。[42]如此,以名望家支配作为媒介的乡兵,为中国的再统一做出了贡献。在隋末内乱时崛起的群雄之中,以地方名望家作为府兵之统率者也不少。[43]在唐朝的缔造者李渊的军团里,有其举兵地太原附近之府兵统率者若干人参加,[44]他们原本也是率领故乡兵士的名望之家。

综上所述,在六朝诸政权的成立过程中,名望家统率的军团扮演了重要的角色,这说明名望家支配是当时社会的基层构造,其后进一步成了权力形成的基础。

注释:

① 顾炎武《日知录》、王夫之《读通鉴论》、王鸣盛《十七史商榷》、赵翼《廿二史札记》、《陔余丛考》等,即其代表。

② 内藤虎次郎《支那近世史》,弘文堂书房,1947年。收录于《内藤湖南全集》第十卷,

筑摩书房 1969 年。

③ 参阅冈崎文夫《魏晋南北朝通史》，弘文堂书房，1932 年；改订再版，平凡社，东洋文库，1989 年。宫崎市定《九品官人法研究——科举前史》，东洋史研究会，1965 年；收入《宫崎市定全集》，岩波书店，1993 年。以及收录于宇都宫清吉《汉代社会经济史研究》,（弘文堂，1955 年）、宫川尚志《六朝史研究——政治社会篇》（学术振兴会，1956 年）、川胜义雄《六朝贵族制社会研究》（岩波书店，1982 年）等著作的有关论文。

④ 拙稿《六朝贵族制社会的历史性质及其律令体制的展开》，《社会经济史学》31—1 至 5，1966 年；本书第二编第三章。

⑤ 前揭宫崎《九品官人法研究——科举前史》。

⑥ 收录于川胜义雄前揭书、中村圭尔《六朝贵族制研究》（风间书房，1987 年）等著作的有关论文，以及越智重明《清议与乡论》（《东洋学报》48—1）等。

⑦ 前揭内藤湖南《支那近世史》第一章《近世史的意义》。

⑧ 前揭冈崎《魏晋南北朝通史》外编第一章《魏晋的文明》。

⑨ 有关拙论的详情细节，参阅前揭《中国中世的探求》，日本编辑出版学校出版部，1987 年。

⑩ 参阅拙稿《关于"共同体"的论争——中国史研究的思想状况》，前揭《中国中世的探求》所收。

⑪ 渡部武译注《四民月令》，平凡社，1987 年。本节内容多借助于此书。

⑫《宋书》卷七三《颜延之传》。

⑬《隋书》卷七七《李士谦传》。

⑭《颜氏家训·治家篇》。

⑮ 梁人徐勉，也曾以此事训诫子孙。《梁书》卷二五《徐勉传》。

⑯ 李士谦曾任"参军"之职。

⑰《宋书》卷八一《顾琛传》。

⑱《南齐书》卷二八《刘善明传》。

⑲ 根据吉川忠夫教授的指教，所谓"续命"似为道教用语。

⑳ 关于此点，可参阅宇都宫清吉《中国古代中世史研究》第五章《管子弟子职篇》，创文社，1977 年。

㉑ 江村治树《由"贤"观念所见西汉官僚一特征》，《东洋史研究》34—2。

㉒《北史》卷三三《李顺传》。

㉓ 稻叶一郎《汉代民间秩序的形成》，川胜义雄、砺波护编《中国贵族制社会研究》所收，京都大学人文科学研究所，1987 年。

㉔《通典·食货典》田制上。

㉕ 参阅增渊龙夫《所谓东洋的专制主义与共同体》，《一桥论丛》47—3。

㉖《魏书》卷四七《卢玄传》。

㉗《北史》卷三二《崔伯谦传》。

㉘《颜氏家训·勉学》。

㉙ 森三树三郎《六朝士大夫的精神》，《大阪大学文学部纪要》第三号，《六朝士大夫的精神》所收，同朋舍，1986 年。

㉚《晋书》卷九五《艺术传》："陈训，字道元，历阳人。少好秘学，天文、算历、阴阳、占候无不毕综，尤善风角。"

㉛ 执着财物而吝惜赈恤者，会受到舆论的唾弃。例如《魏书》卷六九《裴延隽传》、《北齐书》卷四三《封述传》等。对于当时的赈恤行为，不能不考虑在其背景中这种社会舆论。

㉜《北齐书》卷二二《卢文伟传》。

㉝ 同上书《李元忠传》。

㉞《北史》卷三二《崔士谦传》。

㉟《魏晋》卷五七《崔孝芬传》。

㊱《晋书》卷六七《郗鉴传》。

㊲ 关于京口军团，参阅川胜义雄《刘宋政权的成立与寒门武人》，《东方学报》第三十六册；改订再录于前揭川胜书。

㊳ 这一时期，属于东晋政权，而又活跃于恢复北方失土的军团，有范阳的名望家祖逖率领的宗族、乡党集团。《晋书》卷六二《祖逖传》。

㊴ 关于这些问题，可以参阅安田二郎《萧道成的革命军团》（《爱知县立大学文学部论集》二一）、《南朝的皇帝与贵族及豪族·土豪层——梁武帝的革命》（中国中世史研究会编《中国中世史研究》所收，东海大学出版会，1970 年）、《晋宋革命与雍州（襄阳）的侨民——从军政支配到民政支配》[昭和五十七年度科学研究费补助金总合研究（A）报告书《中国士大夫阶级与地域社会之间关系的总和研究》所收]。

㊵ 关于乡人部曲，参阅拙稿《北朝末期的乡兵》，《东洋史研究》20—4；改题收录于拙著《隋唐帝国形成史论》，筑摩书房，1971 年。

㊶ 参阅滨口重国《西魏二十四军与仪同府》，《东方学报》，第 8—9 册；后收录于滨口《秦汉隋唐史研究》上卷，东京大学出版会，1966 年，以及前注㊵拙稿。

㊷ 关于这个问题，拟另行文论述。

㊸ 比如可以列举薛举、李轨、刘武周等名字。

㊹ 参阅布目潮沨《李渊集团的构造》，《立命馆文学》第二四三号；改题收录于布目《隋唐史研究——唐朝政权的形成》，东洋史研究会，1968 年。

第二章　六朝时期城市与农村的对立关系

——从山东贵族的居住地问题入手

一、序　　言

　　有关六朝时期城市和农村的关系,迄今已积累了很多的研究成果,其中我以为首先要列举的,应是宫川尚志《六朝时期的村》。①关于以村作为名的聚落,加藤繁等也已引用唐宋时期的史料予以论及。②而宫川氏的研究,则是从城市和农村的分化这一视角,对村的起源、地理的分布及其实际状态,进行了考索,获得很高的评价。这些都是学界周知的事实,虽说没有介绍的必要了,但是为了论述的方便,仍拟记述其要点如下。

　　首先,唐户令在记载里正的职掌之后,称"在邑居者为坊……在田野者为村",宫川氏据以推测,唐代的聚落被称为"都会"和"田舍"这样两种不同的名称,乃是"城市和农村之间的分化在制度上的反映",又进而设想村的起源,是不是应求之于远离中央政权的边鄙之地。基于这样的设想而广泛搜集史料,其结果是导致了如下结论:"村"在六朝时期已成为乡野聚落的一种普遍性称呼;而其起源,乃是在汉代的乡聚或者县城经魏晋战乱破坏之后,所兴建起来的受灾民众的自然聚落;另外它又广泛分布在远离人烟的土地上;那些"村"大多拥有自卫组织,还是道佛二教的信仰场所;等等。

　　宫川氏的这些研究,将历来总是局限于制度史研究框架内的聚落问题,作为从汉到六朝的时代变化中的一环来考察,这一点应该说具有很大的意义。

　　从这个观点再进一步,试图根据聚落史来进行中国史的时代划分的,是宫崎市定氏。宫崎氏作为中国城市国家论的倡导者素为人知;而他还对作为中国古代社会基本构造的城市国家是怎样崩坏并逐步向中世聚落体系转变的问题,也一直寄予深切的关注。从《中国聚落形体的变迁——对于邑·国、乡·亭和村的考察》一文为首的数篇论考,可见对其研究之一斑。③根据这些论考,城市国家的本质,可从城市市民的一个侧面即农民中求得。但在汉帝国的崩溃过程中,农民由于各种各样的原因离开了城市,在山野里形成新的聚落。其临时者,即那波利贞氏辨析的"坞";其恒久者,则为"村"。

　　作为"村"成立的契机,宫崎氏所重视的是屯田制。而"村"字起源于屯,对他的这一观点亦不无启发。要言之,国家将流民安集于无主之地并使他们专职从事于农业劳动的屯田制度,显然推进了脱离以往城市的聚落的进程。

　　如果说,作为国家大土地经营的屯田对于"村"的形成是一种促进力,那么,民间豪族所有的大土地经营,也应起到了同样的作用。宫崎氏认为,江南豪族的庄园经营,拥有依附的人民,于是就形成了"屯",也就是"村"。

　　那么,在上述农村从古代城市中离析出来并逐步成长的过程中,城市所呈现的又是怎样的形态呢? 关于这个问题,宫崎氏也撰写了数篇论文,而作为专题论述的,当推《六朝时代华北的城市》。其论述要旨略云:作为农业城市的古代城市,在后汉至六朝时期,其政治城市的性质浓厚起来,地方衙署也整备和充实了。又因财政维持之需,其作为工商业城市的性质也得到深化。总之,从农业方面来说,发生了从生产城市到消费城市的变化。到了"五胡"统治的时代,由于在重要的城市里配置了游牧族的军士,以致出现原居民从城市迁出的倾向。而随着五胡政权的交替,导致城市居民不断地改换,由之而加强了军事城市的性质。

　　如上所述,政治城市的性质一旦加强,城市的规模就必然要扩大,而另一方面,军事城市性质的加强,就对城市的坚固性提出了要求。一旦这两个必要性同时出现,二重城郭式城市形态的出现也就在所难免。这一点也是当时城市的一个特色。

从以上对于农村和城市的理解出发,宫崎氏作了如下的表述:"成为行政官厅治所并拥有较大数量人口的城郭都市,和脱离城市而散布于田野的村落相对立的六朝社会,乃是此前的汉代所看不到的新现象。"本节开头所述宫川氏的预测,即关于城市和农村的分化问题,兹根据宫崎氏的洞察和分析,已得到清楚的解释,这样说恐不为过。

如果要进一步说的话,上引宫崎氏的表述中,城市和农村的关系还不仅仅是分化,而应用的"对立"一词来表达。所谓对立,是指两者分化后各自仍旧保持着独立性的相互关系。这个同时包含着对立的、不同性质的聚落的世界,恰恰显示出了当时的历史阶段性。

关于六朝时代城市和农村的分化及对立问题,就笔者自己来说,也是早就萦绕于心的。1958年笔者发表的《北魏末的内乱与城民》一文中,④有如下论述:"宫川尚志氏曾究明了称之为'村'的农村在六朝时代的出现,宫崎市定氏将这一发现向前推进了一步,认为它是从古代城市中分离出来的新生的中世农村。由此可见,或许正是在六朝时代,迈出了城市和农村相分化、对立的第一步。这一问题的意义不仅仅限于聚落发展史,同时也应当与社会的统治体制问题相关联。也就是说,六朝时代的城市乃农村的对立物,特别是具备了政治的军事的机能;而所谓城民,不就是被赋予了这种机能的民众的历史存在形态吗?"

其中所谈到的宫崎氏的研究,亦即前引《关于中国聚落形体的变迁》一文,而拙论的构想,与该氏《六朝时代华北的城市》中所论也是一致的。我自己的研究,虽是从政治史方面进行探讨的,但其结果与诸家聚落研究仍有契合之处。现在如果根据宫崎氏的《六朝时代华北的城市》,对过去的旧稿进行一些补充的话,那么,所谓城民则应该以城、郭二重构造中属于城的部分的军人及其家族为主来考虑为好。⑤另外,如上所述,在旧稿中对当时城市的性质尽管从政治、军事两方面作了限定,同时也要考虑到城民中也包括某种商业手工业者。⑥这也就进一步显示出了宫崎氏所说的作为商业手工业城市的一面。

那么,城市和农村的对立关系,究竟表现为一种什么样的形态呢? 关

于这一点旧稿中举出了如下的事例:

> 前废帝时,崔祖螭、张僧皓起逆,攻东阳,旬日之间,众十余万。刺史、东莱王贵平欲令(崔)光伯出城慰劳。兄光韶曰:"城民陵纵,为日已久,人人恨之,其气甚盛。古人有言,'众怒如水火焉',以此观之,今日非可慰谕止也。"……贵平逼之,不得已,光伯遂出城数里。城民以光伯兄弟群情所系,虑人劫留,防卫者众。外人疑其欲战,未及晓谕,为飞矢所中,卒(《魏书》卷六六《崔亮传》)。

这是北魏末前废帝(531—532)时发生的事变,"土民"崔、张率众十余万,包围了青州的治所东阳城。刺史元贵平命令在反乱势力方面享有声望的崔光伯出城对他们进行劝谕。这时城民方面担心崔光伯被敌方扣留,所以派人护卫着光伯出城,而反乱方面疑心是要进攻,就袭击了他,因而以光伯中箭而死的悲剧告终。

关于这一事变,青州刺史元贵平的传中有如下记载:

> 前废帝时,以本官行青州事,属土民崔祖螭作逆,贼徒甚盛,围逼东阳一百余日。贵平率城民固守,又令将士开门交战,大军救至,遂擒祖螭等,斩之(《魏书》卷一九下《安定王休传》)。

从这两种记述中,应能推导出刺史、城民与"土民"之间的对立关系来。而且这些"土民"的蜂起,是因城民的陵纵而引发的,由之可以推断出:青州东阳城是处在与当地人民立场有异的城市权力的统治之下的;这一权力是站在刺史、城民一边的。

那么,与之对立的十余万众的反乱势力,又是在一种什么样的情况下发动的呢?我在前稿中曾将它设想为农村的情况,从而描绘出了当时城市和农村相对立的图景。但现在回过头来看,它究竟能不能用"农村"一词来进行规定,还很难说已得到充分的证实。正是基于这种反省的立场,本稿首先试图考察崔、张所领导的叛乱势力的实态;其次,我想以之为线索,对整个华北地区城市、农村的对立结构进行探讨。

二、"土民"崔、张的出身

包围青州的十余万叛乱民众,究竟是都市民还是村落民呢? 明示此点的史料未能检出。但通过对他们的领导者即崔祖螭、张僧皓的实际情况的考察,也能据以对这些"土民"的情况推知几分。

这两人在正史中均有传。崔祖螭传附列于《魏书》卷二四《崔玄伯传》及《北史》卷四四《崔道固传》中,张僧皓传附列于《魏书》卷七六、《北史》卷四五《张烈传》中。首先叙述崔祖螭的情况。祖螭出身于名族清河崔氏,其祖先仕于慕容燕,后燕灭亡时,这一族跟随后来创建了南燕的慕容德南徙,移居青州。其后裔崔道固参预了刘宋晋安王子勋的叛乱,后来北魏献文帝征服山东时,他又因抵抗魏军,作为平齐户被徙至北方的平城附近。这些都是人们熟知的史实。当时道固的侄子僧渊也一同被捕,流徙于薄骨律镇,不过孝文帝太和初年许归,仕于朝廷。在他的历官中,与其乡里深有关联的职务,可举出青州中正、南青州刺史等。

僧渊和他的妻子房氏育有二子,其后又娶平原杜氏。僧渊流徙于北镇时,与其同行的就是这位杜氏,育有四子。得允归还之后,杜氏及四子仍居于青州。祖螭即其四子之一。这时候,北魏宗室元罗(元又弟)任青州刺史,据称四海的名士作为元罗的宾客而游于该地。以武勇著称的崔祖螭,时在元罗手下,被授为兼统军,受命讨伐海贼。与张僧皓一起发动叛乱,并包围青州城,乃是其后的事。

张僧皓也是清河东武城人,可称为崔氏的同乡,而他定居于青州,恐怕也是因其曾祖张恂随南燕慕容德一同南徙的缘故。当其曾孙张烈时,青州有崔徽伯、房徽叔,与字徽仙的张烈一起,并称为"三徽"。僧皓即是这位张烈的弟弟。僧皓有学问,曾被征为谏议大夫、国子博士、散骑常侍等,但均未应征,故世称"征君"。

从以上简单的经历可知,无论是崔祖螭,还是张僧皓,都是居住在青州管辖地域的望族。但两家移居此地之时,已是南燕慕容德时代。慕容德为前燕君主慕容皝的末子,在北魏道武帝攻略后燕首都中山时,据守邺城,进而由邺渡黄河,移镇滑台。但仍未摆脱北魏军的追击,继而滑台失守,转而取道向东,进入广固(青州),并最终即帝位(公元400年)。⑦崔氏、张氏,都是随着这一逃奔之行南迁的。两氏的本贯为清河郡东武城县,属于冀州,相当于今天的河北省清河县。因从清河县出发,自然是由黄河以北向南迁徙,故诸史书以"南渡"一词形容之。与慕容政权保持着亲密关系的两氏,为了躲避拓跋部对河北地区闪电般的侵袭,离开了本贯。

与上述情况相同的,除了崔、张两氏之外,还可以举出房氏。与两氏本贯相同的清河东武城人房湛,仕燕,并随慕容德移居山东地区。这使我们想起了上面谈到的崔僧渊的前妻房氏,乡里相同的崔、房二氏,南徙后仍然保持着通婚关系。⑧移往青州以后,刘裕灭南燕,遂仕宋,当北魏准备攻取山东时,房法寿、房崇吉等采取了抵抗行动。⑨这些方面房氏也和崔、张二氏一致。他们在永嘉之乱时仍滞留于华北,而当北魏入侵华北之际,被迫南迁侨住,我想这或许可视为河北地区汉族南徙的第二个高潮。

那么,移住青州之后他们的生活状况如何呢?特别是他们的定居何处呢?孝文帝以后三代历仕北魏的高官清河崔光,也是在其祖父一代时随慕容德南渡的,关于其后的情况,史载如下:

> 东清河鄃人也。祖旷,从慕容德南渡河,居青州之时水。慕容氏灭,仕刘义隆为乐陵太守(《魏书》卷六七《崔光传》)。

《北史》卷四四《崔光传》,自祖旷至乐陵太守一节,文字亦大致相同,但在此之后,附加了如下一节:

> 于河南立冀州,置郡县,即为东清河鄃人。县分易,更为南平原贝丘人也。

据中华书局标点本《北史·崔光传》的校勘记,上引一节中"县分易"

以下,所记述的乃是北齐天保七年改革后的郡县,"南平原郡"系为"东平原郡"之误。据除掉的这一部分,再将两书综合,则崔氏居于青州时水,而其行政区划则为齐州东清河郡鄃县。这样就似乎有矛盾,南燕灭亡后,三齐地区(今日的山东省中部及东北部)即进入刘宋的统治之下,刘宋(实为东晋末年)曾作如下措置:

> 冀州刺史,江左立南冀州,后省。义熙中更立,治青州,又省。文帝元嘉九年,又分青州立,治历城,割土置郡县。领郡九,县五十,户三万八千七十六,口一十八万一千一。去京都陆二千四百(《宋书》卷三六《州郡志二》)。

即在江南侨立的南冀州之外,另在三齐地区置立了冀州,其州治设在青州。这时的冀州还不曾具有独立的州境,至宋文帝元嘉九年,始分割青州西部置立郡县,并将州治设于历城。其后北魏攻占三齐地区,遂改冀州为齐州:

> 齐州治历城。刘义隆置冀州,皇兴三年更名(《魏书》卷一六〇《地形志中》)。

这个冀州或者齐州,是所谓侨州,从其所管郡名来看,刘宋治下有广川、平原、清河、乐陵、魏、河间、顿丘、高阳、勃海九郡。应予注意的是,这些郡名在西晋时期全部是黄河以北的郡县名。如果再列举《宋书》州郡志中所见清河郡管下的县名,有清河、武城、绎幕、贝丘、零、鄃、安次七县,其中除安次以外的六县,均与西晋时代清河国内的县名相一致。附带说一下,安次在西晋时是幽州燕国属下的一县。这样的话,崔旷一族所属之冀州东清河郡鄃县,则是冠以过去设立于河北的行政区划名的侨州、郡、县,冀州管下的郡县也是如此。自河北流入的侨民们,此前在本乡时所属之州、郡、县组织,被原样带入三齐地区,推想他们过的正是像上述那样的侨居生活。

那么,崔氏徙居的侨郗县所在地望如何呢? 在杨守敬《历代舆地沿革图》"南宋州郡图"中,它位于淄水的上游。谭其骧主编的《中国历史地图集·东晋十六国·南北朝时期》,大概对杨守敬的图多所参照,在其中的"北魏兖青齐徐等州"图幅中,也将郗县定位于淄水的上游。如前文所列,崔光的祖父旷,居住于青州之时水,《新唐书》卷七二下《宰相世系表》二下云:

> (崔)怡生宋乐陵太守旷,随慕容德度河,居齐郡乌水,号乌水房。

顾祖禹《读史方舆纪要》卷三一"山东二新城县"条载称,乌水发源于益都县,经临淄县流入新城县,亦称时水、耏水。总之,时水与乌水为同一条河流,是发源于泰山山脉而北流的诸河流之一。淄水是与之几乎并行的河流,也同是流入小清河的,所以杨守敬、谭其骧的绘图,应当是大致正确的。要而言之,南迁而来的清河崔氏,在这条河流的比较靠近上游的区域卜地而居,开始了新的定居生活。

下面试对张氏加以同样的考察。张烈的曾祖恂,史称居住于齐郡临淄县。齐郡是青州所管的郡,则不一定是侨郡。但在冀州尚不具有独立辖区的阶段,在需要表示居住地的场合,举出所寄治的州郡的名称,也是理所当然的。而张氏作为侨民,究竟属于哪一个侨郡、县,还不清楚。

试看房氏的情况。南渡后的房谌,史称"遂为东清河绎幕人焉"。绎幕如前所见,是侨冀州、侨清河郡管下的侨县。侨绎幕县置于何处呢?《魏书·地形志》绎幕县条下注称"有陇水"。杨守敬《历代舆地沿革图》"北魏地形图"中标有陇水,它也发源于泰山山脉的博山,北流注入小清河,因而绎幕县被定位于较东清河郡治所盘阳城更偏于上游的地方。谭其骧的地图所标,大抵也是基于同样的构想。[10]如果这些地理学家们的推定是正确的,那么,作为侨县的绎幕,其县治所在似乎也离开了向来作为郡县治所的城市(附图)。

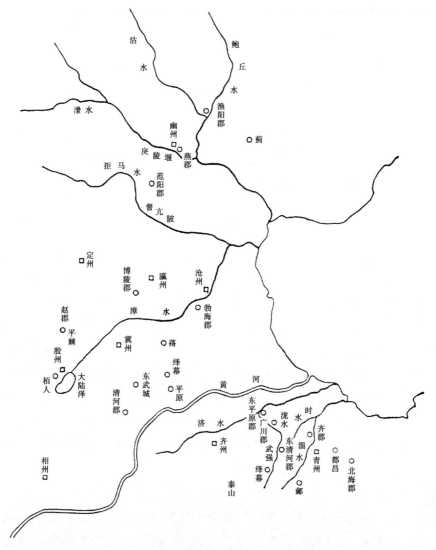

北魏时代河北三齐地区要图
（据谭其骧《中国历史地图集》第4册制成）

至于房氏的这支后裔，在隋朝有房彦谦。他作为唐贞观时代宰相房玄龄的父亲而知名，《隋书》卷六六本传有如下记载：

房彦谦字孝冲，本清河人也。七世祖谌，仕燕太尉掾，随慕容氏迁于齐，子孙因家焉。世为著姓。

另外，《唐故都督徐州五州诸军事徐州刺史临淄定公房公碑铭并序》有如下记述：

> 公讳彦谦，字孝冲，清河人也。七世祖谌，燕太尉掾，随慕容氏南度，寓于齐土。宋元嘉中，分齐郡之西部，置东冀州东清河郡绎幕县，仍为此郡县人。至于简侯，又于东广川郡别立武强县，令子孙居之。⑪

这里提到的简侯，据碑文所载，即为彦谦的高祖房法寿，这位法寿从东清河郡绎幕县迁移到了广川郡武强县。武强和绎幕同在陇水流域，稍稍靠下游一点。武强原本也是河北的地名。

房氏在绎幕或者在武强的居住地，是一种什么样的地域呢？下面的史料对解决这个问题不无启发。当北魏将领慕容白曜向三齐地区进击时，房崇吉曾在升城抵御魏军，后难以支撑，弃城出走，史称"遂东归旧村"。⑫崇吉的从兄房法寿的传中，记此事为"奔还旧宅"。这个"旧宅"所在之"旧村"，是在绎幕抑或武强，这个问题难以定断，但那个"旧宅"至少是座落在田野里，应该没有疑问。顺便一提，大概已生活在武强的房彦谦，在《隋书》本传中有如下记述：

> 彦谦居家，每子侄定省，常为讲说督勉之，亹亹不倦。家有旧业，资产素殷，又前后居官，所得俸禄，皆以周恤亲友，家无余财，车服器用，务存素俭。自少及长，一言一行，未尝涉私，虽致屡空，怡然自得。

从这一节来看，房氏在武强的家，给人的感觉似乎也还是在乡村里。

不过在南燕建立之际，渡过黄河落籍于三齐地区的，并不止于崔、张、房三氏。史称：

刘休宾,字处干,本平原人。祖昶,从慕容德度河,家于北海之都昌县。父奉伯,刘裕时北海太守(《魏书》卷四三《刘休宾传》)。

作为刘氏本贯的平原,在今日德州市南。所在地点离清河的绎幕、鄃等县都很近。这个刘休宾,也是一个参与抵抗慕容白曜军、后来投降而成为平齐户的人物,其妻为崔邪利之女。崔邪利出身清河崔氏,最初仕宋,太武帝时代投北魏。从北魏占领青州后崔邪利的儿子怀顺归葬邪利于青州,可知这一族也随同南燕移居到了三齐地区。⑬史载怀顺的弟弟任职青州主簿,在陆龙成任刺史时曾图谋叛魏,他在城北的高柳村结集人众,攻打州城。这次起事虽然以失败告终,却令人想起北魏末崔、张的叛乱来。崔邪利还有一个女儿出嫁张氏,由此可知,崔、张、房以至刘氏,互相之间有多重的联姻关系。

这个刘休宾的从兄刘怀珍,《南齐书》卷二七有传。怀珍亦仕宋,北魏征服三齐时,他曾救援休宾未果。后继续仕宋,又为南齐的建立效过力。对这一族人的故乡再次像上述那样进行追究,其结果表明,怀珍的族弟刘善明也走向了同样的归宿。在他的传中,对他在三齐时代的生活作了稍为具体的记述:

父怀民,宋世为齐、北海二郡太守。元嘉末,青州饥荒,人相食,善明家有积粟,开仓以救乡里,多获全济,百姓呼其家田为"续命田"(《南齐书》卷二八本传)。

据之,刘氏虽也处于侨民的境遇,但经过半个世纪左右,成为了富室,并保持了作为乡里的名望家的声誉。其第二乡里,如后所述也与刘休宾相同,为北海郡,但其环境究竟如何,却不清楚。

除上述之外,随慕容氏自河北南徙的,还有辽东的李氏:

李元护,辽东襄平人。……(李)沉孙根,慕容宝中书监。根子后智等,随慕容德南渡河,居青州,数世无名位,三齐豪门多轻之

(《魏书》卷七一《李元护传》)。

当北魏平定三齐地区时,李元护即随父亡命江南,仕于南齐,其后归降北魏,受任青州刺史。关于这个时期的情况,见于下面的记述:

> 元护为齐州,经拜旧墓,巡省故宅,飨赐村老,莫不欣畅。及将亡,谓左右曰:"吾尝以方伯簿伍至青州,士女属目,若丧过东阳,不可不好设仪卫,哭泣尽哀,令观者改容也。"家人遵其诫(同上)。

从这里的"飨赐村老"来看,可知李氏的故居是在村落内。李氏为"三齐豪门"所轻,或因李元护的政治地位使然?其子会,所娶为清河房氏。

以上对随同南燕移居三齐地区的清河崔、张、房,平原刘及辽东李诸氏,进行了考察。就他们的定居地所在场所来看,大体上已离开行政机关所在地的城市,其屡被称之为"村",即为明证。而且这些家族间相互交叉通婚之事引人注目,这可能还是他们以往居于河北时期相互关系的延续。另外还能指出的是,崔、张、房、刘诸氏,即使在侨居地仍保持了作为名望家的地位,而留心于救济乡民等。由此可见,北魏末土民崔祖螭、张僧皓所率十余万民众,当是平时受到这些侨居的名望家影响的村落民,这样的推断应不为误。那么,旧稿将之理解为反映城市和农村之间对立关系的事件,亦可相信不致大误。

只是在旧稿发表时,不曾想到这里的崔、张二氏,是五胡之乱以来渡黄河南下的侨民。那么,他们之居住在乡野,是否因其作为侨民的特殊情况所致?关于其他山东贵族,情况究竟如何呢?对此拟在下节进行考察。

三、山东贵族的村居生活

当北魏入侵河北之际,留在本乡的贵族仍为数不少。只是他们中间一部分原来仕于慕容燕者,曾试图临时避难。比如仕于道武帝并为北魏王朝的国制确立作出过贡献的崔宏(玄伯),即出身于清河的崔氏,在道武帝进攻后燕时,他放弃了所任高阳内史之职,逃往东方的海岸地区。崔宏曾出仕前秦,苻坚灭亡之时,也曾避难于“齐鲁之间”(《魏书》卷二四本传),看来是企图从渤海湾逃到三齐地区去。但他不巧被魏军俘虏,仕于道武帝,并受到了道武帝的知遇。⑭

范阳卢氏也大体如此,卢溥曾率领乡里据于海滨,称幽州刺史,但遭到了北魏军的镇压。卢氏一族之仕于北魏,似为卢玄受北魏太武帝招聘以后的事。但这一族看来不曾南迁,仍留在其乡里范阳。

再看赵郡李氏,其本乡因距三齐地区较近,其中一部分南徙也不是没有可能,但仕于后燕的李系,道武帝时期曾出任其乡里平棘县的县令。而且他的子孙,以仕于太武帝的李顺开其端,世代出任北魏高官。堪与匹敌的还有博陵崔氏,也就是所谓的“博崔”。概而言之,河北北部的贵族层,进入北魏以后,仍留居其本乡。那么,这样名族们的居住地,分别处在一种什么样的环境下呢?

勃海郡蓨县的著姓高氏,从青州管内设有侨勃海郡侨蓨县的情况看,其一部分内徙的可能性也是有的。但是,就有名的大官高允的事例所见,可能大部分人还是留在乡里。北魏末动乱之际,率领乡人部曲的活跃人物高乾兄弟,也是高允这一族。关于高乾兄弟的家,留传着如下的故事:

> (高)昂(乾弟)字敖曹。其母张氏,始生一男二岁,令婢为汤,将浴之。婢置而去,养猿系解,以儿投鼎中,烱而死。张使积薪于村外,缚婢及猿焚杀之,扬其灰于漳水,然后哭之(《北史》卷三一《高允传》)。

这里既称“始生一男”,恐怕还是高乾兄弟未出生之前的事。他们的父亲、张氏的丈夫高翼,在北魏末为躲避北镇民葛荣之乱,率领其乡里勃海郡的民众徙居到了三齐地区。高乾兄弟之起兵反抗尔朱氏,也是在三齐地区,但从上引传说中将婢与猿一齐焚杀并投其灰于漳水来看,此事一定是发生于高翼南迁以前的河北高氏本乡。而婢和猿是在"村外"焚杀的，则暗示其居是在"村内"。

而与高乾兄弟自身有关的传闻，更有如下轶事见载于《北史》：

> 少与兄乾数为劫掠，乡间畏之，无敢违忤。兄乾求博陵崔圣念女为婚，崔氏不许。昂与兄往劫之，置女村外，谓兄曰："何不行礼。"于是野合而归。

此事是在移居三齐地区以前或是以后，已难判定，而从这一传闻与博陵崔氏之女有关来看，当以在河北为妥。这样的话，其女既被带出"村外"，则显示崔圣念的家是在"村内"。以上两宗记事，都可以作为勃海高氏、博陵崔氏居住于村内的例子来进行解释。同为山东贵族村居之例，还可见之于赵郡李氏：

> 李德饶，赵郡柏人人也。……性至孝，父母寝疾，辄终日不食，十旬不解衣。及丁忧，水浆不入口五日，哀恸呕血数升。……后甘露降于庭树，有鸠巢其庐。纳言杨达巡省河北，诣其庐，吊慰之，因改其所居村名孝敬村，里为和顺里（《隋书》卷七二《孝义·李德饶传》）。

李德饶的居住地有"村"和"里"两个名称，令人想起前揭唐令中关于里、坊、村的规定，要言之，李德饶是居住在"村"里的。

我们还注意到与赵郡李氏一族居住在田野有关的下面一段记载：

> （李）悦祖弟显甫，豪侠知名。集诸李数千家于殷州西山，开李鱼川方五六十里居之，显甫为其宗主（《北史》卷三三《李灵传》）。

李鱼川所在不详，从殷州西山这一地名来看，当是流经殷州西部的一条河。殷州是在北魏末孝昌二年，分割定、相二州的一部分而新置的，治所为广阿。广阿在今日的河北省隆尧县附近，位于当时的大陆陂北岸。

从这一地势来看,可以推定李鱼川为发源于太行山脉、东流注入大陆陂的诸条河流之一。李显甫在这条河的流域上开拓方五六十华里,其开拓工作当是在以显甫为宗主的数千家李姓协同下完成的。

显甫之子元忠,是一个响应高欢举兵并在东魏政权的创建中立有功勋的人物,在此之前仕于北魏,因母丧离职,回到李鱼川。他修习医术为乡人治疗,又曾在灾年时焚毁契券,诸如此类,赢得了乡里的尊敬。葛荣之乱时,他率领"宗党"筑堡垒自卫。在其堡垒前连葛荣也觉棘手,他说,"我自中山至此,连为赵李所破,则何以能成大事",遂举全力攻击,终于攻破之。

根据上述李元忠的事迹,可以认为赵郡李氏一族自开辟李鱼川以来,就一直聚居于此地。前述李德饶,与显甫、元忠这一家系远亲关系,他所居的孝敬村有可能也在李鱼川一带。

关于范阳卢氏的居住地,没有博崔、赵李那样明确。北魏末人卢景裕,隐居于拒马河(《魏书》卷八四《儒林传》本传)。由于拒马河并不流经卢氏本县涿县的县治,推测景裕的住处距城市有一定的距离。但他的妻子不曾前来陪同,只让一个老婢为他做饭,这是一种纯粹的隐栖生活,因而并不具有一般性。与之同时的卢叔虎,[15]曾任贺拔胜荆州开府长史,后归本县,在临陂之处建筑了家室("筑室临陂"),过着优游自适的生活。这也令人感觉到些许隐逸的倾向,但在下引文献中记录了他的生活实态:

> 叔武在乡时,有粟千石,每至春夏,乡人无食者令自载取,至秋任其偿,都不计校。然而岁岁常得倍余。既在朝通贵,自以年老,儿子又多,遂营一大屋,曰:"歌于斯,哭于斯。"魏收曾来诣之,访以洛京旧事,不待食而起,云:"难为子费。"叔武留之,良久食至,但有粟飧葵菜,木碗盛之,片脯而已。所将仆从,亦尽设食,一与此同(《北齐书》卷四二《卢叔武传》)。

上引文中"歌于斯、哭于斯",本来是晋国的赵武在其壮丽的邸宅落成时向晋大夫所说的话："歌于斯，哭于斯，聚国族于斯。"（《礼记·檀弓下》）叔武也修建了宏壮的房屋，与众多的子孙共住，期望在这里安度和平的生涯，以至终老。如前文所载，这里有很大的谷仓，以救济乡民的穷困，起到了后世义仓的作用。另一方面，其家计之极端简朴，又为当时名望家中所屡见不鲜的俭约型家庭经济展示了一个实例。

如上所见，卢叔武优游自适的生活，并没有脱离其家族、宗族以及乡党，而正是处在这种血缘、地缘关系的覆盖之下。

从叔武之"筑室临陂"，使我们联想到他的叔父卢文伟的事迹。文伟在出任本州幽州的平北府长流参军时，曾向刺史裴延儁进言，使古督亢陂得到成功修复，灌溉土地一万余顷（《北齐书》卷二二《卢文伟传》）。关于这一水利工程，《魏书》卷六九《裴延庆传》有如下记载：

> （裴延儁）转平北将军、幽州刺史。范阳郡有旧督亢渠，径五十里，渔阳、燕都有故戾陵诸堰，广袤三十里。皆废毁多时，莫能修复。时水旱不调，民多饥馁，延儁谓疏通旧迹，势必可成，乃表求营造。遂躬自履行，相度水形，随力分督，未几而就，溉田百万余亩，为利十倍，百姓至今赖之。

据此可知，幽州刺史裴延儁所建水利工程，规模极大，所及之地不止范阳郡，还包括渔阳郡、燕郡。顺便提及，戾陵位于瀔河（桑干河）从恒山东南流至燕郡的地段上。[⑯]渔阳郡因远离燕郡，想必与戾陵堰没有直接的关系，其水利工程大概也是利用发源于燕山山脉的诸河流而修的。[⑰]总之，我们看到，利用燕山山脉或太行山脉流出的诸河流所修建的灌溉事业，是在当地的名族们实地指导下进行的。在范阳郡担负此项任务的则是卢氏。就这一点而言，其与赵郡李氏之开拓李鱼川，在某些方面如出一辙。

这样看来，前述卢叔武之"筑室临陂"，不也是在这种为农业用水而开设的陂池旁兴建家室吗？而那里既是有利于生产的场所，同时也应是适合于过平静家庭生活的环境。郦道元对自己的乡里有如下一段记述，对于这样一种想象提供了更为明晰的形象：

> 余六世祖乐浪府君，自涿之先贤乡，爰宅其阴，西带巨川（巨马水），东翼兹水，枝流津过，缠络墟圃，匪直田渔之赡可怀，信为游神之胜处也。其水东南流，又名之为郦亭沟（《水经注》卷一二巨马水条）。

此地位于前述督亢陂的上游不远处。郦氏是在过去从涿郡移居于此地的，该地夹在拒马水和郦亭沟水之间，纵横通贯其中的支流，缠绕着村落和田园蜿蜒流过，滋润着土地。这里不仅富于渔猎之利，而且还是令人旷心怡神的名胜。这条叫做郦亭沟水的河渠，当也是居此者所开辟的水路。当时名望家们所居之处，就是像这种兼具生产地和隐栖地两种意义的场所。

如果用当时的聚落名来称呼这种居住地，那么它应该就叫作"村"。关于其居住也称为"村"的实例，范阳卢氏虽尚未检出，博陵崔氏、赵郡李氏、勃海高氏等，则已见上述。与崔、卢、李同列为山东四姓之一的荥阳郑氏，亦有如下事例：

> （郑）连山，性严暴，挞捷僮仆，酷过人理。父子一时为奴所害，断首投马槽下，乘马北逝（《北史》作"逃"），其第二子思明，骁勇善骑射，被发率村义，驰骑追之（《魏书》卷五六《郑羲传》）。

连山为北魏中期大官郑羲之兄。从其子思明率领村义为父兄报仇一事来看，似可推知郑家居于"村"内。

那么，作为山东贵族居住空间的"村"，又具有何种规模及构造呢？《北史》卷三一《高允传附祐传》云：

> 出为西兖州刺史，假东光侯、镇滑台。祐以郡国虽有太学，县党宜有黉序，乃县立讲学，党立教学，村立小学。又令一家之中，自立一

碓,五家之外,共造一井,以给行客,不听妇人寄舂取水。又设禁贼之
方,令五五相保,若盗发则连其坐。

据《高祐传》可知,上列举措是在孝文帝亲政时期推行的,因而是
文明太后时李冲所建言的三长制业已创行之后的事。三长制以五家为
一邻,然后五邻一里、五里一党地累积而上,高祐的举措也是依据的
"党—村—五家"的三级制。而在这里,是将村放在与里相同的位置
上。这样看来,在构成地缘社会的三个层次上,"村"显然是处于中间
层次。就户数而言,"里"在三长制中以二十五户为基准,而在唐制中
则以百户为标准,因此作为一个大致的基准,"村"的规模也许想定为
数十户到一百户左右为宜。但实际上是大小不一的。就村与"里"的
关系而言,有由数个里组成一个村的,也有规模小到由数个村才集合为
一个里的。但是若将它限定为贵族阶级居住地的村来考虑的话,"村"
内的户口就是相当多的。关于隋代以赈恤家知名的赵郡李士谦,有如
下一段记载:

> 李氏宗党豪盛,每至春秋二社,必高会极欢,无不沉醉喧乱。尝
> 集士谦所,盛馔盈前,而先为设黍,谓群从曰:"孔子称黍为五谷之
> 长,荀卿亦云食先黍稷,古人所尚,容可违乎?"少长肃然,不敢驰惰,
> 退而相谓曰:"既见君子,方觉吾徒之不德也。"士谦闻而自责曰:"何
> 乃为人所疏,顿至于此!"(《隋书》卷七七《隐逸·李士谦传》)

据此可知,李氏一族共同举行着春秋的社祭,其地缘关系完全是照搬
其血缘关系构成的。

若对赵郡李氏的系谱进行追溯,便能对上述情况窥知一斑。关于赵
郡李氏的家系,《北史》卷三三有简述,又《新唐书》卷七二下《宰相世系
表》二下亦有相似的记述。若综合这两种记载,可知在西晋司农丞、治书
侍御史李楷时,徙居于赵郡平棘之南。楷有辑、晃、茉(《新唐书》作芬)、
劲、叡五子。其中辑的子孙住在柏仁,这一系统衰落了。晃的子孙也与辑

的系统一道南徙,因此辑、晃二系号为南祖。与之相对,茉、劲因其子孙住在巷西,被称为西祖,叡则因其子孙住在巷东,被称为东祖。前面谈到的李显甫、李士谦,即为此东祖的后裔。李显甫他们所开的李鱼川的土地,似乎南离平棘达数十公里,由此看来,也许这一系以后又从平棘南进一步南迁了。这些姑且不管,总之西祖和东祖二系,是隔巷道即村道相望,分住于其东西两侧的。

顺便来看一下范阳卢氏的情况,他们也有着相似的居住状况。晋侍中、中书监卢谌有五子:勖、凝、融、偃、征,勖因住在巷南,号为南祖,偃因住在巷北,号为北祖(《新唐书》卷七二上《宰相世系表》三上)。而清河崔氏也是如此,崔殷的七个儿子中,长子双号东祖,次子邯号西祖,第三子寓称南祖,一称中祖。这大概也是因为居住在同一地域之内而得名(《新唐书》卷七二下《宰相世系表》二下)。⑱如《北史》卷三三所云:

> (李)勖兄弟房巷东,盛兄弟居巷西,世人指其所居,因以为目,盖自此也。

赵李中自从李勖兄弟(叡子)与李盛兄弟(劲子)分住东西以来,即以其所居位置而分别其家系,关于崔、卢二氏,也可看到同样的情形。

如果像以上那样,一个家族以巷为中心,分居于东西或者南北,那么,当时的名族以这样一种方式聚居在同一地域内,数代之中,想必会繁衍出相当数量的户口。著名的宋孝王《关东风俗传》(《通典》卷三《食货》三"乡党"所引)有云:

> 至如瀛冀诸刘,清河张宋,并州王氏,濮阳侯族,诸如此辈,一宗将近万室,烟火连接,比屋而居。

而整个山东四姓,可以说都是如此。

四、乡村的统合与城市生活

本稿开头就提出了六朝时代城市和农村的分化、对立问题，又就这一命题是否成立，首先将它置于北魏末三齐地区崔祖螭、张僧皓等"土民"叛乱事件中进行了验证。其结果表明，崔、张都是五胡十六国时代南迁而来的侨民，他们本来是河北的名族。他们在侨民团体内部交叉通婚，在远离城市的地点定居、生息。不难想象，这些名族所率领的十余万叛乱队伍，是结聚农村居民而成的。

另一方面，尚留在河北的其他所谓山东贵族，其居住地也是位于乡野。前节对崔、卢、李、郑诸姓的考察表明，他们都是利用发源于太行山脉等高地而流入河北平原的诸河流，经营着田园生活。被称为"村"的这些聚落，即因一族聚居而构成。

我们在讨论城市和农村的关系时，之所以将上述贵族阶级的居住地作为问题，是基于下述理由的。权力从城市向农村流动，是比较容易得到理解的，这是因为中央政府对地方的统治，是以州、郡、县治所所在的城市为据点来实现的。但是，农村难道就仅仅单方面地受城市的统治吗？难道农村自身就不存在独自的力量从而反过来控御城市吗？从这样的疑问出发，作为贵族阶级之居住于农村这一事实，就具有了重要的意义。当一定的意志由农村向城市传达时，作为农村居住者的贵族阶级，不正是传达的媒介么？如在这个推测上再进一步，农村为了在与城市的对立中保持自己的独立性，一个个素来孤立的乡村就有相互联合的必要。而作为这种联合的纽带，不正是贵族阶级么？

以下试对有关史实就上述预测进行探讨。

> 以本将军除兖州刺史。兖土旧多劫盗，崇乃村置一楼，楼悬一鼓，盗发之处，双槌乱击，四面诸村始闻者，挝鼓一通，次复闻者以二为节，次后闻者以三为节，各击数千槌。诸村闻鼓，皆守要路。……诸村置楼悬鼓，自崇始也（《魏书》卷六六《李崇传》）。

通过击鼓相互告急，以维护治安，这样一个措施是衰州刺史想出来的，不一定就是诸村间自发达成的协议。但这样一来，村与村之间便结成了网络，从而使整个州的治安体制得到了保证。

北魏末年尔朱荣弑逆孝庄帝，刘灵助在幽州起兵反抗，在当时的作战中，我们见到了可以视为村与村之间联合的材料：

> 于时河西人纥豆陵步藩举兵逼晋阳，尔朱兆频战不利，故灵助唱言："尔朱自然当灭，不须我兵。"由是幽、瀛、沧、冀之民悉从之。从之者悉举火为号，不举火者，诸村共屠之（《魏书》卷九一《艺术·刘灵助传》）。

这是以举火作为各村共同意志的标识。刘灵助擅长于阴阳占卜，并由此获得尔朱荣的信任，被任命为乡里所在的幽州的刺史。但当他看到尔朱荣的势力衰退时，便起兵相抗。作为这样一个颇具超凡魅力的领袖型人物，在他的起兵背后，有着自河阴之变以来便对尔朱氏怀有反感的山东贵族们的支持。如前述勃海高乾兄弟，一得知孝庄帝的讣闻，立即攻袭冀州，捉拿刺史元仲宗，拥戴同乡名族封隆之行冀州事；这时又与北方的刘灵助保待着合作关系，并受其节度（《北齐书》卷二一《高乾传》）。从此事看来，《刘灵助传》中"由是幽、瀛、沧、冀之民悉从之"一句，未必就是夸张。

在幽州管内，前已述及的范阳卢文伟，亦曾与刘灵助协作。灵助自幽州出击，攻略南方的瀛州，进而向其西邻定州进军，这时遂将幽州的州政委之于卢文伟。卢文伟尽力修复督亢陂，垦辟耕地一万余顷，既有振兴乡里农业之功，其自身也因从事农业经营，成为富家。当河北陷入动乱时，他在范阳城内贮藏粮谷，在凶年出谷赈恤，救济乡民。北镇民韩楼据蓟城再叛时，文伟率领乡里据守范阳，因功就任范阳太守。在刘灵助通过举火作战将诸村拉入反尔朱同盟一事的背后，像上述卢文伟那样对其乡里的影响力，应具有很大的作用。这种情况，对于勃海高、封诸氏，想必也是同样的。一般而言，诸村的联合，可以说就是在当地名族们的指导下进行的。

只是在这里，似应考虑到如下一些问题。即使像山东四姓那样的天下名族，其居住地，如前所述，也是在各种各样的村里。这些在某一限定地域内的居住者，如何能够使众多的村落结合成一个整体，以至接近于州、郡的规模呢？一般而论，是贵族阶级所具有的政治、经济和文化的影响力，使之成为可能。但就这种影响力的传达来说，贵族阶级间相互的联系也是不可忽视的。比如在勃海高乾兄弟起兵时，李希光、刘叔宗、刘孟和等士族均与之呼应。李希光是高氏的乡里勃海蓚县人，其父仕北魏为长广太守。刘叔宗是与勃海郡相邻的乐陵郡平昌县人，与所谓平原刘氏想必也不无关联。叔宗兄海宝，是当地的豪侠，曾率乡里的民众攻袭沧州，以响应高氏。叔宗举秀才，为沧州治中。刘孟和为浮阳饶安人。浮阳郡为沧州州治所在地，与冀州勃海郡相邻接。当幽州的刘灵助起兵时，刘孟和亦聚众与高氏兄弟联盟（《北齐书》卷二一《高乾传》）。[19]

从以上的情况来看，在冀州和沧州，诸士族以勃海高氏作为所谓盟主，相继起兵，这些士族们在各自的乡里，可以说都具有影响力。如对这样一种结构略作图解说明，是否可以这样认为：在天下知名的大族之下，集结着堪称各地中小贵族的阶层，并通过这一阶层将统一的意志传达到各个村落，换言之，即散布于广泛地域内的各个村落，以大小贵族为联结点，形成了网络。[20]

那么，将同一地域内的数个村联结在一起，便是三长制下所谓的"党"。"党"作为地方行政的末端，是直属于县之下的单位。在这种方式下"村"的统合，就必然要与州、郡、县地方行政系统发生关联，这种统合力也就要转化成地方行政权力。六朝时代的地方名族，被辟召为州、郡、县属官几乎成为常例。或者就任为刺史、守、令等长官，其例亦不胜枚举。但是这种所谓本籍地任用，从中国官制史上来看，乃属例外。这里也能反映出当时城市和农村的分化、对立，然而这分化、对立着的两个空间，却通过地方名族对当地的影响力和社会统合力，建构出一种妥协关系。这一名族层往往出任地方官僚职务，其影响力若更大一些，便出任中央官僚。

就史书中所见贵族阶级的官僚生活的大量事例给人的印象,仿佛他们本来的生活状态即是如此。其实他们原本是农村居住者,这从上面的论述已可见知。不用说,在其出仕期间,他们在中央、地方行政机关所在地的城市拥有住所(是官宅还是私宅,这里不拟区别)。㉑但即令如此,乡村似乎仍然还是他们的根据地。这从前揭卢叔虎、李元忠等人归乡的事例中可见一斑。下引《刘善明传》中,对这种情况有更进一步的说明:

> 泰始初,徐州刺史薛安都反,青州刺史沈文秀应之。时州治东阳城,善明家在郭内,不能自拔(《南齐书》卷二八《刘善明传》)。

于是善明就与当时担任北海太守的伯父刘怀恭秘密串通,召集"门宗部曲"三千人,斩关逃往北海郡。如前所述,北海郡是平原刘氏的侨住地,可见善明逃到了家乡。而东阳城郭内的住宅,为世任青州官属的刘氏一族在东阳城内所建,年逾四十才被辟召为青州治中的刘善明,想必也是居住在这里的。㉒顺便提及,刘氏的侨居地北海郡都昌,离东阳城大约有四五十公里。

那么,贵族的官场生活,就使得他们的居住地横跨乡村和城市两方。特别是在中央官界生活得很长的话,在乡里的时间也就自然要短些。自北魏第二代皇帝明元帝到孝文帝,历仕五帝、终年九十八岁的勃海高允,就只能长期生活在都城。其弟燮亦有文才,太武帝时数被征召,每次都借口有病而不应召。他始终过着逍遥自在的乡村生活。史称:

> 恒讥笑允屈折久宦,栖泊京邑。常从容于家,州辟主簿,卒(《魏书》卷四八《高允传》)。

如所周知,杨衒之的《洛阳伽蓝记》中,介绍了许多北魏高官显贵在洛阳的邸宅,高允在平城中想必也有类似的居所。高允兄弟就分别居住在这个"京邑"的邸宅和勃海郡乡村的本家这两个对立的居住空间中。

五、余　论

本章开头所提出的关于六朝时代城市和农村的分化、对立问题，至此已大体论证完毕，尽管其中夹杂着若干的推断。本章关于山东贵族的居住地原本在乡村的证明，即是作为推进这一问题的考察而提出来的。至于这些证明确当与否，只能依靠读者自己去判断。另外还有一些情况本章尚未论及。比如，关于贵族阶级的居住状况已论述如上，而一般农民与之有何关联这一重要问题，却存而未论。三长制之类的统一体制的强化，对乡村状况带来了何种影响，也应当是一个问题。关于这些我想留待今后探讨。

在本章最后我想提请读者注意以下诸点。作为山东贵族本来的居住地被认定在乡村，我想这应该使所谓豪族共同体的形象更加具体化了。这个共同体的主要构成要素，是宗族和乡党。在本研究中，对于豪族（贵族）及其宗族的聚居状态，至少已能够稍作描述了。与之相对的乡党是如何盘根错节地联系在一起的，诚然还是一个问题，但在我看来，正是血缘关系和地缘关系相互间至为错综复杂的组合，构成了地域社会的实体。

如果能够认定贵族阶级的本来居住地是在乡村，那么，它对于豪族共同体的理论问题的思考，将有极大的启发。贵族阶级和一般农民既生活在同一层次的乡村中，我以为这一点势必与共存的思想相关联。若就事实而言，作为乡村居住者迄今可以列举出姓名的，大多是作为该地区的名望家而赢得乡民信任尊重者，如房彦谦、刘善明、李元忠、李士谦、卢文伟等即是。就他们的生活态度来说，在可以称之为轻财好施的豪放性的反面，又有以止足、谦让、节俭、朴实等道德规范来极力约束自己生活的趋向。这些可称为农村指导者的思想。如果以他们的乡村生活作为前提来考虑的话，对于这些思想出现的必然性，就很好理解了。

虽说如此，他们也决不贫穷，毋宁说还拥有巨大的财富。他们的财富是以所蓄积的谷物量来计算的。如卢叔虎营建了宏伟的房屋。就一般而言，他们的住宅规模大概都是很大的。他们在那里举行着基于各自家风的礼仪。前述隋代孝子李德饶的从祖父李公绪,虽是一个入赞皇山作隐士的人物,却仍著有十卷《赵李家仪》(《隋书》卷三五《经籍志二》)。同是隋代的李士谦,如前所见,他在自家举行着祭社的礼仪。虽说是乡村生活,但那里仍是一个基于学问根底、凭藉悠久传统而蕴育起来的堂皇壮丽的礼的世界。

补记:本文脱稿以后,始发现其中第一、二节的记述,与唐长孺氏《北魏的青齐士民》(《魏晋南北朝史论拾遗》,中华书局,1983 年)一文的素材及论旨,均有重复之处。而据唐氏卓论,值得补充之处亦不在少,读者可一并阅读唐氏的大作。

原载唐代史研究会《中国的都市与农村》,汲古书院,1992 年。

注释:

① 《六朝史研究·政治社会篇》(学术振兴会,1956 年)所收。

② 加藤繁《唐宋时代的庄园组织及其作为聚落的发展》,《中国经济史考证》上(东洋文库,1952 年)所收。

③ 宫崎氏关于中国聚落史的一系列论考见《宫崎市定亚细亚史论考·中卷·古代中世编》(朝日新闻社,1976 年);收于《宫崎市定全集》。

④ 《隋唐帝国形成史论》,筑摩书房,1971 年,第 197 页。

⑤ 史书中城民以外,还见有郭民、郭人等语。见《魏书》卷三七《司马悦传》、卷五八《杨侃传》。

⑥ 旧稿中所引《北齐书》卷二五《徐远传》(前揭书第 196 页)中的"城民",我以为也包含商业手工业者,旧稿对此已经指出。

⑦ 慕容德自邺向滑台移动时,率有民户四万(《魏书》卷九五《徒何慕容廆传》、《晋书》卷一二七《慕容德载记》)。

⑧ 崔道固的从孙崔亮,其母亦为房氏。《魏书》卷六六《崔亮传》。

⑨ 参见《魏书》卷四三各人本传。

⑩ 只是谭图将陇水记作泷水,或以泷水为是。

⑪ 此碑文字间有残缺,这里根据曹楙坚《章邱金石录》的录文。

⑫ 《魏书》卷四三本传。

⑬《魏书》卷四三《房崇吉传》称："（房士达）孝昌中，其乡人刘苍生、刘钧、房须等作乱，攻陷郡县，频败州军。时士达父忧在家，刺史元欣欲逼其为将，士达以礼固辞。"这是元欣任齐州刺史时的事情。所举房士达的乡人中，房氏之外有二人为刘氏，这些刘氏恐怕也是平原刘氏。

⑭当北魏入侵河北时，山东贵族中对之反感者，我想为数不少。清河的崔逞和勃海的封懿，因对道武帝态度傲慢而被杀或免官（俱见《魏书》卷三二本传）即为其表现。附带提及，这两人均仕慕容氏，逞著有《燕记》，懿曾被道武帝询及"慕容旧事"。

⑮卢氏《北齐书》卷四二作"叔武"，《北史》卷三〇作"叔彪"，盖其本名叔虎，因讳改。

⑯《魏书·地形志》卷一六〇上幽州燕郡条，载称蓟县有戾陵陂。

⑰关于戾陵陂和督亢陂的修复，佐久间吉也《晋南北朝水利史研究》（开明书院，1980年）第8章北魏的水利灌溉条亦有记述。另外，在魏晋时代曾利用自燕山山脉南流的鲍丘水开渠，以通漕运和灌溉。关于此事，请参照黄耀能《中国古代农业水利史研究——中国经济史研究之一》（台北六国出版社，1978年）附论《水经注》时代所出现的中国古代渠陂分布及其所代表意义"。又后汉时代，渔阳太守张堪曾在狐奴县开稻田八千余顷（《后汉书》列传二一），《水经注》卷一四沽水条注引有此事，大概就是利用沽水所开稻田。

⑱清河崔氏中，随慕容部南渡的崔旷系（即乌水房）也被称之为南祖，但与这个南祖不同系。

⑲关于高氏及其同盟者，参照拙稿《北朝后期的乡兵集团》，前揭《隋唐帝国形成史论》所收。

⑳不用说各贵族间也存在着利害冲突，这种网络的形成不一定进行得那么顺畅。比如在以刘灵助为盟主的反尔朱战线结成之时，勃海的刁整就站在尔朱氏一边，袭杀了刘海宝。

㉑崔祖螭、张僧皓叛乱之际，东阳城内的崔光韶，曾任职中央官，作为当时的情况有如下逸事流传下来："始光韶在都，同里人王蔓于夜遇盗，害其二子。孝庄诏黄门高道穆令加检捕，一坊之内，家别搜索，至光韶宅，绫绢钱布，匮箧充积。议者讥其矫嚣。其家资产，皆光伯所营。光伯亡，悉焚其契。"（《魏书》卷六六《崔亮传》）光伯为反乱一方所误杀的光韶的弟弟。

㉒刘善明的曾祖刘昶，宋青州治中（《南齐书》卷二七《刘怀珍传》）。又善明的伯父刘弥之，也是在此时施用奇计从东阳城逃出，可见这一门的邸宅均在东阳城内。

第三章　六朝时期的宗族

——与近世宗族的比较

一、序　　言

关于近世宗族制,虽说战前即已有过许多研究,近年来仍然受到学者越来越多的关注。近年的倾向是,与战后那种将宋代以后社会基本结构按佃户制标准的考察不同,出现了对其从地域社会入手进行的研究。这种方法上的变化,概言之可以说意味着认识中国历史发展的观点上的转变。①

但是,就这种近世宗族社会究竟具有怎样的社会特质而言,还不能说是已经弄清楚了。与近世宗族的实态研究的日趋细密相对,其在中国社会史全过程中所处地位如何,仍然是个相当不明确的问题。究其原因,我以为与近世以前地方社会研究的欠缺不无关系。特别是,我们称之为中世的六朝隋唐时期的地方社会的研究,迄今虽然有过各种各样的尝试,但是将其与近世宗族社会进行比较的成果的缺乏,也是实情。同样,我本人虽多年来致力于六朝地方社会名望家支配的研究,但尚未涉及六朝宗族与近世宗族相关性的问题,对此也是应该引起反思的。

这种反思的情绪,从最近发表的《〈共同体〉论与六朝乡里社会——答中村圭尔氏质疑》(《东洋史苑》54,1999 年)一文的写作开始就越发浓烈起来。

那篇文章虽说是就中村氏对"共同体"误解的正误之作,但在当时我并未考虑到招致其误解的一半原因也许正在于我本人。很早以前我以

"豪族共同体"一词来把握的六朝贵族的名望家支配,具体地说就是以宗族和乡党为对象的表述。对此虽说我已多次言及,但却疏于对宗族、乡党作出内涵上的剖析。是否正是出于这样的原因,招致了那种将"共同体"论仅仅作为一种抽象方法论的理解呢?

进一步加深这种反思的原因,还在于内藤湖南的乡团自治论。众所周知,内藤湖南的《支那论》、《新支那论》中很重视应该成为共和制中国基础的一直维持乡团自治的民众自治能力。这种自治能力是由于君主独裁政治下地方行政与民众生活相游离而产生的。对此,内藤湖南是作为政治与社会组织的游离来论述的。一方面,在君主独裁政治以前的贵族政治中,政治与社会组织是一体化的。那种一体化以精英层的贵族阶级为媒介是不言而喻的。近代中国就是因这种一体化,而由民众一侧推进实现的。这就是湖南的观点。对于湖南的这一构想,我最近在《内藤湖南与中国基层社会》(《史林》83 卷 2 号)一文已有介绍。按这一构想,湖南以乡团(亦称乡党宗族)为共通项,对贵族政治时代、君主独裁政治时代、以及共和政治时代,予以了贯通中国史全过程的把握。这就使上述我所关心的,六朝豪族共同体社会与近世宗族社会的问题,呈现出一种政治与地方组织之一致与分离的鲜明特征。虽然早有先学如此明确构想,连如此出色的成果都未能及时把握,我不能不为自己的无知感到羞耻。

在如此诸多反思之中,我不得不着手于近世宗族社会与六朝名望家社会关系的考察。本文虽说仅仅是考察的初步工作,但仍愿借曾激起学界对近世地域社会问题关心的森正夫教授退官之机会,特寄稿为贺。

二、近世与六朝之比较的视点

在六朝史籍中,"宗族"或与之相类的"宗党"、"宗亲"等用语屡屡出现。而且这些用语多数是在与地方名望家的豪族、贵族相关场合下出现的。这一现象所暗示我们,宗族与地方名望家的社会存在有着很深的关系。另外,屡屡与宗族连称的社会组织中还有"乡党"("乡亲"、"乡间"等)。由于宗族是父系的亲族组织,乡党是同乡人的结合形式,所以虽说在本质上二者之间有着血缘与地缘的区别，②但是实际上二者重合之处并不少。这是因为宗族一旦扩大，势必在地域上进行全面地占有。③然而，本文的论述则是在这两类人的结合之中，特别针对宗族的历史存在方式所进行的考察。而且，这种考察的视点还在于将其与近世宗族进行比较研究。虽说自己在近世宗族研究方面是个门外汉，但所幸的是，有许多宝贵的成果可以用来作为我论述的依据。④

　　近世宗族究竟具有怎样的历史特质呢？关于这一问题不少著作都有所论及。最近井上徹氏的大作《中国的宗族与国家礼制》（研文出版，2000 年）刊行，兹先由此书出发试做个大要的构思。此书副标题为"出于宗法主义视点的分析"，由此我们所得到的提示是，近世宗族的特色在于宗法主义。井上氏还称这种宗法主义为宗法复活论。即上古周代宗法的复活而成为近世的宗族制，而为了使这种复活得以实现并能够运用，就需要"一系列的装置"。它们包括共有地（义田、祭田等）、祠堂（宗祠）、族谱等等，宗族以此为基础祭祀祖先，集结一族，安定族人的生活。作为这样一种维系统绪的宗法的原理，在宋代虽然曾有过大宗主义和小宗主义两种意见，但是最终归结为了小宗主义。即，以前四代高祖为共同祖先的父系亲族集团，按照一定的方式所进行的统制。不过，宗族中虽有超越小宗范围而扩大组织的倾向，但其基础仍不妨视为是按照小宗来维系的秩序。

　　井上氏在书中还针对近世宗族的意义，从学术史开始叙述，并由此展开了自己的见解。对该氏见解的介绍不属于本章的论述范围，故而从略。以上所述仅仅是对该氏的近世宗族观点中，对前人研究成果进行了充分咀嚼后提出的，论据充足的部分撮其要者而述之。

　　对宗族史的研究，近年来在中国的大陆和台湾也都很活跃，冯尔康等所著《中国宗族社会》（浙江人民出版社，1994 年。以下简称冯著）即其中一部通观上古殷周直至近现代宗族史的佳作。对其全般内容已有小林义广氏的介绍（《东海史学》30 号）可参见。冯著的第三章"宋元科举制下的宗族制的发展"的第一节"重建宗族制度的主张"之中，概述张载、程颐、朱熹的主张之后，论述了祠堂（第二节）、族田（第三节）、族谱（第四节）。这祠堂、族田、族谱三者，恰与前述井上氏的整理完全一致。近世宗族制是以此三者为宗族史的再出发点，可以说是几位学者的共识吧。那么，关于这三点近世以前的宗族又是怎样的呢？以近世宗族与六朝宗族进行比较的视点，看来也不妨归结于此。

　　那些具体的问题将在本文下一节去详细探讨，这里先就一般意义上而言，回顾一下日本与中国学者认为近世宗族与前代宗族具有相当大的差异的观点。首先，清水盛光氏认为，汉魏以后的宗族属于自然产生的，与古代宗族组织相比是无组织、无秩序的，至宋代则再度形成维持、强化宗族结合的趋势。⑤另如，牧野巽氏将司马光的《司马氏书仪》与朱熹的《文公家礼》进行比较之后，对此作出了大家族主义与宗法主义之不同的判断。牧野氏认为，前者是近世以前大家族生活的反映，冠婚的仪礼也由家长主宰，以宗子为前提的宗法主义表现出另一种组织形态。⑥

　　与此类似的见解，在中国的研究者那里也是可以看到的。张研认为汉唐间的士族（贵族）制度不能被认为是宗族制度，而仅仅是一种家族制度。⑦

　　与上述观点相对，前述冯著中并没有作出这种论断。在专论秦汉至隋唐宗族社会的第二章的《中古士族制与宗族》中，明确地使用了"宗族"一词，并以此来分析了贵族制社会。然而，与前后的殷周以及宋元以降相比，对宗族制度的结构在叙述上总使人有一种难以拭去的朦胧感。或许这正是这一时期宗族存在形态的反映吧。

　　从上述日本与中国这些研究动态来看，无法否认的是中世时代的宗族结合中，那种制度准备的特点，总使人感到有些消极的东西。尽管如此，"宗族"一词在当时的文献里的确是频频出现的。那么，这一时期的宗族究竟是怎样一种亲族结合的问题，自然就成为了一个切实的课题。下一节，本文就将对此课题从制度层面入手，特别围绕六朝时期做出探讨。

三、祭祖、族人救济、修谱

　　本小节将以考察六朝宗族存在方式为手段，对有关井上徹氏提出的近世宗族三指标的共有地（义田、祭田）、族谱、祠堂诸项做出探讨。但是，出于行文的方便，权且改称为祭祖、族人救济、修谱，并且依此顺序讨论如下。

（一）祭祖

宗族，即具有共同祖先的亲族组织。近世宗族是设立祠堂祭祀祖先的，六朝的情况又是怎样的呢？

后汉后期人崔寔的《四民月令》（原文根据渡部武《四民月令》，平凡社东洋文库版）中，作为每年例行的活动，记载了祖祢祭祀的仪式。根据书中的记载，正月与十二月里举行"进酒降神"的仪式，二月、五月、八月、十一月里有祭祀太社日，以及夏至、初伏、冬至日里要供奉季节收获物。另外，二月、八月、十二月里，在各种祭神日之后，还要举行祀冢即墓祭。由于《四民月令》反映了一家每年例行的活动，虽然不能将此完全地作为当时的实情来看待，但是由此观其大概情况，还是可以得到认可的。

首先，从墓祭来看，汉代民间在墓前祭祀祖先的活动是很盛行的。根据前引冯尔康论著的内容，因为这是与周代以来庙制崩溃伴随而生的，所以最初是在庶民中开始的，很快就扩展到了官吏甚至天子。墓祭中，聚集宗族、姻亲聚集召开宴会，举办旨在谋求亲睦、团结的活动。即使《四民月令》中，十二月的墓祭之后，也有召集"宗族、婚姻、宾旅"，以谋求亲睦的活动。而在此之外月份举行的墓祭，则仅仅摆放供品而已。甘怀真《唐代家庙礼制研究》（台湾商务印书馆，1991年，以下简称为甘著）中也有着同样的旨趣，记述了墓前建造祠堂（墓庙）的情况（同书第12页以下）。

可是，《四民月令》中所见墓祭以外的祭事，又是在怎样的场所举行的呢？如前所述，在祖祢祭祀仪式上"进酒降神"的正月和十二月被认为是最重要的，而且其中正月元旦的仪式，是由家长率领妻儿所举行的。"进酒降神"一结束后，"家室尊卑，无大无小，以次列坐先祖之前，子妇孙曾，各上椒酒于其家长，称觞举寿，欣欣如也"，转为以家长为中心所举行的全家祝贺。由这种情况来看，这种仪式似在家内举行，其他月份除了墓祭以外,例行的活动也是如此。然而,由于当时家庙尚未普及,所以活动的场所大概是一家的厅堂吧。⑧甘著也曾引用过西晋卢湛的《祭法》云:"凡祭法,有庙者置之于座,未遑立庙,祭于厅事可也。"(《太平御览》卷一八五《居处部·厅事》)厅事,亦曰厅堂,或云客室、客堂。厅堂是一家的公共空间,与此相对的是家族内叫做房的各夫妇的居室。⑨

据甘著所述,这种厅堂祭祖后来经南北朝,直至延续到了唐代。隋唐时代五品官以上是准许立家庙的,贞观时代的侍中王珪,竟因"通贵渐久,而不营私庙,四时烝尝,犹祭于寝"而遭弹劾(《通典》卷四八《礼典·诸侯大夫士宗庙》)。若以厅堂祭祖来指称寝祭的话,《四民月令》的例行祭祀也存在有墓祭与寝祭的两种形式,而这二者之间又是怎样一种关系呢?

不难看出,与作为家庭内例行之事的寝祭有所不同,墓祭是与宗族、姻亲、宾客的集会相伴举行的。因为参加集会的宗族、姻亲,有时也包括宾客,多是同一地域居住,且祖先也在同一墓地下葬,所以在各家分别墓祭之后举行共同的宴会是不难想象的。如此,虽说使人感到墓祭较之寝祭有着更加广泛的集团场景,但是毕竟这里祭祖的主体只是家族,而不是以宗族为主体的。⑩

如果以上推测没错的话,从后汉到六朝,祭祖的主体可以认为就是同居家族或其准家族。甘著根据《四民月令》中祭祀祖祢的情况,推测后汉至唐代,一般是祭祀祖父、父两代。如果从寝祭是以家族为主体的特点来说的话,祭祀对象当然就不得不限于两代了。不过,一旦出现累世同居现象的话,祭祀对象也会上溯到更远的祖先。

那么,这种墓祭与寝祭两种形式在后汉以后又是怎样一种变化过程,不得其详。冯著虽然认为是从墓祭到寝祭(庙祭)的推移过程,却没有确实的证明。汉代所见到的那种宗族、姻亲聚会的喧闹场面的史料,在六朝时代是难以见到的。⑪相反,可见到的是埋葬双亲后在墓地筑庵守灵的孝子、隐士的逸文逸事。⑫

简而言之,六朝时代的民间祭祀活动,正如同从《四民月令》中各例所看到的那样,因为是由同居家族家长所主持的,所以很难确认其为依据宗法的祭祖,即由宗族长的宗子所主宰的仪式。

(二) 族人救济

在近世宗族制中,毫无疑问义田对族人救济起的作用很大。那么,六朝时代是否也存在这样的宗族共有田呢? 对此的回答是否定的。但是,族人救济的行为在这一时代还是存在的。对此,不妨再度对《四民月令》的记事加以考察。

《四民月令》中有关族人救济的记事,出现在三月、九月和十月的三处。三月,谷物青黄不接季节的赈济,"务先九族,自亲者始"。九月,寒气到来之际,慰问"九族孤寡老病不能自存者"。十二月里,因为是五谷收获,家家蓄积的季节,所以如有同宗内"贫窭久丧不堪葬者",则宗人合伙筹资安葬。这是一种"以亲疏贫富为差,正心平敛,毋或逾越,务先自竭,以率不随"的方法。

冯著将此概括整理为两种形式。其一,宗族长或族内有势力的家族号召族人各家出资的方法(十月);另一个是宗族长、富裕者或具有官僚地位的宗人,将自己的财产分别施舍给宗人的方法(三月、九月)。其中,前一种方式据说并不太多。

在冯著中,以下这段论述是很值得注意的。他认为汉至六朝的这种族人救济,既不同于先秦时代的大宗制那种收族方式,也不同于北宋以后的义田制。而是这前后两种宗族制之间的过渡形式。在先秦时代的大宗制中,族人的生活是由封邑制自然地得到保障的,而近世的宗族制的物质基础也是以制度为保证的。但是,处于中间的秦汉至隋唐时代,则没有这种保障。族人救济完全维系于同族内部的自发性救济行为。而且,这种救济行为与其说是一种高尚道德心的表现,不如说是与当时宗族组织的恢复、发展的社会要求相适应的产物,对于强化宗族的凝聚力,使宗族组织得以再建和安定,都有着非常重要的作用。另外,这种行为可以提高在乡党中的名声,获得入仕机会,提高社会地位。

以上论述与本文意趣十分投合,在下一节将另行论述。无论如何,这一时期的族人救济,是来自宗族内部有志的、自发的行为,而并不是出于保障宗族共有财产的理由。依我一己之见,当时的族人救济之中,大约有两类事例存在。其一,是以俸禄、赏赐和其他私产(其中当然包括私有土地上的收获物)散施于同族;再一,是领养兄弟、从兄弟的遗族。[13]二者都是出于行为者的道义心,而这又是由其私产所维持的。近世的宗族制,例如范氏义庄设立的时期,虽说是以设立者的道义心和私产为出发点的,但那毕竟是根据族内救济规定,且以族田为形式的,制度化、客观化地不断运用而已。如此看来,近世宗族制与其之前的宗族结合之间,在具有共同性的同时,又有着明显的差异。[14]

再有,六朝时代的宗族内活动不仅限于族人救济,还包括了教育、纠纷调停、治安、农事、施疗等各种各样的业务。这些也是在特定的指导者自发的指导下而得以实施的。

(三) 修谱

关于修族谱,近世与其之前的时代又有何种联系呢?

近世的修谱运动,一般认为是从北宋时期的苏洵、欧阳修等人开始的。这是他们为了把唐宋间社会变动中失去脉络的家族再续系统而试图实现的一种自我证明。对此予以图表化的作法就是近世族谱的出发点。从那时以来,族谱编纂历经宋、元、明、清的时代发展,不论在修撰方式,还是在记述内容上都日趋精细了。对于这一发展过程,冯著和多贺秋五郎的《中国族谱研究》上卷(日本学术振兴会,1981 年)等著作都有着详细的论述。

多贺氏细致地考察了现存族谱,将其记载内容整理为以下的 13 项,并且予以了各种的解说(同书第 12 页以下)。1. 序文,2. 凡例,3. 目录,4. 世系、世表,5. 源流、宗派,6. 诰敕、像赞,7. 别传、墓志,8. 祠堂记、祠规,9. 家规、宗约,10. 家训、家范,11. 义田记、义庄记,12. 墓记、墓图,13. 艺文、著作。其中,第 4 项表现的是该宗族的基本组织。世系,也可以说是世系图。世表,是对成员履历(字号、学历、官历、生卒年、年龄、葬地、配偶等)的记载,是以小宗制为原则制成的。根据多贺氏的研究,也有一些由于把履历写进世系,从而省略了世表的族谱。第 5 项表示的是该宗族的族地位;第6、7、13项是表彰成员个人业绩,以便由此提高宗族社会地位的内容。第8、9、10、11、12诸项,是有关宗族全体运营的内容。这些项目与第4项相加,应该说就是近世族谱基本内容吧。以上作为近世族谱基本内容所列举的祭祖、族人救济、修谱三项之中,可以说有着前两项的运营方法在修谱中被文字化、规定化了的意义。

六朝时代的修谱事业也很盛行。当时,在看重家系的贵族间是修系谱的,这就导致了谱学的发展。《通志》卷二五《氏族略》中,记载曰:"官有簿状,家有谱系,官之选举,必由于簿状;家之婚姻,必由于谱系。"认为在各个贵族的记录中,存在有官私两个系统。簿状中,除了个人姓名、家族关系以外,还记录着中正官查定人品的结果,以及官历等内容。簿状的制作看来是参考了由各家提出的谱系,所以《通志》中又曰:"凡百官族姓之有家状者,则上之官。为考定详实,藏于秘阁,副在左户。若私书有滥,则纠之以官籍。官籍不及,则稽之以私书。"⑮若征之以实例来看,当年北魏孝文帝实施姓族分定时,虽说只是要求北魏系的各家提交族谱,⑯但是据推测对汉人贵族也多少采取了同样的措施。于是,家谱的正确与否就理所当然地需要查问了。在南朝也一样,选举的时候是要对谱籍之真伪进行调查的。⑰

官方簿状与私家谱系就这样紧密地联系在一起了。而这与六朝家谱的特性又是紧密相关的。亦即,家谱虽然是由私家作成的记录,但是仍然具有半官方文书的特性。这一点与近世族谱那种与官方完全无关的情况大相径庭。⑱再者,就修谱的目的而言,也与近世族谱那种为了集结宗族内部力量的目的有所不同,是以表示该家族社会地位(仕官、婚姻)为目的的产物。对此有必要从六朝家谱的体裁上作出进一步的探讨。

对于六朝家谱到底具有怎样实质的问题,虽然还不十分清楚,但是从当时书籍中的书名和一部分内容所反映的情况来看,还是可以探明其大意的。在多贺氏的书中,不仅对《隋书·经籍志》及其他文献中著录的唐以前家谱的部数、卷数做出了统计,而且还网罗列出了诸书所引用之各家家谱的谱名、卷数、撰者、出典。其中,对六朝家谱引用最多的,是《世说新语》的刘孝标注。刘注开头"某氏谱曰"的书写格式,记载了文中出现人物的出自、名字、父祖兄弟、姻亲关系、官爵等内容。虽偶有对某人性格的记述，但不仅数量稀少，而且文句短小。这种作为氏谱的文件，很难确定到底是属于官府的簿状还是私家的谱系。看来是利用了由西晋挚虞开始的家谱总集作成的。不过，其中多少对当时家谱的情况有所反映，是毫无疑问的。也就是说，可以推测当时的家谱是记载一个家族的谱系、各人的名字、官历以及婚姻关系的比较简单的文件。南宋初年，汪藻所修《世说人名谱》一卷，载有琅邪王氏以下三十六族的谱系，制成了长达十世前后的系图（表），和记有各代各人名字、官职的表注（牒）。[19]因为其对世代只记载到了隋唐，且没有婚姻关系的内容，所以很明显这不是当时家谱的原样。但是，周一良在《〈新唐书宰相世系表〉引得序》中，推定宋代以前的家谱也许就是这样的体裁。[20]

从卷数上来分析的话，《隋书·经籍志》所著录各氏家谱中，除十卷《谢氏谱》外，都不过一两卷而已。这与近世族谱的卷数相比是太少了，不过，这或许意味着当时的家谱仅有多贺氏分类之第4项的世系、世表，而缺少其他部分吧。

那么，近世族谱中与第4项世系、世表具有同样重要性的，第9项宗规、宗约，第10项家训、家范等要素，在六朝时期又是怎样的呢？六朝时代，家族制定家仪、门法的例子虽说不少，但那却很难说是作为约束全体宗族成员的规定。说到底，那只是一种对贵族家族礼仪的规定。另外，关于家训、家范也同样，像颜之推的《颜氏家训》，王僧虔的《诫子书》那样，使人感到是某些特定的父辈对子侄所进行的训诫。这与近世宗族录入族谱，永远成为祖训的那种规范化的内容之间具有很大的差距。

综上所述，六朝家谱是从婚与宦两方面将本家族的家格向社会展现的文字，其体裁之所以仅限于表谱，也是与此相关的。而近世族谱是以宗族内部团结为目的撰写的，因此是对各种各样诸如规约、道德，或者生活保证方式，以及一门荣誉及历史等丰富多彩内容的辑录，与前者有着相当的区别。这种差异不正可以成为认识六朝时代宗族的一个线索吗？

四、六朝的家与宗族

以上，从近世宗族制一方对照六朝社会，与其说六朝也已经出现了明显的宗族形象，不如说家的活动在当时更为醒目。那么，对此又应作何理解呢？

魏人夏侯玄在答太傅司马懿问时，曾说过以下一段话："夫孝行著于家门、岂不忠恪于在官乎？仁恕称于九族，岂不达于为政乎？义断行于乡党，岂不堪于事任乎？三者之类，取于中正。虽不处其官名、斯任官可知矣。"(《三国志·魏书》卷九本传) 所谓家门之中的孝行，九族之中的仁恕，乡党之中的义断之类中正官的评价，被认为是对任官资格的充分显示。以上这段话所明确反映的是：一个士人在日常生活中隶属于三个社会集团，而且他与这三者之间都是以道德为相互关系的。从实际史传记载的具体事例的考察中，也可以很清楚地确认这种结构。

上述所谓九族，本来是指以同一高祖为祖先的小宗集团，但是在这里也不妨笼统地视其为对宗族的泛指。前面已经讨论过宗族与乡党在观念上的差异，而从夏侯玄的话又可以看出，在家门与宗族之间，也是有着明显区别的。若就具体事例而论，后汉末年，田畴为替主君刘虞复仇而躲避深山，后来他归顺曹操时，曾率"家属及宗人三百余家"，迁居于邺。据载，他把曹操赐予的车马、谷帛全部散施于"宗族、知旧"(《三国志·魏书》卷一一本传)。这里，家族与宗族是区别开来记述的。而且特别值得注意的是，宗族是作为财产施与之对象的。如前所述，把禄赐、资产散施九族的例子，在史书中频频出现，不胜枚举。简言之，所谓家，一方面是宗族的一部分，另一方面又是通过家长的指导性对宗族起作用的行为体。

关于家的规模，是无法在形式上作出划定的。既有贫孤少年辞谢宗族援助而养育年幼弟妹的例子，也有称之为"尊卑百口"的那种大家族的例子，而不论那种都绝对不是罕见的事例。然而，作为基础却都是迄今为止家族史研究中称之为三族制家族的那种比较单纯的家族关系。如前所述，累世同居不过还是三族制家族的复合形态。因此，累世同居持续孕育着分裂为三族制的契机。这种契机并不仅仅是兄弟不合所造成的，由于战乱等等不得已情况所造成的原因也是存在的。因而，即使分家之后，各家之间仍然保持和睦关系的情况，当然也是可能的。㉑北齐宰相杨愔的父辈是以四世同堂闻名的，这一族北魏末年的内乱中多遭杀害，杨愔自身也遭遇过各种苦难。关于他后来入仕于东魏、北齐时，其一族的状况有着如下记载："家门遇祸，唯有二弟一妹及兄孙女数人。抚养孤幼，慈旨温颜，咸出人表。重义轻财，前后赐与，多散之亲族、群从弟侄十数人，并待而举火。"（《北齐书》卷三四本传）也就是说，其家族只有弟、妹和兄孙女，从兄弟家族是与其分居的。而作为他所散施对象的"群从弟侄"，像如下记载所表述的那样，又称作"九族"。"自居大位，门绝私交。轻货财，重仁义。前后赏赐，积累巨万，散之九族，架箧之中。唯有书数千卷"（同上）。

如此，家与宗族在观念上是有明显区别的。对此，若以救济为基点考虑的话，则有着救济的母体与被救济对象的区别。若就战乱等时候的行为而言，则又可以说是统帅的母体与被统帅的对象的不同。而这一母体的中心就是那种具有道德心和指导力的家长。然而，在亲族组织上，家与宗族之间是无法规定一条固定的、制度的界限的。因为家是依据具体情况而不断扩大或缩小的。

进而言之，宗族自身也是同样。例如无法根据大宗制、小宗制的礼制来严格地对其制定出体系。虽说丧服制是可以较为严格遵守的，五服范围是可以由小宗取得一致的，但是其他繁多的宗族关系也同样进行约束则是难以想象的。

关于"宗族"一词的用法，如前面所提到的那样，可以包括数百家、也可以包括数千家。北魏时代赵郡名族李显甫，"诸李数千家"聚集于殷州西山，开拓李鱼川而在那里定居下来。而且，显甫又成为了宗主（《北史》卷三三）。其子元忠还曾在北魏末的内乱时，"率宗党作垒自保"。后来，他和高欢结盟与尔朱氏作战，成为东魏的高官。他所统帅的"宗党"即聚居于李鱼川的"诸李数千家"，应该是肯定的吧。这里，显甫虽说被号为众人的宗主，但他却不具有宗法制宗子的性质，而是具有"诸李数千家"领导者身份的人物。那么，这种领导性又是从何而来的呢？

《北史》卷三三诸李列传及《新唐书》卷七二上《宰相世系表》二上，记载说：赵郡李氏，西晋李楷有五子，辑、晃、棻（《新唐书》作芬）、劲、叡。辑（《新唐书》作辑与晃）的子孙南征之后被称为南祖；棻与劲的子孙住巷西，称西祖；叡的子孙住巷东，称东祖。兄弟们分房而处，异地而居。据本传载，后来辑的后裔"子孙甚微"。从《北史》中东祖系统人物附传者颇多的情况，我们不难想象其繁荣的盛况。上述从李显甫至元忠的一脉，即属此系。㉒

李元忠与同时代以慈善家著称的李士谦都是东祖的后裔，其传记载曰"李氏宗党豪盛"（《隋书》卷七七《隐逸传》，《北史》卷三三本传）。元忠与士谦是以五世祖李颐（叡之孙）为共同祖先的，高官辈出、家产富裕是这两家的共同特点。如果由此来推测的话，可以说是在政界身处高官地位，或拥有富裕资产的他们的家，指导宗族并为其带来了繁荣。

进一步考察的话，不是也可以说家与宗族之间建立了一种相互依存的关系吗？即，家通过对宗族的指导，以及对其救济的收族努力，形成那种从宗族内部到乡党评价的乡论，达到产生任官者的结果。这种家的地位的向上，又促进了宗族的繁荣，二者间形成为一种互动的环流。于是，本来仅仅作为宗族中一个单位的家，形成为在政治、经济、文化各方面都具有出类拔萃能力的家。六朝家谱不就是这样一家一家的系统图示吗？

五、结　　语

上古周代宗法的宗族结合，是凭借严密的宗子制运作的，所以社会组织与血缘组织是完全一致的。那时，祭祖成为一切的中心是理所当然的。从这一意义上说，当时宗族得以结合的契机，如果说在于对神灵的归依，应该是不错的吧。另一方面，近世的宗族制若从井上氏的"宗法复活论"的立场出发，可以说在本质上与周代宗法制是完全不同的。这里，宗族结合是非常人为的、具有明显意图的，编修祖谱就是对这种人为性、意图性的表现。总之，是通过宗族内部制定的制度，来保证其团结的产物。

六朝的宗族则与上古及近世都有所不同，成为宗族结合中心的，是一族中卓越的家的指导性，特别是可以作为一家之长的，基于道德心的指导性。也就是说，以家为背景的个人人格，成为了宗族结合的关节点。

如此看来，上古的神灵、中世的人格、近世的制度构成了各自的时代特色。但是，近世的制度又决非没有人格的制度。通观多贺氏《宗谱研究资料篇》（东洋文库，1960 年）所载宗族资料，其中有关宗族族人教化的资料（家训家范等）和宗族族人统制的资料（家规宗约等），就会发现几无例外都是关于对父母兄弟应孝悌，对宗人要和睦等人人应该遵守的道德规定。而规定这种实践方法的机制，不妨说就是多贺书中记载的祭法祠规和义庄规等等。可以说，曾经是出自六朝时代名望家自发性的产物，进入近世以后就这样，作为全体宗族成员都应该遵守的规范，被一般化、文章化了。

迄今我始终认为六朝名望家对宗族及乡党的道德心态和行为，最终形成如此集结是完全可能的，而且我一直称之为豪族共同体。为此我还受到了批判，批判认为我过于看重精神面，而将其视为共同体得以成立的契机，从 20 世纪 70 年代到 90 年代这种批判仍然没有停止。但是，从本文所探讨的内容来看，六朝豪族共同体与近世宗族共同体，以道德为纽结的共同体社会的特点，仍然有其明显的共同性。由此如果得出豪族共同体的精神超越名望家支配的形式，在这种精神被一般化、制度化的情况下，进而确立了近世宗族共同体位置结论的话，我想不至于有太大的问题吧。如果对我的豪族共同体论从重视精神性的角度抱有疑问的话，那么对近世宗族制所存在的同样特性岂不也抱有同样的疑问了吗？

最后，还有一点有必要说明的是，不论宗族还是乡党，都是由各种血统分化而成的私家的集合，而使这种集合体更加紧密结合的，则是其中作为特殊私家的名望家。但是，名望家超越私利而集结宗族、乡党的时候，他已经不再是单纯的私人了。在超越克服私利的精神性中，有着超越世俗层次而达到更高境界的可能，而且在体现这种人格的行为中，具有国家社会指导者的资格。这种被理念化的统治集团即贵族阶层。贵族不论就其个人，还是就其所属的家而言，都既是私的存在，同时又是公的存在。个人是以公与私为表里的统一体，对此在上述家谱的考察中已经论述过了。我以为从政治与社会组织的一致性来认识贵族政治的内藤湖南说，其实也是可以从公与私关系予以解释的。

注释：

① 参见井上徹《中国的宗族与国家的礼制》（研文出版，2000 年）序章。

② 明确将宗族与乡党予以区别的例证很多，"真，少与宗人曹遵、乡人朱赞，并事太祖"（《三国志》卷九《曹真传》）即其中一例。

③ 后节中还将提到的赵郡李显甫就是这方面的例子。

④ 常建华《二十世纪的中国宗族研究》（《历史研究》1999 年第 5 期）对二十世纪的中国宗族研究状况有着详细记述。

⑤《支那家族结构》，岩波书店，1942 年，第 214 页。

⑥《近世中国宗族研究》（《牧野巽著作集》三，御茶水书房，1980 年）第二"司马氏书仪的大家族主义与文公家礼的宗法主义"。

⑦ 张研《清代族田与基层社会结构》，中国人民大学出版社，1991 年，第 186—187 页。

⑧ 但是，按照官爵的等级立庙，甘氏的所谓封建宗庙制度是存在的。不过，由于政治身份与家系上的地位未必一致，在此也不可能贯彻完全的宗法主义。甘氏也论述了这一问题，认为一般士大夫的家中，家内的厅堂是祭祖的场所。本文的目的也在于与近世民间祭祖进行比较，因而也涉及了一般士大夫、庶民的祭祖方式的问题。

⑨ 参见本书第三编第一章《北朝贵族的生活伦理》。

⑩ 冯著认为，虽然墓祭之最重要的特征，在于不反映宗子的主祭权，不区别大小宗差别，使得宗族活动更加广泛化（第 99 页），但是从墓祭开始以家为中心一事成为了可能。

⑪《晋书》卷七四《桓彝传》："（桓）秘于是废弃，遂居于墓所，放志田园，好游山水。"可作为这种情况的一个例子。

⑫《晋书》卷四五《刘毅传》："（刘）暾妻前卒，先陪陵葬。子更生初婚，家法，妇当拜墓，携宾客亲属数十乘，载酒食而行。"这里所说的也许算不上是祭祖的一般事例，但应该是一家人在墓前举行宴会的情况。

⑬ 以下是这两种救济的实例。《晋书》卷四一《魏舒传》："及山涛薨，以（魏）舒领司徒，有顷即真。舒有威重德望，禄赐散之九族，家无余财。"《晋书》卷八八《孝友·庾衮传》："（庾衮）抚诸孤以慈，奉诸寡以仁，事加于厚而教之义方，使长者体其行，幼者忘其孤。"

⑭ 但是，私产经常发挥救济机能时，对于私产就会产生一种人与人之间特别亲近的感情。下面即其一例："元嘉末，青州饥荒，人相食，善明家有积粟，躬食饘粥，开仓以救

乡里,多获全济,百姓呼其家田为'续命田'。"《南齐书》卷二八《刘善明传》。

⑮ 这是对六朝隋唐史籍中所见诸记事的综合记载。

⑯ "凡此定姓族者,皆具列由来,直拟姓族以呈闻,朕当决姓族之首末。其此诸状,皆须问宗族,列疑明同,然后勾其旧籍,审其官宦,有实则奏,不得轻信其言,虚长侥伪"。《魏书》卷一一三《官氏志》。

⑰ "于时有司选举,必稽谱籍,而考其真伪"。《新唐书》卷一九九《儒学·柳冲传》。

⑱ 参见丁钢《近世中国经济与宗教教育》,上海教育出版社,1996 年,第 178—179 页。

⑲ 附载于前田尊经阁本《世说新语》。

⑳ 哈佛燕京学社引得目录 16。《周一良集》(辽宁教育出版社,1998 年)第五卷收录。又吐鲁番阿斯塔那 50 号墓发现以"某氏族谱"命名的文书残片八片;113 号墓也发现"高昌某氏残谱"一片。这是些记录了各人名字、官职、妻室及其相关系图的简单记录。唐长孺主编《吐鲁番出土文书》壹,文物出版社,1992 年。另外,据小林义广氏教示,作为这方面最近的研究还应该参考徐扬杰的《魏晋至唐代的中古谱牒略论》,《家族制度与前期封建社会》,湖北人民出版社,1999 年。

㉑ "三世同居,门有礼让。于后频值饥年,家始分析,挺与弟振推让田宅旧资,惟守墓田而已。家徒壁立,兄弟怡然,手不释卷"。《魏书》卷五七《崔挺传》。而且,在挺与振死后,兄弟同居的生活仍以振的遗孀为中心,在从兄弟友爱关系下持续着。

㉒《新唐书》卷五八《艺文志》二《谱牒类》中,著录有《赵郡东祖李氏家谱》二卷。

第四章　六朝贵族的家政

六朝时期的国政虽说是继汉朝之后以皇帝为最高统治者的官僚政治，但是这一官僚集团的领导层始终为门阀贵族所把持。而且将门阀贵族与政治权力相结合的原因，并非他们所持有的土地等资产。的确，他们之中有很多人是大土地所有者、大资产家，但是这些并不是其政治地位的直接决定因素。作为他们的阶级基础，首先值得注意的是他们所具有的、独特的家门力量。这种力量究竟具有怎样内涵虽说极为重要，但这并非本章所要直接阐明的问题。本章的目的在于通过对门阀贵族维持家门的举措、即家政的考察，探讨这些家门是如何与政治权力相结合的。

然而，对于这一问题的研究不可避免地会遇到这样一个困难，即一般来说，人类的家族集团，对外总有其封闭的、非公开的一面。正如下文将论述的那样，六朝贵族的家族生活亦不例外。那么，出于这种家门的他们是如何取得成为公权力王朝官员的条件的呢？在探讨这一问题时，虽说他们的家族生活有"私"的闭锁的一面，但同时也有"公"的开放的一面，而且可以预料这应该就是贵族家门得以与国家权力相互结合的路径。笔者曾经就有关六朝贵族家族生活中"公"的一面写过几篇论文，在此既对以往的论述做一个总结，同时也补充一些新的见解，以期对此做出专题性的论述。①

一、六朝贵族家族生活的公与私

六朝贵族对于自身的家族生活，究竟持有何种理念呢？对此，从当时流行的家训中可略见一斑。就上述公、私问题而言，作为六朝家训代表作的《颜氏家训》的《兄弟》篇中有如下一段：

> 娣姒者多争之地也。使骨肉居之，亦不若各归四海，感霜露而相思，伫日月之相望也。况以行路之人，处多争之地，能无间者鲜矣。所以然者，以其当公务而执私情，处重责而怀薄义也。若能恕己而行，换子而抚，则此患不生矣。

　　妯娌最是家庭内部纠纷的渊薮。有血缘关系的亲人，彼此分离则相互思念。陌路人经常碰面，若欲不生纠纷实在太难了。然而，为何如此呢？因为"执掌公务而循私情，责任重大却顾及面子"。如果兄弟之间相互宽容，对兄弟的子女也像对自己的子女同样疼爱的话，那样的问题就不会发生。②

　　此段大意就是这样。其中以"公务"与"私情"相互对照的部分，尤为引人注目。"私情"应指兄弟们各自倾向于自己妻子儿女的感情。也就是说与此相对的"公务"，看来并非从事国家、社会管理等公共事务，而是指维持全体家族生活的工作。换言之，"公务"即家政方面的工作。

　　附带说一下，"公务"一词可以与下面的"重责"一词互换，亦即与"薄义"相对而言。"重责"是指家政之重大职责，"薄义"可解释为站在对妻子儿女琐碎义务感的立场的那种面子关系。总之，颜之推认为家政即"公务"，就是"重责"。

　　这种公与私的理念结构，是在全体家族（如同下例所示，六朝贵族之家，兄弟同居的情况并不罕见）与作为家族一部分的夫妻关系之对立基础上建立起来的。而且，这并非颜之推个人所独有的认识。《魏书·崔挺传》：

> （崔挺之子）孝芬兄弟，孝义慈厚，弟孝演、孝政先亡，孝芬等哭泣哀恸，绝内，蔬食，容貌损瘠，见者伤之。孝暐等奉孝芬尽恭顺之礼，坐食进退，孝芬不命则不敢也。鸡鸣而起，旦参颜色，一钱尺帛，不入私房，吉凶有须，聚对分给。诸妇亦相亲爱，有无共之。始挺兄

弟同居,孝芬叔振既亡之后,孝芬等奉承叔母李氏,若事所生,旦夕温清,出入启觐,家事巨细,一以谘决。每兄弟出行,有获财物,尺寸已上,皆内李氏之库,四时分赉,李自裁之,如此者二十余岁。抚从弟宣伯子朗如同气焉。

崔挺、孝芬父子是博陵郡名族,北魏后期的高官。一门三世同居(《北史》本传作"五代同居"),至崔挺时因凶年而兄弟分家。但是崔挺之子孝芬又与兄弟同居,曾一度分家的崔挺之弟崔振的遗属也一起同居。上面提到的李氏是崔振的遗孀,与儿女一起寄身于孝芬兄弟处。

崔氏一族的同居生活中,颜之推所说的那种极难做到的兄弟、妯娌的和睦关系,在以兄长孝芬为核心的管理下得以维护。据说就连堂弟也像兄弟一样受到爱护。经济生活也实行全家族的管理。家族财产都放在统管家务的李氏仓库里保管,不论凶吉只要需要支出费用时,势必召集全族人商讨。这里所谓"一钱尺帛,不入私房"的记载中,将各对夫妇的起居空间称为"私房"的用语尤其值得注意。就全家族来看,当时已经出现将一家之中由各个夫妇居室组成的各房视为私空间的观念。将此记载与上述《颜氏家训》中"公务"、"私情"的用语结合起来考虑的话,可知在当时贵族的大家族生活中,"家"与"房"的关系被认为是一种公与私的关系。③

从这种公私关系出发考虑的话,北魏末期弘农杨氏大家族的生活方式,也完全可作如是理解。《魏书·杨播传》中有下面一段记载:

> 播家世纯厚,并敦义让,昆季相事,有如父子。播刚毅。椿、津恭谦,与人言,自称名字。兄弟旦则聚于厅堂,终日相对,未曾入内。有一美味,不集不食。厅堂间,往往帏幔隔障,为寝息之所,时就休偃,还共谈笑。

杨播一族也是以累世同居之家著称,所谓"一家之内,男女百口,缌服同爨,庭无间言"(同上)。如上文所载,播、椿、津兄弟每日从早至晚共同生活在厅堂。厅堂乃一家的客厅,也是族人聚会的场所,而且多为祭奠祖灵之地。④即一家的公共空间。与此相对的用语在上文中可以找到"未曾入内"的"内"。⑤"内"当然就是内房。兄弟之一的杨椿,离任回归故乡时,曾训诫子孙说:

> 又吾兄弟,若在家,必同盘而食,若有近行,不至,必待其还,亦有过中不食,忍饥相待。吾兄弟八人,今存者有三,是故不忍别食也。又愿毕吾兄弟世,不异居异财,汝等眼见,非为虚假。如闻汝等兄弟,时有别斋独食者,此又不如吾等一世也(《魏书·杨播传》)。

这里杨椿提到兄弟时常一起进食的情况,还将"同盘而食"与"别斋独食"对举而言。"别斋"当指内房中一室。由此可知,在杨氏的大家族生活中虽说没有直接提到"公"、"私"等字眼,但是这里所言家与房之间的公私关系也是很明确的。

二、家门的规律

作为六朝贵族,既然认为家族整体是个超越私情的公的世界,那么这一空间存在应该是有其规律的。颜之推曾说:

> 夫有人民而后有夫妇,有夫妇而后有父子,有父子而后有兄弟。一家之亲,此三而已矣。自兹以往,至于九族,皆本于三亲焉。故于人伦为重者也。不可不笃(《颜氏家训·兄弟》)。

指出夫妇、父子、兄弟着三层关系乃一家的基础,所以对着三层关系的保证是十分重要的。那么,具体而言又是如何对其予以纪律保障的呢?

六朝贵族家族的家长负责家族成员的教育、训导,即所谓家教。家教不仅限于教育自己的孩子也包括兄弟的子女,甚至已成人的弟弟。父亲

不在时,有时还由母亲承担此项责任。例如《北史·裴佗传》:

> (裴)让之字士礼,年十六丧父,殆不胜哀。其母辛氏泣抚之曰:
> "弃我灭性,得为孝子乎!"由是自勉。辛氏高明妇人("妇人",《北
> 齐书·裴让之传》作"妇则"),又闲礼度,夫丧,诸子多幼弱,广延师
> 友,或亲自教授,内外亲属有吉凶,礼制多取则焉。

裴让之出身于河东闻喜的名门,供职于东魏。其母辛氏在夫亡之后
为了子女的教育,不仅招聘师友,还亲自讲学,应该是执教经书吧。下述
夏侯氏的例子中,明确记载是教授经书。

> (皇甫和)母夏侯氏,才明有礼则,亲授以经书。及长,深沉有雅
> 量,尤明礼仪,宗亲吉凶,多相咨访(《北齐书·皇甫和传》)。

这些关于贵族夫人在夫亡之后以学问教育子女的记载是发人深省
的。⑥贵族各家的家庭教育不仅限于学问的传授,还包括了日常的举止礼
仪的训练。《颜氏家训·序致》:

> 吾家风教,素为整密。昔在龆龀,便蒙诱诲,每从两兄,晓夕温
> 清,规行矩步,安辞定色,锵锵翼翼,若朝严君焉。赐以优言,问所好
> 尚,励短引长,莫不恳笃。

颜之推讲述了自幼所受家教的情况。他经常与两兄长一同向父母问
安,问安时恭恭敬敬地行进,言语得体,表情严肃,战战兢兢地就像拜见君
主一样。父母问他喜欢什么,并给以了指导,非常和蔼。

幼时的颜之推面对父母"若朝严君",这是当时习惯用语,同样的语
句可见于各种记载。⑦父母与子女之间的举止礼仪,即使父亲去世之后在
母子之间仍然继续。《魏书·裴叔业传》:

> （裴）植母，夏侯道迁之姊也，性甚刚峻，于诸子皆如严君。长成
> 之后，非衣帕不见。小有罪过，必束带伏阁，经五三日乃引见之，督以
> 严训。

帕即绢制的帽子，是一种便帽，但可用于礼仪。这里说的是裴植母亲夏侯氏如何在尽家长的职责。上述崔孝芬的同居生活也是说弟弟们敬重长兄孝芬，而且朝夕向叔母问礼不断。弘农杨氏家的情况也同样：

> 椿、津年过六十，并登台鼎，而津尝旦暮参问，子侄罗列阶下，椿
> 不命坐，津不敢坐(《魏书·杨播传》)。

长兄杨播死后，杨椿成为家长，从弟弟杨津至子侄对他仍保持着日常的礼仪。

父子、兄弟之间的教育往往是很严厉的，上述有关夏侯氏的记载即其一例，⑧颜之推认为这样做是不得已而为之：

> 凡人不能教子女者，亦非欲陷其罪恶，但重于诃怒伤其颜色，不
> 忍楚挞惨其肌肤耳。当以疾病为谕，安得不用汤药针艾救之哉。又
> 宜思勤督训者，可愿苛虐于骨肉乎。诚不得已也(《颜氏家训·教
> 子》)。

本来，不能教育子女并非希望他们陷入罪恶，只是不忍叱责而伤其情绪，不忍鞭笞而痛其肌肤。以疾病为例，哪儿有不用汤药、针艾救治的。认真进行教育者，并非想要虐待自己的骨肉。严格要求实在是出于不得已。

他还说："父子之严，不可以狎，骨肉之爱，不可以简。简则慈孝不接，狎则怠慢生焉。"（同上）父子之间不可相互轻慢，轻慢则会丧失人伦。骨肉间的亲情不可敷衍了事，敷衍的话父对子之慈、子对父之孝将无从

结合。⑨

"慈"与"孝"乃父子之间的伦理。自然之爱上升为伦理,应该就是"礼"。"不狎"的关系也是如此。

> (甄)琛少敏悟,闺门之内,兄弟戏狎,不以礼法自居(《北史·甄琛传》)。

这里所言"兄弟戏狎"是兄弟间不和睦的反义词,说这是兄弟和睦的原因。但是,甄家兄弟无序,史家认为这是不恪守礼法的生活态度,直截了当地予以了极为严厉的斥责。家门是否恪守立法不仅是史家注意的重大问题,也是当时贵族社会普遍的价值判断标准。例如:

> (李)敷兄弟敦崇孝义,家门有礼,至于居丧法度、吉凶书记,皆合典则,为北州所称美(《魏书·李顺传》)。
>
> (辛少雍)性仁厚,有礼义。门内之法,为时所重……少雍妻王氏,有德义,与其从子怀仁兄弟同居,怀仁等事之甚谨,闺门礼让,人无比焉。士大夫以此称美(《魏书·辛少雍传》)。

以上两则本传所谓"家门有礼"、"闺门礼让",正是对以礼约束家族关系的直白表述。两种家风在士大夫社会都受到极大的称赞。

值得一提的是,两传的记述还反映了一个共同之处:家门礼法已被规范化,即制订有"居丧法度、吉凶书记"或"门内之法"。而且,这些礼法已经越出家门,成为社会的家礼模范。《李敷传》所谓"居丧法度、吉凶书记",明显说明当时已经将冠婚丧祭之仪礼定为家礼了。虽然《辛少雍传》所谓"门内之法"的内容尚不明了,但是,据上述《北史·裴佗传》母亲辛氏通晓"礼度"所记"内外亲属有吉凶,礼制多取则焉"可以想象,辛氏所具有的"礼度"知识,理当来自于辛氏家族"门内之法"的熏陶。

暂且不论这些,如上述二例所示:各家制订的仪礼,是通过对其他家

族的影响,相互参照而且加以完善的。《北齐书·邢邵传》:

> 邵率情简素,内行修谨,兄弟亲姻之间,称为雍睦。博览坟籍,无不通晓,晚年尤以《五经》章句为意,穷其指要。吉凶礼仪,公私谘禀,质疑去惑,为世指南。每公卿会议,事关典故,邵援笔立成,证引该洽,帝命朝章,取定俄顷。

其中所谓"吉凶礼仪,公私谘禀,质疑去惑,为世指南"一句尤为值得注意。可知邢邵的礼学不仅限于家学,而且还成为了政府方面的咨询内容。宫廷仪礼、仪式也多有通晓礼学的贵族予以制订。崔瞻就是这种人物:

> (瞻)专在东宫,调护讲读,及进退礼度,皆归委焉。太子纳妃斛律氏,敕瞻与鸿胪崔劼撰定婚礼仪注。仍面受别旨曰:"虽有旧事,恐未尽善,可好定此仪,以为后式。"(《北齐书·崔㥄传》)

本传关于崔瞻父亲还记载曰:

> 㥄一门婚嫁,皆是衣冠之美,吉凶仪范,为当时所称。娄太后(高欢妃)为博陵王纳㥄妹为妃,敕中使曰:"好作法用,勿使崔家笑人。"

崔氏出身于清河名门中的名门。崔氏所传承之讲究的礼法,不仅影响至贵族各家,而且多为属北方民族系统的北齐帝室的仪注所采纳。

如此制订并付诸实践的家礼还被记录成书。《隋书·经籍志》的史部"仪注"著录有"《徐爰家仪》一卷"、"《赵李家仪》十卷、《录》一卷、李穆叔撰"等。《徐爰家仪》是否为《宋书·恩幸传》徐爰所撰尚不得而知。《赵李家仪》的撰述者李穆叔本名公绪,北齐时期的隐逸之士。《北齐书·李浑传》载有《典言》十卷、《质疑》五卷、《丧服章句》一卷、《古今略记》二十卷、《玄子》五卷、《赵语》十三卷(《北史》作"十二卷")等著作。《北史》增加有《赵记》八卷。由此可知,李公绪(穆叔)很熟悉自己出身地赵郡的历史、地理,并通晓礼学。至于那部据说由他所著的《赵李家仪》,仅就卷数之多判断,也不会仅限于赵郡李氏中的一个家门,应该是对李氏各家家礼的汇总。

再就这类家礼的记录、撰述而言,与他家、他姓之间的相互影响是很大的,甚至已成为一股广泛促进贵族层一般"礼度"形成的推动力量。如果没有这等"礼度"修养的话,即便帝室也会成为贵族的嘲笑对象。

这里还有一个饶有兴味的问题,即这一时期出现了关于家族生活和以维持这种生活为目的的著作。这在中国著作史上是前所未有的现象。[⑩]在这类著作中除了家仪、书仪之外,还有家谱、家传和家训等。在《隋书·经籍志》史部之"谱系"中,除了各氏家谱之外,还有按地域汇总以及全国范围的总集性的著述,就其撰写基础而言毕竟还是各氏的家谱。随着年代而变迁的家系,当时是如何进行记载的,我们不得其详。但是,有一点是不难推知的,即在当时无论任官还是通婚,作为家政极其重要的一环的家谱制作、传承都是最为必要的。

家传也是如此,由《隋书·经籍志》史部之"杂传"可知,在当时有着许多贵族的家传。家传就是家史。各家通过克服各种困难、危机而维持着自己的家系。在对子孙的训诫中,有很多就是危机时期的产物,颜之推、杨椿的例子都是明证。他们的训诫中当然要叙述自家的优良传统,告诫子孙不要忘记过去,切忌背离家族的传统。如此,家训包含了家传,家传又是根据家谱制成的。对这些形式各异的著作进行相关性考察虽说十分必要,不过还是让我们将其留待今后去做吧。总之,家仪、家谱、家传、家训等与私家相关著作的多角度涌现,可以说是一种家政著述化的现象,从中使人感到的是贵族家庭自律性的强化。

作为六朝贵族,所谓"家"不能仅仅停留在对骨肉之爱的自然流露方面,应该是更高层次的、依据人际规范运作的人伦关系共同体。而服务于这一共同体的工作,可以说就是颜之推所谓的"公务"。

三、作为"公务"的家计

家政之中重要的一环不用说是家庭经济,即家计。《颜氏家训·治家》各条中对家计的记载很多。由此可知,如何保障家计健全,乃当时贵族所关心的一件大事。且其中又有其独特理念。

作为六朝贵族的收入来源,一般认为不外大土地经营、官俸、朝廷赏赐以及友人赠与诸途。此外虽说还有经商所得利润,但那不符合士大夫的生活态度。无论如何,对这些收入作为家族共同财产进行管理被认为是一种美德。上述崔孝芬家的"李氏之库"即典型事例,在那里实行着"一钱尺帛,不入私房"的原则。对家族内的分配物也本着"有无共之"的态度,由此使得共同生活得以和平运转。这种精神进而扩展开的话,还发展为对同居家族之外的贫困族人的救济,进而还会惠及宾客、乡党。此类事例在史书中可以说是举不胜举。不过,在此特别要探讨的是,救济不仅是单纯的慈善事业,而是作为家政的一环纳入家计的。

《颜氏家训·治家》:

> 世间名士,但务宽仁,至于饮食饷馈,僮仆减损,施惠然诺,妻子节量,狎侮宾客,侵耗乡党:此亦为家之巨蠹矣。

一家之长为了张显门面,故意端着架子,如此不反省自身,以造成宾客的待遇、乡党的受馈品为佣人、妻子所剥夺的后果。这样的"家"是无法维持的。由此,不难想象当时贵族之家,是专项设有宾客、乡党开支费用的。在有关隋代隐士李士谦的遗闻中,有如下一则关于赈济的内容:

> 其后出粟数千石,以贷乡人,值年谷不登,债家无以偿,皆来致谢。士谦曰:"吾家余粟,本图振赡,岂求利哉。"于是悉召债家,为设

酒食,对之燔契,曰:"债了矣,幸勿为念也。"各令罢去(《隋书·隐逸传》)。

根据李士谦所言,他家的储粮是分为自家消费用与"振赡"之用的,后者是相对于自己消费的"余粟"。这种情况下的"振赡",应该包括凶年贷出、丰年返还的赈贷。赈贷事关贷主利害,所以相互以契约为凭。然而,用李士谦的话说这种借贷本不为谋利。无论如何,可以说李士谦家的粮仓里有一部分粮食是专为赈济乡民而储备的,进而可知在当时赈济已成为贵族家庭经济的一部分。

另外,颜之推的祖先颜延之所著《庭诰》有以下一节:

> 务前公税,以远吏让,无急傍费,以息流议,量时发敛,视岁穰俭,省赡以奉己,损散以及人,此用天之善,御生之得也(《宋书·颜延之传》)。

其中列举了公税、自家必要经费、赈济三方面的支出,并说以何种方法分配这些支出,须因时而动。此乃避免政府督促、社会非难,顺利运营一家财政的方法。当然没有俭约精神是不行的,但同时还要有计划性。另外,这里还指出支出计划尚须根据丰年及凶年进行调节。

对一家的家事按月做出年计划的例子,可以举出崔寔的《四民月令》。除祭神、农事之外,还对宗族的救济、抚恤做出一年计划,说赈济应该在每年三月、九月、十月,分三个时期进行。三月是作物的青黄不接时期,九月是寒冷袭来之前准备衣料的时期;在作物成熟的十月同族筹资救助贫困户,帮其举行葬礼。

如此,在运营家庭经济计划的时候,最为重要的是全体家族成员都应保持节俭的态度。前揭《庭诰》也有着这种要求,没有节俭精神的话就无法保证家计的计划性,赈济也无从实施。因此,节俭与救赈经常是相辅相成的。上引杨椿的训诫中,是这样叙述祖先时代的:

　　我家入魏之始,即为上客,给田宅,赐奴婢、马、牛、羊,遂成富室。自尔至今二十年,二千石、方伯不绝,禄恤甚多。至于亲姻知故,吉凶之际,必厚加赠襚,来往宾僚,必以酒肉饮食。是故亲姻朋友无憾焉。国家初,丈夫好服采色。吾虽不记上谷翁时事,然记清河翁时服饰,恒见翁著布衣韦带,常约敕诸父曰:"汝等后世,脱若富贵于今日者,慎勿积金一斤、采帛百匹已上,用为富也。"又不听治生求利,又不听与势家作婚姻(《魏书·杨播传》)。

　　也就是说,杨氏一族可能是因官而为富家的,而且对待"亲姻朋友"厚加赠施。另外,还提到杨椿的祖父"清河翁"(杨真)装束素朴,强调切不可在现在的基础上蓄积更多财产。

　　由此可见,在杨氏的家计中富家、赈济、俭约是三个要素,三者相互结合发挥着作用。如此,形成即使是富家也须尚俭约,将余财用于赈济的结构。在上面引用的《李士谦传》里对此有着更为直接的叙述:"家富于财,躬处节俭,每以振施为务。"

　　值得一提的是,《北史·李孝伯传》记载了李士谦家富于财的具体情况:隋开皇八年他去世时,妻子卢氏(可能是范阳卢氏)不但将赙赠一律辞退,反而散粟五百石赈济贫困,还解放了奴婢六十人。[11]其实,上文所提到的"吾家余粟,本图振赡"一语,所反映的正是这样一种家计的精神境界。

　　《颜氏家训·止足》中有一段有名的话:

　　　　常以二十口家,奴婢盛多,不可出二十人,良田十顷,堂室才蔽风雨,车马仅代杖策,蓄财数万,以拟吉凶急速,不赍此者,以义散之,不至此者,勿非道求之。

　　二十口之家,奴婢二十人,良田十顷,蓄财数万是保持自家体面的最低经济条件,这应该就是颜之推"止足"的标准。因为超出这一标准的部分根据"义"的精神应当用于散施,所以俭约就成为在赈济的同时支撑止足生活的一种道德作用。用先祖颜延之所谓"省赡以奉己",说的不正是这种情况吗。很显然这样的止足生活正是维持家族健全、安定的关键所在。

然而,节俭究竟应当是怎样一种精神存在呢? 对此疑问,可以在《颜氏家训》中找到答案:

> 孔子曰:"奢则不孙,俭则固,与其不孙也,宁固。"又云:"如有周公之才之美,使骄且吝,其余不足观也已。"然则可俭而不可吝已。俭者,省约为礼之谓也。吝者,穷急不恤之谓也。今有施则奢,俭则吝,如能施而不奢,俭而不吝,可矣(《颜氏家训·治家》)。

其中引用的两句孔子的话,来自于《论语》的《述而》和《泰伯》。颜之推从中选取了"奢"、"吝"、"俭"三字,论述了三者之间的关系。他认为"俭"与"吝"不同。"俭"是节约,即不浪费,由此可以正确地维护"礼"这一人际关系。"吝"则是见人有难而不援助。然而,当今对人施财时过度支出,而且高傲不逊;如果说要紧缩家计的话,又很吝啬。这两种做法都是不可取的。施舍不必奢侈,俭约不必吝啬,这才是应有的风度。

总之,"俭"与"吝"不同,是一种自己生活朴素而有余财帮助他人的精神。另外,这与对人施舍不惜财物的那种充满优越感的奢侈也是不同的。"吝"与"奢"都出自个人的意志,但"俭"则是一种将与他人共存的意识纳入自己经济生活之中的生存方式。颜之推所为"省约为礼"的意思,我看就在于此。

如此而言,节俭与赈济并非两种不同的家政,有着内在的、深层的相互平衡。节俭的目的并不是为了将节省下来的余财,作为谋取个人利益的资本进行投资,而是用于对宗族、乡党、朋友的救济、保护(有时可推广至保障地域安全、振兴农业)。然而,这些又被认为是必须纳入年度家政计划进行通盘考虑的,可以说其中还涉及到家庭经济的合理性问题。也就是说,首先要保障一家的经济生活,使家庭经济的单纯再生产成为可能;其次是通过对家庭之外的放财,以获得宗族、乡党、朋友的好评。此两

点,正如下一节还要论及的那样,都具有六朝贵族为了持续保持其家门地
位所不可或缺的效果。

如此,经过对六朝贵族的家庭经济存在形式的考察,弄清了六朝贵族
在依据了自然经济的基础之上,以保护家族为最高价值目标的家计管理
情况。这种家计管理之所以能够实现,就在于家族各自所具有的节俭之
心,以及那种对于家的公共性所一致持有的服务精神。前揭《颜氏家
训·治家》所见"世间名士"正是缺乏如此精神的例子,所以颜之推批评
其为"家之巨蠹"。

四、从家"公务"到国"公务"

从以上对贵族各家家政的考察可知,家政在将维持一家生计和团结
置于首要的同时,还有其与家门之外世界相互关联的走向。例如,决定着
一家生活规范的家礼,同时也影响着其他家的礼仪。而且对宗族、乡党、
朋友的赈济是有计划地列入家庭经济管理之中的。总之,贵族之家既是
一个私家,同时作为丰富物质的、卓越精神的生活集团,对外界又是十分
开放的。那么,这种开放性与贵族的政治地位之间又是如何联系的呢?

毫无疑问,六朝贵族在多数情况下,作为王朝官员与中央、地方政治
有着各种联系。因此,有观点认为贵族地位的建立依靠的是王朝的权力,
众所周知这种观点出现于"二战"以后的日本学界,引发了许多争论。试
图侧重于官僚的侧面来解释贵族地位的观点也不在少数,甚至可以说今
天仍是学界的主流。这种观点虽不能说是错误的,但毕竟对于六朝贵族
作为官僚担负国政的最为根本的基础究竟何在这一课题的研究,尚须做
进一步的努力。

在此不禁使人想到九品官人法的运作方式。中正官对管辖州郡内的
人才根据乡论作出评定,并以此划分出九品的任官资格,最终报告中央政
府。总之,正是这种乡论成为了决定任官资格的基本条件。吏部授予特定
官职必须在满足这一条件之后,而不是在此之前。那么,乡论亦即乡里社
会的评价,所以能够成为入仕为官资格的基础,究竟出于怎样的理由呢?

《三国志·夏侯玄传》中有以下一段记载：

> 太傅司马宣王问以时事，玄议以为："夫官才用人，国之柄也。故铨衡专于台阁，上之分也。孝行存乎闾巷，优劣任之乡人，下之叙也。夫欲清教审选，在明其分叙，不使相涉而已。……夫孝行著于家门，岂不忠恪于在官乎？仁恕称于九族，岂不达于为政乎？义断行于乡党，岂不堪于事任乎？三者之类，取于中正，虽不处其官名，斯任官可知矣。"

夏侯玄此话大意是说：任用是中央政府的工作，人物评定属地方社会的工作，二者分工必须明确。还说看看地方的人物评价就知道该人是否适合做官。其人物评价是根据该人作为他所属的家门、九族、乡党的三种场合（共同体）成员的人格做出的。这与本文所论述的家、宗族、乡党是一致的。夏侯玄所列举的三种场合的评价项目，分别是"孝行"、"仁恕"、"义断"。孝行是家族秩序的根本，仁恕是宗族的保护和救济，义断是指导地域社会的公正判断。有了孝行，为官也会诚心诚意地为国尽力；有了仁恕，可以用于行政方面，有了义断，一定能够完成任务。所以，如此人物即便不就官，也知道他具有为官的资格。

从以上的考察可知：孝行是家政的根本，仁恕、义断也是家政的组成部分，三者都属于"公务"。夏侯玄认为能够认真实践此"公务"的人物，一定会出色地完成官僚的工作，亦即今天我们所谓的"公务"。如此，不妨说作为家政的"公务"是以乡论为媒介，从而与作为国政的"公务"相结合的。

夏侯玄认为两种"公务"之间的共性就是道义人格。九品官人法是以德才兼备为评价标准的，可是看来夏侯玄认为"才"是包含在"德"之中的。无论如何，从实行道义的范围来说，家—宗族—乡党—国家之间，是从小单位至大单位，从血缘团体至非血缘团体的同心圆结构。这一同心圆结构得以形成，又是以"家"并非单纯的私家为依据的。进一步说，支撑"家"的力量在于家族成员各自的道义之心。每个人都在各自父子、兄弟、夫妇的位置上，构成作为公共团体的"家"，以宗族、乡党的支持作为后盾,参与国政。如果说夏侯玄的方案是立足于当时这样一种现实而提出的,恐怕不会有太大问题。

在具有强烈分裂倾向的六朝政治之中,贵族个人及其"家"以其作为地方社会核心的作用,使社会得以保持安定。作为国政来说这是一股极大的支持力量,而且就这一意义而言,作为家政的"公务"就是作为国政"公务"的重要一环。特别是那些应州郡官辟召的乡居贵族人士,就更是成为了两种"公务"的现实重合体。

就这样,六朝诸政权呈现出一种看似贵族各家联合组织的形式。上述的家谱也不仅仅是单纯私家的记录,而是作为任官资料,有着一半公文书的意义。《通志·氏族略》曰:

> 凡百官族姓之有家状者,则上之官,为考定详实,藏于秘阁,副左户。若私书有滥,则纠之以官籍,官籍不及,则稽之以私书。

也就是说,家谱可以作为补充"官籍"之缺的资料而收藏于官府,因此就要求其记载具有准确性。⑫

说得极端一些,六朝贵族的家政就是这样与国政相衔接的。前面引述过的弘农杨氏有一段话很有象征意义:

> (杨)津为司空,于时府主皆引僚佐,人就津求官,津曰:"此事须家兄裁之,何为见问?"(《魏书·杨播传》)

选择司空杨津的府僚的工作属于杨家的家政,所以此事由任家长的杨椿决定。

五、结　语

《晋书·卞壶传》曰:

父粹,以清辩鉴察称。……弟裒尝忤其郡将,郡将怒讦其门内之私,粹遂以不训见讥议,陵迟积年。

一般来说,充满了"门内之私",即不愿为人所知的私事。贵族家庭内部的层出不穷的丑闻,在正史诸传屡见不鲜。看来颜之推所谓"多争之地"是当时极为普遍的现实。兄弟不和的例子举不胜举,也有与母亲分居而遭非难的事情。⑬乱伦之事看来也不在少数。⑭结合这些事例来看的话,或许有人会认为上文所述一家和睦、礼节端庄之家不过属于特例。然而,值得进一步考虑的是,家庭内部的不道德会招致社会舆论的批评和不利于官僚生活的后果。从这一点上说,贵族的家庭生活是对社会开放的,其家门的道德与非道德直接就是社会的善与社会的恶。这样看来,六朝贵族的家庭生活的真实性,并不在于其是否道德。真实的情况很可能是他们不断摇摆于道德与非道德之间,而且非常在意社会舆论的评价。⑮上面所引各种家门和睦的例子,正是六朝贵族在如此环境之下强烈发挥道德意志的事例,也可说都是将当时舆论评价文章化的产物。这些虽说属于美谈之类,但该美谈却是社会价值观念的产物。

然而,六朝贵族的家庭为何一定要保持一种道德生活形态呢? 对此问题,笔者曾屡屡有所论述,一言以蔽之,因为同姓家族及外姓家族都依赖于他们的"家"才得以生存。六朝时期,社会秩序由此得以形成,因此这也规定了当时的政治结构。这是六朝时期所特有的,在其他时期所见不到的形态。

比如在宋代以后的所谓近世,即便作为社会的一部分,存在着特定的家与家之间人格依存关系的话,恐怕也与当时君主独裁制国家的基本结构无关。君主独裁制国家的官僚制始终是以科举官僚为主体的。与此相应,士大夫与民众的关系也不取决于家门的高低。

但是近世士大夫也是视修身、齐家为治国、平天下的出发点的。换言之,是从身与家这种私的世界通向国与天下的公的世界,那么这种由私向公的进展又具有着怎样的过程呢?⑯为了使这一进展成为可能,在身与家属于私世界的同时,就不能不具备某些公的性质。在作为私的"身"与

"家"之中注入公的性质的行为,不正是"修"、"齐"吗! 就这一点而言,与六朝贵族没有什么区别。但是,六朝贵族之修身、齐家始终关注诸如宗族、乡党等周围的社会,并以此为媒介,最终与治国、平天下联系起来。与此不同,科举官僚的近世士大夫并非以此实体为媒介而参与策划治平天下国家活动的。如此,就近世士大夫来说,他们的身、家都被赋予了"公"的性质,所以对具有这样特征的近世士大夫的事业,看来有必要作进一步的考察。例如,当时所创建的新型宗族制度,或以乡约为象征的对地域结合的尝试,从大处着眼的话还有由他们之中产生的各种文化活动等等,这些可以说都是他们为缩短身、家与国、天下之间距离所作出的努力。

　　总而言之,即便在近世士大夫的政治理念中,家也是具有公与私两个侧面的。那么,就中国前近代的一般庶民来说,又应该如何考虑呢? 进而,考虑一下现代人家庭的话,就会感到在现代家庭"私"性质的极度增大,家与社会之间有机的联系明显减弱。这恐怕正是产生各种社会病理学问题的原因之一。历史告诉我们什么是现代所应有的状态,在对照当今社会矛盾方面具有一定的作用。对六朝贵族家庭的考察也可以超越时代,使人自觉地认识到这类课题。

注释:

① 笔者曾经发表过与本论旨趣相关的论文有:《北朝贵族的生活伦理》(中国中世史研究会编《中国中世史研究:六朝隋唐的社会与文化》,东海大学学出版社,1970 年。后收入拙著《中国中世社会与共同体》第三编第一章)。《六朝名望家社会的理念结构》(收入拙著《中国中世的探求:历史与人》,日本编辑学校出版部,1987 年)《六朝时代的名望家支配》(《龙谷大学论集》436,1990 年),《六朝时代的宗族——与近世宗族比较》(《名古屋大学东洋史研究报告》25,2001 年,分见本书第四编第一、三章)。另外,本文是根据 2002 年 8 月笔者在天津南开大学召开的"中国家庭史国际讨论会"上发言稿的基础上充实完成的。

② 与此处所谓"换子而抚"类似语言在六朝贵族将亲兄弟、堂表兄弟之子视为自家孩子,予以同样爱育的记载屡见不鲜。试举数例如下。《晋书·檀凭之传》:"(檀凭之)闺门邕肃,为世所称。从兄子韶兄弟五人,皆稚弱而孤,凭之抚养若己所生。"又如《晋书·忠义·嵇绍传》:"(嵇绍)与从子含等五人共居,抚恤如所同生。"《周书·裴文举传》:"(裴)文举少丧父,其兄又在山东,唯与弟玑幼相训养,友爱甚笃。玑又

早亡,文举抚视遗孤,逾于己子,时人以此称之。"

③ 下面也是一家共财的例子,并称之为"无私"。《周书·崔谦传》:"(崔)谦性至孝,少丧父,殆将灭性。与弟说特相友爱,虽复年事并高,名位各重,所有资产,皆无私焉。其居家严肃,动遵礼度。"

④ 关于厅堂祭祀,参见注①所揭《六朝时期的宗族——与近世宗族比较》。

⑤ 在下面范阳卢氏的家庭生活中也可见同样的情景。《北史·卢玄传》:"父母亡后,同居共财,自祖至孙,家内百口。在洛时,有饥年,无以自赡,然尊卑怡穆,丰俭同之。亲从昆季,常旦省诸父,出坐别室,暮乃入内。"《魏书·卢玄传》作"至暮乃入"。二者意思相同。

⑥ 幼时接受母亲教育的例子还有《北齐书·张宴之传》:"(张宴之)幼孤有至性,为母郑氏教诲,动依礼典。"《北齐书·陆邛传》:"(陆)邛母魏上庸公主,初封蓝田,高明妇人也,甚有志操。……主教训诸子,皆禀义方,虽创巨痛深,出于天性,然动依礼度,亦母氏之训焉。"可知,贵族子女的家庭教育,特别是礼仪教育中,母亲扮演了重要角色。

⑦ 王利器《颜氏家训集解》(上海古籍出版社,1980 年)第 23 页注八曾举以下二例:《太平御览》卷二一二所引谢承《后汉书》:"魏朗动有礼序,室家相持如宾,子孙如事严君焉。"《世说新语·德行》:"华歆遇子弟甚整,虽闲室之内,严若朝典。"另外,还可以举出数例。《后汉书·张湛传》:"(张湛)矜严好礼,动止有则,居处幽室,必自修整,虽遇妻子,若严君焉。"《后汉书·樊宏传》:"(樊宏父)重性温厚,有法度,三世共财,子孙朝夕礼敬,常若公家。"《张湛传》李贤注:《周易·家人》曰:"家人有严君焉,父母之谓也。"意思是说就家人来讲,父母犹如严君。在东汉以来的士族之家的实际生活之中,《周易·家人》的这种主张不间断地被付诸实践。说得极端一点,这就是以经典所述为依据,努力将家庭像一个小国家那样进行管理的实践。

⑧ 不仅如此,还有以下诸例。《北史·薛辩传》:"(薛聪)遭父忧,庐于墓侧,哭泣之声,酸感行路。友于笃睦,而家教甚严,诸弟虽昏宦,恒不免杖罚,对之肃如也。""然弘度居家,子弟班白,动行捶楚,闺门整肃,为当世所称。"此处的崔弘度就是注③中提到的崔谦的侄子。

⑨ 对此赵曦明在注中引《礼记·内则》曰:子女对父母,媳妇对舅姑给于无微不至的照顾为不简。然而,因为这里是在讲"慈"与"孝",所以还是应该理解为是在讲"父"与"子"之间所应有的相互情感的问题。即要求作为父亲也应该具有对子女发自内心的慈爱。

⑩ 在关于家庭生活的著作中,有一部北魏崔浩的《食经叙》。崔浩母亲卢氏口述自身经验成《食经》一书,崔浩为书作序(《魏书·崔浩传》)。

⑪ 李士谦还是热心的佛教信徒。他在母亲死后将自家住宅捐赠作了伽蓝。

⑫ 参见注①所揭《六朝时期的宗族——与近世宗族比较》。

⑬ 《魏书·裴叔业传》:"(裴)植虽自州送禄奉母及赡诸弟,而各别资财,同居异爨,一门数灶,盖亦染江南之俗也。植母既老,身又长嫡,其临州也,妻子随去,分违数岁。论者讥焉。"裴植的母亲即前述"于诸子皆如严君"对子女教育极为严格的人物。《隋书·郑译传》:"(郑)译又与母别居,为宪司所劾,由是除名。下诏曰:'……宜赐以《孝经》,令其熟读。'仍遣与母共居。"

⑭ 《魏书·郑羲传》:"(郑道昭)子严祖……轻躁薄行,不修士业,倾侧势家,干没荣利,闺门秽乱,声满天下。出帝时,御史中尉綦俊劾严祖与宗氏从姊奸通。人士咸耻言之,而严祖聊无愧色。"《北史·卢同传》:"(卢询祖)既有口辩,好臧否人物。众共嫉之,言其淫于从妹。"《魏书·卢玄传》:"(卢)元明凡三娶,次妻郑氏与元明兄子士启淫污,元明不能离绝。又好以世地自矜,时论以此贬之。"另外,此类闺门秽杂还关系到家庭财产纠纷,《魏书·崔玄伯传》:"敞亡后,钟贪其财物,诬敞息子积等三人,非兄之胤,辞诉累岁,人士嫉之。尔朱世隆为尚书令,奏除其官,终身不齿。"

⑮ 家庭内部的不道德受到社会舆论的严厉指责,进而影响本人在官场的地位的情况,可见于例 13 和例 14。同样的问题还可能为政敌所利用,除本文所例举的《卞壶传》之外,还可举出一些例子。在这种情况下,获得"乡曲之誉"是很必要的。下面是个由于不要"乡曲之誉"而未能很快步入官场的例子。《晋书·郑冲传》:"郑冲字文和,荥阳开封人也。起自寒微,卓尔立操,清恬寡欲,耽玩经史,遂博究儒术及百家之言。有姿望,动必循礼,任真自守,不要乡曲之誉,由是州郡久不加礼。及魏文帝为太子,搜扬侧陋,命冲为文学,累迁尚书郎,出补陈留太守。"《晋书·孙楚传》:"(孙)楚才藻卓绝,爽迈不群,多所陵傲,欠乡曲之誉。年四十余,始参镇东军事。"孙楚任官资格的获得与友人王济有关。王济当时为州大中正,对访问当地人品的部下说:"此人非卿所能目,吾自为之。"于是亲自作品状称赞孙楚曰:"天才英博,亮拔不群。"

⑯ 岛田虔次氏曾图解"修身、齐家、治国、名天下"曰:"儒教世界(天下)可以说是具有国家与家族(个人)两个中心的圆",认为近世士大夫应该是依据此二重原理行动的阶层(石田一良编《思想的历史》6《东洋封建社会的道德》,平凡社,1965 年,第 26—27 页)。还说将这两个中心之间的相互连接的是道德。笔者对此见解没有异议,对其家族(个人)并不包含于国家的二元论颇有同感,但还是认为有关两个中心之间的连接方式的问题,尚须进一步研究。

第五章　贵族主义的身体表现

六朝贵族本来具备两个特征：一是高贵的家门，二是出众的个人人格。二者原本不可分割，一种高贵的家门养育卓越的人格，而卓越人格使家门越发高贵。按说只要这一关系得以维持，贵族制就会一直存在下去。然而，众所周知：南朝末年的贵族子弟过分依赖家门地位，而怠惰于人格修养，失去了应对国家危机的能力，最终自食亡国苦果。与此同时，南北两朝都出现了寒门政治抬头，无家门背景的个人凭借才能引领时局的倾向。六朝至隋唐之间这种家与人相互关系的变化趋势值得认真考虑。

在上一章《六朝贵族的家政》所论及的六朝贵族家政，都是以这种家与人相互支持为基础而得以实现的。例如，已谈到的家并非单纯私的空间，而是一个对社会具有公共性特征的机构。作为这一机构的家族成员也必须超越自己的私性，置身于公的立场。而这一情况之所以成为可能，又在于他们具备了超越常人心态的道德人格。

于是，贵族家门就必须持续地再生作为本机构成员所应有的人格。为此，家礼作为规章秩序被规定下来。当时，贵族各家都制定家礼，而且各家的家礼之间经常相互影响、相互参考。总之，一家之中出于各种家庭经营所产生的规章秩序，有着在国政一般典礼之下的、私家独自礼法的意义，六朝贵族制中"家"所具有的自立性由此可见一斑。①

本章将再度论述贵族的日常礼仪，进而阐明在此日常礼仪培育下形成的各人礼貌举止，及其在朝廷、外交中所发挥的效力。

一、家庭内部的礼仪教育

六朝家礼中最重要者莫过于冠、婚、丧、祭之礼，且其中丧礼与祭礼有时完全是作为家礼制定的。例如《魏书·崔浩传》：

> 浩能为杂说，不长属文，而留心于制度、科律及经术之言。作家祭法，次序五宗、蒸尝之礼。丰俭之节，义理可观。

《隋书·经籍志》史部《仪注》著录有李穆叔撰《赵李家仪》十卷、《录》一卷。据《北史·李灵传》载李穆叔分别撰有《礼质疑》五卷、《丧服章句》一卷。

这些冠婚丧祭虽说是家族大事，家礼也是用来规范日常家族生活的。后世司马光《司马氏书仪·婚仪》之后附《居家杂仪》一篇，此文收入朱熹《文公家礼》卷一《通礼》。其主旨在于，强调正是日常家庭生活之中礼仪的实行，最能体现制定礼仪的存在价值；若非如此，制定多少冠冕堂皇的礼法文章也没有意义，因此将此置于卷首，以期告诉读者何为最重要者：

> 司马氏《居家杂仪》。此章本在婚礼之后，今按此乃家居平日之事，所以正伦理笃恩爱者，其本皆在于此。必能行此，然后其仪章度数有可观焉。不然则节文虽具，而本实无取，君子所不贵也。故亦列于首篇，使览者知所先焉（《文公家仪》卷一《通礼》）。

本稿所考察的日常礼仪，正相当于司马氏的"居家杂仪"。之所以要研究这一问题，是考虑到贵族人格正是出于此等日常礼仪的培育。

司马氏"居家杂仪"中首先规定了家长的地位和任务、家人对家长的服从、家产管理、对父母舅姑的奉养、男女之别、对尊长的礼仪、实行家内仪礼的方法、子女的教育、仆妾的服事以及对仆妾的监督等。

饶有兴味的是文中于《礼记》等经典之外还两处引用了颜之推《颜氏

家训》(以下简称《家训》)。其一,如何对待父母疾病的问题:

> 父母疾笃,医虽贱虽少,则涕泣而拜之,以求哀也(《家训·风操》)。

另一条是有关子女教育的,《司马氏书仪》采用了《家训·教子》所引俗谚"教妇初来,教儿婴孩"。

由此可知,《家训》虽说只是家训并非家礼、家仪,但对后世的家礼也有一定的影响。颜之推虽说意在以此书教导子孙恪守礼仪,但就结果而言,书中却有着家礼的性质。颜之推谈到自己的著述动机时说:

> 吾今所以复为之者,非敢轨物范世也。业以整齐门内,提撕子孙(《家训·序致》)。

还说,此书是担心社会动乱造成的日常礼仪不分明的结果。

> 吾观礼经,圣人之教:箕帚匕箸,咳唾唯诺,执烛沃盥,皆有节文,亦为至矣。但既残缺,非复全书;其有所不载,及世事变改者,学达君子,自为节度,相承行之,故世号士大夫风操。而家门颇有不同,所见互称长短;然其阡陌,亦自可知。昔在江南,目能视而见之,耳能听而闻之;蓬生麻中,不劳翰墨。汝曹生于戎马之间,视听之所不晓,故聊记录,以传示子孙(《家训·风操》)。

《家训》全书大量引用了《礼经》。总之,《家训》具有一种礼书的性质。大体而言,书的前半部重点论述何为正常的家庭关系,后半部讲作为颜家成员所应具备的修养。下面就以书中日常礼仪方面的记述为依据,特别对六朝贵族家庭生活礼仪的实际情况做些许考察。

先看看颜之推本人自幼每日接受的严格管教:

　　　　吾家风教,素为整密。昔在龆龀,便蒙诱诲;每从两兄,晓夕温
　　清。规行矩步,安辞定色,锵锵翼翼,若朝严君焉。赐以优言,问所好
　　尚,励短引长,莫不恳笃(《家训·序致》)。

　　这里所谓"晓夕温清"来自《礼记·典礼上》:"凡为人子之礼,冬温夏
清,昏定而晨省",是形容家人对家长每日尽孝的常用话,六朝正史中常
见此用语。②又如"锵锵翼翼,若朝严君"一语也是用来形容家人对家长
有礼貌,表现贵族各家家风的常用语。正如前一章论述的那样,家门内的
家族尊卑关系关系,也像朝廷内君臣关系那样运行,使人感到贵族各家实
际上自成一个类似小朝廷的世界。③

　　当时的家庭多数是以夫妇、父子、兄弟所谓"三族"(《家训》称为"三
亲"④)为基本要素的复合形态,在三族的各个要素中,当然贯穿着恩爱
的感情。然而,任凭这种感情放任的话,家族秩序就会发生混乱。所以
《司马氏书仪》特别强调了长幼之序。颜之推已经很重视兄弟间的礼仪。
兄弟间或姒娌之间和睦的关系,虽说是维持家内秩序理想关系的保障,但
是相互之间过分狎昵是违反礼仪的,对此不仅颜之推这样认为,而且是当
时的一般认识(参见前章)。

　　六朝时期的贵族各家对家庭教育都十分用心。贵族子弟自幼就被教
导以经典。

　　　　士大夫子弟,数岁已上,莫不被教,多者或至《礼》、《传》,少者不
　　失《诗》、《论》(《家训·勉学》)。

　　如果没有这样未成人阶段的学习,成人以后对社会也是没用的。他
责难梁朝全盛时期贵族子弟没文化的状况说:

　　　　虽百世小人,知读《论语》、《孝经》者,尚为人师;虽千载冠冕,不晓
　　书记者,莫不耕田养马。以此观之,安可不自勉耶(《家训·勉学》)?

《司马氏书仪》也说："七岁男女不同席，不共食，始诵《孝经》、《论语》，虽女子亦宜诵之。"可知，最初的家庭教育是从诵《孝经》、《论语》入手的。

以上所述家族间礼仪、教育，就其目的而言，目的是使每个家庭成员都能具备不愧为该家门一员的人格。此人格既包括通过经典学习所获得的学识和道德的内面积蓄，又体现为外面所应具备的不愧为贵族举止言谈。比如，颜之推幼时每日向父母请安时"规行矩步，安辞定色，锵锵翼翼，若朝严君"，应该就是当时贵族子弟成人、入仕时所应具备的举止吧。虽说人格的内、外两面是相互影响的，以下要考察的是所谓其外面举止所应有的状态。

二、六朝贵族的举止言谈

幼年所受家庭教育，一般会在成人之后的举止中自然地有所体现。六朝正史各传中类似"动循礼度"的用语频出（如"动有法度"、"动循法度"、"动由礼典"、"动依礼典"、"动循礼则"、"动合规矩"、"非礼不动"、"举动必以礼"、"造次必以礼"、"恒以礼法自处"、"举动周旋必由礼度"等等），都是这种情况的反映。这些用语归结为一句的话应该就是"言行进止，必以礼让"（《晋书·贺循传》）。

具体而言，"进止"就是稳重、典雅的动作受到尊敬。

乾性明悟，俊伟有知略，美音容，进止都雅（《北齐书·高乾传》）。

霞幼而爽迈，神彩嶷然，髫岁便有成人之量。笃好文学，动合规矩。……梁西昌侯深藻镇雍州，霞时年十二，以民礼修谒，风仪端肃，进止详雅。深藻美之，试遣左右践霞衣裾，欲观其举措。霞徐步稍前，曾不顾眄（《周书·柳霞传》）。

缋仪表端丽，进退闲雅（《陈书·陆缋传》）。

那么,言语方面又是怎样的呢? 除前引《高乾传》"美音容"的记载之外,还有其他一些例子:

> 儁身长八尺、须鬓皓然,容止端详,音韵清朗。帝与之谈论,不觉屡为前膝(《周书·寇儁传》)。
>
> 卬在朝,笃慎固密,不说人短,不伐己长,言论清远,有人伦鉴裁(《北齐书·陆卬传》)。
>
> 高祖幸邺,闻肃至,虚襟待之,引见问故,肃辞义敏,辩而有礼,高祖甚哀恸之,遂语及为国之道。肃陈说治乱,音韵雅畅,深会帝旨(《魏书·王肃传》)。

值得指出的是,这里所列举的容止、言语特征,绝非仅限于某些特定人物。南北朝各正史的列传,对所传人物的容止、言语加以赞赏德评语,可谓俯拾皆是,不胜枚举。

首先,关于"容止",可以举出"美容止"、"善容止"、"美姿容"、"美容貌"、"美风采"、"美风姿"、"美风仪"、"美风神"、"美仪貌"、"善举止"、"形貌瓌伟"、"形貌庄洁"、"容雍闲雅"、"仪表端丽"、"风仪清秀"、"风仪都雅"、"容仪端雅"、"仪容甚伟"、"风采闲润"、"风采稜岸"、"风度闲雅"、"风神澹雅"、"威仪闲雅"、"姿容端丽"、"容止可悦"、"容止可法"、"举止风流"、"举动风华"、"进退详审"、"进退闲雅"、"进退可观"、"进止可观"、"进止都雅"、"善于进止"等许多用例。

其次,关于"言语",可举出"清辩"、"善辞令"、"善谈笑"、"善谈戏"、"善占对"、"善于应答"、"善于谈论"、"辞义敏"、"音辞辩捷"、"音词辩正"、"音韵清朗"、"音采清丽"、"音气雄畅"、"音韵清雅"、"言论清远"、"发言必有辞采"等用例。

这些评语看似相类,其实各不相同,语气上都有些差异。特别是在"言语"表现中,从音声、言辞、应对、学识,以至说话技巧等言语活动要素方面,由于侧重点不同,形成丰富多彩的评语群。如此丰富评语的出现,正反映了当时人物评价的活跃,而且这些评价还显示对人物容止、言语特别关心的倾向。

对此,以往学者亦有论及。首先,森三树三郎氏曾说:"失去野性的南朝贵族以其贵族的考究,体现了魏晋贵族的优雅。对音辞、容仪的尊重虽说在魏晋时期已经出现,进入南朝以后越发显著"。总之,他认为对容止、言语清冽的关心正是贵族社会成熟的结果。⑥

矢野主税氏认为,九品官人法实行时记录调查对象人物评价的报告书,即"状"中,西晋以降有着记述容姿、技艺的倾向。还说"这反映了西晋以后,'状'的政治色彩极为淡薄,已沦为单纯的人物评论"。⑦

最近,阎爱民氏关于六朝士族的身体表现予以了正面的论述,认为这是士族自身与庶族相区别的重要标志,有其出身家族的文化的背景不同的原因。总之,士族经常留心自己的衣服、仪容、气度、言语、饮食,不如此将不被认为是士族。在此,史家也对名门士族给以"风仪秀整"、"美风姿"等描述,对于寒庶出身官僚多记述以"庸俚"、"鄙陋如此"等。⑧

虽说对史书所记容姿的美丑与本人的出身阶层是否有直接关系的问题还有必要进一步地探讨,但无论如何以上三氏都是将对容止、言语的关心作为成熟士族社会特征的。这一观点总的来说,应该说没有大误。然而,容止、言语因何成为士族阶层高贵的标志呢?对此问题的研究尚嫌不够。何况,森、矢野两氏都是将此作为士族的衰退或脱政治化予以解释的,这也很难说是会透过现象、深入本质的解释。⑨

无论南北朝末期的这种身体表现如何沦为浅薄倾向,重视容止、言语的风潮本来究竟出于怎样的价值理念的问题,都是必须认真探讨的。为此,作为史料线索我们不妨看看以下二例:

> 肃辞义敏,辩而有礼,高祖甚哀恻之,遂语及为国之道(《魏书·王肃传》)。
> 逞美容止,善辞令,敏而有礼,齐人称焉(《周书·陆逞传》)。

虽说这是两则辩舌巧言的例子,但也不仅仅如此,另一方面还讲述了礼仪用语的现象。这也暗示着两人实际上是诚实的人。与此相反的例

子,有如《颜氏家训·风操》中:

> 凡宗亲世数,有从父,有从祖,有族祖。江南风俗,自兹已往,高
> 秩者,通呼为尊,同昭穆者,虽百世犹称兄弟,若对他人称之,皆云族
> 人。河北士人,虽三二十世,犹呼为从伯从叔。梁武帝尝问一中土人
> 曰:"卿北人,何故不知有族?"答云:"骨肉易疏,不忍言族耳。"当时
> 虽为敏对,于礼未通。

文章末尾一句的"于礼未通"是颜之推的见解。他不同意当时北方
士人对梁武帝提问的回答是"敏对",认为这于礼不合。

三、政界的容止、言语效果

作为礼的实践的容止、言语的高雅,不仅可赢得乡论的称赞,在入仕
之后也发挥着显著的效果。

> 渊美仪貌,美容止,俯仰进退,咸有风则。每朝会,百僚远国使莫
> 不延首目送之。宋明帝尝叹曰:"褚渊能迟行缓步,便持此得宰相
> 矣。"(《南齐书·褚渊传》)
> (李绘)及长,仪貌端伟,神情朗俊。……天平初,世宗用为丞相
> 司马。每罢朝,文武总集,对扬王庭,常令绘先发言端,为群僚之首。
> 音辞辩正,风仪都雅,听者悚然。武定初,兼常侍,为聘梁使主(《北
> 齐书·李浑传》)。

这些例中所见高雅的容止、言语是朝臣憧憬赞美的对象,也是能在百
官中举重要地位的契机。宋明帝甚至说褚渊是凭借容止得到宰相地位
的。继褚渊之位的是王训:

> (王训)十六,召见文德殿,应对爽彻。上目送久之,谓朱异曰:

"可谓相门有相矣。"……俄迁侍中，既拜入见，高祖从容问何敬容曰："褚彦回年几为宰相?"敬容对曰："少过三十。"上曰："今之王训，无谢彦回。"训美容仪，善进止，文章之美，为后进领袖。在春宫特被恩礼(《梁书·王训传》)。

在当时，人们认为作为百官领袖的宰相应该有与其地位相称的容止。以上是南朝的例子，在北朝后期也出现了同样的状况。

琡形貌魁伟，少以干用称。为典客令，每引客见，仪望甚美。魏帝召而谓之曰："卿风度峻整，姿貌秀异，后当升进，何以处官?"琡曰："宗庙之礼，不敢不敬；朝廷之事，不敢不忠。自此以外，非庸臣所及。"(《北齐书·薛琡传》)

还有因容止、言语优雅而免罪的例子:

(谢颢)宋末为豫章太守，至石头，遂白服登烽火楼，坐免官。诣齐高帝自占谢，言辞清丽，容仪端雅，左右为之倾目，宥而不问(《南史·谢弘微传》)。

将门出身的帝室子弟往往要从这些掌握礼仪朝臣那里接受容止、言语的训练。

缮仪表端丽，进退闲雅，世祖使太子诸王咸取则焉。其趋步蹑履，皆令习缮规矩(《陈书·陆缮传》)。

(崔)瞻，字彦通，聪朗强学，有文情，善容止，神采嶷然，言不妄发。……肃宗践祚，皇太子就傅受业，诏除太子中庶子，征赴晋阳。敕专在东宫，调护讲读，及进退礼度，皆归委焉。太子纳妃斛律氏，敕瞻与鸿胪卿崔劼撰定婚礼仪注(《北齐书·崔㥄传》)。

考究的容止、言语在国家间外交关系中也发挥着可观的作用。分裂、抗争中的南北诸政权之间有时也要进行和平交涉，互换使节。此时，当选肩负外交重任官僚，经常是那些学识和容止、言语都居一流人物。

对此，赵翼早已有所注意。《廿二史札记》卷一四《南北朝通好以使命为重》条中列举了正史所载的丰富事例，提出以下论断：

第一，"南北通好，尝藉使命增国之光，必妙选行人，择其容止可观，文学优赡者，以充聘使。"

第二，"其邻国之接待聘使，亦必选有才行者充之。"

赵翼接下来还举出聘使与招待方之间机智问答诸例，并做出评论：

第三，"此等犹不过以言语文学见长，无大关系，若事涉朝政边事，而能以片言全国体、折敌谋，则尤有足尚者。"

在举出"尤有足尚者"诸例之后又做出结论：

第四，"此等使臣实能为国家折冲樽俎之间，使邻国不敢轻视，真所谓使于四方，不辱君命者，又不徒以言语文学见长而已，宜是时南北皆以选使为重也。"

当时，南北朝各国聘使、接待者都选择容止、文学优秀人物充当这一点的确正如赵翼所指出的那样，但是其中"第三"点认识是否妥当呢？黎虎氏对此提出了自己的见解："后者固然重要，而前者亦非无关宏旨，一言制胜则增国之光、统治者为之拊掌，反之则有损国格，受到惩处，离开南北朝时期外交斗争的新特点就不能深刻理解它。"⑩

我认为黎氏的观点是正确的。这一时期聘使与招待者之间的会谈，即便与政治问题没有直接关系，乍看好像言语、文学优劣较量的游戏，毕竟不能说与国之威信无关。例如赵翼作为"第三"的例子，曾举出《陈书·徐陵传》的一节：

> 太清二年，兼通直散骑常侍。使魏，魏人授馆宴宾。是日甚热，其主客魏收嘲陵曰："今日之热，当由徐常侍来。"陵即答曰："昔王肃至此，为魏始制礼仪；今我来聘，使卿复知寒暑。"收大惭。

对话中针对讽刺梁朝为热带僻国的魏收,徐陵反诘以不正是梁朝的文明更为优秀吗? 如此轻松的交谈之中,其实蕴含着关于南北两朝正当性的争论。如果在这一争论中一步后退的话,很可能会有损于国之威信。此时,已不仅仅限于单纯的言语、文学优劣之争了。正如黎氏主张的那样,这本身就是外交交涉,而且必须认识到其中反映了南北朝外交特色。南北各朝选拔"容止可观,文学优赡者"出任聘使,不正是其时代特征的反映吗?

黎氏还论述了当时担任外交的主客郎中的任用,认为各政权都是以"博学高才"、"口齿辩捷"、"容仪蕴藉"三要素为条件的。而且这些素质、条件并不仅限于主客郎中,而广泛适用于所有外交交涉的当事人。例如:

> 永明中,魏使至,有诏妙选朝士有词辩者,接使于界首,以岫兼淮阴长史迎焉。……岫身长七尺八寸,恭敬俨恪,进止以礼(《梁书·范岫传》)。

> 天平末,魏欲与梁和好,……既南北通好,务以俊乂相矜,衔命接客,必尽一时之选,无才地者不得与焉。梁使每入,邺下为之倾动。……宴日齐文襄使左右觇之,宾司一言制胜,文襄为之拊掌(《北史·李谐传》)。

> 天和三年,齐遣侍中斛斯文略、中书侍郎刘逖来聘。初修邻好,盛选行人。诏逞为使主,尹公正为副以报之。逞美容止,善辞令,敏而有礼,齐人称焉(《周书·陆通传》)。

以上是有关选任外交使节及接待者,朝廷制定方针,选择容止、言语优雅者的例子。当时负责来聘、迎接的人员几乎无例外地符合这些条件。这在赵翼列举诸例中已有充分体现。

值得一提的是,作为当时外交人员的条件,不单是外交才能,还很重视容止、言语,这究竟是为什么呢(当然,"学识"也是条件之一,不过在外交交涉的场合,因为学识是通过言语来表达的,所以不妨认为包含在了言语之中)? 外交人员的这种资质不仅发挥于双方进行交涉的场合,还能广泛地引起对方国各种人物的关心。上述《北史·李谐传》、《周书·陆逞传》即是这方面的例子，另外还可举出以下诸例：

> （李安世）天安初，拜中散，以温敏敬慎，显祖亲爱之。累迁主客令，萧颐使刘缵朝贡。安世美容貌，善举止。缵等自相谓曰："不有君子，其能国乎。"（《魏书·李安世传》）
>
> （崔）瞻，字彦通，聪朗强学，有文情，美容止，神采嶷然，言不妄发。……太宁元年，除卫尉少卿，寻兼散骑常侍，聘陈使主。瞻词韵温雅，南人大相钦服。乃言常侍前朝通好之日，何意不来（《北齐书·崔瞻传》）。

太平真君末年，北魏太武帝南征彭城时，在当地与宋方交涉的就是上述这位李安世的叔父李孝伯。孝伯与宋方代表张畅交涉的详情载于《魏书》、《宋书》各本传。虽说其对话显示的机智敏捷及紧张气氛的确引人入胜，但更重要的是《魏书》"孝伯风容闲雅，应答如流，畅及左右甚相嗟叹。世祖大喜，进爵宣城公"，以及《宋书·张邵传》"孝伯足词辩，亦北土之美，畅随宜应答，甚为敏捷，音韵详雅，魏人美之"的记载。虽说，对于史书所载外交人员如何受到对方高度评价云云，多为外交人员之报告记录所左右，因而不可尽信。⑪但至少，由以上各例可知：双方对对方人物予以强烈关心而进行某种评价的做法，已经成为当时的通例。而且正如《魏书·李安世传》所示：这种评价不仅对个人，还涉及到对被评价人物所在国的评价。

如上所述，"礼"不但能够规矩人与人之间的关系，而且还可以修饰这种关系。这种情况从家族关系开始，到亲族姻戚、乡党交友，进又从朝政的场合直至国家外交关系，可谓无处不在。外交关系是对国家关系的调整，南北朝时期的外交则是由熟悉"礼"的官僚予以推进的。无疑，他们大多是出身名族者。在外交交涉中，国家的优劣是通过外交人员的身体表现从而相互竞争的。但是，那种身体表现又是与礼典互为源流得以形成的，就此而言并不存在南北东西地域的差异，外交官僚都平等地站在共通文化的基础之上,由此发出的言语也是出于同一教养体系产生的结果。从这一角度可以说,双方的外交官僚犹如国内士人之间交际那样,是在同一文化范畴中进行对话的。

毫无疑问,是古典特别是经典的世界产生了这种同一的立场。吉川忠夫氏曾阐明:在南北之间政治、军事的对立之中,许多典籍相互流传,隋朝统一全国以前,文化上的统一已经形成。⑫而促进这种文化交流的力量,应该就在于双方士人对共同传统文化的尊重意识。

于外交交涉之中双方士人都直接目睹对方士人的容止、言语,互相之间更加强烈地意识到彼此属于同一文化世界。无疑,经过长期的政治分裂,士人在言语、风俗上都发生了南北间的地域差异,这在颜之推的记述中也有所反映。⑬但是,像"岛夷"、"索虏"等蔑称所产生的相互歧视的意识看来是在逐渐减弱的。

通过这样的南北交流,很快在北齐文坛产生了有关梁朝文学的论战。《颜氏家训·文章》:

> 邢子才、魏收俱有重名,时俗准的,以为师匠。邢赏服沈约而轻任昉,魏爱慕任昉而毁沈约,每于谈宴,辞色以之。邺下纷纭,各有朋党。祖孝征尝谓吾曰:"任、沈之是非,乃邢、魏之优劣也。"

南北朝贵族一大特色,在于教养贵族。凭借这一特色,他们得以摆脱来自皇权单方面的统治。也正是由于这一特色的存在,他们才能够在频繁、激烈交战的国家之间建立外交关系,进而对维持和平做出贡献。

一般而言,国家间利害矛盾的消除绝非容易之事。但是双方的有识之士完全可以通过学问、教养的共同性,认识到彼此间本属于同类社会集团的事实。南北朝时期的外交关系可以说为证明这一问题的极好例子。

四、余 论

重视容止、言语的六朝风气,看来在隋唐时期也是有所继承的。对此今后有必要进一步予以考察,这里仅谈谈唐代的铨选制度。众所周知,唐代的选举中,六品以下官的任用是以科举及第者或有过官吏经历者为对象的。首先,要从"身"、"言"、"书"、"判"四个方面作出判定。进而,以"德"、"才"、"劳"三点进行衡量,然后由吏部向本人提出具体官职方案,经双方合意之后决定任官。

这里值得注意的是"身"、"言"、"书"、"判"的制度。《通典·选举典》的"历代制"下解释其内容为"身:取其体貌丰伟,言:取其词论辩正,书:取其楷法遒美,判:取其文理优长"。就铨试的顺序而言,首先要测试"书"、"判",其次是观察"身"、"言"。其中,据说侧重的是"书"、"判",对于"身"、"言"如无特别残疾的话基本不成为问题。[14]另外,所谓"体貌丰伟"、"词论辩正"据认为也不过是象征性的标准而已。[15]但是,唐代铨选中毕竟列入了"身"、"言"这样的身体条件,其中的意义值得考虑。也就是说,宋代制度中特别重视"书"、"判",而没有将"书"、"判"、"身"、"言"的整体选考方法作为经常性制度,所以最终废止。

说唐代铨选制度继承了前代尊重容止、言语的风潮,虽然没有明证,但作为吏部将身体条件纳入选考条件的实例,《北史·杨播传》有以下一则轶事:

　　(杨愔)典选二十余年,奖擢人伦,以为己任,然取士多以言貌,时到谤言,以为愔之用人,似贫士市瓜,取其大者。愔闻,不以为意("不以为意"《北齐书》本传作"不屑焉")。[16]

由这一轶事可以看到这样的事实:首先,杨愔任用官吏之重视容止、言语,由于他是以贵族主义政治为理想。这既可以说明容止、言语等本来就是作为贵族官僚的必要条件,也是对本文上述主旨的进一步补充。

然而,从另一方面讲:杨愔的用人方针受到了"时人"的非难。这反映了当时社会已逐渐出现对贵族主义批判的趋势。

唐正是在这样一种时代新倾向基础之上得以建立的。以往支撑贵族制度的那种以门地高下划分阶层的秩序受到否定,不问出身贵贱的新型官僚集团得以构建。继承隋制的唐代科举制度就是这种表现之一。然而,唐代科举制度还是着重选拔那些与门地无关的贵族式人物,这一点又不能说与贵族主义完全无关。⑰总之,唐代扩展的贵族主义将对国家有贡献的人物视为贵族,希望依靠他们的支持建设新国家。如此,应该说铨选制度也是以选拔贵族式人物为趣旨而构建的,特别是观其"身"、"言"的方式,更不妨说是从制度上对六朝贵族属性的一种继承。

注释:

① 帝室自身的仪礼有时也委托对家礼有深刻造诣的贵族撰定(参见前章)。

② 例如《魏书·崔挺传》:"始挺兄弟同居,孝芬叔振既亡之后,孝芬等奉承叔母李氏,若事所生,旦夕温清,出入启观,家事巨细,一以谘决。"

③ 此类用语亦多见于《后汉书》中。如《太平御览》卷二二二所引谢承《后汉书》:"魏朗动有礼序,室家相待如宾,子孙如事严君焉。"《后汉书·张湛传》:"(张湛)矜严好礼,动止有则,居处幽室,必自修整,虽遇妻子,若严君焉。"《后汉书·樊宏传》:"(樊宏父)重性温厚,有法度,三世共财,子孙朝夕礼敬,常若公家。"《魏书·裴叔业传》:"(裴)植母,夏侯道迁之姊也。性甚刚峻,于诸子皆如严君。长成之后,非衣帻不见,小有罪过,必束带伏阁,经五三日乃引见之,督以严训。"《世说新语·德行》:"华歆遇子弟甚整,虽闲室之内,严若朝典。"再有,上引《张湛传》李贤注引《周易·家人》:"家人有严君,父母之谓也"一句,可以说正是上述各例的根据。

④《颜氏家训·兄弟》。

⑤ "太子生而聪睿,三岁受《孝经》、《论语》,五岁遍读五经,悉能讽诵"(《梁书·昭明太子传》)应该也是一个旁证。另外,《颜氏家训》讲在学习《诗》、《论语》之后,读三传同时还要学习《礼经》的提法很值得注意。

⑥ 森三树三郎《六朝士大夫的精神》(同朋舍,1986年)第1章《六朝士大夫的性格及其历史环境》。

⑦ 矢野主税《"状"之研究》,《史学杂志》76—1。

⑧ 阎步民《魏晋南北朝时期的世家大族》(周积明、宋金德主编《中国社会史论》下卷,湖北教育出版社,2000年)第5章。

⑨ 参见葭森健介《〈山公启事〉研究——西晋初期的吏部选用》,《中国贵族制社会研究》,京都大学人文科学研究所,1987年。

⑩ 黎虎《汉唐外交制度史》,兰州大学出版社,1998年,第190页。

⑪《南齐书·刘绘传》:"后北虏使来,绘以辞辩,敕接虏使。事毕,当撰语辞。绘谓人

曰:'无论润色未易,但得我语亦难矣。'"值得一提的是《隋书·经籍志》"史部地理"条著录有《魏聘使行记》(六卷,不著撰者)、《聘北道里记》(三卷,江德藻撰)、《李谐行记》(一卷)、《聘游记》(三卷,刘师知撰)、《封君义(述)行记》(一卷,李绘撰)等使节的旅行记。

⑫ 吉川忠夫《岛夷与索虏之间——围绕典籍流传的南北朝文化交流史》,《东方学报》,京都,第 72 册。

⑬ 前引《颜氏家训·风操》和《颜氏家训·音辞》。

⑭ 参见王勋成《唐代铨选与文学》(中华书局,2001 年)第 5 章《铨选》。

⑮ 同上。

⑯ 关于杨愔注重容止的史料,还有"(崔)瞻字彦通,聪朗强学,有文情,美容止,神采嶷然,言不妄发。……(杨)又曰:'昔裴瓚晋世为中郎,神情高迈,每于禁门出入,宿卫者肃然动容。崔生堂堂之貌,亦当无愧裴子。'"《北齐书·崔瞻传》。

⑰ 参见内藤虎次郎《支那近世史》(《内藤湖南全集》第 10 卷所收)第 1 章《近世史的意义》。

补论　中国国家论序说

——阶级与共同体

　　我大约是从四十年前开始对魏晋南北朝时期(以下简称六朝)的社会结构提出自己观点的。我的观点在日本学界被称为"豪族共同体论"。六朝时代是个政治分裂的时代,中央政权对地方社会的统治力量甚为衰弱,与此情况相应出现了各地豪族势力的兴起。他们凭借自己的财力、武力,甚至家门的传统权威统治、保护了宗族、乡党。当时,各个地域社会的人民在豪族的领导下躲避寇难,并仰仗其赈恤得以于凶荒之中维系生命。豪族也由此获得民众支持,得以维持自身地位。豪族与民众就是以这种形式创造了一种共存关系。由于这是一个取决于豪族主导的地域共同体,所以"豪族共同体"的名称亦由此产生。①

　　对于"豪族共同体"内容的深入分析我将在后文另行论述,无论如何,我向学界提出这种见解是在 20 世纪 60 年代至 70 年代之间,而那又是以 40 年代后期以来日本学界的讨论为时代背景的。我在此重提"豪族共同体论",并非单纯拘泥一己之见,而是希望对此观点有所发展,对中国历代的国家基本结构提出些许新的见解。为此,有必要先来介绍一下"二战"以后日本学界的讨论情况,及其与"豪族共同体论"构想的关系。

一、"豪族共同体论"的学说史背景

　　以 1945 年的战败为契机,日本的中国史学界也产生了一个新的课题,即如何将中国史作为发展的历史进行合乎逻辑的解释。众所周知,由于中国经历了两千多年的专制帝国时代,所以一部分学者认为中国社会具有停滞的性质。这一观点最终为日本军国主义侵略中国提供了借口,为那种以先进的日本应该领导停滞的中国,从而将战争正当化的观点留下了余地。战败之后,随着军国主义的灭亡,日本史学界也就直面于应当如何推翻停滞论的课题了。然而,与政治可以一夜之间发生变化有所不同,必须通过实证方可进行的学问之改革则绝非易事。日本的中国史研究对这一问题的解决就经受了漫长而未间断的苦恼历程。

战后日本学界中历史唯物论的迅速普及,与这一课题有着紧密的联系。具体地说,就是要证明历史唯物论发展公式的原始共同体、奴隶制、封建农奴制、资本主义制、社会主义制的五种生产方式是如何贯穿于中国历史的。1947 年以来有关这一问题的各种提案已经涉及中国史的各个时代,20 世纪 50 年代主导这一讨论的历史学研究会提出了总括各种观点的、具有体系的方案。即提出了先秦时代至唐代为古代奴隶制时代,宋代至清代为中世封建社会的图式。这种将奴隶制向封建制的变革定位于唐宋之间的分期法,很快就与主张六朝至唐为中世、宋至清为近世的京都学派之间,展开了十数年激烈的论战。[②]

然而,历史学研究会的提案不仅引起了与京都学派之间围绕分期问题的争论,还掀起了更广泛的讨论。成为这一讨论焦点的则是西嶋定生所提出的汉代奴隶制说。西嶋论及了汉代豪族的大土地所有制内部的劳动形式,认为奴婢是其主要形态,并将此规定为家长制家内奴隶制。豪族进而对其周边存在的共同体农民实行假田,由此补充了前者劳动力的不足。后者乍看起来虽貌似农奴制,但是由于其依靠了以奴隶为主动力之豪族的权力,所以可以说这还是一种奴隶制。西嶋称这种复合的劳动形态为中国型奴隶制。并且认为在汉代始终贯彻着这种中国特色的奴隶制。进而还论述了与这种基础结构相应的,汉朝的统治集团内部可与家长制家内奴隶制相比拟的君臣关系。[③]

围绕西嶋这一观点是否妥当,曾经有过猛烈的批判。而且批判并没有局限于那个时代是否为奴隶制时代的问题,而是扩展到了中国史研究的普遍方法的讨论。首先,增渊龙夫提出不应将奴隶制或农奴制这类普遍概念先验地套用于中国。[④]浜口重国认为:一般来说,中国社会的基本结构并非大土地所有制的生产关系,而是国家与自耕农民之间的关系,他称汉唐间的这种关系为国家农奴制。[⑤]守屋美都雄认为西嶋的那种奴隶制关系的君臣关系,不过是从主客关系出发的产物,而绝不是奴隶主与奴隶那样的关系,由此批判了西嶋说。[⑥]由于受到这些批判,最终西嶋撤回了奴隶制说,另外发表了新的秦汉帝国论。[⑦]这一新说将秦汉时代的基本结构定位于皇权与小自耕农之间的支配关系。这一观点虽说是听取了浜口批判的产物,但他却没有像浜口那样视此为国家农奴制,而是称之为个别人身支配。所谓个别人身支配,意思是说国家对人民一个一个地进行直接的人身支配,而与以土地为媒介的封建农奴制无关。这里虽然使人感到有着马克思总体的奴隶制(die allgemeine Sklaverei)概念的影响,[⑧]但是西嶋在自己的新说中又根本没有使用奴隶制一词。

上述关于汉代史基本结构的讨论,使人痛感若希望从发展的中国史观出发做出逻辑上的、实证的说明是何等困难。而为了解决这一课题所采用的历史唯物论的生产方式发展的图式也遭受了重大挫折。此后,虽然在部分学界开始了从专制国家与小自耕农的支配关系上解释帝国时代之中国史基本结构的动向,最终却又重新陷入了停滞论的结局。为了渡过这一危机,必须厘清此种关系在各个时代所表现出的不同特色,但直至今天还不能说已经出现了对此所进行的十分自觉的研究。

那么,彼时关于六朝时代的讨论又如何呢?最初也是将个体大土地所有制内部生产关系的性质作为重大问题的。将先秦至唐都定为奴隶制时代的历史学研究会派认为:由于六朝豪族大土地经营主要依靠的是奴婢劳动,所以这一时代也是奴隶制时代。这是对京都学派中国史分期法的挑战。京都学派在战后一直继承着战前内藤湖南(本名虎次郎,1866—1934)首唱的分期法,[⑨]将先秦至秦汉视为古代(上古),以六朝、隋唐为中世,以宋至清为近世。即六朝时代是可与欧洲中世封建社会相比拟的中国的中世。其证据之一就是豪族大土地所有制内部佃客的存在。京都学派正是将这种佃客视为主要劳动力,而将其理解为一种农奴

的。⑩历史学研究会派与京都学派这种有关六朝大土地所有经营形态的
意见分歧,就成为了后来历时长久之分期问题论争的发端。

由于京都学派并非持历史唯物论的立场,所以并不认为仅凭大土地
所有的生产方式就可以决定当时社会的性质。这一学派的方法,是认为
各个时代都有其特殊性质,而且又都表现于社会现象的各个方面。于是,
将这些时代表像联系起来,便可构筑那个时代的完整形态。他们认为这
就像一个人的成长过程,随着年龄的不同所表现的个性也各异,同样中国
史也可以探索其从孩童到成人的成长过程。就上述六朝的大土地所有制
而言,所体现的则是中国史发展之第二阶段的情况。但是,能够显示其时
代特征的又不仅限于大土地所有制,通常谈论的门阀贵族制也是重要的
标志。

六朝门阀贵族即便是皇帝的臣僚,就其所具社会权威这一点来说又
有着凌驾于皇帝之上的地位。这一观点形成于清朝考证史学,后经内藤
湖南及其门下继承,认为与欧洲中世那种王权极为掣肘于封建诸侯的情
况有着相似之处。但是与欧洲中世贵族作为封建领主而世袭广大领地的
情况又有所不同,六朝贵族始终是皇帝的臣下、王朝的官僚。如何解释这
一差异则是京都学派无法回避的问题。

宫崎市定在《九品官人法研究——科举前史》(东洋史研究会,1956
年,收入《宫崎市定全集》第六卷,岩波书店,1993 年)中对此问题作了解
答。宫崎认为六朝贵族从外表来看虽是王朝的官僚,但其任官资格却是
由中正官授予的。中正官是根据某人物所获乡党评价(乡评、乡论)来决
定其乡品的。而乡品又对起家官的官品有着严格的限定,并与其后来的
晋升关系密切。如果在决定乡品的过程中被选者的家格起作用的话,家
格上的品级势必左右其在政坛的地位。宫崎论述并阐明了六朝官僚制内
部之门阀贵族的存在和作用。

内藤湖南曾指出六朝门阀贵族的源流在于历代官宦家族坚守于地方
所形成之名望家阶层。⑪他认为那些历代官宦家族逐渐具备了对社会的
影响力,而乡民对此的评价又赋予该家族一种权威,而这种权威定型之
后,就形成了门阀贵族。这反映了那种对统治阶层的社会评价基准从政

坛地位如何转向家门地位如何的性质转变。宫崎对九品官人法的研究就是从官僚制度自身出发,对其性质变化所做的实证研究。总之,六朝门阀贵族作为官僚的地位,并非由皇权赐予,而是依靠其出身地域之名望获得的,因此门阀贵族得以对皇权保有一定的自立性。

　　针对京都学派这种观点,有过各种不同的见解,其中最为明确地提出自己主张的是矢野主税。矢野认为六朝官僚贵族是依靠国家俸禄而生存的,所以他们仍然同汉代那样不过是皇帝的寄生官僚。[12]这是与京都学派的六朝贵族观针锋相对的意见。越智重明虽然没有矢野那么极端,但也强调六朝贵族之官僚性质。[13]此外,强调皇权对六朝贵族地位作用的见解,也以各种各样的形式提了出来。

　　京都学派的川胜义雄曾以社会史的方法探索了六朝贵族的自立性问题。川胜十分关注后汉至魏晋时期政治、社会的变动中的社会舆论作用。后汉末的清流运动,若无士人之间的舆论作用则不得兴起,而承继清流派潮流的六朝贵族对此也十分重视。川胜认为宫崎所指出的九品官人法中所见乡论的作用,应该也属于当时这种风潮的表现。川胜后来受到其师宫崎市定的启发,认为在出身地方直至中央朝廷的各个层次上,乡论是重叠地发挥作用的,并称之为"乡论环节的重叠结构"。总之,川胜对六朝贵族自立性根源的探索是从其人格之社会评价入手的。[14]

　　从以上的情况可知,有关六朝贵族制的讨论经历了从大土地经营内部生产关系至官僚体制的焦点转移,进而深化为社会关系,即人与人之人格结合的问题。作为我本人提出"豪族共同体论"的背景之一,就是上述这种日本学界有关秦汉六朝史的讨论。我虽然也很重视六朝时代乡论的作用,但我所关心的是产生这种乡论的社会结构。虽说是社会结构,却又不是以往人们所分析的土地所有、家族、聚落、阶级那种社会外形的结构,而是研究六朝豪族是如何不断地将这些要素予以综合,从而保持其阶级地位的结构。我证明了在六朝的地方社会中,宗族、乡党是以豪族家门为中心而相互集结,共同对抗寇难、凶荒,而谋求自存的。并且对地域居民中产生的团结状态,我是将其作为一种共同体来考虑的。可以说这是一种共生共同体,而在这种共同体的形成中发挥主导力量的则是豪族的

"轻财重义"精神。这种共同体的实践形态我将在后文予以叙述。总之,如果没有这种精神的话,当时的地方社会恐怕就会在离乱中解体,而"人相食"的争斗也将反反复复,无休无止。

二、阶级与共同体

虽说我的这种考虑是在精读六朝各部正史,特别是正史中华北贵族的列传时形成的,但是从我在学界发表此观点的一开始,就遇到很大的抵制。至 20 世纪 70 年代,批判的意见继续袭来,并在学界产生了不小的反响。⑮由于当时分期问题的论争已逐渐进入胶着状态,所以这种"共同体论争"不妨说开辟了一种新的局面。当时的批判大多来自那些固守历史唯物论的人。对此,我曾经做过多次的反论,在此还想进一步通过论争的论点,就有关中国史研究的方法作些许考察。

在那些对拙论的批判中,若按我的整理来看不外二点:其一,批判"豪族共同体论"陷入了观念论(唯心论)。认为一种共同体的形成,应该是生产者之间对某些物质基础的共同利用,例如山林丛泽、牧草地、或水利设施等,但是拙论却将豪族的利他主义精神作为了共同体形成的中心,所以陷入了唯心论的误区。

其二,批判拙论在豪族与民众之间不同的阶级对立之上,更重视两者之间称为共同体的结合面,从而背离了社会主要矛盾应当是阶级关系的历史唯物论原则。

以上的两种批判是相互联系的。因为强调豪族利他主义精神的作用,与轻视阶级之间对立的物质利害关系是互为关联的。然而在这里,特别是后者,必须考虑阶级与共同体的关系。批判者的意见认为:因为阶级矛盾是社会的主要原理,所以即便共同体关系真的存在,也仅仅占据从属的位置。毋宁说共同体关系只不过是为阶级关系得以实现的一种附属手段。

然而,果真如此吗? 人类经过几万年才从原始时代进入文明时代,形成阶级社会,而且这一社会也经过数千年了。阶级社会维持如此长时间的原因究竟何在呢？仅仅看到阶级间的利害对立，认为这种矛盾是被统治阶级权力压制而产生的观点，难道不是一种过分单纯的机械论吗。虽说不可否定阶级关系中确实有着对立的一方面，但在另一方面，阶级关系在一定历史环境下难道不也是实现、维系人类生活的一种机制吗？如果可以这样考虑的话，阶级关系对于人类的共存，应该也是有其积极作用的。

以上还只限于一般的推论，对此若从六朝时代"豪族共同体"的角度来考虑的话，在这一社会结构内部是包含着某些阶级关系的。试列举如下：

① 豪族与奴婢、佃客
② 豪族与一般乡民（宗族、乡党）
③ 国家与编户

成为"豪族共同体"骨干的是上列的②。一般乡民的大多数是自耕农，必须将他们与①的奴婢、佃客那种耕作他人土地的阶级区别对待。一般来讲，说到阶级关系时总是按照其生产手段的有无考虑其地位对立的问题，但是在②的情况下却基本不存在这种关系。因为即便其占有土地有大小之差，但是就自家经营这一点来说，仍是豪族与乡民都具有的共同的性质。但是，尽管如此，二者之间还是有着资产上的差异，正是这种差异产生了豪族对乡民的赈恤行为，由此出现了救济者与被救济者之间的对称性位置关系。这种对称性就是豪族对乡民的指导力、统制力的根源。例如，当寇难之际，地域武装化成为必要的时候，人们都会在豪族的号令下集结起来。

豪族的赈恤行为并非单纯慈善之心的表现。散施乃《礼经》所记载之士人的义务。[16]豪族作为长期生活于乡村、研修学问伦理的名家，在乡民之间发挥着自己的影响力。他们与乡民之间还存在着文化上的差异，正是这一差异建立了他们的权威。

如此，豪族与乡民虽然不能说有严格意义上的阶级关系，但是身份上的差异又的确在某种程度上存在着。上述①的阶级关系与这种差异又有着深刻的关系。首先，那些不能独立维持家族生活的民众须依附于豪族才得以维持生存。反过来，豪族通过这种阶级关系可以得到生产品及直接的劳动力。生产品是赈恤的资料，劳动力在地域防卫中是豪族的帮手。这样，①对②形成了一种补充关系。

值得指出的是，②的豪族和乡民从一方面来说都是国家编户。在政权的统治力衰弱的时候，虽然户籍与实情不一致的情况十分严重，但是在原则上对政府都有缴纳租调、服力役的义务，这一点是无法否定的。在这样的情况下就产生了征收租调力役一方与被征收一方的阶级分化。前者是官，后者是民。虽说官僚同样有缴纳租调的义务，但力役是免除的。所以，力役的有无是显示官与民身份差异之决定性的界限。

六朝时代的任官资格是根据九品官人法的乡品来决定的，这一点很值得注意。作为其乡品基础的乡论则是从②的社会关系中产生的。通过这样的程序，六朝豪族或出仕中央，或受到地方长官的辟召而成为其僚属，如此管理着中央、地方的政治。

如此可见，①、②、③这三种阶级关系的有机结合，构筑了六朝贵族制的国家。而其中②应该就是整体结构的中枢这一点也是很明确的。所以，如果仅考虑国家的军事力，若不依赖豪族对地方社会的领导力、影响力，六朝诸政权的多数是无法存立的。

如果总括战后有关六朝时代社会性质之讨论的话，它首先开始于如何理解豪族大土地所有制内部生产关系问题的讨论。接下来的焦点又转移至六朝贵族官僚的性质问题，讨论了他们对于皇权的自立性的问题。若按照上揭图式来说，此属于①与③这两部分的问题。而"豪族共同体论"则是从②的视点出发，将这三种支配关系予以有机结合的产物。

在帝政成立之后的各个时代，①与③那种阶级关系是同样存在的。西嶋定生的家长制家内奴隶制说即属于①，随后他转变为了个别人身支配说，则属于③。这种转变是关于这两种阶级关系究竟何为秦汉社会之基本结构的问题，而在现实中二者又是同时存在的。这一点在其他时代也是一样的。那么，对②又当如何考虑呢？地方名望家、豪门保护民众，维护其所在地方之秩序的例子,也是多有存在的。但是,这类人与人之结合关系,作为选举制度被纳入国家官僚体制的情况,却仅存在于六朝时代,在其他时代最多也仅仅作为对地方政治的补充而已。

虽说这不过是六朝时代的独特现象,但这一现象却不是凭空出现的。正如内藤湖南所指出的那样,从六朝名望家产生于世宦之家的情况来看,其根源应该说还在汉代的官僚政治那里。而从六朝至隋唐的情况来看,②的结构在此时又被国家体制所吸收,从而实现了依据律令制度的统一政治。仅举一例,从北魏开始实行了宗主督护制,让势力之家保护、统治民众,并根据李冲的提案按照各户的户数改编为党、里、邻三级。[17]这种三长制后来成为了唐代乡里邻保制的源流。这一改制是国家使民户自主管理,并将其置于地方行政的末端,仍发挥着赈恤的机能。这是国家代替"宗主"而"督护"民众的体制。总之,从北魏至隋唐发展起来的律令制度起到了将六朝的豪族支配编入国家统一政治之中的作用。

从以上所述可知,六朝的豪族共同体是从官僚政治之中产生,最终又为官僚政治所吸收的。反过来说,如果说国家官僚政治之中也包含着共同体的机能,也是可能的。国家若是由官与民两大阶级构成的话,那么共同体与阶级的关系问题,就在国家的舞台上再次出现了。下一节就是对这一问题的考察。

三、国家共同体的起源与发展

中国的官民关系究竟是何时,又是如何开始的呢?我们不能不上溯至先秦的都市国邑时代。周时虽说有供职于君王侧近的职官,但当时基本的政治机构并不是官僚制而是封建制。当时的封建制是以血缘嫡庶关系构成主从关系的,不仅周王的都城,封邑内部也具有基于同样原理的结构。如此,一族就分化为王、公、卿、大夫、士各个阶层。这固然是一种宗法封建制,但同时也构筑了军团的各个单位。白川静认为"士"字是小型钺的头部象形,"王"字是大型钺的头部象形,是置于王座前的象征物。[18]

总之，他们本是战士的集团，就整体而言可视为广义的士。但是，由于他们同时又是由血缘集团构成的，所以又通过祖先祭祀来加强一族的团结。"国之大事在祀与戎"（《左传》成公十三年），祭祀与军事乃国邑最重要的活动，参与者是广义的士集团。以下称之为士族。

可见，士族是国邑经营的参与者，此外在国邑之中还有一个可称为庶族的附属集团。他们是被士族征服而后接受其统治的。他们仍旧保持着以往的血缘关系，作为集团接受着士族的统治：贡纳生产品，提供劳动力。在士族中虽然也有狭义的士中亲自从事农耕者，但是大夫以上的士族是领有各类邑的，可以享受庶族集团的劳动成果。

关于帝政以前的国家结构虽说有很多问题没有搞清楚，但如果按照以上描述大致划分的话，我们可以作出以下的总结。即周代的都市国邑中，存在着士族与庶族这两大阶层，前者又进而由于嫡庶之别划分为数个阶层。由于这些阶层都是根据血缘共同体而构成的，所以当时的阶层与共同体自然是一致的。总之，所谓阶层，曾经是指各共同体间的关系。但是，士族与庶族之间在其是否参与国邑运营这一点上，却有着决定性的差异。这种差异产生了分工关系，而这种分工在整体上又维持了国邑的存立。

就这样，士族通过祭祀与军事参与着国邑的运营，为此他们就必须具备相应的能力。对此的具体记述见于《毛诗·鄘风·定之方中》的《传》中的所谓君子九能曰："建邦能命龟，田能施命，作器能铭，使能造命，升高能赋，师旅能誓，山川能说，丧纪能诔，祭祀能语。君子能此九者，可谓有德音，可以为大夫。"

这里所列举的建国、田猎、记录大事、外交使节、国内视察、出征、地理知识、葬礼、祭祀等九能，包含了祭祀、军事等有关国邑经营的事务。而且，其中都涉及包括文字在内的语言能力这一点是特别值得注意的。正所谓"文章，经国之大业"（曹丕《典论》），在这里不能不说已经出现了后世文官政治的胚胎。

如此，邑之士族既非单纯的战士集团，也非单纯的祭祀集团。这是一个具备经营国土所必需之文化能力的集团，正因为这个原因他们才成为了邑的统治者、领导者。与此相对，客观地说庶族虽是邑的成员，但毕竟与经营主体无涉，处于受动的位置。士族与庶族的这种位置关系就是后世官民关系的原型。

不过，当时的士庶关系发展为官民关系尚需社会之深刻变动。进入春秋战国时代以后，士庶间的严格区分开始出现弛缓。比如，从庶族中出现了可以获得士待遇的人。作战方式从车战转变为步战时，势力逐渐强大的君主希望将庶族编入军队，被认为是这一变动的重要原因。

士族内部也出现了阶级之间区别弛缓的情况。各国内部所谓以下克上现象就是一例。在传统的阶级秩序解体的过程中，一个新兴的士集团诞生了。新兴士的出现是与君权的强大化互为呼应的。致力于富国强兵的君主们，不问出身地登用有能力的人物，给予他们士的待遇，使之成为自己的手足股肱。于是，官僚制成为了主要的统治体制。

这种新型的士的观念在孔子那里已有出现。孔子说"有教无类"，就是看到人的价值不在其出身的阶级，而在其个人后天要求上进的努力。他屡屡言及士所应当具有的形象，认为不求一身安逸，受到乡党支持，不辱君命之有勇气的人物，才是真正的士。作为后世士大夫格言的"修身、齐家、治国、平天下"思想此时已由孔子提了出来。

从儒家开始，战国诸子提出了各种主张，每一派都希望自己的主张得到各国君主的采用。他们的主张都是治国之术，而且作为其根据他们又准备了各自（各派）的经典。新兴的士阶级通过提出各派的统治术，从而登上历史的舞台。经典被认为是由古代圣贤传下来的，因此他们作为经典的修得者，可以说也多少能够将其神圣性通过政术予以掌握。如果可以这样考虑的话，新兴的士阶级不也是对邑时代之士的继承吗？

另外，在庶族一方面也发生了重大变化。除了上述那种一部分人被列入了士的情况之外，就庶族全体而言，他们脱离了邑领主的支配，直属于领土国家以及后来的帝国君主，被编于郡县制之下。他们的居住区域是乡—里，而乡里制的特征在于由户数而编成的地域。总之，从以往那种血缘集团中逐渐分立出了称为"五口之家"的小家族，形成个体独立的户，从而出现了作为一定户数集合体的里，和以数个里而组成的乡。在秦汉时代，乡里是由从民户中选出的父老层来领导、统治的。里有父老，乡有乡三老，进而县有县三老。乡里之中虽有国家权力的介入，但像这样的父老制又显示出民众集落生活的强烈自治性。

在乡里中居住的庶民还是国家的兵源，被课以正规兵役。与以往邑的庶族被排除于正规兵役之外的情况相比，这显示着他们在国家所处地位的进一步上升。另外，在汉代还承认了他们对里社祭祀的参与。[19]这也是国家公认里共同体的结果。进而，就汉代的民爵授与而言，也可以说承认了一部分被授与爵位的庶民有了相当于士的身份。

如此，与帝政时代的开始同时构筑而成的官与民两大阶级，既继承了前代的士庶关系，也有着各种性质上的重大变化，从而成为帝国的骨干。官参与国家运营，而民为此提供劳役、生产品。这样的阶级分工体制虽说与前代基本没有什么变化，但是在二者之间却已经没有了前代那种由于出身家族不同所带来的身份区别。正所谓"王侯将相宁有种乎"，官僚制的理想形态是仅让那些有能力的人在主权者之下系统地参与国政。秦汉时代就是建立了近于此种理想制度的时期，由此奠定了以后两千年官僚制国家的基础。

秦汉帝国的课题之一，是国内的统一与秩序的安定；另一个就是防御外夷的侵犯攻击。秦朝未能解决这两个课题就灭亡了，汉朝则获得了成功。维持广大版图之和平有序，这是帝国的使命；而完成了这一使命的汉帝国，则为后世历代政权树立了一个典范。

国邑曾经是一个共同体。先是由以祭祀、军事为主要任务的士族集团参与其运营，随着时代的推移，出现了庶族也参与运营的倾向。那么，汉帝国又是怎样的呢？如前所述，在汉代除了作为士的官，民也可以有限度地参与国政。县三老的任务就是与县令商议行政。[20]对此，有一种更加饶有兴味的深刻见解。宫崎市定认为：汉代的县、乡这种复数"里"的集合体，是春秋时代大量涌现之邑的后身。[21]即作为汉代统一行政组织的郡县制，应该就是前代邑的统合体制。这种观点主张都市国家与统一帝国尽管在形态上有所差异，但后者对前者又有其继承的一面。按照这一观点，汉帝国是邑共同体的综合形式，在这一意义上说，可以认为当时已经形成了一个大型的国家共同体。

不过，能够运营这一国家共同体的官僚制，在汉初尚未成熟。官僚凭借能力而成为皇帝的手足股肱，其君臣关系不免使人联想到马克斯·韦伯的所谓家产官僚制。总之，对于皇权而言，汉初官僚的自立程度还是不够高的。而这种情况的改观则在独尊儒学之后。

四、从豪族共同体到律令制贵族国家

董仲舒的天人感应观点虽然是要求皇帝实行道德政治的学说，但其最终目的仍在于谋求作为国家共同体基础之民生的安定。为此，即便作为皇帝手足的官僚也必须实行德治，这就要求他们掌握儒学。儒教就这样成为了国家共同体之意识形态的支柱，此后始终贯穿于历朝历代而存在着。然而这种官僚制的理想形态究竟具有何种意义呢？

如果说官僚被要求具备儒教道德，那么其作为官僚的条件就不仅是具有政术的能力，而且也要求有人格内面上的东西了。极言之，国家共同体的存亡是与官僚的人格息息相关的。事实上，后汉末期的清流运动就是由这种意识而形成展开的。正是由于意识到国家命运与其人格的紧密相关，那些名士才能做到即便被视为"浮华交会"，也要出来奔走呼号而不顾自身安危。这一风潮确实相对降低了国家最高责任者皇帝的权威。中国皇帝虽然是专制君主，但绝非黑格尔所断言的那种唯一自由的存在。因为作为其手足的官僚，是将道德人格作为一种与官位相联系之资格的，所以他们起到了阻止皇帝恣意妄为的作用。

就后汉政治情况的实际而言，作为将儒教伦理导入官僚制的结果，在士人之间出现了某种人格的上下关系。内藤湖南参照王应麟《困学纪闻》指出当时曾产生了服事名士的风潮。[22]众所周知的门生故吏风俗也属于同样的社会倾向。[23]这些现象表明：在以往皇帝与官僚的君臣关系之外，已经出现了人们景仰卓越人物，信赖其人格的新型时代风潮。从"月旦评"开始，清议盛行，乡论普及，以及最终产生出九品官人法这种选举法的结果，也正是此风潮使之然。

　　毋庸赘言,六朝的门阀贵族制就是在这样一种社会潮流下形成的。关于其社会形态上文也已经谈到了。门阀贵族在当时是以望族、门望这类附带"望"字的用语来称呼的情况,显示的也是这一事实。

　　秦汉统一帝国是从邑制都市国家经过大幅度飞跃而最终形成的,虽然究其根本而言是社会的巨大变动在起作用,但是另一方面它仍是个都市国家群的综合体。而且,就士阶级专职担负国家共同体经营责任而言,也正体现了前后两个时代所具有的共通性。即他们都是属于所谓政治人物(homo politicus)的范畴。

　　汉代的独尊儒术政策,是通过将士族资格粉饰以道德,从而确立汉帝国之正当性的产物,是由邑发展起来的国家共同体之高度成熟的反映。但是,这又是使国家共同体发展方向发生转变的契机。因为,对官僚的评价标准正在从行政能力转变为个人的道德人格。由于各种原因,在国家共同体瓦解的过程中,这种倾向更加增强,社会正在朝着一个官民都认为与其依靠国家体制不如信赖卓越之个人人格的方向转变。

　　六朝时代士与庶的身份差别特别严格,甚至被称为"士庶之际,实自天隔"。不过,当时的士庶区别与都市国家时代的士庶区别,在内容上又有着很大的不同。都市国家时代的士庶,是由出身血缘如何而决定的,即孔子所谓的"类",是先天被区别开的。由于六朝的士庶区别也是取决于家门的,所以乍一看好似同样,但是由于士族的家门是由汉代以来的历官,即对国家共同体的贡献积累而构筑的,所以在其努力之中包含了以儒学为主的教养的积蓄,以及由此形成的家风等。总之,后天的努力,即孔子所谓的"教"对家门的上升发挥着重大的作用。当时的现实情况是,如果不认真努力的话,家门便会衰微。

　　不过,这两个时代的士族之间也不是没有共同点的。即他们都负有经营共同体的责任,并且为此都须具备文化能力,这一点是共通的。这里所说的共同体虽是邑共同体和豪族共同体,但这种士族资格其实在帝政时代的所有国家共同体中都是一贯被社会所认同的。如此来说,成为士族的第一个条件就在于其对共同体的经营责任和为此所具备的文化能力;反过来说,只要具备了这样的条件,则不论其身份如何,都可以具有士族的资格,而且由此可以得到官职。春秋战国的变动期至秦汉止是实行这一原理的过程,而从六朝至隋唐仍然存在着类似的现象。隋唐的士族已经不仅是六朝以来的门阀贵族了,寒门、寒人,或出身北族者形成了新兴统一帝国的官僚群,也获得了士族的身份。为此,我曾经称隋唐的贵族制为新贵族主义。㉔

新贵族主义的一个表现在于,前代功臣的子孙作为任子被授予任官的资格;另一个表现在于科举的创设。通过这样的任官制度,非门阀出身者进入了政坛。非门阀出身者得到皇帝信任而掌握朝廷内实权的情况,从六朝后期开始显著起来,隋唐两代进而对这一倾向赋予了制度上的保证。

然而这些新进入政坛的官僚,又必须是具有贵族教养的人。内藤湖南曾经评价那种主要课以帖括、诗赋的唐代科举为“选拔贵族人物的人格主义”。这是在与宋代王安石以后那种重视经义、策论之科举进行比较之后得出的结论,关于后者内藤湖南视其为一种“实务主义”的表现。㉕至于这种“实务主义”,笔者在后文还将论及。

总之,隋唐时代是非门阀出身者进入贵族阶级的时代。而他们之成为贵族,又是以再度强化起来之皇权为媒介的。或者可以说正是凭借这些新兴贵族的支持,皇权的强化才得以推进。

同样的逻辑大概也适用于庶民。六朝时代,在豪族督护下的华北农民,从北魏后期以后在国家体制之下被组织了起来。三长制、均田法、租庸调制等都是新型的管理方式。这些将居住组织、土地占有、赋税按照每户进行编制,可以保护农民免受豪族不正当的压迫。㉖这对农民来说多少意味着社会地位的提升。但是,由于这种地位的上升受到国家制度的保障,也许仅在这一点上农民是受到国家权力统治的。

对于民众地位上升这一特点,特别值得注目的是府兵制。北朝后期,成为支撑关中政权的一支强大力量的,是那支不仅限于北族兵,同时也从汉族中召募的乡兵队伍。二者构成了府兵,并成为皇帝的直属军队,而且由此打开了依靠军功成为军官的晋升道路。㉗从这一情况来看,府兵本来是带有自发性的士兵,而且按照唐代制度他们是自备粮食和武器的,可见

“府兵”本来带有自发性的残余。这也是民众地位依靠国家制度得以提升的一个实例。

　　唐朝由于四周诸部族的归属，而拥有了广大的版图。这不仅带来了唐朝的和平与安定，而且周边诸部族的归属，也显示了当时的时代特色。[28]众所周知，唐朝一方面册封周边诸部族首领，承认其族长的权力，另一方面又任命他们为都督府、州、县的长官，即所谓羁縻政策。总之，诸部族首领们依靠与唐朝行政系统的关系，确保了其族长的权力。特别是在北边，诸部族曾经受到突厥的支配，随着突厥势力被唐朝压制，他们也各自获得了一定的自立性。而承认了这一自立性的唐朝皇帝也被他们奉为天可汗。因此，这种自立性也是唐朝统治下的自立性，而且经常是在都护府监督下的一种存在。

　　以上，关于新兴贵族官僚、民众、周边诸部族三者，从其地位形成的经过可知，三者都有着较比前代而言社会地位的提升，但又是在国家权力作为中介而得以实现，以及由此又支持了国家权力等是其共同点。这些都意味着唐朝有着既继承了六朝时代，又谋求革新的特征，而这种出于维持新旧两面性而采取的手段则是对法制的整顿，即律令的完成。

五、唐宋变革以后的官与民

　　然而，为了依靠制度来维持政治体制，就需要该社会基本维持固定的状态。唐初，继续了前代那种交换经济比较停滞的状态，这对维持社会固定状态是有利的。唐中期以后，货币经济的急速发展下制度与现实发生了乖离，从而也打破了国家体制的均衡。首先，在社会的基层部分，农民的土地占有情况发生了变化。尽管已经难以按照令制实行给田，但是租税体系却固执于现行的制度，[29]由于进一步地追加诸税，农民离村现象日益显著。这使得府兵制的基础受到动摇。在民间，地主与佃户的关系有了新的变化，王公百官也拼命地追求利益。于是，政府不得不逐渐将土地课税方式转变为现状主义的，而且对新兴工商业的课税政策亦出现急速的进展。不用说，前者后来产生了两税法，后者导致了各种商税以及国家专营经济的发展。

政府中央机构也从三省六部均衡的宰相制度,开始了向同中书门下三品(同平章事)专权的宰相制度转变。这是迈向君主独裁政治的第一步。由此皇权在各个领域设置使职,从而超越了律令官制,企图实现权力的集中。专权宰相与心腹官僚独占了重要的使职。这种使职制度对宋代以后的官僚政治发挥着决定的作用。

以节度使等名目在边境配置使职,是羁縻政策失败的产物。这一失败的原因在于唐朝与周边诸部族的纷争,这使得周边诸部族之间完全自立的希求日益高涨。羁縻手段一旦失效,就无法再依赖府兵治理边防,而不得不在边境布置大军。于是,佣兵成为了开发兵源的方向,并最终成为主流,归节度使掌握。佣兵这种与农业生产完全分离的兵制,又以安史之乱为契机在内地得到普及,并且此后长期作为中国兵制的骨干。

从唐代中期开始,以上所述激烈的结构变化不仅瓦解了唐代国家共同体,还从根本上变革了中国社会的体质。所谓唐宋变革以及此后构筑起来的国家共同体,当然都成为具有新生性质的事物。笔者愿就此略述鄙见如下:

唐宋变革论的首倡者内藤湖南曾对这一变革指出了两点。[30]第一,是从贵族政治向君主独裁政治的变化,第二,是人民地位的上升。前者的变化换言之就是君主与臣下关系的变化。也就是说,在贵族政治中由于君主也是贵族阶级的一员,因而无法超越贵族阶级,所以在实际政治中受制于贵族阶级。按照他的观点,贵族政治虽说在周代的封建政治中最为典型,但即便到了封建政治崩溃以后的帝政时代,其政治性质也没有完全被抹煞。秦汉时代虽然显现有一些君主独裁的政治倾向,却屡屡出现外戚专权,总是隐含着某些贵族政治的性质。[31]到了六朝时代更是出现了贵族政治的全盛,在唐代虽出现了变形,仍然对贵族政治有所继承。

但是,在唐宋变革以后的情况则完全不同。臣下不过是君主的走卒,即便官至宰相也不过是皇帝的秘书官而已。即君主是凌驾于官僚集团之上的一种超然的存在。由此,即便科举考试也不再像隋唐时代那样,能够选拔真正具有贵族性质的人物。王安石以后的科举与以往那种以帖括、诗赋的情况相反,看重经义和策论,重视的是作为官僚的实务。

关于"实务主义"有一点是需要说明的。内藤湖南这里所说的"实务主义",决不是近代国家的官僚所应该具备的那种行政上的专门能力。"策论",是对国家政策的意见,"经义"是那种应当作为政治之基础的儒教哲学的认识。总之,考察的都是作为国家共同体的领导阶级的精神与政策方面的内容。内藤湖南所以称之为"实务",不是简单指士人有教养,更包含了士人管理国家的责任与义务。

如果宋代以后的官僚都是被如此要求的话,那么,这与他们作为皇帝走卒的情况是否有矛盾呢? 我认为这种两面性中其实具有那个时代官僚制度的特质。因为在当时负有责任和义务的官僚阶级的所有政治活动都是从皇帝意志出发,而且又都必须为皇帝所认可的。宋代开始的殿试就是一种显示新任官僚的学识最终必须得到皇帝认可的仪式。

在此,任官以前的社会身份以及表示其身份的教养并不重要。宋以前,普遍的做法是向那些被社会认可的士族授予官职,但是宋代以后毋宁说是根据官位才得到士的身份。士与官的关系,在此发生了一种逆转的现象。可见,官民关系也出现了一种变化。

如前所述,先秦时代唯有士与民(庶)的关系,帝政成立以后则形成了以士民关系为基础的官民关系。这说明在当时的官民关系中,存在着某种身份的差别。然而,宋代以后作为官民关系之前提的士民关系的情况,基本上消失了。这就意味着官民关系中已经没有任何身份的差别了。这种变化,与唐宋变革过程中贵族阶级不断没落的那种社会情况有着重大的关系。

内藤湖南所论唐宋变革的另一个特征,即人民地位上升的问题其实与此是有关联的。湖南从两税法的土地现额课税方式与现地课税方式得到启示,指出了当时人民财产所有的自由化与居住的自由化这两个特点。另外,他还论述了王安石雇役法以后,人民不再是无偿地提供劳动力,而是可以自由作出选择。当然,这些自由使人民之间贫富差别的扩大也变得更加容易了。但是,人民毕竟已经告别了那种根据身份而被束缚于土地,被迫提供力役的时代。这种情况虽然可以说是由人民自己所造成之新的痛苦,但是又不能不说人民的社会地位在此得到了进一步的提高。

那么,唐宋变革以后官与民之间出现差距的原因,究竟何在呢?即便人民确实获得了上述的自由,但他们毕竟没有得到参预国政的权力。能否参与国家共同体的运营,这在先秦以来就有着士与民相区别以及官与民相区别的原则,而且这一原则在宋代以后并无变化,官与民之间那种政治与生产的分工关系依然在继续。产生官僚特权的原因,其实就来自这种分工关系。

因此,官僚对国政特权的行使,一般来说是理所当然的,而如果没有那种称为"代耕"之俸禄制度的话,国政运营也将是不可能的。但是问题在于,这种特权是应该用于执行公务,还是应该用来满足私利呢?就官僚的类型而言,大致可分为经世济民型和升官发财型两种。国家共同体是否能够维持安定,与政界倾向于哪一种官僚类型有很大的关系。当然,这时皇帝、宰相之中枢机关的政治态度又有着重大的影响。

政治权力一旦发生了私有化,人民就是最大的受害者,由此就引发出种种的抵抗运动。这种现象当然发生于任何时代,但在唐宋变革以后的抵抗运动中,毕竟又有其时代的特色。这一时期发生了历代民众叛乱中参加人数、波及地域以及发生频度均为世界史上从无前例之大规模的运动。究其原因,虽说可列举出诸如在流通经济发展下交通、情报网的扩大,以及货币经济所带来的残酷剥削等等,但是作为精神的要因,又不能不强调那种官民之间人格差别意识的减弱。这种人格差别意识的稀薄化,也波及了民间社会存在的主客关系、主仆关系,以致发展成抗租、奴变等斗争。

民众叛乱从地区性暴动发展起来,以致占据了广大的地域,并且还提出了自己的革命口号。"替天行道"、"顺天救民"、"割富济民"等,在消除贫富差别、救人民脱贫困的构想中,有着许多的共通性。而这才真正是现存王朝本来所应当坚守的国家共同体理念。唐宋变革后的民众,进入了一个从自己内心构想新国家建设蓝图的阶段。当然,口号只是那些叛乱领袖创造的,但是为《水浒传》"替天行道"台词喝采的民众身影,毕竟在唐代以前是从未得见的。

这种情况还促进了历代王朝在培养民众道德心方面做出努力。明太祖的《六谕》即其有代表性的一例，而地方官制作谕俗文用于劝诫的做法，在宋代已经开始了。㉜

当现存王朝不可能维持其所经营之国家共同体存立的时候，再建王朝的方法除了由政治动乱中产生的新兴势力建设新王朝以外，还存在着一种由境外诸部族通过内侵而建国的途径。元、清两朝就属于这种情况，然而这也是由于唐宋变革期间域外诸部族之成长所致。有关唐代北方羁縻政策失败的一个原因，在上面已经谈到了诸部族自立的情况，而辽、金、元三朝对中国的统治就是在其延长线上产生的。清朝政权可以说就是那段历史的最后一幕。

这些非汉族之所以能够建设中原王朝，原因在于他们在南进之后仍然维持着独自的部族组织，从而防止了汉化所带来的解体。而且，这种组织的团结还成为了一种核心，产生了其恢复占领地域秩序的效应。但是毕竟这也是无法长久继续的做法，这一核心组织的弱体化，是导致王朝灭亡的原因。

异族对中国的统治在汉族中唤起了一种民族主义的自觉。像白莲教徒的叛乱那种情况，本来是带有宗教色彩的事物，是很难直接将其与近代国民之民族主义等同对待的，但是后来当汉族有志建设国家共同体的时候，实现对外自立也成为了他们的一个目标，这也是不容否定的事实。清朝雍正帝在《大义觉迷录》中通过华夷之别不在种族而在文化的分析，强调清朝的正当性，就是关于这一问题的对策。在清末革命运动中，这种民族主义最终成为了强有力的发条。进而，它还发展成为了那种旨在摆脱列强帝国主义侵略，获得自立之三民主义的一环。

六、近代的国家共同体

以辛亥革命为契机，绵亘两千余年的帝政时代终告结束，并由此进入了共和政治的新时代。那么，国家共同体的时代是否也就此结束了呢？

我并不这么认为。本文中所使用的国家共同体一语,指的是那种旨在维护民众的安宁与福利的一种大型共同体世界。国家是为了实现这种世界而存在的,担负国家运营者也必须是为此而具备相应伦理和能力的人物。这是中国自古以来的理想,可以说由于这一理想为后世人们所继承,中华民族才得以将那悠久的历史延续至今。

然而,现实屡屡乖离于理想,每逢此时国家共同体就会濒临危殆。但是,它又总是获得再建,人们也总是能够继续生存下去。士庶之间、官民之间存在着行政与生产、精神劳动与体力劳动的差别,这虽说往往是出于前者对后者压制的结果,但是这种分工关系在另一方面又产生了文化,促进了生产力的向上。也正是因为如此,中国的历史才真正成为了一部活生生的人类发展史。这样的国家理想以及将其付诸实践的努力,如果说已经消失于近代史的话,无论如何是无法想象的。

但是,近代的国家共同体与帝政时代的国家共同体毕竟有其本质上的差异。因为在帝政时代,官的地位是由皇权所支撑的,而皇权又是根据天的权威得以正当化的。那么,在消灭了皇权的近代,官又是如何保持其立场的呢? 如果他们仅仅以官职行使特权的话,民生将瞬间陷入危机,新兴国家共同体的建设等自然也没有希望。

袁世凯政权时期所出现的正是这种情况。真正要实现共和制的运动,也正是从那时开始的。而对此后的分析已非本文所能详述。简而言之,“五四”文化运动那种科学与民主的口号,已经示意了近代国家共同体建设上的课题。取代天的思想而确立科学,将王朝之官转变为民主之官,历史已经迈进了将这两大课题相互结合并予以追求的时代。

不过,在“五四”文化运动阶段,由于将批判的重点指向了孔教,所以也仅仅是揭示了建设近代国家共同体之科学与民主的起点而已。而新型经世济民的“经义”(原理)与“策论”(政策)的构筑,则作为其后的课题而存在至今日。另外必须指出的是,就近代国家共同体而言,也产生了全新的课题。可以说国家共同体在全球化环境中是具有核心地位的存在,世界各民族的和平共存与全球自然环境保护的问题,也是绝对不容忽视的"国之大事"。不用说，这不仅限于中国，同时也是世界所有国家的责任和义务。

　　本文原稿首载于《日本中国史研究年刊》编纂会编《日本中国史研究年刊　二〇〇六年度》（马彪译，上海古籍出版社，2008 年），后经修改再载于《名古屋大学东洋史研究报告》33 号（2009 年），此次译稿依据后者译出。

注释：

① 参见拙著《中国中世社会与共同体》（马彪译，中华书局，2002 年），即日文版《中国中世社会と共同体》（国书刊行会 1976 年）的增补本。

② 参见谷川道雄编著《战后日本的中国史论争》（河合文化教育研究所，1993 年）、刘俊文主编《日本学者研究中国史论著选译》（中华书局，1993 年）《附录：战后日本的中国史论争》。以下有关的争论亦可参照此二书。

③ 西嶋定生《中国古代帝国考察——汉高祖及其功臣》（《历史学研究》第 141 号，1949 年）、《汉代土地所有制——名田与占田》（《史学杂志》第五十八卷第一号，1949 年）、《古代国家的权力结构》（历史学研究会编《国家权力诸阶段》，1950 年）。以上各论均收入西嶋定生《中国古代国家与东亚世界》（东京大学出版会，1983 年）。

④ 增渊龙夫《汉代民间秩序的结构与任侠的习俗》（《一桥论丛》第二十六卷五号，1951 年）。后收入增渊龙夫《中国古代社会与国家》（弘文堂、1960 年，新版，岩波书店，1996 年）。

⑤ 浜口重国《中国史上古代社会问题笔记》（《山梨大学学艺学部研究报告》第四号，1953 年）。后收入浜口重国《唐王朝贱人制度》（东洋史研究会，1966 年）。

⑥ 守屋美都雄《汉高祖集团的性质》（《历史学研究》第 158、159 号，1952 年；收入守屋美都雄《中国古代家族与国家》，东洋史研究会 1978 年）。

⑦ 西嶋定生《中国古代帝国的形成与结构——二十等爵制研究》，东京大学出版会，1961 年。

⑧ Karl Marx：Formen, die der Kapitalistischen Produktion vorhergehen.

⑨ 参见注②所揭《战后日本的中国史论争》。

⑩ 宇都宫清吉《僮约研究》（《名古屋大学文学部研究论集》5 史学 2，1953 年，后收入《汉代社会经济史研究》弘文堂，1955 年），宫崎市定《中国史上的庄园》（《历史教育》2—6，1954 年，后收入宫崎市定《亚洲史研究第四》东洋史研究会，1964 年，《宫

崎市定全集》第 8 卷。

⑪ 内藤湖南《支那近世史》弘文堂书房,1947 年,《内藤湖南全集》第 10 卷所收;夏应元选编并监译《内藤湖南博士中国史学著作选译　中国史通论(上)》(社会科学文献出版社,2004 年)所收。

⑫ 矢野主税《门阀贵族系谱试论》(《古代学》7—1,1958 年,后收入矢野主税《门阀社会成立史》国书刊行会,1976 年)。

⑬ 越智重明《魏西晋贵族制论》,《东洋学报》第四十五卷第一号,1962 年。

⑭ 川胜义雄《六朝贵族制社会研究》(岩波书店,1982 年;徐谷芃、李济沧译《六朝贵族制研究》,上海古籍出版社 2007 年)所收各论文。

⑮ 拙稿《〈共同体〉论争》,《名古屋人文科学研究会年报》第 1 号,1974 年;后收入拙著《中国中世的探求》,日本编辑出版学校出版部,1987 年。

⑯ "贤者狎而敬之,爱而知其恶,憎而知其善,积而能散(郑氏注:谓己有蓄积,见贫穷者,则当能散以赒救之,若宋乐氏),安安而能迁。"《礼记·曲礼上》。

⑰ "旧无三长,惟立宗主督护,所以民多隐冒,五十、三十家方为一户。冲以三正治民,所以来远,于是创三长之制而上之。"《魏书》卷五三《李冲传》。根据李冲的提案所创设之三长制中,党长、里长、邻长之三长,依其地位被授予征成复除特权。而对于那些因孤独、癃老、笃疾、贫穷而不得自立者,由三长扶养。总之,三长制起到了以往豪族督护的作用。

⑱ 白川静《字统》,平凡社,1984 年。

⑲ "高祖十年春,有司请令县常以春三月及时腊祠社稷以羊豕,民里社各自财以祠。制曰'可'。"《史记》卷二八《封禅书》。由此陈平的故事可知,虽然在此以前民间的里社已经存在,然而汉初,在国家祭祀体系的建设中,制定里社待遇的事实值得注目。

⑳ "(二年)举民年五十以上,有修行,能帅众为善,置以为三老、乡一人。择乡三老一人为县三老,与县令、丞、尉,以事相教,复勿繇戍。以十月赐酒肉。"《汉书》卷一《高祖纪上》。

㉑ 宫崎市定《关于中国聚落形体的变迁——邑、国与乡、亭与村的考察》,《大谷史学》第 6 号,1957 年;后收入《宫崎市定亚洲史论考》中卷,朝日新闻社,1976 年,《宫崎市定全集》第 3 卷。

㉒ 内藤湖南《中国中古文化》(弘文堂书房,1947 年;后收入《内藤湖南全集》第 10 卷,前揭夏应元选编并监译《中国史通论》)《第四讲　学问的效果与中毒》。

㉓ 参见川胜义雄前揭书第Ⅱ部第五章《门生故吏关系》。

㉔ 拙著《隋唐帝国形成史论》(筑摩书房,1971 年同增补版,1998 年;李济沧译《隋唐帝国形成史论》上海古籍出版社,2004 年)之《序说　隋唐帝国的本源》。

㉕ 内藤湖南前揭《支那近世史》第一章《近世史的意义》。

㉖ 如此,也许会认为与"豪族共同体"论相互矛盾,对此可参见前揭拙著《中国中世社会与共同体》第Ⅲ部第 3 章《均田制的理念与大土地所有》。

㉗ 参见前揭拙著《隋唐帝国形成史论》之《补编 府兵制国家论》。

㉘ 就中华王朝对外夷首领册封的办法来说,汉朝与唐朝有所不同。汉代只是授予王、侯、君、长之类;六朝以后在此之上又加以内臣的官职。参见拙稿《东亚世界形成期的历史的结构——以册封体制为中心》,唐代史研究会编《隋唐帝国与东亚世界》,汲古书院,1979 年。

㉙ "初定令式,国家有租赋庸调之法。开元中,玄宗修道德,以宽仁为理本,故不为版籍之书,人户寖溢,堤防不禁,丁口转死,非旧名。田亩移换,非旧额矣。贫富升降,非旧第矣。户部徒以空文总其故书,盖得当时之实。"《旧唐书》卷一一八《杨炎传》。

㉚ 内藤湖南前揭《支那近世史》第一章《近世史的意义》。

㉛ 内藤湖南《支那论》(创元社,1938 年,后收入《内藤湖南全集》第五卷)《一、君主制还是共和制》。

㉜ 参见小林义广《宋代〈谕俗文〉》,宋代史研究会编《宋代的政治与社会》,汲古书院,1988 年。

图书在版编目(CIP)数据

中国中世社会与共同体／(日)谷川道雄著；马彪
译.—增订本.—上海：上海古籍出版社，2013.12
(日本中国史研究译丛)
ISBN 978-7-5325-7076-8

Ⅰ.①中… Ⅱ.①谷… ②马… Ⅲ.①中国历史—研
究—六朝时代 Ⅳ.①K237.07

中国版本图书馆 CIP 数据核字(2013)第 234461 号

日本中国史研究译丛
中国中世社会与共同体(增订本)
[日]谷川道雄 著
马 彪 译

上海世纪出版股份有限公司
上 海 古 籍 出 版 社 出版

(上海瑞金二路 272 号 邮政编码 200020)

(1)网址:www.guji.com.cn
(2)E-mail:guji1@guji.com.cn
(3)易文网网址:www.ewen.cc

上海世纪出版股份有限公司发行中心发行经销 中华商务联合印刷有限公司印刷
开本 635×965 1/16 印张 22.75 插页 5 字数 316,000
2013 年 12 月第 1 版 2013 年 12 月第 1 次印刷
印数 1—2,100
ISBN 978-7-5325-7076-8
K·1798 定价:58.00 元
如发生质量问题,读者可向承印公司调换